Elke Hartmann
Ordnung in Unordnung

Elke Hartmann

ORDNUNG IN UNORDNUNG

Kommunikation, Konsum
und Konkurrenz in der stadtrömischen Gesellschaft
der frühen Kaiserzeit

Franz Steiner Verlag

Umschlagabbildung:
Marcellustheater in Rom, 1. Jahrhundert v. Chr. Teilansicht der Fassade.
© akg-images / Hervé Champollion

Bibliografische Information der Deutschen Nationalbibliothek:
Die Deutsche Nationalbibliothek verzeichnet diese Publikation in der Deutschen
Nationalbibliografie; detaillierte bibliografische Daten sind im Internet über
<http://dnb.d-nb.de> abrufbar.

Dieses Werk einschließlich aller seiner Teile ist urheberrechtlich geschützt.
Jede Verwertung außerhalb der engen Grenzen des Urheberrechtsgesetzes
ist unzulässig und strafbar.

© Franz Steiner Verlag, Stuttgart 2016
Druck: Offsetdruck Bokor, Bad Tölz
Gedruckt auf säurefreiem, alterungsbeständigem Papier.
Printed in Germany.
ISBN 978-3-515-11362-5 (Print)
ISBN 978-3-515-11366-3 (E-Book)

INHALT

	Vorwort	9
1	**Ordnung in Unordnung?**	
	Gegenstand, Quellen und Methodik der Studie	11
1.1	Einführung	11
1.2	Die verfügbaren Quellen und der scheinbare Gegensatz von Wahrheit und Dichtung	15
1.3	Martial und Juvenal als Kronzeugen	17
1.4	Eine Veränderung der Forschungsperspektive: Von der Sozialgeschichte zur Geschichte der sozialen und kulturellen Praktiken	24
1.5	Untersuchungsraster und Methode	27
1.5.1	›Selbstinszenierungen‹ in sozialen Räumen und soziales Wissen	28
1.5.2	Kaiserliche Vorgaben und gesellschaftliche Praktiken	31
1.5.3	Handlungsmuster und soziale Strukturen	33
2	**Die Herstellung sozialer Hierarchien im Theater**	35
2.1	Fragestellung und Forschungsstand	35
2.2	Charakter und Tradition der szenischen Spiele in Rom	37
2.3	Die Sitzordnung und die Bestimmungen der *lex Roscia*	42
2.4	Die Aktualisierung der *lex Roscia* und die Kleiderordnung in der Kaiserzeit	47
2.5	Typen, Selbstdarstellung und Publikumsreaktionen	55
2.6	Fazit: Der Zuschauerraum als Bühne der Selbstdarstellung	67
3	**Küsse und ihre ›Lesbarkeit‹ im Kaiserhaus und in der Stadt**	71
3.1	Fragestellung und Forschungsstand	71

3.2	Der Kuss als kaiserlicher Gestus	73
3.3	Der Kuss als Gestus des Anbiederns in der Bevölkerung	83
3.4	Fazit: Der Kuss als ›Beziehungsbarometer‹	86
4	**Die Instrumentalisierung der Klientenrolle**	89
4.1	Fragestellung und Forschungsstand	89
4.2	Dienste der Klienten: *salutatio* und *adsectatio*	94
4.3	Pflichten der Patrone: *sportulae* und *cenae rectae*	103
4.4	Erkaufte Patronage? Geschenke im Patronageverhältnis	113
4.5	Fazit: Die Instrumentalisierung der Gesten und die Verdrängung der armen Klienten	119
5	**Die Erbfängerei als Integrationsstrategie**	122
5.1	Fragestellung und Forschungsstand	122
5.2	Die Relevanz von Legaten	127
5.3	Vermögende Frauen und Kinderlosigkeit	129
5.4	Das Verhältnis zwischen Erbfänger und Erblasserin	135
5.5	Der Typus des Erbfängers in Martials Epigrammen	138
5.6	Sexuelle Wohltaten	140
5.7	Fazit: Neue Profiteure traditioneller Netzwerke	143
6	**Dimensionen des Konsums der ›neureichen‹ Freigelassenen**	146
6.1	Forschungsstand und Fragestellung	146
6.2	Das Konsumverhalten der *liberti*	155
6.3	Die Erfolge der ›Neureichen‹: Persönlicher Prunk und Wohltaten für das gemeine Volk	159
6.4	Neureiche Patrone?	168
6.5	Die Nöte der traditionellen Elite	173
6.6	Verschämte Armut	178
6.7	Fazit: Schenkende und bauende ›Neureiche‹	181
7	**Die öffentlichen Bäder als Orte der Selbstinszenierung**	184
7.1	Fragestellung und Forschungsstand	184
7.2	Statusspiele im Bad	187
7.3	Kritische Stimmen zum Bäderluxus	198
7.4	Bäderluxus als Ausdruck kaiserlicher Fürsorge	203
7.5	Fazit: Kein Bad in der Menge	204

8	Denunziationen als Ausdruck gesellschaftlicher Unordnung	207
8.1	Fragestellung und Forschungsstand	207
8.2	Terminologie und rechtlicher Rahmen	210
8.3	Delatoren und Ehegesetze	211
8.4	Delatoren und Majestätsvergehen	215
8.5	Fazit: Soziale Kontrolle der Elite und aristokratische Konkurrenz	219
9	Fazit	221
9.1	Einzelergebnisse	221
9.2	Soziale Räume, ›Selbstinszenierungen‹ und soziales Wissen	227
9.3	Kaiserliche Vorgaben und gesellschaftliche Praktiken	229
9.4	Das Spannungsfeld zwischen Handlungsmustern und sozialen Strukturen	231
10	Literatur	234
10.1	Übersetzungen	234
10.2	Abgekürzt zitierte Literatur	235
10.3	Literaturverzeichnis	236
11	Register	253
11.1	Sachen	253
11.2	Quellen	254

VORWORT

Bei der Arbeit an diesem Buch habe ich viel Unterstützung erfahren. Aus den Mitteln des Exzellenz-Clusters »TOPOI« wurde ein Forschungssemester gewährt; die Kommission für Frauenförderung der Humboldt-Universität zu Berlin förderte das Projekt mit einem Stipendium.

Zahlreiche inhaltliche Anregungen verdanke ich den Gesprächen mit Kollegen und Kolleginnen – besonders danke ich Beate Wagner-Hasel, Wilfried Nippel, Julia Wilker, Andreas Kohring, Sven Page und Anabelle Thurn. Danken möchte ich auch den zahlreichen Studierenden, mit denen ich im Rahmen verschiedener Lehrveranstaltungen über die Thematik des Buches diskutieren konnte. Charlotte Zweynert, Julia Reddmann und Anna Parker danke ich für die Mühen, die sie in die Quellen- und Literaturdatenbank investiert haben.

Petra Koloska sei für ihre Lektüre und ihre trockenen Kommentare gedankt. Mein Dank gilt Monika Kopyczinski (http://www.das-lektorat.net), die die »vorletzte Fassung« professionell lektoriert und in die Endfassung überführt hat.

Der größte Dank gebührt meiner Familie: meinen Eltern Ingrid und Lothar Hartmann für ihre Unterstützung in jedweder Form, meinen Söhnen Tim und Lars, die das Entstehen der Arbeit immer mit interessierten Nachfragen verfolgt haben – und vor allem meinem Mann, Sven Torsten Puls, der immer bereit ist, meine Ideen zu diskutieren, meine Selbstzweifel zu relativieren und meine Freude zu teilen.

Berlin, im November 2015
Elke Hartmann

1

ORDNUNG IN UNORDNUNG?
Gegenstand, Quellen und Methodik der Studie

> [...] du hältst das rechte Maß, indem du die Unterschiede
> der Stände und Ränge streng beachtest:
> sind diese durcheinander, in Unordnung, vermischt,
> dann ist nichts ungleicher als gerade diese Gleichheit.[1]
> (Plinius der Jüngere)

1.1 – Einführung

Die Römische Gesellschaft zeichnete sich durch ein spezifisches Leistungs- und Rangdenken sowie durch ausgeprägte soziale Hierarchien aus. Für die Zeitgenossen waren die Abstufungen dieser Hierarchien ganz offenkundig in der Sitzordnung des Theaterpublikums erkennbar, die so angelegt war, dass Mitglieder des Senatorenstandes auf besonderen Sesseln ganz vorn, die Angehörigen des *ordo equester* in eigens für sie reservierten Sitzreihen dahinter saßen, während der übrige *populus* das Bühnengeschehen von den noch höher liegenden Plätzen aus verfolgen durfte.[2] Der Zuschauerraum des Theaters erwies sich als eine Bühne, auf der die bestehenden sozialen Hierarchien ›inszeniert‹ wurden.

Aber der Schein dieser auf den ersten Eindruck so klaren Ordnung trügt. Seit der ausgehenden Republik, also seit der zweiten Hälfte des 1. Jh.s v. Chr., lässt sich ein Wandel der sozialen Hierarchien feststellen, welche die römische Gesellschaft seit Jahrhunderten geprägt hatten. Durch die Einführung der Re-

---

1 Plin. epist. 9, 5, 3: *[...] eum modum tenes ut discrimina ordinum dignitatumque custodias; quae si confusa turbata permixta sunt, nihil est ipsa aequalitate inaequalius.* (Freie Übers.: E. H.).
2 Tac. ann. 13, 54 beschreibt, welchen Eindruck die Sitzordnung im Theater auf ausländische Besucher in Rom machte.

gierungsform des Prinzipats wurde dieser Prozess, der die soziale Ordnung in Unordnung brachte, massiv verstärkt. Zum Beispiel avancierten Freigelassene des Kaiserhauses aufgrund ihrer Förderung durch die Kaiser zu neuen Superreichen.[3] Hingegen lief eine schwer zu quantifizierende, aber wohl nicht unerhebliche Zahl von Angehörigen des Senatorenstandes Gefahr, aufgrund von finanziellen Schwierigkeiten die Zugehörigkeit zur Statusgruppe zu verlieren, die an ein Mindestvermögen von einer Million Sesterzen geknüpft war. Gerade auf der Skala des Vermögens sind Veränderungen im Unterschied zur Republik greifbar.[4] Doch war das Prestige einer Person nicht allein an Vermögen gebunden, das für die Zugehörigkeit zum Senatorenstand zwar eine notwendige, keineswegs aber eine hinreichende Bedingung war. Auch die Möglichkeiten der Akkumulation von Macht und Ansehen hatten sich unter den neuen politischen Rahmenbedingungen verändert, weil es – wie Werner Eck treffend betont – »nicht mehr viele unabhängige Machtzentren gab, weil das Volk nicht mehr einfachhin als Klientel eines Senators gewonnen werden konnte. Der Kaiser als politisches Zentrum veränderte die Koordinaten. Der Herrscher mußte immer mitbedacht werden, wenn man sich in der Öffentlichkeit bewegte.«[5]

Wie eine Miniatur dieser in Unordnung geratenen Ordnung mutet das Epigramm 2, 29 des Dichters Martial an, das den anmaßenden Habitus[6] eines ehemaligen Sklaven ins Auge fasst, der im Theater seinen Platz auf einem der Senatorensessel eingenommen hat, die Tracht eines Senators trägt und einen gepflegten Körper zur Schau stellt, wobei ein Stirnpflaster, welches das Brandmal des Sklaven verdeckt,[7] die ursprünglich niedere Herkunft verrät.

---

3   Zu dem Reichtum der (kaiserlichen) Freigelassenen Duff (1958) 182f. Weaver (1972) mit einer Zusammenstellung hochbezahlter Hofämter (259 ff.) und Prokuratorenstellen (267 ff.). Zum Aufstieg des Vaters des Claudius Etruscus (282 ff.). Mrozek (1975) 311 ff. Zum möglichen Reichtum der Freigelassenen generell Mratschek-Halfmann (1993) 214 f.
4   Zum Phänomen des Abstiegs der Senatoren Heil (2005) und Klingenberg (2011) mit zahlreichen Beispielen. Zur kaiserlichen Ungnade gegenüber Senatoren siehe Wachtel (1993) mit Literatur unter Anm. 2. Zur Beförderung Einzelner durch die Kaiser vermittels der Verleihung von »Titularwürden« *(ornamenta)* Friedländer SG I 138–140.
5   Eck – Heil (2005) 3. Siehe auch Barghop (1994) 71 ff.
6   »Habitus« wird hier im alltagsprachlichen Sinne von ›Verhalten‹ und ›Erscheinungsbild‹ verwendet. Es wird hier davon ausgegangen, dass sich Menschen im antiken Rom einen bestimmten Habitus aneigneten, um eine bestimmte Wahrnehmung bei anderen zu erzeugen.
7   Zur Brandmarkierung des entlaufenen, wieder eingefangenen Sklaven mit den Buchstaben FHE für *fugitivus hic est* Barié – Schindler (2002) 1184. Zur Übertragung der Bezeichnung *fugitivi* auf Freigelassene im Allgemeinen Treggiari (1969) 271.

> Siehst du, Rufus, den Kerl, der sich auf den vordersten Sesseln breitmacht, | dessen mit einem Sardonyx geschmückte Hand auch aus dieser Entfernung noch strahlt, | wie auch sein Mantel, der so oft den Purpur von Tyrus getrunken hat, | und seine Toga, die unberührten Schnee noch übertreffen muss, | dessen pomadisiertes Haar im ganzen Marcellus-Theater zu riechen ist | und dessen glattpolierte Arme glänzen, weil er die Härchen einzeln ausgerupft hat? | Eine Schnalle – keine von gestern! – sitzt auf dem Schuh mit dem Halbmond, | Scharlachleder schmückt, ohne zu drücken, den Fuß, | und Pflaster in großer Zahl überziehen die wie mit Sternen übersäte Stirn. | Weißt du nicht, was er ist? Nimm die Pflaster weg, dann kannst du's lesen.[8]

Im antiken Schrifttum der frühen Kaiserzeit finden sich zahlreiche weitere Hinweise auf solche Statusdissonanzen, welche auf Turbulenzen innerhalb der sozialen Ordnung verweisen, die – je nach Perspektive des Autors – ganz unterschiedlich bewertet werden.[9] Meinolf Vielberg hat zur Veranschaulichung der sich unter den Rahmenbedingungen des Prinzipats erfolgenden Veränderungen die Metapher des Magnetfeldes gewählt, das vom *princeps* induziert worden sei und dazu geführt habe, dass sich die gesamte Gesellschaft wie Eisenspäne auf die »neue Kraftquelle« hin ausrichtete.[10]

In dieser Forschungsarbeit soll versucht werden, die in diesem Magnetfeld wirksamen Kräfte genauer zu analysieren: Welche soziale Dynamik brachte dieses neue Kräftefeld[11] mit sich? Welche Strategien wurden von den Men-

---

8 Mart. ep. 2, 29: *Rufe, vides illum subsellia prima terentem, | cuius et hinc lucet sardonychata manus | quaeque Tyron totiens epotavere lacernae | et toga non tactas vincere iussa nives, | cuius olet toto pinguis coma Marcelliano | et splendent volso bracchia trita pilo, | non hesterna sedet lunata lingula planta, | coccina non laesum pingit aluta pedem, | et numerosa linunt stellantem splenia frontem. | Ignoras quid sit? Splenia tolle, leges.* Die Übersetzungen der Epigramme Martials stammen im Folgenden von Barié – Schindler.

9 Zum Ausdruck »Statusdissonanz« siehe Hopkins (1974). Zum Beispiel zeigt sich Plinius (Plin. epist. 7, 29) sehr entrüstet über die Ehrungen, die einem Freigelassenen des Kaisers Claudius zuteilwurden und dem gebürtigen Sklaven die Gelegenheit gaben, sich ganz oben in der sozialen Hierarchie zu positionieren.

10 Vielberg (1996) 11: »Wie wenn über einem Wust verklumpter Eisenspäne ein magnetisches Feld aufgebaut wird, so wird spätestens mit Augustus' Machtergreifung dieses unentwirrbar erscheinende Beziehungsgeflecht [aus horizontalen und vertikalen Freundschaften] auf die neue Kraftquelle hin ausgerichtet und in bestimmten Konfigurationen gleichgeschaltet.«

11 Die Formulierung ist angelehnt an Lüdtke (1991) 12, der sich wiederum auf Edward P. Thompson und Pierre Bourdieu bezieht. Lüdtke geht in seinen Reflexionen über Herrschaft als soziale Praxis von einem Kräftefeld aus, »in dem Akteure in Beziehung treten und stehen, indem sie miteinander umgehen, auch wenn sie einander ausweichen oder sich zu ignorieren suchen. Dabei ist dieses ›Feld‹ keine statische Größe; seine Ausdehnung wie seine Konturen verändern sich in dem Maße, in dem die Akteure tätig werden oder untätig bleiben. Und zugleich sind die Akteure keine autonomen Subjekte, die gleichsam von außen in

schen in der Konkurrenz um die Position in der sozialen Hierarchie verfolgt? Inwiefern veränderten sich unter diesen Bedingungen Verhaltensmuster, Etikette und Wertvorstellungen? Wie lässt sich die Wechselbeziehung zwischen normativen Vorgaben und alltäglicher Konkretisierung bezüglich der Statuspositionen in der Gesellschaft beschreiben?

Gegenstand der Untersuchung sind im Rahmen von Fallstudien exemplarisch betrachtete Praktiken des sozialen Umgangs, die auf ihr Distinktionspotential hin analysiert werden sollen. Dazu zählen ritualisierte Höflichkeitsformen und Etikette, Formen der öffentlichen Selbstdarstellung, der Kommunikation und des Konsums. Es wird vorausgesetzt, dass diese Praktiken gewissen kommunikativen Regeln unterlagen und den Menschen dazu dienten, sich selbst zu inszenieren, um eine bestimmte Position innerhalb der sozialen Hierarchie einzunehmen. Ziel der Studie ist es, sowohl die Turbulenzen in der sozialen Hierarchie wie auch die seitens einzelner Statusgruppen oder der Kaiser erfolgten Bemühungen, Ordnung zu erhalten oder herzustellen, einer gründlichen Analyse zu unterziehen. In diesem Rahmen wird zum einen untersucht, inwiefern die in Lebensstil, Sitten und Verhaltensmustern ablesbaren Distinktionsstrategien von den Kaisern bzw. vom Hof beeinflusst oder gar geprägt, aber auch seitens Einzelner und Gruppen alternative, ja zum Teil geradezu widerständige Handlungs- bzw. Wertkonzepte formuliert wurden. Zum anderen wird der Frage nachgegangen, inwiefern sich veränderte Verhaltensweisen und ihnen zugrundeliegende Wertvorstellungen auf jene sozialen Verbände auswirkten, die traditionell geeignet waren, Ungleichheiten in der Gesellschaft aufzuwiegen; konkret ist damit vor allem das System der Nahbeziehungen gemeint, das gemeinhin als Klientel- bzw. *amicitia*-System bezeichnet wird. Abstrakt gesprochen geht es um das Spannungsverhältnis zwischen individuellen/kollektiven Handlungs- bzw. Orientierungsmustern und sozialen Strukturmustern.

Die Untersuchung erfolgt auf zwei analytischen Ebenen: Auf der ersten Ebene wird versucht, die Perspektive der Selbstwahrnehmung der historischen Subjekte nachzuvollziehen, das Geflecht ihrer Beziehungen zu rekonstruieren, durch das sie ihre soziale Position innerhalb der Gesellschaft stabilisieren. Dieser Ansatz ist gleichwohl für den Bereich der Alten Geschichte – im Unterschied zu andern Epochen[12] – noch wenig erprobt. Während traditionell für strukturgeschichtliche Analysen Untersuchungs- und Darstellungsformen ge-

---

dieses Feld hineintreten. Ihre Kapazitäten, Anreize wie Zumutungen umzusetzen oder abzuwehren, entwickeln sich in Austausch und Auseinandersetzung mit anderen.«

12 Sarasin (1990). Die Perspektive der Selbstwahrnehmung verfolgt allerdings für die römische Antike bereits MacMullen (1974).

wählt werden, die ihren Gegenstand gleichsam von ›außen‹ beschreiben, wird hier versucht, der Perspektive der Teilnehmer folgend Bereiche des Alltagslebens zu eruieren, um jene Konflikte und Spannungen nachzuvollziehen, die letztlich soziale Unterschiede konfigurieren.

Auf der zweiten Ebene werden die gewonnenen Ergebnisse sozialgeschichtlich kontextualisiert, indem die Befunde eingeordnet werden in den sozialen Rahmen der Freundschafts- und Nahverhältnisse, welche die römische Gesellschaft mit einem Netzwerk aus vertikalen und horizontalen Bindungen durchzogen. Dabei wird eine einordnende Perspektive eingenommen, die unter einer sozialgeschichtlichen Fragestellung die gesellschaftliche Relevanz der Befunde verdeutlichen und historischen Wandel erklären soll.

Angesichts der Quellenlage ist es geboten, die Untersuchung auf das 1. und frühe 2. Jh. n. Chr. zu beschränken; die Fokussierung auf die Stadt Rom ist zum einen der Annahme verpflichtet, dass die Stadt in der Wahrnehmung der Römer als kulturelles Zentrum, als Bezugspunkt der römischen Identität firmierte, selbst wenn sich einzelne Kaiser über längere Zeit gar nicht dort aufhielten. Zum anderen hätte eine Untersuchung der Mechanismen sozialer Hierarchisierung in den übrigen Gebieten und Städten des Reiches eine Differenzierung von lokalen sozialen, kulturellen und politischen Bedingungen nötig gemacht, die im Rahmen einer Monographie nicht geleistet werden kann.

1.2 – Die verfügbaren Quellen und der scheinbare Gegensatz von Wahrheit und Dichtung

Die Quellenbasis dieser Untersuchung bilden überwiegend lateinische Texte von Autoren des 1. und 2. Jh.s n. Chr.; nur vereinzelt werden – wo es der Gegenstand gebietet – Inschriften und archäologische Zeugnisse ausgewertet. Aussagekräftig im Sinne der hier verfolgten Fragestellung sind nicht allein jene ›seriösen‹ Prosa-Autoren, mit denen sich die Sozial- und Politikgeschichte bislang vorrangig befasst;[13] neben diesen sollen hier gerade auch poetische Texte besondere Beachtung finden, die Szenen des gesellschaftlichen Miteinanders im fiktionalen Rahmen einfangen.[14] Die Texte, die in dieser Studie als Quellen-

---

13 Autoren wie Tacitus und Plinius werden zuweilen in der Forschung explizit als seriöser eingestuft als die Dichter, so z. B. von Cloud (1990). Klingenberg (2011) bezieht sich ebenfalls in seiner Studie zum sozialen Abstieg der Senatoren ausschließlich auf die Prosa-Schriftsteller, vor allem auf den Historiker Tacitus, aber auch auf »philosophische Schriften, Briefe und andere Texte« (14). Die Epigramme des Dichters Martial werden hingegen nur in den Belegen berücksichtigt, wenn sie die andernorts erhobenen Befunde stützen.
14 Eine äußerst solide Materialsammlung dafür liefert bereits Friedländer in den »Dar-

material dienen, wurden von Autoren unterschiedlicher literarischer Genres in Prosa und Dichtung verfasst. Diese seien zur besseren Übersicht kurz mit ihren vollen Namen in grober lebenszeitlicher Reihung genannt: Der Literat und philosophierende kaiserliche Berater Lucius Annaeus **Seneca** (4 v. Chr. – 65 n. Chr.); der ebenso wie Seneca von Kaiser Nero zum Selbstmord gezwungene Romanschreiber Gaius **Petronius** Arbiter; der beim großen Vesuvausbruch im Jahr 79 n. Chr. ums Leben gekommene Enzyklopädist Gaius **Plinius** Secundus (genannt der Ältere); der aus der spanischen Provinz stammende, unter Domitian in Rom erfolgreiche Dichter Marcus Valerius **Martialis** (ca. 40–100 n. Chr.); sein etwas jüngerer Dichterkollege Decimus Iunius **Iuvenalis** (etwa 60–140 n. Chr.); schließlich die beiden in der Ämterlaufbahn erfolgreichen Senatoren und Literaten Publius Cornelius **Tacitus** (ca. 60–120 n. Chr.) und sein Alters- und Standesgenosse Gaius **Plinius** Caecilius Secundus (genannt der Jüngere).[15]

Von besonderer Bedeutung für diese Analyse sind darüber hinaus die einige Jahrzehnte später entstandenen *Kaiserviten* des Gaius **Suetonius** Tranquillus, der unter Kaiser Hadrian Hofsekretär war (und etwa 75–150 n. Chr. lebte). Seine Biographien sind hier aber nicht Gegenstand einer eigenen Untersuchung, die sich mit seinen Gliederungsprinzipien und Schwerpunktsetzungen befassen müsste,[16] vielmehr sollen sie herangezogen werden, um kaiserliche Maßnahmen und Eingriffe in das gesellschaftliche Leben (z. B. in Form von Gesetzen, Edikten) belegen zu können. Ähnliches gilt für die erst zu Beginn des 3. Jh.s n. Chr. entstandene, von **Cassius Dio** Cocceianus in griechischer Sprache verfasste *Römische Geschichte,* von der lediglich die Bücher 51–60 über die Zeit von Augustus bis Claudius erhalten sind, während die spätere Geschichte nur in wesentlich später erarbeiteten Auszügen vorliegt. Schließlich werden – wo Rückblicke in die republikanische Zeit vorgenommen werden,

---

stellungen aus der Sittengeschichte Roms«, die in erster Auflage 1862 erschienen ist: Friedländer SG I–IV.

15 Andere zeitgenössische Autoren werden in dieser Forschungsarbeit nur am Rande erwähnt, so der Historiker **Velleius Paterculus** (ca. 20 v. Chr. – 30 n. Chr.); der unter Kaiser Claudius wirkende Agrarschriftsteller Lucius Iunius Moderatus **Columella,** der anonyme, wahrscheinlich zur Zeit Neros wirkende Autor der Lobschrift auf Piso *(laus Pisonis);* der unter Domitian aus Rom verbannte, aus Hierapolis in Phrygien stammende stoische Popularphilosoph **Epiktetos** (um 50 bis ca. 130 n. Chr.), dessen Vorträge von seinem Schüler in dem sogenannten »Handbüchlein« *(encheiridion)* zusammengefasst wurden; sowie der Rhetoriklehrer am Hof Domitians Marcus Fabius **Quintilianus** (ca. 35–100 n. Chr.). Am Rande herangezogen werden des Weiteren die meist in Dialog- bzw. Briefform in griechischer Sprache gefassten Plaudereien des **Lukianos** aus Samosata (etwa 120–180 n. Chr.), in denen er sich über Gepflogenheiten seiner Zeit äußert.

16 Dazu grundlegend Meister (2012).

um etwa die Genese bestimmter Werthaltungen, Einstellungen oder Institutionen zu beleuchten, die Werke des Politikers und philosophischen Schriftstellers Marcus Tullius **Cicero** (106–43 v. Chr.), des Politikers und Geschichtsschreibers Gaius **Sallustius** Crispus (86–34 v. Chr.) sowie des Dichters Quintus Horatius Flaccus (**Horaz**) (65–8 v. Chr.) herangezogen. Im Folgenden soll jedoch zunächst dargelegt werden, aufgrund welcher Prämissen und auf welche Weise die Quellen ausgewertet werden sollen.

Der Anspruch, historische Wirklichkeit rekonstruieren zu wollen, geriet im Zeichen des *linguistic turn* in Verruf. Historiker hätten – so die Annahme – auf der Basis ihrer Arbeit an textlichen Hinterlassenschaften der Vergangenheit niemals einen Zugang zur historischen Wirklichkeit, sondern allenfalls zu gewissen ›Vorstellungen‹, da jeder Autor den Prägungen seiner spezifischen kulturellen Umgebung unterliege. Eine solche Position ist zwar grundsätzlich berechtigt, birgt aber die Gefahr, die Faktizität von Sachverhalten zu verschleiern, deren Kenntnisnahme und Beurteilung Aufgabe der Geschichtswissenschaft ist. Es wird hier davon ausgegangen, dass es prinzipiell möglich ist, Aussagen über die vergangene Wirklichkeit zu treffen, wobei diese Aussagen durch Quellenbelege möglichst plausibel zu machen sind. Die in den Quellen greifbaren Informationen und Aussagen beziehen sich auf erlebte Wirklichkeit(en), deren Wahrnehmungen sich zwar beträchtlich unterscheiden können, aber dennoch nicht völlig beliebig konstruiert sind, da sie gebunden sind an gemeinsame, kulturspezifisch vorstrukturierte Erfahrung.[17] Wann immer Historiker diese identifizierten Auskünfte der Quellen sinnstiftend miteinander verknüpfen, konstruieren sie Vergangenheit. Diese Konstruktion ist an die Erfüllung der Anforderung gebunden, alle Behauptungen mit Quellen zu belegen und dabei zumindest keine Quelle zu ignorieren, die der Behauptung widersprechen würde.

Ist damit das Verständnis von Quellenarbeit grob umrissen, so verlangt das Gewicht, das den dichterischen Texten in dieser Studie als Quellen beigemessen wird, nun nach einer etwas ausführlicheren Bestimmung ihres Quellenwertes.

---

17 Siehe dazu die Überlegungen Goldbecks (2010) 26 f., an die ich mich hier anschließe. Goldbeck betont, dass dies auch in den Fällen gilt, in denen literarische Texte nicht wahrheitsgetreu berichten wollen, was geschehen ist, wie es etwa die antike Geschichtsschreibung für sich beansprucht. Auch fiktionale Texte und sogar dezidierte Lügengeschichten rekurrieren nämlich auf die Umwelt, in der sie verfasst wurden, und können prinzipiell als Auskünfte über diese verstanden werden.

1.3 – Martial und Juvenal als Kronzeugen

Während ältere kulturgeschichtliche Studien zur Gesellschaft der Kaiserzeit wie Ludwig Friedländers »Darstellungen aus der Sittengeschichte Roms« vor allem auf die kaiserzeitliche Dichtung als Quelle rekurrierten,[18] wird die Interpretation – gerade der Epigramme Martials und der Satiren Juvenals – heute meist klassischen Philologen überlassen, da ihr historischer Quellenwert zweifelhaft, zumindest umstritten ist. Die Schwierigkeiten der historischen Auswertung der Epigramme und Satiren beginnen bei der Einordnung der Autoren, wobei der Satirendichter Juvenal[19] allerdings aufgrund der spärlichen Überlieferungslage weniger Stoff zur Diskussion bietet als sein älterer Kollege Martial, in dessen Werk sich viele widersprüchliche, vermeintliche Selbstaussagen finden.[20]

---

18   Friedländer SG I–IV.
19   Im Unterschied zu Martial finden sich im Werk Juvenals – den sechzehn Satiren zu verschiedenen Themen – weniger vermeintliche Selbstaussagen. Juvenal stammte vermutlich aus dem kampanischen Aquinum (Iuv. sat. 3, 318 ff. und ILS 2926 = CIL 10, 5382). Er ist sicher erst in der zweiten Hälfte des 1. Jh.s n.Chr. geboren worden, vielleicht unter Kaiser Nero. Möglicherweise war Juvenal in Rom zunächst als Deklamator tätig; dazu passt, dass Martial (der bei Iuv. sat. 7, 24 als Freund apostrophiert wird) Juvenal »beredt« nennt (Mart. ep. 7, 91 *facundus*) und sich Juvenals erste Satire (sat. 1, 1 ff.) mit dem Deklamationsbetrieb in Rom befasst. Die Publikation der ersten beiden Satiren erfolgte wohl in den letzten Jahren der Regierungszeit Trajans, die folgenden entstanden wahrscheinlich unter Hadrian. Eine in der Spätantike kompilierte und sicher unzuverlässige Vita Juvenals berichtet von einer Verbannung. Siehe Schmidt (1999). Grundlegend zu Juvenal Adamietz (1972, 1986). Schmitz (2000). Zu den spärlichen Informationen zur Biographie Juvenals, die aus seinem Werk gewonnen werden können, Braund (1996) 16. Zu den Bemühungen, Juvenal und seine Äußerungen zu dem hier behandelten Thema eindeutig einordnen zu können, Marache (1980) mit Hinweisen auf ältere Literatur. Zur Übernahme der Motive Martials bei Juvenal Colton (1993).
20   Die meisten Informationen über Martials Leben werden aus seinen Werken abgeleitet. Da nicht davon auszugehen ist, dass der Autor der Epigramme mit einer kohärenten ›Stimme‹ spricht, sondern sich das lyrische Ich ganz verschiedene Charaktere verkörpert, sind diese Angaben mit Vorsicht zu behandeln. Die einzige Quelle zur Biographie außerhalb seines Werkes bildet der vom jüngeren Plinius verfasste Nachruf (Plin. epist. 3, 21). Martial wurde etwa 40 n.Chr. in Bilbilis (Nordspanien) geboren, wie sein literarisches Talent ausgebildet und entdeckt wurde, ist unklar. Mit Mitte Zwanzig kam er nach Rom und lebte dort vermutlich zunächst in eher ärmlichen Verhältnissen. Anfang der 80er Jahre setzt die für uns nachvollziehbare literarische Produktion ein, die ungefähr bis ins Jahr 102 n.Chr. reicht. Martial kam unter den Kaisern Titus (79–81) und Domitian (81–96) zu Ansehen, das ihm zu einem sozialen Aufstieg verhalf. Er wurde wahrscheinlich vom Kaiser zum Militärtribun und Ritter ernannt und verfügte über das sogenannte Dreikinderrecht, das steuerliche Vorteile implizierte. Über Martials tatsächliche Familienverhältnisse ist nichts bekannt.

Der soziale Hintergrund Martials,[21] die Tendenz seines Werkes und dessen Realitätsbezug sind daher in der Literatur nicht selten sehr unterschiedlich beurteilt worden.[22] Die Philologie hat sich erst in der zweiten Hälfte des 20. Jh.s von der geringen Wertschätzung gegenüber dem zuvor als »Bettelpoet« diffamierten Autor gelöst und die Erforschung seiner Werke intensiviert.[23] Inzwischen besteht in der philologischen Forschung Konsens darüber, dass Martials Texte nicht als Zeugnisse individueller, biographischer Erfahrung zu lesen sind; auch die in der Ich-Form verfassten Epigramme dürfen nicht als autobiographische Zeugnisse behandelt werden.

Für die Rekonstruktion gesellschaftlicher Taxonomien, um die es in der Untersuchung geht, ist es unerheblich, ob ein artikulierter Standpunkt demjenigen des Dichters als historischer Person entspricht oder einer fiktiven *persona*. Dennoch darf wohl – bei aller Problematik der vermeintlichen Selbstaussagen im Werk – davon ausgegangen werden, dass Martial selbst im Laufe seines Lebens mit Personen unterschiedlicher sozialer Milieus zu tun hatte, unter Domitian sogar vom Kaiser protegiert wurde und sicher ab Ende der achtziger Jahre des 1. Jh.s n. Chr. in materieller Hinsicht besser dastand als die ›kleinen Leute‹, denen er in seinen Epigrammen verschiedentlich eine Stimme verleiht.

Die Auswertung der Dichtung erschwert, dass diese kunstvolle, fiktionale und versgebunde literarische Form ihren eigenen Gesetzen gehorcht und ihr Realitätsbezug strittig ist. Der Philologe Niklas Holzberg zum Beispiel erteilt dem Anspruch, von den Texten Martials auf eine historische Realität zu schließen, eine klare Absage, wenn er ausführt:

[…] Martials Rom ist […] für eine bestimmte Aussage funktionalisiert, also eine ›Textstadt‹ […], und die in dieser Stadt wohnenden Menschen sind Typen, wie sie dem Dichter von der Gattung vorgegeben waren. Wie man sieht, ist es nicht die Realität

---

Kurz nach dem Regierungsantritt Kaiser Trajans kehrte Martial in seine Heimat zurück, wo er wenige Jahre später im Alter von etwas über 60 Jahren starb.

21 Wie viele Dichter seiner Zeit war Martial abhängig von Freunden und Gönnern, die ihn vor allem finanziell unterstützten. Zur Dichterpatronage allgemein White (1978, 1993). Gold (1987). Speziell zu den vermeintlichen Gönnern Martials Saller (1983). Kleijwegt (1999). Almeida (2014) 17–29. Die Frage, wer genau als Gönner Martials anzusehen ist, kann hier vernachlässigt werden.

22 Zur älteren Forschung zusammenfassend Helm (1955) insb. 59. Zur jüngeren Martial-Forschung zusammenfassend Lorenz (2002) 9 f.

23 Siehe dazu das Vorwort im Sammelband von Grewing (1998). Inzwischen liegen zu fast allen Epigrammbüchern philologische Kommentare vor. Buch 1: Citroni (1975). Howell (1980). Buch 3: Fusi (2006). Buch 4: Moreno Soldevilla (2006). Buch 5: Howell (1995). Canobbio (2011). Buch 6: Grewing (1997). Buch 7: Vioque (2002). Buch 8: Schöffel (2002). Buch 9: Henriksén (1998, 2012). Buch 10: Damschen – Heil (2004). Buch 11: Kay (1985). Siehe auch Howell (2009) und Almeida (2014).

des Lebens im Rom der frühen Kaiserzeit und ebenso wenig die Realität der eigenen Lebenserfahrung, die Martial in seinen Epigrammen beschreibt, sondern eine fiktive Welt.[24]

Holzberg plädiert dafür, die Texte als reine Fiktionen zu lesen, deren Stilistik, Aufbau und Spiel mit Elementen der literarischen Tradition und Figurentypen zu analysieren, und den jeweiligen Sprecher der Epigramme als eine fiktionalisierte Dichter-*persona* anzusehen.[25] Auch wenn es meines Erachtens lohnenswert ist, sich auf diese Art der Lektüre einzulassen, um gerade die literarischen Eigenheiten der Gattung zu verstehen, das Spiel mit unterschiedlichen Betrachtungsperspektiven zu verfolgen, Topoi, Klischees und Typen herauszuarbeiten,[26] erscheint die Verneinung jeglichen Bezuges zur Alltagswelt zu apodiktisch. Unterstellt man den Dichtern, ihre Darstellungen seien völlig frei erfunden, so müsste man – wie Fabian Goldbeck konsequent formuliert – erklären, warum sie diese Darstellungen erfanden.[27]

So müssen sowohl die Epigramme Martials als auch die Satiren Juvenals (wie im Übrigen alle aus der Antike überlieferten Texte) zwar als elaborierte literarische Konstruktionen gelesen werden, doch haben die darin geschilderten Zustände, sozialen Praktiken und Figuren sicher an alltägliche Erfahrungen angeknüpft, somit Wiedererkennbares geliefert, damit die Rezipienten über die Schilderungen lachen konnten. Die im Rahmen von Lesungen vorgetragenen und in Buchform gelesenen Texte wurden breit rezipiert.[28]

Auch in der jüngeren Martial-Forschung gehen die Meinungen über die Realitätsbezüge auseinander: Sowohl bei John P. Sullivan wie auch bei Art Spisak besteht die Tendenz, die Aussagen sehr stark auf den Dichter als individuelle historische Person zu beziehen und die Vielzahl und die Gegenläufigkeit

---

24 Holzberg (2002) 15.
25 Holzberg (2002). Lorenz (2002). Obermayer (1998). Dass die fiktionalen Figuren Martials auch auf reale Personen anspielten, suggerieren allerdings verschiedene Andeutungen in seiner Epigrammsammlung (Mart. ep. 2, 23. 3, 11. 3, 99. 9, 95b). Das berühmte programmatische Diktum »die Personen zu schonen und von den menschlichen Schwächen zu sprechen« (Mart. ep. 10, 33) könnte man als Rechtfertigung der Verklausulierung ansehen. Den Ansatz, reale historische Personen im Werk Martials aufzuspüren, verfolgt z.B. Nauta (2002, 2005).
26 So hat Cynthia Damon dem literarischen Typus des Parasiten in der römischen Literatur eine eingehende Untersuchung gewidmet; zwar leugnet sie nicht die Bezüge dieser klischeebesetzten Figur zur Realität, vermag diese aber nur vage zu benennen: Damon (1997) bes. 255.
27 Goldbeck (2010) 36.
28 Best (1969) 208–212. Bowman (1991).

der in seinem Werk nachweisbaren ›Botschaften‹ zu vereinheitlichen.²⁹ Im Gegensatz dazu verlieren William Fitzgerald und Victoria Rimell – indem sie das weite, geradezu beliebig erscheinende Spektrum der von Martial behandelten Themen herausarbeiten – wiederum die Kohärenz des Werkes, nämlich den kritischen Blick auf die Zeitgenossen, aus dem Auge.³⁰

Eine Schwierigkeit bei der Auswertung der ›satirischen‹³¹ Autoren, die ihre Gegenstände oft überzeichnen, besteht darin, Ironie zu identifizieren und Übertreibungen einzuschätzen. In welchem Umfang ist mit Verzerrungen zu rechnen und auf welcher Grundlage kann man einzelne Informationen der Quellen für glaubhaft erklären? Glaubhaftigkeit lässt sich postulieren, sofern parallele Zeugnisse eine externe, auf den sachlichen Gehalt abzielende Kritik erlauben, wenn etwa bei den Dichtern scheinbar übertriebene Einzelheiten in weniger problematischen Quellenkontexten eine Bestätigung finden: So ist zum Beispiel (wie Goldbeck betont) in erster Linie bei Martial überliefert, dass römische Klienten ihre Patrone nicht nur als Herren *(domini),* sondern sogar als Könige *(reges)* anreden, und man könnte hier von einer dichterischen Übertreibung des Abhängigkeitsverhältnisses zwischen Patron und Klienten ausgehen. In diesem Fall liefert aber eine Erwähnung bei dem Agrarschriftsteller Columella, der gänzlich unverdächtig ist, ähnliche Stilmittel wie Martial zu verwenden, die Bestätigung für diese Sprachkonvention, während diese bei Seneca, Tacitus und Plinius keine Erwähnung findet.³²

Dennoch funktioniert der Abgleich mit nicht-satirischen Texten keineswegs im Sinne eines ›Lügendetektors‹. Die Dichter thematisieren oft gerade solche Aspekte des Alltagslebens, für die andere Autoren weniger oder gar kein Interesse zeigen. Wenn ein Sachverhalt ausschließlich in der Dichtung belegt ist, kann dies auch darauf zurückzuführen sein, dass die Dichter einen an-

---

29 Sullivan (1991). Spisak (2007). In seiner Rezension zu Spisaks Studie beklagt Farouk Grewing die Einseitigkeit, ja den Dogmatismus der Deutung Martials im Sinne von »moral lessons«: »It makes me feel uneasy to see Martial reduced to a producer of *vers de société* much like, say John Betjeman's *How to Get On in Society* of 1958, making fun of the middle class *nouveau riche.*« (Grewing (2008) hier 144).
30 Fitzgerald (2007). Rimell (2008). Victoria Rimell argumentiert in Anlehung an postmoderne Konzeptionen der ›Stadt als Text‹, dass Martial maßgeblich das Bild bestimmt, ja sogar das *ist,* was wir für die Realität im Rom des späten 1. Jh.s halten: Rimell (2008) 20. Eine Übersicht zu den Themen Martials liefert Hofmann (1956).
31 Als ›satirische‹ Autoren werden hier die Dichter Martial und Juvenal bezeichnet, deren Werke der literarischen Form nach zur Dichtung zählen und inhaltlich in kritischem Ton gesellschaftliche Phänomene behandeln. Insofern entspricht die Bezeichnung ›satirisch‹ der heutigen, alltagssprachlichen Bedeutung. Die antike Gattungsbezeichnung *satura,* abgeleitet von *satura [lanx]* »Mischschüssel«, bezieht sich auf die behandelte Themenvielfalt (im Sinne von »Potpourri«).
32 Goldbeck (2010) 36 mit Hinweis auf Colum. 1 praef. 9.

deren Blick auf die Lebenswelt einnehmen als die schreibenden Mitglieder der Senatsaristokratie in ›ihren‹ Gattungen – der Geschichtsschreibung, der Epistolo- und Biographie. Ebenso bemerkenswert sind die Perspektiven, aus denen die Schilderungen erfolgen: Allein in der Dichtung wird nuanciert die Sicht von Personen eingenommen, die eben nicht zu der privilegierten Bildungselite zählen.[33] Diese Identifikationen waren geeignet, um Spott oder Kritik an den Praktiken der Zeit zu artikulieren. Dabei kam den Dichtern sicherlich zugute, dass ihnen die ›einfachen Verhältnisse‹ herkunftshalber persönlich vertraut waren.

Martial kommt innerhalb dieser Studie eine prominente Stellung zu, da viele seiner Epigramme gerade auf die Kommunikationsweisen der Menschen unter den Rahmenbedingungen des Prinzipats abheben. Er kann als ›Spürhund‹ dienen, um auf Phänomene aufmerksam zu machen, die in seiner Zeit den kritischen Beobachter herausforderten. Der Dichter thematisiert oft Personen, denen er so stereotype Eigenschaften verleiht, dass man von konstruierten Typen sprechen kann. Diese Typen werden nicht nur durch ihre Namen und ihr äußeres Erscheinungsbild charakterisiert, sondern auch durch ihre Tätigkeiten und besonders durch ihr Sozialverhalten. Martials Blick auf die Lebenswirklichkeit der Gesellschaft seiner Zeit ist sehr stark auf menschliche Handlungen zu einem bestimmten Zweck fokussiert. Diese von Martial geschilderten Handlungsstrategien können als Ausgangspunkt dienen, um in anderen literarischen Gattungen vergleichbare Praktiken und soziale Konstellationen aufzuspüren.

Daraus ergibt sich eine Art Faustregel für die Interpretation der Epigramme Martials im Hinblick auf die in der Forschung oft problematisierte Überzeichnung: Wenn die Figurentypen und deren Handlungsweisen in den Epigrammen Martials oft grotesk erscheinen – wie in einem Zerrspiegel –, so ist es (um bei der Metapher des Spiegels zu bleiben) nicht das Ziel der Quellenarbeit, den Spiegel zu begradigen und damit ein ›realistischeres‹ Bild zu gewinnen. Es gilt vielmehr zu ergründen, welche gesellschaftlichen Probleme den

---

33 Mitunter wird in der Forschung ein bei den Dichtern bezeugter Sachverhalt als unrealistisch klassifiziert, weil er nicht oder kaum bei anderen Autoren belegt ist. So versucht Cloud (1990) in seiner Analyse Juvenals Kriterien zu entwickeln, um zwischen »sozialem Faktum« und »eleganter Phantasie« zu unterscheiden. Dabei geht er lediglich so vor, dass er ›seriösere Quellen‹ hinzuzieht, um damit Juvenal zu falsifizieren. Dass das von Juvenal vielerorts gezeichnete Bild von dem armen Klienten nicht der Realität entspreche, soll mit dem Hinweis auf einen einzigen Beleg bei Tac. hist. 1, 4 als untermauert gelten (210). Zwar vermag Cloud im Einzelnen den Duktus und den kritischen Impetus der Satiren herauszuarbeiten, doch wirft er zu schnell die »Konstrukte« Juvenals über Bord, ohne zu fragen, welchen Sitz im Leben diese haben könnten.

Anlass gaben, um die Zerrbilder zu entwerfen. Dabei wird nicht der Anspruch erhoben, der Vielschichtigkeit der herangezogenen Textstellen der Dichtung im gebührenden Umfang gerecht zu werden.³⁴

Im Übrigen tritt, wenn wir uns mit der Handhabung der Übertreibung und Verfremdung in den satirischen Texten schwertun, lediglich ein Problem deutlich hervor, dass bei jeglicher Arbeit mit literarischen Quellen besteht: Wir haben es jeweils mit der Aneignung von Wirklichkeit zu tun. Niemand würde behaupten, dass ein Geschichtsschreiber, wie zum Beispiel Tacitus, die von ihm erlebte Realität ohne literarische Stilisierung, also ›realistisch‹ wiedergibt, doch erscheint uns dessen Aneignung der Wirklichkeit weniger verzerrt, weil sie im Allgemeinen nüchterner und faktenorientiert daherkommt.

Es wird hier dafür plädiert, die herrschende Trennung zwischen der satirischen Dichtung und der vermeintlich seriöseren, glaubwürdigeren Prosa aufzugeben, und alle Texte daraufhin zu befragen, inwiefern sie divergierende Haltungen zu bestimmten gesellschaftlichen Problemfeldern einnehmen. Aus einem Brief Plinius' des Jüngeren geht hervor, dass die Lebenswelten der Prosa-Autoren und der Dichter in diesem Zeitraum weit weniger scharf getrennt waren, als mitunter angenommen wird: Der Briefschreiber gibt an, selbst einige »Elfsilbler« verfasst zu haben, in denen er – wie er selbst betont – Dinge beklagt und beschreibt. Hier wird nicht nur deutlich, dass die konkrete Lebenswelt die Vorlage für die Dichtung abgibt, sondern sich Plinius sogar um obszöne Sprache bemüht (wobei ihm wahrscheinlich Martial als Vorbild vorschwebt):

> Doch sollten einige der Gedichte Dir ein wenig zu gewagt scheinen, so wirst Du als Literaturkenner daran denken, daß die berühmtesten und gewichtigsten Leute, die sich in solcher Poesie versuchten, nicht vor schlüpfrigen Stoffen, ja nicht einmal vor rohen Ausdrücken zurückgeschreckt sind, die wir allerdings meiden, nicht weil wir strenger – woher auch? –, sondern weil wir ängstlicher sind.³⁵

Zusammenfassend sind für die in diesem Buch unternommene Quellenarbeit folgende methodischen Überlegungen richtungsweisend:

---

34 Aus philologischer Sicht schiene es geboten, die Stellung der ausgewählten Textbeispiele innerhalb der Werke stärker zu berücksichtigen, zumal etwa im Œuvre Martials oft Gruppen bzw. Reihen mit bestimmten Schwerpunktsetzungen gebildet werden. Dazu zusammenfassend Damschen – Heil (2004) 12 mit Hinweisen auf weitere Literatur. Dies kann im hier gegebenen Umfang nicht berücksichtigt werden.

35 Plin. epist. 4, 14, 4: *Ex quibus tamen si non nulla tibi petulantiora paulo videbuntur, erit eruditionis tuae cogitare summos illos et gravissimos viros qui talia scripserunt non modo lascivia rerum, sed ne verbis quidem nudis abstinuisse; quae nos refugimus, non quia severiores – unde enim? –, sed quia timidiores sumus.* (Übers.: Lambert).

1. Die Untersuchung geht von einer Beschäftigung mit der satirischen Dichtung, insbesondere mit den Epigrammen Martials aus, um soziale Missstände und Schieflagen zu identifizieren.
2. Der Abgleich mit anderen Quellen ist unabdingbar für die historische Auswertung, um zu eruieren, ob und mit welchen Implikationen in der Dichtung einerseits, in den Schriften der Prosa-Autoren andererseits gesellschaftliche Phänomene behandelt werden, die auf Veränderungen des sozialen Gefüges der Stadt Rom allgemein unter den politischen Bedingungen des Prinzipats schließen lassen. Zwar gelten die Berücksichtigung der literarischen Genres wie auch der Perspektivität des jeweiligen Autors als basale Elemente der Quellenkritik, doch werden in der bisherigen Forschung häufig ganze Themenkomplexe, die vorwiegend in der Dichtung zur Sprache kommen, als rein literarische Fiktionen behandelt und als historisch irrelevant ausgeklammert.[36] Demgegenüber soll nachfolgend davon ausgegangen werden, dass jegliche dichterische Thematisierung sozialer Phänomene eine konkrete Erfahrung voraussetzt, die vom Dichter umgesetzt wird.
3. Gerade die im Rahmen philologischer Studien zur Dichtung verwendeten Instrumentarien sollen hier für die Behandlung sowohl der poetischen Texte wie auch der Prosa als historische Quellen auf neue Weise nutzbar gemacht werden. So können die Erkenntnisse der philologischen Forschung im Hinblick auf die Rollenlyrik, welche sich besonders für Martial als fruchtbar erweist und impliziert, dass von einem Autor mehrere – auch gegenläufige – Standpunkte eingenommen werden können, auch für die differenzierte Interpretation von Prosa-Autoren nutzbar gemacht werden: Literarische Mittel wie Standpunktwechsel, Ironie und Übertreibung wurden etwa in den Briefen Plinius' des Jüngeren oder in den moralischen Abhandlungen Senecas noch zu selten expliziert und in Interpretationen berücksichtigt.[37] Nachdem nun die methodischen Prämissen der Quellenarbeit geklärt sind, gilt es im Folgenden, die Fragestellung in die Tradition der althistorischen Forschung einzuordnen.

---

36 Dies betrifft zum Beispiel das Thema der Klientensportula, ebenso das Thema der Erbschleicherei (siehe dazu die Ausführungen zum jeweiligen Forschungsstand).
37 Der Ansatz, die Stimme des Autors nicht mit dessen Person in eins zu setzen, findet sich etwa bereits bei Anderson (1964) 127–130. Siehe zur *persona*-Theorie insbesondere Arbeiten zur römischen Satire wie Braund (1996) 1 f., die vor einer autobiographischen Lektüre warnt.

1.4 – Eine Veränderung der Forschungsperspektive: Von der Sozialgeschichte zur Geschichte der sozialen und kulturellen Praktiken

Kaiserzeitliche Autoren erfassten die soziale Wirklichkeit, die sie erlebten, oft mit polarisierenden Ausdrücken (z. B. arm/reich – *pauper/dives*) oder mit relationalen Kategorien (angesehener/niederer – *honestior/humilior*), welche deutlich machen, dass der Selbstwahrnehmung ein ausgeprägter Sinn für vertikale Hierarchien zugrundelag.[38] Diesem Quellenbefund entsprechend liegen zahlreiche Versuche seitens der Forschung vor, eine genaue Beschreibung der gesellschaftlichen Hierarchien vorzulegen, die seit dem ausgehenden 19. Jh. im Rahmen der intensiven Beschäftigung mit den im antiken Schrifttum bezeugten *ordines* thematisiert wurden. Seit den sechziger Jahren des 20. Jh.s wurden in sozialgeschichtlichen Studien Modelle entwickelt, die das Verhältnis der *ordines* darzustellen suchten. Das von Géza Alföldy entworfene Modell der römischen Sozialstruktur wird seit langem als zu statisch kritisiert; mehrere Modifikationsvorschläge haben indes der weiten Verbreitung des Modells in Form einer Pyramide keinen Abbruch getan.[39] Den *ordines* versuchte man sich mit den Begriffen »Stand«, »Schicht«, »Klasse« und »Status« anzunähern, wobei zunächst der Ansatz dominierte, die verschiedenen *ordines* vor allem juristisch zu definieren. Darüber hinaus wurden auch weitere objektivierbare Kriterien (Herkunft, Erfolg in der Ämterlaufbahn, Vermögen) berücksichtigt, die durchaus auch in symbolischer Form ihren Ausdruck finden konnten (Amtsrang wurde etwa durch Insignien veranschaulicht, Vermögen konnte durch Schmuck ausgewiesen werden).[40]

Neben Untersuchungen zur Frage der gesellschaftlichen Stratigraphie insgesamt[41] und der sozialen Mobilität allgemein,[42] liegen auch zahlreiche Arbeiten zu den einzelnen *ordines* vor,[43] wobei prosopographische Studien (oft

---

38 Alföldy (2011) 205. Garnsey (1970).
39 Zum Modell zuletzt Alföldy (2011) 197–205 mit Diskussion der Kritik. Zur Kritik auch Winterling (2001).
40 Dazu Alföldy (1984) 94 f. Alföldy (2011) 151.
41 Siehe dazu insb. Rilinger (1997). Zu weiteren Beiträgen zusammenfassend Winterling (2001).
42 Siehe zur älteren Literatur ausführlich Winterling (2001). Überblick bei Dahlheim (2003) 200–203.
43 Siehe zum Wandel der Senatorenschaft Alföldy (2011) 155. Birley (1953). Bergener (1964). Eck (1970). Hopkins (1983). Chastagnol (1992). Eck – Heil (2005). Zu den Rittern siehe Alföldy (2011) 162 ff. sowie die grundlegenden Studien von Demougin (1988) und (1992). Millar (2004). Eck (2006). Daneben wurde auch die soziale Mobilität innerhalb der

auf der Basis epigraphischer Evidenz) Karrierewege verfolgen oder die ökonomischen und administrativen Veränderungen analysieren, welche als Voraussetzung für soziale Mobilität angesehen werden können.[44] Vermittels der zahlreich überlieferten Selbst- und Fremdbezeichnungen einzelner Personen, die vornehmlich Ämter bezeugen, die das gesellschaftliche Ansehen erheblich, aber nicht ausschließlich prägen, ist es gelungen, den Wandel des *ordo senatorius* nachzuzeichnen, der sich zunehmend nicht mehr aus alten italischen Familien rekrutierte, sondern auch aus Provinzialen.[45]

Eher zögerlich widmete sich die Forschung den gleichfalls traditionellen, durch einen bestimmten Habitus dokumentierten und daher schwerer empirisch nachweisbaren Statusmerkmalen wie der Größe einer Gefolgschaft, der familiären Autorität und der Bildung. Die altertumswissenschaftliche Forschung hat hier durch die Arbeiten von Soziologen wie Norbert Elias, Niklas Luhmann und Pierre Bourdieu wichtige Impulse empfangen; so wurde einerseits der Prozess der Integration der Aristokratie in den Hof des römischen Kaisers untersucht, andererseits ein senatorischer Habitus rekonstruiert und das symbolische Kapital der Ehre neu bestimmt.[46]

In den letzten Jahrzehnten hat sich in der Forschung die Auffassung weitgehend durchgesetzt, dass die Stände keineswegs abgeschlossene soziale Gruppen gewesen seien, die *ordines* vielmehr einen durchaus heterogenen Personenkreis umfassten und gesellschaftliche Hierarchien allgemein maßgeblich im sozialen Ansehen begründet waren.[47] Die überlegene gesellschaftliche Stellung des Senatorenstandes etwa resultierte vornehmlich aus einem spezifischen Überlegenheitsbewusstsein sowie sozialer Wertschätzung. Während die empirisch nachvollziehbaren traditionellen Karrierewege von Angehörigen der Elite hinlänglich erforscht sind, findet nunmehr der Sachverhalt zunehmende Beachtung, dass unter den Rahmenbedingungen des Prinzipats der Wandel der Möglichkeiten, Achtung und Bewunderung zu erlangen, für die Mitglieder der oberen *ordines* mit einer Um- und Neubewertung bestimmter Tätigkeiten verbunden war. Denn traditionelle Felder der Profilierung wurden fortan vom

---

lokalen Eliten erforscht: Zusammenfassend Garnsey – Saller (1989). Zur Mobilität der Freigelassenen Weaver (1967) und Garnsey (1975).
44 Siehe zusammenfassend Frézouls (1988).
45 Siehe Alföldy (2011) 133 mit Literatur.
46 Siehe Löhken (1982). Schlinkert (1996). Winterling (1999). Zusammenfassend zu diesen Studien Rebenich (2008) 156. Von Bourdieu beeinflusst sind darüber hinaus die Studien von Flaig (1992) und Barghop (1994) zum Wandel der Verhaltensmuster der Senatoren im frühen Prinzipat.
47 Hölkeskamp (1987) 10. Rebenich (2008) 155. Zur Forschungsgeschichte Schlinkert (1996) 16–41.

Kaiser dominiert, der über die Besetzung von Ämtern bestimmte und alle Feldzüge in seinem Namen führte. Erfolgreiche Feldherren gerieten ebenso wie Patrone mit großer Anhängerschaft in Gefahr, vom Kaiser als potentielle Rivalen verfolgt zu werden.[48]

Jene Tätigkeitsbereiche, die geeignet waren, Defizite des traditionellen Prestigeerwerbs zu kompensieren, sind allerdings in der bisherigen Forschung noch nicht eingehend untersucht worden: luxuriöse Lebenshaltung und demonstrativer Konsum, kulturelle Tätigkeiten (Dichtung, Philosophie und Schauspielkunst) und sportlicher Wettkampf.[49] Erst vereinzelt widmen sich althistorische Studien auch den Diskursen über kontrastive Normen von Verhaltensstandards, deren fehlende Eindeutigkeit gerade als Zeichen der Instabilität des Systems gewertet wird.[50]

Insgesamt kann festgehalten werden, dass die althistorische Forschung bis in die 1990er Jahre ihr Erkenntnisinteresse bezüglich der sozialen Mobilität vor allem auf die empirisch nachweisbaren Resultate ausrichtete. Demgegenüber gilt das Augenmerk der hier vorgestellten Studie den Praktiken des Aushandelns sozialer Unterschiede sowie dem Wandel der die Hierarchie konstituierenden Kriterien und den sozialen Folgen dieser Veränderungen. Es wird an althistorische Arbeiten angeknüpft, die davon ausgehen, dass auch die politische Kultur des Prinzipats (wie der antiken Stadtstaaten generell) wesentlich durch die Unmittelbarkeit der Teilnahme an Politik und Religion geprägt war, durch die Direktheit der Interaktionen sowie durch die Sichtbarkeit und Hörbarkeit der öffentlichen Vorgänge.[51] Vor dem Hintergrund dieser Prämisse erscheint es lohnenswert, einen genaueren Blick auf die Kommunikations- und Verhaltensmuster dieser Kultur zu werfen.

1.5 – Untersuchungsraster und Methode

Wenn sich die vorliegende Studie den Prozessen sozialer Hierarchisierung in der stadtrömischen Gesellschaft des frühen Prinzipats (von der Zeit des Augustus bis in die erste Hälfte des 2. Jh.s) widmet, bedarf dieses umfangreiche Untersuchungsfeld einer Konkretisierung, die deutlich werden lässt, welche Aspekte innerhalb dieser umfassenden Thematik behandelt werden und auf

---

48 Siehe Leppin (1992) 232 mit weiterer Literatur.
49 Siehe aber Leppin (1992).
50 Siehe etwa Barghop (1994) 54. Meister (2009) insb. 91.
51 Siehe z.B. Lendon (1997), der die mentalen Voraussetzungen der Kaiserherrschaft untersucht und Aldrete (1999) zur Symbolik der Gesten. Flaig (1993) zur politischen Relevanz der »Kenntlichkeit« innerhalb der republikanischen Aristokratie.

welche Weise dies geschehen soll. Es wird keine Gesamtdarstellung jener komplexen, auch kaum exakt rekonstruierbaren Mechanismen der Aushandlungsprozesse angestrebt, denen die soziale Hierarchie unterlag. Die Analyse beschränkt sich auf Fallstudien zu lebensweltlichen Bereichen,[52] denen bislang vorrangig im Rahmen kulturgeschichtlicher Darstellungen (des 19. und frühen 20. Jh.s) Aufmerksamkeit geschenkt wurde. Während es diesen um eine rein deskriptive Rekonstruktion des Alltagslebens ging, die kaum verallgemeinernde Schlüsse auf die Sozialstruktur erlaubte, haben hingegen die Untersuchungen der sozial- bzw. strukturgeschichtlichen Forschung – wenn es um das Herausarbeiten abstrakter Strukturen und Modelle ging – die konkreten, alltäglichen Kommunikationsformen und -orte oft wenig beachtet.

Insofern intendiert diese Analyse einen Brückenschlag zwischen Kultur- und Strukturgeschichte. Die überprüfende Anwendung eines vorliegenden kulturtheoretischen Modells wird dabei nicht angestrebt. Wenn auch die Studien Bourdieus und Foucaults dazu dienten, den Blick zu schärfen für die Veränderungen im Denken wie im Handlungsgefüge der in unterschiedlichen Gruppen handelnden Individuen, so geht das zugrundegelegte Untersuchungsraster doch maßgeblich von den Quellen aus und ist auf der Basis von Äußerungen antiker Literaten über die stadtrömische Gesellschaft ihrer Zeit entwickelt worden.[53] Es wird von der Prämisse ausgegangen, dass die Autoren Teil der Gesellschaft sind und auf deren soziale, moralische und politische Zustände reagieren. Die eingenommenen Standpunkte selbst eines Dichters müssen nicht eine persönliche und kohärente Haltung des Dichters artikulieren.

Ziel ist es, einen Beitrag zum Verständnis einer von antiken Zeitzeugen vielfach metaphorisch oder ausschnitthaft beschriebenen Problematik – nämlich der Irritation der sozialen Ordnung – zu leisten.[54] Mit einer auf menschli-

---

52 Siehe zur Konzeption von Lebenswelt Sarasin (1990) 4: »Das Geflecht der Strukturen kann man als gesellschaftliches System analysieren, ohne je einem einzelnen Individuum zuzuhören oder eine einzige subjektive Intention in die Betrachtung mit einzubeziehen. Das Geflecht der Sinndeutungen und Interpretationen hingegen bezeichnet man in der Sozialwissenschaft einem Begriff aus Husserls Phänomenologie folgend als Lebenswelt, oder, in der Tradition Max Webers wie auch der Anthropologie, mit einem umfassenden Begriff von Kultur.«

53 Methodisch anregend erweist sich für diese Fragestellung die Studie von Bourdieu (1991), zuerst Französisch 1979. Bourdieu behandelt das Thema binnengesellschaftlicher Ausdifferenzierung vermittels kultureller und sozialer Praktiken am Beispiel der modernen französischen Gesellschaft. Seine Ausführungen sind daher nur begrenzt für das hier in Rede stehende Thema zu verwenden, zumal er Daten erheben konnte, die auf Antworten der Mitglieder der untersuchten Gesellschaft auf konkreten Fragen beruhen. Siehe auch Barghop (1994) 41–62.

54 Bereits der Begriff des Habitus' als »strukturierende Struktur« – wie ihn Bourdieu (1987) 98 f. verwendet – darf vielleicht heute schon zu jenen ›Großbegriffen‹ zählen, deren

che Praktiken fokussierten, die literarische Gattungsgebundenheit der Befunde berücksichtigenden Interpretation, die gleichwohl eine sozialgeschichtliche Kontextualisierung intendiert, soll ein ›Rückfall‹ in die Tradition der älteren kulturgeschichtlichen Forschung vermieden werden, die oft aus den Quellen nur isolierte Fragmente faktischer Information zu extrahieren vermochte, um Alltagsphänomene rein deskriptiv zu rekonstruieren.[55] Drei methodisch-konzeptionelle Leitlinien sind für die Untersuchung bestimmend, die nun erläutert werden sollen.

1.5.1 – ›Selbstinszenierungen‹ in sozialen Räumen und soziales Wissen

Diese Studie knüpft an die seit den 90er Jahren des 20. Jh.s zunehmend auch in der althistorischen Forschung erfolgten Bemühungen an, nicht nur die juristischen und ökonomischen Grundlagen sozialer Gruppen zu erforschen, sondern auch den alltäglichen ›Inszenierungen‹[56] von sozialer Ordnung Beachtung zu schenken, da sie auf Kernprobleme der sozialen Stratigraphie der römischen Gesellschaft aufmerksam machen können. Besondere Beachtung kommt dabei den sozialen Räumen zu, die Einzelnen und Gruppen als Orte der Selbstinszenierung dienten, also zur gezielten Selbstdarstellung vor den Augen der Mitmenschen genutzt wurden. Als solche für die Selbstinszenierung relevante Räume können nun im Grunde sämtliche in den Quellen erwähnten Orte gelten, an denen mehrere Personen zusammentrafen und kommunizierten, insbesondere aber solche, die von antiken Autoren als Orte der Selbstdarstellung angesprochen werden. Konkret kann für die stadtrömische

---

Übertragung auf eine andere historische Epoche dazu verleitet, Differenzen zu nivellieren statt sie genau auszumessen.

55 Dies gilt vor allem für Friedländer: Friedländers Anspruch, rein deskriptiv »zur lebendigen Anschauung« zu bringen, welche Sitten in jener Zeit vorherrschten, führt dazu, dass er die zahlreichen Quellen katalogartig unter den jeweiligen Überschriften sammelt und paraphrasiert; insgesamt finden sich bei ihm nur vereinzelt Deutungen; vor allem mangelt es am analytischen Instrument einer differenzierten Begrifflichkeit. So zu Recht Winterling (1999) 17. Zum Werk Friedländers Winterling (1999) 15–18.

56 Der aus der Theaterwissenschaft entlehnte Begriff der Inszenierung wird in sozial- und kulturwissenschaftlichen Analysen als Fachterminus verwendet, wenn es um die Beschreibung von Prozessen der Rollenübernahme in einem habituellen Rahmensystem geht. In den auf Erving Goffman aufbauenden Arbeiten wird der Begriff »Inszenierung« als auf eine bestimmte Außenwahrnehmung abzielende Handlungsweise verstanden: Willems (1998). Für die antiken Gesellschaften wird die Relevanz dieser Repräsentationsformen in einigen jüngeren Studien sehr hoch eingeschätzt, siehe etwa Hölkeskamp (2001) und Formisano – Fuhrer (2010). Dabei wird betont, dass soziales Ansehen der unmittelbaren Inszenierung bedurfte, also die Inszenierung nicht nur auf Status *verwies*, sondern diesen *abbildete*.

Gesellschaft der frühen Kaiserzeit eine Reihe von Orten in diesem Sinne als relevant ausgemacht werden: Kaiserpalast, Villen und Häuser, Theater und Spielstätten, Märkte, Plätze und Parks, Lesungsräume, Gerichte und Amtslokale, Barbierstuben, Kneipen und Garküchen, Bäder und Toiletten und nicht zuletzt die Straßen und Wege von Rom.[57] Dieser Zugang trägt der Überlegung Rechnung, dass einzelne Personen in antiken Gesellschaften in weit größerem Ausmaß als in modernen westlichen auf sozialen Rückhalt angewiesen waren, dessen man sich in direkter Kommunikation an konkreten Orten vergewisserte, die als eine ›Bühne‹ für die Positionierung der Individuen im sozialen Gefüge genutzt werden konnten.

Ausgehend von diesen Kommunikationsorten richtet sich das Interesse auf die dort nachweisbaren sozialen Praktiken (die Rituale der Kommunikation, den Konsum, die performativen Aspekte der Selbstdarstellung in Form von Kleidung, Körpersprache, Statussymbolen und Gefolgschaft), die für die Wahrnehmung von Ungleichheiten eine Rolle spielten. Diese Praktiken sollen nicht nur beschrieben und rekonstruiert werden. Um ihre Relevanz für die Prozesse sozialer Hierarchisierung einschätzen zu können, richtet sich das Hauptaugenmerk auf die Bewertung der Praktiken bei unterschiedlichen Autoren; denn erst Bewertungsprozesse machen aus konstatierten Unterschieden (dem alternativen ›so oder so‹) soziale Unterscheidungen (das hierarchische ›besser oder schlechter‹).

Gleichfalls geht es um die Rekonstruktion des ›sozialen Wissens‹ in Bezug auf all jene Elemente, die Rang und Ansehen konstituierten: äußere Merkmale der Erscheinung, bestimmte Umgangsformen oder die Potenz, über Personen oder Vermögen zu verfügen.[58] Dieses ›Wissen‹ bestand niemals als systematisches Ganzes und kann daher auch nicht als solches rekonstruiert werden. Es können nur einzelne Elemente herausgearbeitet werden, die von den jeweiligen Autoren akzentuiert werden. Daher gilt es nachzuvollziehen, welches Distinktionspotential unterschiedliche Autoren bestimmten sozialen Praktiken zusprechen und inwiefern sich die einzelnen Autoren voneinander unterscheiden.

---

57 Siehe zu den sozialen Orten und ihrer Bedeutung zusammenfassend Coarelli (2000), der die fehlende Trennung von sozialem und politischem Raum der antiken Stadt ebenso betont wie die von religiösem und wirtschaftlichem.

58 Aus moderner Sicht mag es schwerfallen, die Relevanz dieses Wissens für die Position des Einzelnen in der Gesellschaft zu ermessen; doch kann vielleicht der Verweis auf die Bemühungen und erzieherische Sorgfalt, die in Europa noch zu Beginn des letzten Jahrhunderts auf jeweils ›standesgemäße‹ Kleidung, Konversationsstile und Tischsitten gelegt wurde, genügen, um anzudeuten, dass aus historischer Sicht das Einfordern und Bewahren von Etikette soziale Hierarchien absicherte.

Anhand exemplarischer Betätigungsfelder werden Aspekte des komplexen Spiels um Werthaltungen und normative Ansprüche analysiert, die im Alltag nicht selbstverständlich umgesetzt werden mussten, sondern auch Kompromisse oder Ausflüchte gestatteten. Von situativen Stichproben ausgehend sollen Übereinstimmungen und Brüche im Verhalten Einzelner und Gruppen erkundet und gedeutet werden. Die Beschränkung auf einzelne Kontexte mag immer dazu verleiten, die Aussagekraft des Untersuchten im Unterschied zu anderen, hier ausgesparten Themen in Zweifel zu ziehen. Doch geht es in dieser Studie gerade darum, die Relevanz scheinbar banaler alltäglicher Kommunikations- und Konsumformen für die Verfestigung und Rechtfertigung ebenso wie für die Destabilisierung und Infragestellung von Macht und Herrschaft aufzuzeigen. Mechanismen der Prestigeakkumulation sind in Verbindung mit politischen Machtverhältnissen zu untersuchen.

Wenn die Aufmerksamkeit auf die unterschiedlichen Beschreibungen und Bewertungen antiker Autoren von den soziokulturellen Praktiken ihrer Zeitgenossen gelegt wird und die darin aufscheinenden Bemessungskriterien für soziales Ansehen herausgearbeitet werden sollen, müssen die Beschreibungen der sozialen Praktiken nicht nur inhaltlich wiedergegeben, sondern darüber hinaus auf zwei Ebenen untersucht werden. Die erste Ebene bezieht sich auf die Selbstaussagen der antiken Autoren, und zwar auf das, was über den Hintergrund oder die Tradition der untersuchten Verhaltensweise explizit ausgesagt oder auch implizit vorausgesetzt wird, also auf das, was als das ›Übliche‹ dargestellt wird. Daneben ist gleichfalls danach zu fragen, inwiefern das ›Übliche‹ in den Texten mit Verhaltensweisen kontrastiert wird, die als neu, ungewöhnlich, unkonventionell oder gar unorthodox vorgestellt werden, und wie solche Neuerungen oder Variationen beurteilt werden. Auf dieser Ebene ist jeweils die eingenommene Perspektive und damit verbundene Stellungnahme der Autoren von großer Bedeutung.

Eine zweite Untersuchungsebene bezieht sich auf die sozialen Folgen, die mit den beschriebenen Verhaltensweisen in Verbindung gebracht werden können. Es wird versucht, ein Gesamtbild von den Auswirkungen der von einzelnen Autoren geschilderten Verhaltensweisen zu entwerfen. Auf dieser Ebene spielt die persönliche Deutung und Bewertung der einzelnen Autoren keine entscheidende Rolle, sondern es sind einzelne Aussagen heranzuziehen, um Tatbestände zu rekonstruieren. Konkret können auf diese Weise die Bemühungen jener der traditionellen Aristokratie verpflichteten Autoren rekonstruiert werden, sich gegen ›Emporkömmlinge‹ in neuen Feldern der Konkurrenz abzugrenzen, andererseits können aber auch die Strategien der ›Neureichen‹ verfolgt werden, sich in das Netz des geselligen Verkehrs zu integrieren. Die Analyse der von Zeitgenossen beschriebenen Strategien des Prestigeerhalts oder Prestigegewinns erlaubt Rückschlüsse auf jene Differenzkriterien, die maßgeblich den Rang und das Ansehen einer Person in der römischen Gesellschaft (mit-)bestimmten, dabei aber subtiler waren als zum Beispiel ein festgelegter Zensus oder ein erworbener Amtsrang.

Indem hier der analytische Zugriff auf die sozialen Hierarchien über die Beschreibungen sozialer Praktiken an bestimmten Kommunikationsorten erfolgt, wird eine neue Herangehensweise erprobt, die gegenüber traditionellen sozialgeschichtlichen Studien den Vorzug hat, die in den Quellen aufscheinende soziale Dynamik der Gesellschaft nicht von vornherein durch die Anwendung statischer Untersuchungsraster zu überdecken: Die einzelnen gesellschaftlichen Gruppen werden nicht *a priori* als fest umrissene Entitäten angesehen, sondern die Betrachtung der Selbstinszenierungen an bestimmten Orten ermöglicht es, die sich im Fluss befindlichen Bedingungen für Zugehörigkeit bzw. Exklusion ebenso zu rekonstruieren wie den sich wandelnden *Comment*.

1.5.2 – *Kaiserliche Vorgaben und gesellschaftliche Praktiken*

In der althistorischen Forschung wurde bisher oft der Einfluss des Kaisers auf die Gesellschaft des Prinzipats stark in den Vordergrund gestellt: Seine Regulierung der sozialen Hierarchien wurde ebenso betont wie sein Einfluss auf die soziale Mobilität; es wurde gleichfalls postuliert, dass seit dem frühen Prinzipat die Nähe zum Kaiser von entscheidender Bedeutung war, wenn es um den Erhalt von Amt und Ehren ging.[59] Auch dass im frühen Prinzipat gerade für die Elite bestimmte Möglichkeiten des Prestigeerwerbs und der Selbstdarstellung reduziert wurden, ist konstatiert worden.[60] Weniger beachtet wurden die Fragen, inwiefern sich diese Ausrichtung der gesamten Gesellschaft auf den Kaiser hin auf die bestehenden Nahverhältnisse innerhalb der Gesellschaft auswirkte, inwieweit die Kaiser durch stilbildendes Verhalten das alltägliche Miteinander beeinflussten, und welche neuen Felder des Prestigeerwerbs er-

---

59 Der Kaiser entschied über den Zugang zu Rangklassen, Ehren und Ämtern, auch wenn der *cursus honorum* offiziell fortbestand. Siehe insb. Löhken (1982) 145.
60 Siehe Leppin (1992). Eich (2008) 147: »Im Prinzipat ist ein schrittweiser, aber doch zügiger Rückzug der senatorischen Aristokratie aus wichtigen Feldern der primären städtischen Öffentlichkeit festzustellen. Dies betrifft vor allem die dauerhafte Repräsentation in Architektur, ehrenden Plastiken usw. Die Principes gewannen, was diese Formen der Selbstdarstellung betrifft, gegenüber ihren Standesgenossen in den allen zugänglichen, symbolisch intensiv geladenen Bereichen des sozialen Raums ein deutliches Übergewicht. [...] Inseln senatorischer Selbstdarstellung blieben ihre *domus*, Parks etc. Die Häuser bildeten natürlich nicht einfach private Rückzugsgebiete, man hat sie stets und mit Recht als semi-öffentliche Räume bezeichnet.«

schlossen wurden. An dieser Stelle sei noch einmal auf die Figur des »Kräftefeldes« von Alf Lüdtke hingewiesen, der hervorhebt, dass diese Perspektive eine vereinfachende Zweipoligkeit vermeiden helfe.[61]

Es soll deutlich werden, in welcher Wechselbeziehung Kaiser bzw. Hof und Gesellschaft im Hinblick auf Normen, Lebensstil und Sitten standen und wie dies auf die gesellschaftliche Stratigraphie zurückwirkte. Dabei ist ebenfalls zu berücksichtigen, dass diese Wechselbeziehung gewisse ›Nebenwirkungen‹ gehabt haben könnte, etwa in dem Sinne, dass Maßnahmen der Kaiser in der Gesellschaft eine Art Rückkopplung auslösten, vielleicht zunächst minimale, lancierte Unterschiede in der gesellschaftlichen Praxis eine Verstärkung erfuhren, durch die sich gänzlich neue Formationen sozialer Hierarchien ergaben. Schließlich ist angesichts der bekannten Tatsache, dass nicht nur die Regierungsform des Prinzipats an sich, sondern vor allem einzelne Kaiser keineswegs allgemeine Akzeptanz genossen, auch zu untersuchen, inwiefern sich bei Einzelnen oder Gruppen auch Tendenzen nachweisen lassen, den kaiserlichen Einfluss auf Verhaltensweisen oder dessen Autorität als Vorbild zu ignorieren, zu unterlaufen oder gar zu konterkarieren.[62]

1.5.3 – Handlungsmuster und soziale Strukturen

Den sozialen Rahmen, in denen die hier untersuchten Kommunikations- und Umverteilungsprozesse einzuordnen sind, bilden die Freundschafts- und Nahverhältnisse, die gleichsam die römische Gesellschaft mit einem Netz aus vertikalen und horizontalen Bindungen durchzogen und seit dem Beginn des Prinzipats massiv vom Kaiser geprägt wurden. Die konkreten Ausformungen dieser Freundschafts- und Nahverhältnisse sind äußerst vielfältig und umfassen sowohl sogenannte Klientelverhältnisse (also asymmetrische Beziehungen zwischen – im Hinblick auf den Status – Ungleichen) wie Freundschaftsbeziehungen zwischen dem Status nach (annähernd) Gleichen, wobei die Übergänge oft fließend sind.[63] Bei beiden Beziehungsformen handelt es sich um potentiell

---

61 Siehe dazu genauer Lüdtke (1991) 13: »Den Herrschenden stehen zwar Beherrschte gegenüber – Herrschende konstituieren sich in der Definition und der Verfügung über Beherrschte. Dennoch mögen sich die Herrschenden ihrerseits in Abhängigkeiten finden.«
62 Siehe auch Lüdtke (1991) 13 ff.
63 Zum Wesen und zur historischen Genese der Klientelverhältnisse von der Frühzeit der Republik bis zur Spätantike liegen zahlreiche, durchaus disparate Forschungen vor. Unstrittig ist, dass das Patron-Klient-Verhältnis ein für die römische Gesellschaft signifikantes soziales Institut ist. Zusammenfassend dazu Nippel (2002). In jüngerer Zeit speziell zum Bereich der frühen Neuzeit Emich [u. a.] (2005). Zum römischen Klientelwesen als »soziologischer Sonderfall« und zur Unterscheidung des Klientelverhältnisses zu anderen Formen von Patronage Flaig (1992) 100 ff., der unterscheidet zwischen Klientel (als einer dauerhaften

dauerhafte Sozialverhältnisse, die auf der Wechselseitigkeit von Geben und Nehmen basieren, da der Austausch von Gütern/Leistungen und die Übertragung von Prestige durch die für Außenstehende erkennbare Verbindung eine entscheidende Rolle spielt. Die wissenschaftliche Behandlung dieser Nahbeziehungen wird dadurch erschwert, dass die Konstellationen in den antiken Quellen terminologisch nicht exakt unterschieden werden: Zum Beispiel können Klientelbeziehungen durch die Verwendung einer Freundschaftsterminologie verdeckt werden, die gewählt wurde, um den sozial Schwächeren nicht zu diskriminieren.[64] Weitgehende Einigkeit besteht in der Forschung in der Einschätzung, dass dieses dichte Netz des geselligen Verkehrs in der römischen Gesellschaft zum Ausgleich sozialer und ökonomischer Disparität von großer Bedeutung war. Insofern erscheint es interessant zu untersuchen, auf welche Weise und mit welchen sozialen und ökonomischen Folgen sich das Verhalten von Einzelnen und Gruppen im sozialen Netz unter den Rahmenbedingungen sozialer Mobilität veränderte.

Herrschaftsbeziehung mit klaren Verpflichtungen) und Patronage, die zwar gegenseitige Verpflichtung bestimme, die jedoch in ihrem Ausmaß stark in Abhängigkeit zur sozialen Nähe der Beteiligten schwanken könne, und zieht die Bezeichnung »Patronage« für die römische Sozialform der späten Republik und frühen Kaiserzeit vor. Zur Kritik des insb. von Saller (1982) und (1989) propagierten Patronagebegriffs siehe Barghop (1994) 78.
64 Nippel (2002) 140. Brunt (1965) 361.

2

DIE HERSTELLUNG
SOZIALER HIERARCHIEN IM THEATER

2.1 – Fragestellung und Forschungsstand

Als sie [die friesischen Gesandten] dort [im Theater] in ihrer Muße (denn an den Spielen hatten sie in ihrer Ahnungslosigkeit wenig Freude) nach der Sitzordnung im Zuschauerraum fragten, nach dem Unterschied der Stände und den Plätzen der Ritter und nach denen des Senats, da bemerkten sie Männer in fremder Tracht unter den Sitzen der Senatoren. Sie fragten, wer das sei, und als sie hörten, diese Ehre werde den Gesandten der Völker zuteil, die sich durch ihre Tapferkeit und ihre Freundschaft für Rom auszeichneten, da riefen sie, kein Volk stehe in Waffentüchtigkeit und Treue über den Germanen, stiegen hinab und nahmen unter den Senatoren Platz. Das wurde von den Zuschauern freundlich aufgenommen als eine Handlung von ursprünglicher Kraft und tüchtigem Selbstvertrauen.[1]

Tacitus berichtet hier, dass zur Zeit Neros zwei friesischen Gesandten das Pompeiustheater gezeigt worden sei, wobei sich die Gäste mehr an der Sitzordnung interessiert gezeigt hätten als an den Vorführungen selbst. Die Sitzordnung im Theater war demnach etwas Hervorstechendes, ja Beeindruckendes für die auswärtigen Besucher und im Folgenden geht es darum, den Sinngehalt dieser Sitzordnung nachzuvollziehen sowie einige Besonderheiten der kommunikativen Dynamik im Zuschauerraum des Theaters herauszustellen. Dies geschieht vor dem Hintergrund der Annahme, dass auch die politische Kultur des Prinzipats – wie die anderer vormoderner Gesellschaften – wesentlich durch die

---

1 Tac. ann. 13, 54, 3: *illic per otium (neque enim ludicris ignari oblectabantur) dum consessum caveae, discrimina ordinum, quis eques, ubi senatus, percunctantur, advertere quosdam cultu externo in sedibus senatorum: et quinam forent rogitantes, postquam audiverant earum gentium legatis id honoris datum, quae virtute et amicitia Romana praecellerent, nullos mortalium armis aut fide ante Germanos esse exclamant degrediunturque et inter patres considunt. quod comiter a visentibus exceptum, quasi impetus antiqui et bona aemulatione.* (Übers.: Horneffer, modifiziert von E.H.).

Unmittelbarkeit der Teilnahme an Politik und Kult geprägt war, durch die Direktheit der Interaktionen sowie durch die Sichtbarkeit und Hörbarkeit der die Gesellschaft in ihrer Gesamtheit betreffenden Vorgänge.[2]

Die Sitzordnung im Theater veranschaulichte nach der Ansicht der Zeitgenossen die *magnitudo populi Romani*,[3] also gleichermaßen die Größe wie auch das Ansehen des römischen Volkes; sie sollte beeindrucken und Ehrfurcht erregen, nicht nur bei den Teilnehmern selbst, sondern auch gegenüber Fremden, die gern und oft in das Theater eingeladen wurden.[4] Der Zuschauerraum des Theaters ist daher von Egon Flaig mit Recht als eine »Ikone der sozialen Ordnung Roms« bezeichnet worden.[5] Diese Metapher ist jedoch insofern problematisch, als sie die Sitzordnung statisch wahrnimmt, die im Zuschauerraum bestehende Dynamik verkennt, welche gerade in der angeführten Tacitus-Stelle deutlich hervortritt. Es lassen sich daraus drei Hypothesen ableiten: 1. Zwar gab es Regeln für die Sitzordnung, doch war es möglich, diese spontan zu unterlaufen. 2. Für die Wahrnehmung des Ranges war die Kleidung ausschlaggebend. 3. Die Platzeinnahme konnte vom Publikum kommentiert werden. Diese drei Hypothesen sollen in diesem Kapitel überprüft werden, in dem es um die Dynamik der sozialen Hierarchisierung im Zuschauerraum geht.

Zum römischen Theater allgemein liegen zahlreiche Überblicksdarstellungen vor,[6] ebenso zu einzelnen Gattungen von Darbietungen[7] sowie zur Architektur des Bautypus'.[8] Für die hier verfolgte Fragestellung sind vorrangig Untersuchungen zum Theaterpublikum und seinen Willensbekundungen relevant,[9] ebenso die gründlichen Forschungsarbeiten zu den normativen Vorgaben zur Sitzordnung.[10] Die entsprechenden Regelungen können recht knapp behandelt werden, da es für unsere Fragestellung nicht darauf ankommt, sie

---

2 Siehe in diesem Sinne z. B. Lendon (1997). Aldrete (1999). Flaig (1993).
3 Tac. ann. 13, 54, 2.
4 Zanker (1987) 323 betont, dass der Bürger u. a. im Theater »mit eindrucksvollen Gesamtbildern konfrontiert [wurde], die ihm nicht nur die Machtverhältnisse im Staat und die soziale Ordnung, sondern auch den eigenen Platz in der Gesellschaft eindringlich vergegenwärtigten.«
5 Flaig (2003) 239.
6 Friedländer SG II 112–144. Habel (1931) 608–613. Bieber (1961). Kindermann (1959) und (1979). Simon (1972). Blume (1984). André (1994). Blänsdorf (1990).
7 Lefèvre (1978). Boyle (2006), insb. zu den Entwicklungen in der frühen Kaiserzeit 171–188.
8 Hanson (1959). Frézouls (1982) 343–441. Blänsdorf (1987) 75–107, insb. 90–98. Hülsemann (1987).
9 Mommsen StR III, 1. Abbott (1907) 49–56. Taylor (1966). Bollinger (1969). Tengström (1977) 43–56. Laser (1997). Flaig (2003).
10 Zusammenfassend dazu Rawson (1987) passim. Baltrusch (1989) 137–145. Canobbio (2002) 12–38.

im Detail widerspruchsfrei zu rekonstruieren, sondern vielmehr darauf, ihren Sinn nachzuvollziehen sowie Zuwiderhandlungen und sich daraus ergebende Konflikte zu identifizieren. Die Frage nach dem Zusammenhang von sozialer Hierarchie und Sitzordnung erfordert, die kaiserzeitlichen Aktualisierungen der republikanischen Gesetze genauer vorzustellen, die auch Bestimmungen zur Kleiderordnung enthielten. Diese zu rekonstruieren ist überaus sinnvoll, da die Kleidung den optischen Gesamteindruck des Publikums prägte. Die Relevanz der Veranschaulichung von Rang durch Kleidung soll daher im Folgenden genauer herausgearbeitet werden. Darüber hinaus werden einige Epigramme Martials analysiert, die Konflikte innerhalb der Zuschauerschaft anlässlich der Aktualisierung der Gesetze zur Ordnung im Theater durch Kaiser Domitian thematisieren.[11]

2.2 – Charakter und Tradition der szenischen Spiele in Rom

Vorauszuschicken sind einige Bemerkungen zum Charakter und der Tradition der szenischen Spiele in Rom, denen seit jeher eine große politische Relevanz zukam. Die römischen *ludi* (dazu zählten neben Gladiatorenkämpfen und Circusrennen auch Theateraufführungen, also szenische Spiele) waren – wie Egon Flaig treffend formuliert – »kein Spiel«.[12] Sie waren den Göttern gewidmete Feiern und vor allem auch politische Veranstaltungen. Die dezidiert politische Dimension der szenischen Spiele zeigt sich, anders als im Theater des klassischen Athens, weniger in den Inhalten der aufgeführten Stücke, obwohl auch in Rom Tragödien (von denen kaum Texte überliefert sind) und an griechischen Vorbildern orientierte Komödien auf die Bühne gebracht wurden, deren Inhalte jedoch nicht die politische Situation der Gegenwart aufgriffen. Bereits Horaz schildert, dass zuweilen mitten im Stück auch Einlagen anderer Art vom (niederen) Publikum verlangt wurden: »[...] sie fordern mitten im

---

11 Hinsichtlich der Quellenlage ist festzuhalten, dass die Hinweise auf die gesetzlichen Vorgaben zur Sitzordnung sowie zu den Interaktionen des Publikums weit gestreut sind. Während Cassius Dio zu Beginn des 3. Jh.s n.Chr. diese Zusammenhänge eher beiläufig erwähnt und dabei zu wenig zwischen Theater, Amphitheater und Circus differenziert, ist bei Sueton das Verhältnis der von ihm porträtierten Kaiser zum Theater eine wichtige Rubrik. Da er selbst wahrscheinlich ein eigenes, heute verlorenes Werk *De ludis* verfasst hat, gilt er (wie Rawson (1987) 85 betont) als verlässlicher Informant im Hinblick auf das Spielwesen. Erhellender im Hinblick auf die sozialen Zustände zur Zeit Domitians sind jedoch Erwähnungen bei Plinius, Tacitus sowie bei Martial, der sich der Thematik häufig in den Epigrammen angenommen hat.
12 Flaig (2003) 232.

Stück Bären oder Kämpfer; denn daran hat das Völkchen seinen Spaß«.[13] In der Kaiserzeit wurden die traditionellen Tragödien und kunstvollen Komödien dann mehr und mehr verdrängt,[14] größte Bedeutung erhielt stattdessen der Pantomimus, bei dem Text bzw. Gesang von einem Chor vorgetragen und der Inhalt mit Gebärden gespielt bzw. getanzt wurde. Diese Kunstform wurde von verschiedenen Kaisern stark gefördert, von Augustus ebenso wie von Caligula, Nero und Trajan. Darüber hinaus erfreute sich die sogenannte Atellane zunehmender Beliebtheit, eine Art Kurzkomödie mit einem festen Typenrepertoire, ebenso der Mimus, der schlichte Szenen (Ehebruch, Verwechslungen etc.) in oft vulgärer Sprache in einer Mischung aus Prosa, Poesie und Gesang auf die Bühne brachte.[15]

Trotz der unpolitischen Inhalte lässt sich die politische Dimension der szenischen Spiele – vor allem für die Zeit der Republik – in drei Punkte fassen.

1. Die Spiele nahmen jeweils auf ein für das Gemeinwesen denkwürdiges Ereignis Bezug (z.B. einen Sieg), sie hoben politisch relevante Ereignisse ins kollektive Gedächtnis.[16] 2. Die Spiele wurden von städtischen Magistraten ausgerichtet, die sich – zumal in der späten Republik – in Aufwand und Einfallsreichtum zu überbieten suchten.[17] 3. Am deutlichsten ist der politische Charakter der szenischen Spiele in den Interaktionen des Publikums mit dem Spielgeber bzw. der Elite zu erkennen, die Traugott Bollinger eingehend untersucht hat.[18]

Der Besuch im Theater bot dem Volk Gelegenheit, seine Stimmung – den *sensus populi*[19] – gegenüber prominenten Politikern, später den Kaisern öffentlich zum Ausdruck zu bringen. Dies geschah zum einen durch Zurufe und Sprechchöre, mit denen konkrete Anliegen artikuliert werden konnten: etwa

---

13 Hor. epist. 2, 1, 185 f.: *media inter carmina poscunt aut ursum aut pugiles; his nam plebecula gaudet.* (Übers.: E.H.).
14 Zum Charakter der Komödien Blume (1984) 118. Die Komödien waren oft im griechischen Milieu angesiedelt. Nach dem griechischem Bühnengewand wurde diese Gattung auch *fabula palliata* genannt; die *togata* hingegen spielte im bürgerlichen Milieu italischer Landstädte. Für republikanische Tragödien sind Texte nicht überliefert: Blume (1984) 119 mit weiterer Literatur unter Anm. 51. Zur Verdrängung der Tragödie Cancik (1978) 329.
15 Blänsdorf (1987) 101 und 105.
16 Die *ludi Apollinares* nahmen zum Beispiel auf die Notlage nach der Niederlage bei Cannae Bezug, auf die Rom im Jahr 212 v.Chr. mit der Stiftung der Spiele geantwortet hatte: Flaig (2003) 234 f.
17 Zur Überbietung der einzelnen Magistrate beim Aufbau für Bühnen und zum Aufwand für Tiere seit dem Jahr 99 v.Chr. bis zum Bau des Pompeiustheaters ausführlich Bernstein (1998) 301–305.
18 Bollinger (1969) für die Kaiserzeit. Flaig (2003) für die Republik.
19 Cic. Att. 2, 19, 2 im Hinblick auf Proteste gegen Caesar im Jahr 59 v. Chr.

Forderungen nach Lebensmitteln oder Proteste gegen Teuerungen.[20] Zum anderen konnten Prominente bejubelt oder ausgepfiffen werden, wenn sie ihre Plätze einnahmen. Und schließlich konnte das Publikum indirekt Haltungen zum Ausdruck bringen, indem bestimmte Aussagen von Bühnendarstellern als aktuelle Anspielungen aufgefasst und die Schauspieler durch Zuruf animiert wurden, dieselben Äußerungen vielmals zu wiederholen. Solche Sprechchöre können durchaus als Instanz der sozialen Kontrolle der Elite verstanden werden, denn nachweislich scheute manch ein Politiker den Besuch im Theater, um nicht zum Gegenstand lautstarker Buhrufe zu werden.

Das Publikum erwartete von den Spielgebern auch, dass diese mit Interesse den Darbietungen folgten und deutete gleichfalls deren Reaktionen auf das Spiel. Diese politischen Aktualisierungen sind vor allem für die späte Republik bezeugt, in der dem Theater daher die Funktion eines tagespolitischen Stimmungsbarometers zugesprochen werden kann.[21] Dass aber auch in der frühen Kaiserzeit das Volk durchaus einen gewissen Druck auf die Spielgeber ausübte, indem es darauf achtete, wie präsent die Spielgeber waren, bezeugt z. B. Sueton für Augustus. Der habe sich zwar, so oft es möglich war, bei den Spielen entschuldigen lassen und einen Vertreter geschickt, wenn er aber da

---

20 Bereits unter Augustus gab es Proteste im Theater wegen einer Verteuerung des Weins. Zur Zeit Caligulas wurden Petitionen an den Kaiser vorgetragen. Caligula, Domitian und Hadrian versuchten solche Willensbekundungen durch Ordnungspersonal zu kontrollieren. Dazu André (1990) 168 mit Belegen.
21 Flaig (2003) 238. Allerdings konnte dieses ›Barometer‹ nur aktuelle Tendenzen ausweisen, nicht jedoch dazu dienen, die politische ›Wetterlage‹ zuverlässig vorauszusagen. Laser (1997) 95 weist darauf hin, dass laut Cic. Att. 2, 19, 3 und 24, 2 der Spielgeber Gabinius vor den Konsulwahlen des Jahres 59 v. Chr. zwar ausgepfiffen, aber dennoch schließlich ins angestrebte Amt gewählt wurde. Lasers Bemerkung 95 Anm. 36, dass »die Wähler nicht vollständig mit dem abweisenden Publikum identisch waren«, liegt ohnehin auf der Hand. Auch bestand die Möglichkeit der Fehlinterpretation aufgrund von Selbstüberschätzung oder fehlender Eindeutigkeit der Zurufe. Cicero zum Beispiel dürfte (wie Nippel (1988) 127 betont) seine eigene Popularität, die er auf der Basis von Publikumsreaktionen feststellen zu können glaubte, überbewertet haben, ebenso vielleicht die im Theater 59 v. Chr. erschlossene Unbeliebtheit der Triumvirn. Die eindeutige Interpretation der Unmutsäußerungen gegenüber Einzelpersonen war schwer vorzunehmen, weil der Unmut zuweilen zwar gegenüber einer bestimmten Person zum Ausdruck gebracht, aber auch auf ihr politisches Umfeld gemünzt sein konnte: Ein Beispiel dafür sind die bei Plut. Cicero 13, 2 bezeugten Tumulte gegenüber dem spielgebenden Prätor Roscius im Theater 63 v. Chr., die dazu führten, dass der Konsul Cicero das Theatervolk zu einer spontanen *Contio* vor dem Bellona-Tempel zusammenrief und durch eine (heute nur fragmentarisch erhaltene) Rede *(de Othone)* zur Raison brachte. Laut Crawford (1984) 211 waren Cicero und Pompeius (und nicht Roscius) die eigentlichen Objekte der Schmähung.

gewesen sei, habe er sich sehr interessiert gezeigt – *rumoris causa:* weil er das Gerede (oder gar Gebrüll) des Volkes gefürchtet habe.[22]

Die Selbstdarstellung des Kaisers bei den Spielen war enorm wichtig, da sein Ansehen beim Volk entscheidend vom Engagement als Spielgeber abhing.[23] Entsprechend wurde es von den Spielgebern, später dann von den Kaisern, zur volksfreundlichen Selbstdarstellung genutzt.[24] Auch für die Kaiserzeit ist hinreichend belegt, dass von den Schauspielern vorgetragene Passagen vom Publikum als Anspielungen auf die Gegenwart bezogen wurden;[25] das Theater wurde weiterhin seitens des *populus* zur sozialen Disziplinierung der Elite instrumentalisiert. Dass dies teilweise schlimme Folgen für diejenigen hatte, die dafür verantwortlich gemacht wurden, widersprach der dem Theater eigenen Meinungsfreiheit, der *licentia theatralis,* die als hohes Gut des Volkes geschätzt wurde.[26] Vor diesem Hintergrund verwundert es nicht, wenn das Publikum bzw. einzelne Sprechchöre von den Spielgebern, gerade auch vom Kaiser instrumentalisiert wurden: Sueton berichtet z. B. über Nero, er habe Claqueure im Ritterparkett gedungen, die ihn bei seinen eigenen Darbietungen anfeuern und durch rhythmisches Klatschen begleiten mussten.[27]

Im Rahmen der Beschäftigung mit dem Theaterpublikum ist es unerlässlich, auch auf dessen Zusammensetzung einzugehen. Wie viele Leute passten in ein Theater und welcher Teil des *populus* ging überhaupt dort hin? Solche schlichten Fragen sind schwer zu beantworten. Da es sich bei den Theatern der römischen Republik um temporär errichtete Holzbauten handelte, sind für diese keine archäologischen Rückschlüsse auf Zuschauerzahlen möglich. Vorsichtige moderne Schätzungen gehen für das im Jahr 58 v. Chr. errichtete Holztheater des Aemilius Scaurus – das größte seiner Zeit – von rund 25.000

---

22 Sueton zieht dies als möglichen Grund für die Aufmerksamkeit des Kaisers in Betracht, ebenso sein ernsthaftes Interesse an den Darbietungen. Er vermengt jedoch unterschiedliche Arten von Spielen (Suet. Aug. 45, 1).
23 Augustus und Tiberius hielten es laut Tacitus für eine bürgerliche Aufgabe, die Freuden des Volkes zu teilen, und der zu seinem Amtsantritt wenig populäre Claudius erhielt als Spielleiter in Vertretung Caligulas bei den Schauspielen die Volksgunst (Suet. Claud. 7, 2). Zur Relevanz der Spiele für das Ansehen der Kaiser Baltrusch (1989) 138 f. mit Anm. 33.
24 André (1990) 168.
25 Dazu Friedländer SG II 116–118. Sueton überliefert zum Beispiel, dass dem jungen Octavian/Augustus von seinen Konkurrenten vorgeworfen wurde, sich als passives Liebchen Caesars »hochgeschlafen« zu haben (Suet. Aug. 68). Dazu André (1990) 169 mit weiteren Beispielen.
26 Dazu Friedländer SG II 117. Zur Ausweisung der Pantomimen unter Tiberius Tac. ann. 4, 14. Caligula ließ einen Atellanendichter wegen eines Scherzes in der Arena des Amphitheaters verbrennen (Suet. Cal. 27, 4). Nero verwies einen Schauspieler wegen einer Anspielung aus Italien (Suet. Nero 39, 3).
27 Suet. Nero 20, 2 f.

Zuschauern aus. Das erste steinerne Theater Roms, das Pompeius-Theater aus dem Jahr 55 v. Chr., bot nach modernen Schätzungen 18.000 Zuschauern Platz, während Plinius der Ältere für dieses Theater 40.000 Zuschauer kalkuliert.[28] Das unter Augustus vollendete Marcellus-Theater soll etwa 10.000 bis 15.000 und das Theatrum Balbi 6000 bis 7000 Personen gefasst haben.[29] Welche Zahlen man auch immer annimmt, es kann nur ein Bruchteil der Bevölkerung der Millionenmetropole Rom jeweils in ein Theater hineingepasst haben.[30] Die Unstimmigkeit der Schätzungen muss hier nicht weiter verfolgt werden. Es genügt festzuhalten, dass es keinesfalls genug Platz für alle Bewohner der Stadt an einem Spieltag bot; aber es gab bereits zum Ende der Republik bekanntlich zahlreiche Spieltage und nach allgemeiner Einschätzung soll die Frequenz in der Kaiserzeit noch gesteigert worden sein.[31]

Dass das szenische Theater vornehmlich in den ›gebildeten Kreisen‹ beliebt gewesen ist, was mitunter in der Forschung unterstellt wird, ist nicht gesichert. Selbst wenn man eine besondere Affinität der Bildungselite zum Theater voraussetzt, bedeutet das nicht, dass ausschließlich dieser Personenkreis Interesse an den Spielen gehabt hat.[32] Wenn es tendenziell immer zu wenig Plätze

---

28 Dazu Boyle (2006) 150. Plin. nat. hist. 36, 115. Zum Vergleich: Das Olympiastadion in Berlin hat rund 74.000 Plätze.
29 Zu den Zahlen Neumeister (1991) 190–191.
30 Zur Bevölkerungszahl von einer Million in Rom um 30 v. Chr. Boyle (2006) 150. Dass nur ein Segment der römischen Bevölkerung Zugang zum Theater hatte, betont auch Laser (1997) 93 mit Anm. 27. Ins Theater kamen – zumindest bei bestimmten Festen – nicht nur Bürger aus Rom, sondern aus ganz Italien: Nippel (1988) 127.
31 Blänsdorf (1990) 12 spricht vom Theater als einem »Massenmedium«. Er geht davon aus, dass im Festkalender der römischen Republik 48 von insgesamt 65 Spieltagen den szenischen Spielen gewidmet waren. André (1994) 138 geht von rund 100 Tagen mit szenischen Feiern pro Jahr aus, die Tendenz sei in der späten Republik allerdings abnehmend gewesen. Dagegen Blume (1984) 116: Seit dem zweiten Punischen Krieg sei die Anzahl der Anlässe, zu denen man Theateraufführungen bot, ständig erhöht worden. Zum Zeitpunkt von Caesars Tod seien es 40 Tage im Jahr gewesen; dazu seien auch noch private Feiern (Leichenfeiern) und Triumphe gekommen.
32 Siehe Blänsdorf (1990) 11: »In gebildeten Kreisen kannte man berühmte Tragödien […] auswendig, erkannte die Musik schon nach wenigen Tönen und konnte bei Zitaten und knappen Anspielungen auf kundige Hörer und Leser rechnen. In den Rhetorenschulen dienten Tragödienzitate zur Illustration rhetorischer Figuren und Erzählmittel. Die römischen Nobiles der späten Republik dichteten nicht nur selbst Tragödien wie Caesar, Ciceros Bruder, Pollio u. a. Sie konnten sich auch der gesellschaftlichen Verpflichtung, sich bei den *ludi publici* zu zeigen, nicht entziehen.« Cicero prangert den fehlenden staatsbürgerlichen Sinn Pisos an, der sich bei den Spielen nicht blicken lässt, sondern diese den »unterbelichteten Durchschnittsmenschen« überlässt (Cic. Pis. 27, 65 ff.). Gegen die Annahme, dass vorwiegend die besser Situierten im Theater anwesend waren, Tatum (1990) 104–107.

im Theater gab,³³ stellt sich umso dringender die Frage nach dem Modus der Platzverteilung, die allerdings nur ansatzweise zu klären ist.³⁴ Der Eintritt ins Theater war im Prinzip kostenfrei, aus Platzgründen aber nicht jedem möglich. Für die Zeit der Republik ist anzunehmen, dass kostenlose Eintrittskarten von den Spielgebern über die Magistrate im Rahmen der üblichen sozialen Netze vergeben wurden, konkret von Patronen an Klienten.³⁵

2.3 – Die Sitzordnung und die Bestimmungen der *lex Roscia* des Jahres 67 v. Chr.

Die Sitzordnung im römischen Theater hatte sich nicht allein aus Sitte und Herkommen ergeben, sondern wurde im Laufe von über hundert Jahren bis in die Kaiserzeit immer wieder per Gesetz verändert und spezifiziert. Dabei zeichnet sich ein Prozess ab, der in der Kaiserzeit zu einer immer kleinteiligeren Festlegung von Sitzplätzen führte, die für bestimmte Personenkreise reserviert waren.³⁶ Bereits zu Beginn des 2. Jh.s v. Chr. wurden den Senatoren durch einen Erlass spezielle Sitzplätze zur Verfügung gestellt: Sie durften seitdem (194 v. Chr.) auf beweglichen Stühlen in der *orchestra* Platz nehmen,³⁷ räumlich

---

33 In den Quellen finden sich zuweilen Berichte über einstürzende Theater und beengte Verhältnisse wegen Überfüllung: Im Jahr 27 führte der Zusammenbruch des von einem Freigelassenen erbauten Amphitheaters in Fidenae zum Tod von 50.000 Menschen, Männern und Frauen jeglichen Alters. Tacitus berichtet von den Folgen (Tac. ann. 4, 63). Es sei ein Senatsbeschluss ergangen, dass Amphitheater nur von Personen mit einem Vermögen von mindestens 400.000 Sesterzen gebaut werden dürften (das ist also eine implizite Beschränkung auf Senatoren und Ritter) und eine Bauabnahme zu erfolgen habe.
34 Siehe Rawson (1987) 87: »Various problems concerning theatre seating in Rome remain unsolved, for example the extent to which seats were free, and the system, if any, of tokens or tickets.«
35 Siehe Laser (1997) 92 mit Anm. 26 und einigen Verweisen aus dem Œuvre Ciceros. Wenn etwa bei Cicero von der Vergabe größerer Kontingente von Plätzen die Rede ist, lässt sich denken, dass die Plätze zunächst z. B. von Sklaven okkupiert wurden, die diese zu Beginn der Spiele räumen mussten; auch Vereinbarungen mit den Hilfskräften der Veranstalter sind vorstellbar. Siehe Adamietz im Kommentar zu Cic. Mur. 73 (1989) 222. Nippel (1988) 127 zieht die Vergabe von Eintrittskarten durch Patrone vor allem für Gladiatorenspiele in Betracht, die als private Veranstaltungen besonders den Geschmack der breiten Massen ansprachen. Zur Vergabe von Circusplätzen an Klienten Tengström (1977) 46.
36 Siehe dazu Rawson (1987). Zur Unterscheidung nach Alter und der Vergabe besonderer Ehrenplätze, z. B. für Träger der *corona civica* in der frühen Kaiserzeit, Rawson (1987) 106.
37 Dazu Rawson (1987) 107. Dass diese beweglichen Stühle aufgemalte Namensinschriften trugen, ist wahrscheinlich: Rawson (1987) 110. Mitunter wurden sogar eigene Stühle für (imaginierte) Götter aufgestellt; auf diese Sitte bezog sich der Versuch Octavians, im Juli

noch vor dem – in Anlehnung an griechische Theater halbkreisförmig gestalteten – eigentlichen Zuschauerraum.[38] Außer den Senatoren hatten traditionell auch Magistrate im Amt Ehrensitze *(prohedria)* im Bereich der *orchestra*, ebenso wichtige Priesterschaften (z.B. die Vestalinnen).[39] Über die Beschaffenheit der Plätze für das übrige Publikum in den Holztheatern der Republik herrscht in der Forschung keine Einigkeit. Feste Platzkarten scheint es jedenfalls nicht gegeben zu haben, und einige Quellen deuten darauf hin, dass das römische Volk in dieser frühen Zeit durchweg gestanden hat.[40] Man kann sich zudem einfache Sitzgelegenheiten auf abgestuften Holzbrettern vorstellen, die man sich durch mitgebrachte Kissen bequemer gestalten konnte, auf denen das Publikum zumindest so lange saß, bis das Schauspiel begann. Dann wird sich von selbst ergeben haben, dass man aufstand, im Weg Stehende beschimpfte und zur Seite drängte.

Im Jahr 67 v.Chr. wurde eine weitere Gruppe der Bevölkerung privilegiert: die Ritter. Durch ein Gesetz des Cicero nahestehenden Volkstribuns L. Roscius Otho – die *lex Roscia* – wurde bestimmt, dass nunmehr 14 Sitzreihen hinter den Senatorenplätzen für die Ritter reserviert seien, womit dieser Statusgruppe ein besonderer Komfort geboten wurde.[41] Hier durften demnach zum einen die Inhaber eines Staatspferdes sitzen; sie waren Mitglieder der 18 Rittercenturien und wurden nach wie vor vom Zensor bestellt.[42] Dem Schrifttum der

---

44 v.Chr. den vergoldeten Amtssessel des ermordeten Caesar bei den Spielen aufzustellen, was von den Tribunen im Auftrag von M. Antonius verhindert wurde. Cic. Att. 15, 5, 2 Kasten: »Die Sache mit Caesars Amtssessel haben die Tribunen gut gemacht. Herrlich auch das Ritterparkett *(XIV ordines)*!« Siehe auch App. civ. 3, 28. Rawson (1987) 110.

38 Die Quellen (Liv. 34, 44, 5. 34, 54, 3–7. Cic. har. resp. 12, 24. Val. Max. 2, 4, 3) liefern divergierende Angaben darüber, auf wessen Veranlassung und wann besondere Senatorensitze bei den *ludi Romani* oder den *ludi Megalenses* eingeführt wurden. Die Details können hier ausgeblendet bleiben, zumal der »Kern [...] überall derselbe« ist: Bollinger (1969) 3 Anm. 13. Zur ausführlichen Diskussion siehe Ungern-Sternberg (1975) 157–163. Zu den Bestimmungen knapp Bollinger (1969) 3 f. Rawson (1987) 107.

39 Dazu summarisch Rawson (1987) 109. Individuelle Sitzinschriften aus republikanischer Zeit sind im Amphitheater von Corfinium und Aquileia bezeugt. Rawson (1987) 110 mit Literatur.

40 Laut Tacitus (Tac. ann. 14, 20, 2) hat das Publikum gestanden. Das Motiv des Stehens kann aber als ein Topos im Diskurs über Verweichlichung interpretiert werden. Valerius Maximus überliefert die Anekdote, dass Scipio Nasica im Jahr 155 v.Chr. ein bereits im Bau befindliches Steintheater wieder abreißen ließ und einen Senatsbeschluss herbeiführte, der es verbot, Sitzmöglichkeiten aufzustellen oder im Sitzen an den Schauveranstaltungen teilzunehmen (Val. Max. 2, 4).

41 Zum Gesetz kurz und bündig Neumeister (1991) 199.

42 Laut Kübler (1907) 284 waren Erfordernisse das vollendete 17. Lebensjahr, Gesundheit, freie Geburt, Unbescholtenheit und ausreichendes Vermögen, das möglicherweise nur gewohnheitsmäßig normiert war. Das Kriterium der moralischen Eignung, das traditionell

spätrepublikanischen Zeit ist darüber hinaus zu entnehmen, dass Personen mit der Vermögensqualifikation von 400.000 Sesterzen in diesen Reihen Platz nehmen durften.[43] Dieses notwendige, aber nicht hinreichende Kriterium für die Zugehörigkeit zum Ritterstand trat in der Praxis stark in den Vordergrund, so dass in der allgemeinen Wahrnehmung vor allem das Vermögen für die Sitzprivilegierung den Ausschlag gab. Dies wird bereits von Horaz kritisch bemerkt, der auf die mögliche Diskrepanz von Tugend und Vermögen abhebt, wenn er lamentiert: »Geld musst du machen, Geld! Wenn es geht: mit Recht und Anstand, wenn nicht: dann eben anders – Hauptsache Geld! Damit du die Tränendrüsen-Stücke des Pupius im Ritterparkett genießen kannst!«[44] und: »Du magst Geist und Charakter haben, Beredsamkeit und Pflichttreue, fehlen dir aber an den 400.000 Sesterzen nur sechs- bis siebentausend, so gehörst du zur Plebs [...]«.[45]

Verschiedene Bemerkungen der zeitgenössischen Dichter lassen allerdings den Schluss zu, dass auch Militärtribune, niedere Magistrate und Aerartribune, die als Richter dienten, in den Genuss der privilegierten Plätze kamen.[46] Dass diese die Vermögensqualifikation erfüllten, ist eher unwahrscheinlich.

An dieser Stelle sollen die in der Forschung umstrittenen Implikationen der *lex Roscia* nicht ausführlich dargestellt werden. Es genügt hier festzuhalten, dass die Einrichtung der gesonderten Sitze für Ritter als Maßnahme zu verstehen ist, jenen Teil der Ritterschaft, der sich aus den Richtern, niederen

---

vom Zensor bei der Registrierung festgestellt werden musste, wird in der jüngeren Forschung wenig beachtet.

43 Hor. epist. 1, 1, 53–64. Auch wenn ein Zensus für den *ordo equester* in der Höhe von 400.000 Sesterzen spätestens für die Zeit seit dem 2. Punischen Krieg für wahrscheinlich gehalten wird (Liv. 24, 1, 7) – so auch Lintott (1998) –, ist dieser Zensus wohl erstmals in der *lex Roscia* »durch Volksbeschluss sanktioniert« (Mommsen StR III, 1, 499) worden. Cic. Phil. 2, 44 spricht von besonderen Plätzen für Bankrotteure.

44 Hor. epist. 1, 1, 65–67: *rem facias, rem, si possis, recte, si non, quocumque modo, rem ut proprius spectes lacrumosa poemata Pupi.* (Übers.: Färber – Schöne).

45 Hor. epist. 1, 1, 57–59: *est animus tibi, sunt mores, est lingua fidesque, sed quadringentis sex septem milia desunt: plebis eris.* (Übers.: E.H.) Martial (Mart. ep. 5, 27) verkehrt eben diese Klage in den Spott desjenigen, der sich herablassend über einen »armen Ritter« äußert: »Zugegeben: Geist, literarische Bildung, Charakter und die Herkunft | eines Ritters, die hast du; das andere hast du mit dem Volk gemein. | Doch sollten dir die Plätze in den ersten vierzehn Reihen nicht so viel bedeuten, | daß du beim Anblick des Platzanweisers mit bleichem Gesicht dasitzt.«

46 Kriegstribune: Hor. epod. 4, 15–20. Niedere Magistrate, z. B. wie Decemviri: Ov. fast. 4, 377–384, und Aerartribune, die als Richter dienten, deren Herkunft offenbar niedrig sein konnte: Hor. sat. 1, 6, 38–41 spielt auf Söhne von Freigelassenen an.

Magistraten und Militärs rekrutierte, als eine Gruppe potentieller Funktionäre öffentlich sichtbarer zu machen und damit aufzuwerten.[47]

Ein weiteres Ziel (oder ein unbeabsichtigter Nebeneffekt) des Gesetzes könnte darin bestanden haben, anhand der festgelegten Sitzbereiche die Stimmen des Publikums im oftmals politisch aufgeladenen Raum des Theaters differenzierter erfassen zu können, da die abgetrennten Sitze der Ritter es ermöglichten, die Reaktionen des *populus* nach Statusgruppen gesondert antizipieren zu können. ›Sondervoten‹ der Ritterschaft sind in den Quellen verschiedentlich bezeugt, zum Beispiel hebt Horaz auf unterschiedliche Neigungen und Formen der Willensbekundung von »feinen Rittern« und dem »Pöbel« in den hinteren Reihen ab, der durchaus auch zum Gebrauch der Fäuste neige, um sich klar auszudrücken.[48]

Festzuhalten ist ebenfalls, dass mit dieser Regelung eine Erweiterung des traditionellen Ritterstandes verbunden war. Zu dem traditionellen Zweig der Staatspferdinhaber *(equites cum equo),* der sich aus vermögenden Familien rekrutierte, für die der Mindestzensus galt, trat nun eine Art ›Amtsadel‹, der sich aus Funktionen im Gericht oder im Militär ergab. Bereits Augustus bemühte sich wenig später darum, die Staatspferdinhaber zu fördern und symbolisch aufzuwerten, was als Indiz dafür gelten kann, dass die ›neuen‹ Ritter die ›alten‹ an Ansehen rasch überrundeten. Bekanntermaßen gewannen die Richter als Ritter in den folgenden Jahrzehnten an Bedeutung,[49] spätestens zur Zeit Hadrians lässt sich die Jurisprudenz als Äquivalent für die militärische Laufbahn ansehen.[50] Hinzu trat die kaiserliche Gunst, als ein weiteres Kriterium der Erhebung in den Ritterstand. Die Zahl der verfügbaren Ritterplätze im Theater erwies sich jedenfalls bald als zu gering,[51] so dass die Knappheit Konflikte provozierte, worauf unten noch einzugehen ist.

47 Zum historischen Hintergrund vor allem Bruhns (1980). Meier (²1988) 73 Anm. 7, 87 Anm. 140. Bleicken (1995). Canobbio (2002) 11 f. insb. 20.
48 Hor. epist. 2, 1, 183–188. Das früheste Beispiel für ein Sondervotum der Ritterschaft ist der Protest der Menge gegen den Namensgeber der *lex Roscia:* Dieser wurde im Jahr seiner Prätur im Theater vom Volk mit höhnischem Pfeifen bedacht, während die Ritter ihm zujubelten. Dazu Laser (1997) 96. Als Caesar anlässlich der im Juli 59 gefeierten *Apollinarien* vom Publikum mit eisigem Schweigen bedacht, sein politischer Gegner jedoch begeistert beklatscht wurde, war Caesar nicht nur tödlich beleidigt, sondern erwog sogar die Aufhebung der *lex Roscia*, weil die Ritter in ihren vorderen Sitzreihen aufgestanden waren, um seinen Kontrahenten stürmisch zu begrüßen (Cic. Att. 2, 19, 3 Kasten).
49 Zu den Geschworenengerichten und deren Kammern unter Augustus Friedländer SG I 148.
50 Friedländer SG I 152.
51 Auf die Knappheit der Ritterplätze verweist auch die bei Quintilian über Augustus überlieferte Anekdote, dass dieser einen Ritter, der im Theater trank, mit den Worten angesprochen habe: ›Wenn ich frühstücken will, gehe ich nach Hause.‹ Darauf habe der Ritter

Fassen wir bis hierhin zusammen, was für die Sitzordnung im Theater zu Beginn der Kaiserzeit vorauszusetzen ist. Im Laufe des ersten Jahrhunderts v. Chr. wurden mit dem im Jahr 55 v. Chr. eingeweihten Pompeius-Theater, mit dem von Augustus vollendeten Marcellus-Theater und dem Balbus-Theater insgesamt drei Theater gebaut, die als Stätten für die szenischen Spiele zur Verfügung standen.[52] In den im archäologischen Befund noch ansatzweise erkennbaren Sitzreihen, nahmen in der ersten Reihe die Senatoren, Magistrate im Amt sowie die Ehrengäste Platz. Von anwesenden Kaisern wurde erwartet, dass sie die Spiele verfolgten, wobei die Sitze bzw. ihr Podium unterschiedlich gestaltet waren.[53] In den 14 Reihen hinter den Senatorenplätzen durften seit der *lex Roscia* des Jahres 67 v. Chr. ausschließlich Ritter Platz nehmen.

Aus verschiedenen Bemerkungen der antiken Autoren ist zu schließen, dass gerade im Ritterparkett tendenziell zu wenig Plätze zur Verfügung standen. Es mussten daher Konflikte darüber entstehen, wer (eher als ein anderer) einen Sitzplatz beanspruchen durfte. Auf welche Weise konnte eine Person ihren Anspruch auf einen Sitzplatz geltend machen? Wie wurde dafür gesorgt, dass keine unberechtigten Personen die privilegierten Plätze einnahmen? Wie wurde festgestellt, ob eine Person aufgrund eines Vermögens- oder Ehrverlustes ihre Standeszugehörigkeit und damit das Anrecht auf den Sitzplatz eingebüßt hatte? Für die späte Republik und die frühe Prinzipatszeit sind solche Probleme nur vereinzelt dokumentiert;[54] verallgemeinernde Schlüsse verbieten sich. Einiges Aufsehen erregte der Fall des ritterlichen Mimendichters D. Laberius, der im Jahr 46 von Caesar gezwungen worden war, selbst als Schauspieler aufzutreten, so dass er die Ritterwürde verlor, weil Schauspieler als infam galten. Später wurde ihm von Caesar die Ritterwürde wieder zugesprochen. Als D. Laberius danach versuchte, seinen Platz in den Ritterreihen einzunehmen, schlossen sich alle so eng zusammen, dass für ihn, wo er auch hintrat, kein Platz war.[55] Dieses Beispiel zeigt, auf welche Weise die Einnahme eines privilegierten Platzes durch die Sitznachbarn sanktioniert werden konnte: durch soziale Kontrolle. Gelegentlich werden im Schrifttum auch *apparitores* als Theateraufseher erwähnt.[56]

geantwortet: ›Du hast auch nicht zu fürchten, dass dir jemand den Platz wegnimmt [...]‹ (Quint. inst. 6, 3, 63).
52 Zanker (1987) 154 f. betont zu Recht, dass die neuen Bauten durch ihre Treppenkonstruktionen nun »auch für das Sortieren nach dem gesellschaftlichen Rang [sorgten], so daß das einfache Volk, dessen Sitze ganz oben waren, erst nicht mit den ›besseren‹ Leuten in Kontakt zu kommen brauchte, nicht anders als in den Opernhäusern des Bürgertums des 19. Jahrhundert.«
53 Siehe dazu die gründliche Zusammenstellung der Belege bei Bollinger (1969) 74–77.
54 Siehe Quint. inst. 6, 3, 63 für die Zeit des Augustus.
55 Stein (1927) 25. Sen. contr. 7, 3, 9. Suet. Caes. 39, 2. Macr. Sat. 2, 3, 10. 7, 3, 8.
56 Platzanweiser werden bereits bei Plaut. Poen. 3 ff. erwähnt. Nach Suet. Aug. 14 wer-

2.4 – Die Aktualisierung der *lex Roscia* und die Kleiderordnung in der Kaiserzeit

Obwohl die *lex Roscia* nie außer Kraft gesetzt wurde, ist davon auszugehen, dass das Theaterpublikum gegen Ende der Republik dazu tendierte, die Vorgaben der Sitzordnung zu vernachlässigen.[57] Dafür spricht nicht zuletzt, dass bereits Augustus erneut die Ordnung des Theaterpublikums regelte, weil laut Sueton »die Zuschauer bei den Schauspielen über die Stränge schlugen und sich ganz und gar zügellos verhielten.«[58] Sueton berichtet von einem durch Augustus bewirkten Senatsbeschluss, dass bei allen öffentlichen Veranstaltungen die erste Reihe für Senatoren reserviert bleibe;[59] Gesandte durften künftig nicht mehr in der *orchestra* sitzen. Darüber hinaus sah dieser Senatsbeschluss weitere, im Verhältnis zur *lex Roscia* recht kleinteilige Bestimmungen vor: Sueton erwähnt, dass Soldaten getrennt vom Volk sitzen sollten, eigene Reihen innerhalb des *populus* für Verheiratete vorgesehen waren, auch ein eigener Abschnitt für junge Männer in der Nähe ihrer Erzieher. Frauen des Volkes durften (zumindest bei Gladiatorenspielen) nicht länger neben ihren Männern sitzen, sondern allenfalls ganz oben; dem athletischen Ringkampf sollten Frauen gar nicht zuschauen.[60] Aus anderen Quellen sind weitere Spezifikationen herauszulesen (z.B. Sondersitze für Ritter, die ihr Vermögen verloren hatten), über

---

den (in der Zeit des Perusinischen Krieges) *apparitores* (»Amtsdiener«) als Theateraufseher eingesetzt. Zu den Diensten von Freigelassenen als *apparitores* in der Republik Treggiari (1969) 153 ff. Bei einem Gladiatorenspiel in der späten Republik soll Balbus laut Cic. fam. 10, 32, 3 »gallische Reiter« zur Niederschlagung eines Tumultes eingesetzt haben. Gemäß Tengström (1977) 49 gehörte die Aufsicht über die Spiele in den Amtsbereich des *praefectus urbi*. Laut Nippel (1988) 164 ist es nicht möglich, klar umrissene Kompetenzen von Prätorianern und Stadtkohorten in diesem Bereich auszumachen. Siehe zur Thematik auch Bingham (1999) 369–379, hier 370.

57 Ein Beleg findet sich bei Suet. Aug. 14, 2: Während des Perusinischen Krieges habe Octavian einem Aufseher befohlen, einen einfachen Soldaten des Platzes zu verweisen, der sich im Circus in die Reihen der Ritter gesetzt hatte. Später habe sich das Gerücht verbreitet, dass Octavian den Mann obendrein habe foltern und töten lassen. Dies habe den Volkszorn gegen Octavian entfacht, der dem gerade noch entkommen sei, als der vermeintlich Hingerichtete wieder unversehrt aufgetaucht sei. Dazu Canobbio (2002) 37.

58 Suet. Aug. 44, 1.

59 Dieser Senatsbeschluss kann nach Cass. Dio 53, 25, 1 auf das Jahr 26 v.Chr. datiert werden. So Rawson (1987) 98.

60 Suet. Aug. 44, 1–3. Dazu ausführlich Rawson (1987) 85. Zu möglichen weiteren Spezifizierungen siehe Rawson (1987) 87 ff.; zu den Frauen 89–91. Zu der Diskussion über die Plätze der Frauen auch Schnurr-Redford (1992) insb. 147–150.

die in der Forschung kein Konsens herrscht und hier nicht im Einzelnen rekonstruiert werden müssen.[61]

Wahrscheinlich erließ Augustus obendrein eine nicht exakt zu datierende *lex Iulia theatralis*,[62] welche die Festlegung des Ritterparketts für das Theater bestätigte, wie auch die Qualifikation per Zensus. Festzuhalten ist auch, dass das unberechtigte Einnehmen eines bestimmten Platzes im Theater nun offenbar strafrechtlich verfolgt werden konnte; zumindest erwähnt Sueton im Kontext der augusteischen Regelung eine *poena theatralis*.[63] Die Einschärfung der geltenden Trennung der *ordines* durch Augustus ist sicher im Kontext seiner Bemühungen zu verstehen, die Hierarchie und die Geschlossenheit der *ordines* zu stabilisieren.[64] Diese Vorgaben zur Sitzordnung wurden von keinem Kaiser in Frage gestellt,[65] sie galten nicht nur in Rom, sondern – unter Berücksichtigung lokaler Spezifika – im gesamten Imperium; allerdings hielt es Domitian für notwendig, erneut per Edikt die *lex Roscia* und das Vorrecht der Ritter, in den ersten 14 Reihen sitzen zu dürfen, in Erinnerung zu rufen.

Wenden wir uns nun der Kleiderordnung im Theater zu, die in der Forschung bislang wenig Aufmerksamkeit gefunden hat, was auch auf die äußerst fragmentarische Quellenlage zurückzuführen ist. Da eine stringente Beweisführung im Sinne der Präsentation und Diskussion sämtlicher Belege extrem kleinschrittig und ermüdend wäre, soll im Folgenden versucht werden, die fragmentarischen Informationen kulturgeschichtlich zu kontextualisieren, um auf diese Weise nicht die postulierte Ordnung im Detail, sondern vielmehr deren Sinngehalt zu erschließen.

Augustus schrieb vor, dass im Theater eine möglichst weiße Toga zu tragen sei.[66] Dies passt zu der Überlieferung, dass sich Augustus gerühmt habe, Rom

---

61 Zu den Bestimmungen summarisch bereits Mommsen StR III, 1 521. Zu den Kontroversen Rawson (1987) passim. Zum Forschungsstand Canobbio (2002) insb. 35 ff.

62 Der zentrale Beleg für eine *lex Iulia* ist Plin. nat. hist. 33, 32. Die Datierung ist unsicher: Rawson (1987) 98, die entweder das Jahr 22 v.Chr. (Cass. Dio 54, 2, 3–5) oder 19 v.Chr. (Übernahme der *Cura Morum* durch Augustus) vorschlägt. Die Existenz einer *lex Iulia* wird von Scamuzzi (1969) zurückgewiesen. Dagegen zu Recht Rawson (1987) 86. Möglicherweise wurde erst im Jahr 5 n.Chr. die Sitzordnung auch auf die Pferderennen übertragen: Cass. Dio 55, 22.

63 Suet. Aug. 40. Mommsen StR III, 1 521 nimmt an, dass der in diesem Sinne Verklagte mit einer Geldstrafe belegt wurde.

64 Zur Einordnung in den Kontext der Ehe- und Sittengesetzgebung Rawson (1987) insb. 98. Zum Zusammenhang zwischen Theaterordnung und Ehegesetzen auch Schnurr-Redford (1992) 159.

65 Claudius und Nero dehnten die Bestimmungen sogar auf den Circus aus: Baltrusch (1989) 143.

66 Dies darf aus der Kombination zweier Bemerkungen in Suetons Augustus-Vita geschlossen werden: »Die Aedilen erhielten von ihm die Aufgabe übertragen, jemandem in

zum »Volk der Toga« gemacht zu haben.[67] Eine späte Bestätigung dieser Vorgabe findet sich auch bei Juvenal, der betont, dass in Italien – anders als in Rom – beim Theaterbesuch alle Statusgrupen die gleiche Kleidung trugen, nämlich eine schlichte Tunica: »Du wirst dort die gleiche Kleidung erblicken bei denen, die auf den vordersten Plätzen sitzen wie beim gewöhnlichen Volk, wobei sich selbst die höchsten Magistrate mit einer weißen Tunica begnügen.«[68]

Die Toga war ein Kleidungsstück mit hohem materiellen wie auch symbolischem Wert.[69] Nicht jeder Bürger verfügte über ein solches Gewand, das ein einfacher Mann in der Regel von einem Patron geschenkt bekam, um in diesem Aufzug auch die morgendliche Aufwartung zu machen. Die Toga war anzulegen, wann immer ein Bürger als Bürger agierte; sie fungiert daher als eine Art Ausweis, der überhaupt zur Teilnahme an städtischer Unterhaltung und kollektiver Kultausübung berechtigte.[70] Aufgrund der Stoffmenge und ihrer Form war die Toga nicht leicht anzulegen, weswegen ihre schlechte Handhabbarkeit bei den antiken Autoren verschiedentlich beklagt wird, ebenso wurde sie nicht gerade als zweckmäßig empfunden.[71] Da sie aus Wolle gefertigt war, schwitzte man im Sommer darin; im Winter fror man dennoch oft. Außerdem war es schwierig, im Gedränge der Stadt und ohne hauseigene Waschgelegenheiten die Toga rein weiß zu halten,[72] sie drohte im Gedränge der Straßen zu verrutschen und erforderte von ihrem Träger Körperbeherrschung und Disziplin.[73]

Zukunft nur dann zu gestatten, sich auf dem Forum oder in dessen näherer Umgebung aufzuhalten, wenn er den mantelartigen Überwurf ab- und die Toga angelegt habe.« (Suet. Aug. 40, 5: *negotium aedilibus dedit, ne quem posthac paterentur in Foro circave nisi positis lacernis togatum consistere.* Übers.: Martinet) und »[Er ordnete an], dass keiner von den Schmuddeligen in der mittleren *cavea* sitzen sollte« (Suet. Aug. 44: *[sanxit], ne quis pullatorum media cavea sederet.*). Ob mit den »*pullati*« jene gemeint sind, deren Toga dunkel von Schmutz war, oder sogar Personen, die keine Toga hatten (so Rawson (1987) 89), ist nicht sicher zu klären.

67 Zum Sinn für die Symbolik der Toga unter Augustus siehe Suet. Aug. 40. Bonfante-Warren (1973) 586f.

68 Iuv. sat. 3, 177–179: *aequales habitus illic similesque videbis | orchestram et populum; clari velamen honoris | sufficiunt tunicae summis aedilibus albae.* Die Übersetzungen der Satiren Juvenals stammen im Folgenden, wenn nicht anders angegeben, von Adamietz.

69 Siehe Goette (1990) 2–7.

70 Mommsen, StR I 408ff. Mommsen behandelt die Toga als Tracht der Magistrate im Amtsbereich *domi*. Zur Symbolik der Toga auch Hildebrandt (2009) 210.

71 Martial und Juvenal beschweren sich immer wieder über dieses unhandliche Kleidungsstück, siehe insb. Mart. ep. 12, 13.

72 Bei Mart. ep. 9, 49 wird deutlich, dass es für einen Ritter als angemessen gilt, wenn seine Toga neu und schön weiß *(nitida/splendida)* ist; während dem zitternden (= frierenden) Mann aus dem Volk eine alte Toga zu Gesicht stehe.

73 Zum Anlegen der Toga Quint. inst. 11, 3, 139–141. Den disziplinierenden Aspekt betont auch Barghop (1994) 80, bezieht dies aber auf die Senatsaristokratie.

Wenn im Theater die Toga zu tragen war, so entsprach diese Vorgabe sicher der Absicht des Augustus, die Gemeinschaft des *populus* und dessen Disziplin zu veranschaulichen. Denn im allenfalls ansatzweise durch gesetzte Sonnensegel überdachten Theaterraum waren die Zuschauer weitgehend den Bedingungen der Witterung ausgesetzt: der Raum bot eine gute Gelegenheit, ihre idealisierte Selbstbeherrschung zu testen.[74]

Augustus wollte das Gesamterscheinungsbild der römischen Bevölkerung, das sich so eindrucksvoll im Theater erschloss, verbessern. Diese Vorgabe implizierte auch, dass überhaupt nur Bürger im Besitz einer Toga die Schauspiele verfolgen konnten, das ›Lumpenproletariat‹ hingegen trotz des Bürgerstatus' von den Spielen ausgeschlossen war. Dem Sinn für die Trennung der *ordines* lief die Einheitskleidung nicht zuwider, denn bekanntlich waren Unterschiede der einzelnen *ordines* nicht an der Toga, sondern am Untergewand (und darüber hinaus an den Schuhen) zu erkennen.[75] Das Untergewand *(tunica)* der Senatoren zierte der breite Purpurstreifen *(latus clavus)*, das der Ritter der schmale *(angustus clavus)*.[76] Dieser Streifen war unter der Toga nur partiell sichtbar, nämlich vom Halsausschnitt bis zum Gürtel. Allerdings kam diese verordnete Schlichtheit dem Bedürfnis der Elite nach Statusdemonstration überhaupt nicht entgegen. Stoffe waren in der Antike bekanntlich ein teures Gut, das besonders sinnfällig Prestige und Reichtum veranschaulichen konnte. Da die im Theater vorn platzierte Elite gerade von den sozial niedriger Stehenden aber höher Sitzenden kritisch beäugt wurde, ist ein Interesse der Elite an markanter Selbstdarstellung wohl zu unterstellen.

In der Tat gibt es einige Hinweise darauf, dass Personen, die auffallen wollten und es sich leisten konnten, über der Toga farbige Mäntel trugen.

---

74 Zur idealisierten Selbstbeherrschung Flaig (1993). Sowohl die Einstrahlung der Sonne wird im antiken Schrifttum als Plage des Theaterbesuchs benannt (Iuv. sat. 11, 203), als auch Regen, Kälte und sogar Schnee. Verschiedentlich haben Kaiser in Ausnahmefällen das Tragen von Sonnenhüten (so Caligula: Cass. Dio 59, 7, 7 f.) oder von Regenmänteln gestattet (Tiberius: Cass. Dio 57, 13. Commodus im Amphitheater: Cass. Dio 72, 21, 3). Dies wurde als großes Zugeständnis an die Bequemlichkeit verstanden, zumal es den Bürgern nicht erlaubt war, mit bedecktem Kopf vor einen Magistrat zu treten, und daher in allen Versammlungen, die unter dem Vorsitz eines Magistrates stattfanden, das Tragen von Hüten oder anderweitigen Kopfbedeckungen verboten war: Mommsen StR I 426. Als schlechter Kaiser wird Domitian bei Cassius Dio vorgeführt, wenn er selbst im Circus den Regenmantel anzieht, seinem Volk dies jedoch verwehrt: Cass. Dio 67, 8, 3.
75 Mommsen StR I 423. III, 1 513 f. Zu den erkennbaren Standesunterschieden der Frauentracht Hildebrandt (2009) 200 mit weiterer Literatur. Scholz (1992).
76 Die Einführung dieser Unterscheidung liegt im Dunkeln, zumal in den Quellen mit Anachronismen zu rechnen ist. Interessanterweise bemerkt Mommsen StR III 514 Anm. 1, dass der *angustus clavus* in voraugusteischer Zeit nicht ausdrücklich erwähnt wird. Es könnte sich durchaus um eine augusteische Neuerung handeln.

Martial benennt Preise für solche Mäntel, die zwar übertrieben hoch erscheinen, jedoch nicht vorschnell als gänzlich unrealistisch abgetan werden sollten; denn auch von anderen, in Rom begehrten Luxusgütern (z. B. Citrusholztischen) ist bekannt, dass diese für exorbitante Preise zu kaufen waren.[77] Bevorzugt wurden Purpurmäntel.[78] Mit ›purpur‹ *(purpura)* ist gemeinhin die Farbe Rotviolett gemeint, doch bezeichnet das Wort streng genommen nur den Farbstoff, nicht den dadurch erzielten Farbton, der im Bereich rot-blau-violett liegen konnte.[79] Die Besonderheit des Purpurs lag im Färbemittel, das aus dem Drüsensekret abertausender Purpurschnecken gewonnen wurde.[80] Diese Schneckenfarbe verlieh dem Stoff Farbe, besonderen Glanz und Stabilität. Die Preise für Purpur waren enorm hoch.[81] Die Purpurfärbung galt als so eindeutiges Zeichen für Reichtum, dass sowohl Juvenal wie auch Martial darüber witzeln, dass manch einem schon aufgrund der Farbe seines Mantels blindlings Kredit gegeben wurde, wobei Martial gerade die faktische Zahlungsunfähigkeit des nur scheinbar Reichen als Pointe herausstellt.[82] Juvenal erwähnt, dass man sich in Rom durch die für den Theaterbesuch betriebene Kleiderpracht verschuldete.[83]

---

77 Verboven (2002) 80 zum Beispiel hält den bei Mart. ep. 4, 61 angegebenen Wert eines Mantels von 10.000 Sesterzen für übertrieben. Fantham (1998) behandelt den erbettelten Mantel als einen gängigen literarischen Topos ohne Realitätsbezug. Zu den exorbitanten Preisen für Luxusgüter siehe aber Hartmann (2012a).
78 Suet. Cal. 35, 1 berichtet, Caligula habe Ptolemaios umbringen lassen, weil dieser beim Eintritt in das Theater »durch den Glanz seines purpurfarbenen Mantels die Augen aller auf sich gezogen habe.«
79 Blum (1998) 23 f., 31 ff.
80 Für echten Purpur wurden bestimmte Meeresschnecken benötigt. Dazu Schneider (1959) 2000–2020. Zur Verbreitung in der vorrömischen Antike Blum (1998) 20 f. mit weiterer Literatur. Pupurherstellung wurde unter anderem in Italien (Aquinum, Puteoli, Tarent), Kleinasien, Griechenland, Spanien, Illyrien und Gallien betrieben. In Gallien wurde allerdings vor allem der ›unechte‹ Purpur auf der Basis von Pflanzenfarbe hergestellt: Plin. nat hist. 22, 3–4. Echter Purpur kam vor allem aus der einst phönizischen Handelsstadt Tyros. Berühmt war der nordafrikanische Purpur sowie der aus der südlichen Peloponnes.
81 Zu Purpur ausführlich Plin. nat. hist. 9, 125 ff. Ähnlich hohe Preise musste man in der frühen Kaiserzeit für Stoffe zahlen, die mit dem Farbstoff *conchylia* gefärbt wurden, eine Farbe, die von Plinius im selben Kontext behandelt und durch »ihren widrigen Geruch beim Färben und der dunkel blaugrauen Farbe, die dem zürnenden Meere ähnlich ist« (127) charakterisiert wird. Zum Farbton (138). Plinius wundert sich über die hohen Preise dieser Farbe, die – anders als beim Purpur – weder in der Herstellung noch in der Symbolik begründet seien, was denjenigen zur Kenntnis gebracht sei, »die etwas derartiges zu einem unermeßlichen Preise kaufen« (Übers.: König). Blum (1998) 24. Angaben zu Preisen bei Weeber (2003) 92. Bessone (1998) 149–202. Bradley (2009) 189–211.
82 Mart. ep. 8, 10. Iuv. sat. 8, 134.
83 Iuv. sat. 3, 180 f.: *hic ultra vires habitus nitor, hic aliquid plus quam satis est interdum aliena sumitur arca.*

Aufgrund der Kostbarkeit des Farbstoffes verwies die Farbe auf Reichtum, das heißt auf hohen sozialen Status. Darüber hinaus hatte die Farbe optische Strahlkraft und eine kultisch-politische Symbolik, da sie traditionell zur Hervorhebung besonderer Funktionsträger – wie etwa dem Triumphator – diente.[84] Daher unterlag der Gebrauch des Purpurs zu unterschiedlichen Zeiten Restriktionen, wenngleich diese offenbar wenig Erfolg hatten.

Wahrscheinlich untersagte bereits Augustus das Tragen von Mänteln, insbesondere Purpurmänteln im Theater, auch wenn es dafür keinen expliziten Beleg gibt. Implizit geht das Verbot des Manteltragens bzw. des Tragens von Purpurmänteln aber sowohl aus der Vorgabe hervor, beim Betreten des Forums den Mantel abzulegen (also aus der Toga-Pflicht), als auch aus einer Bemerkung Cassius Dios, dass aus Purpur bestehende Kleidung zu tragen »vor Tiberius verboten« (und auch unter diesem nicht geduldet) war.[85] Nero ging später gar so weit, den Verkauf des Farbstoffes zu verbieten und nach den Händlern mit Spitzeln zu fahnden. Eine Frau, die im Purpurgewand einer musikalischen Darbietung lauschte, habe er direkt abführen lassen.[86] Offenbar schlugen zwar alle Versuche fehl, diesen Farbstoff zu verbieten,[87] aber viel-

---

84 Die Kaiser selbst haben – wie die republikanischen Magistrate – das purpurne Triumphalgewand nur bei besonders feierlichen Gelegenheiten getragen, etwa bei Festen und Schauspielen. Sie setzten sich damit offenbar dezidiert von der Verhaltensweise des Diktators Caesars ab, der kurz vor seinem Tod die Erlaubnis erhielt, zu jeder Zeit und an jedem Ort in diesem Gewand zu erscheinen (Mommsen StR I 416 mit Anm. 2). Domitian ließ sich das Recht für das Erscheinen im Senat zugestehen. Seit dem 2. Jh. n. Chr. wurde der Purpur zunehmend mit dem Kaiser assoziiert.
85 Suet. Aug. 40 thematisiert das Verbot des Augustus, Mäntel auf dem Forum zu tragen. Cass. Dio 57, 13, 5 berichtet, dass Tiberius Männer mit einer größtenteils aus Purpur bestehenden Kleidung nicht tadelte, obwohl es vorher verboten war, diese zu tragen: »Auch als eine beträchtliche Zahl von Männern eine großenteils aus Purpur bestehende Kleidung trug, tadelte er sie, wiewohl es vorher verboten war, deshalb nicht und strafte auch niemand von ihnen, zog vielmehr selbst, als während einer bestimmten Festlichkeit ein Regenguß niederging, ein dunkles Obergewand aus Wolle an. Seitdem wagte keiner von ihnen mehr, ein Gewand anderer Art zu nehmen.« (Übers.: Veh).
86 Suet. Nero 32, 3 f.: »Und als er auch noch verboten hatte, violette und purpurne Farben zu verwenden und jemanden unter der Hand ausgesandt hatte, der am Tag des Wochenmarktes ganz wenige Unzen davon verkaufen sollte, ließ er die Buden der Händler allesamt verriegeln. Ja, er soll sogar während eines Gesangvortrages seine Beamten, unter deren Kompetenz solches fiel, auf eine Frau aufmerksam gemacht haben, die ihm aufgefallen war, da sie während der Veranstaltung die verbotene Purpurfarbe trug; auf der Stelle wurde sie ergriffen und fortgebracht, nicht nur ihres Gewandes, sondern auch ihres Vermögens ging sie verlustig.« (Übers.: Martinet). Dazu Reinhold (1970) 50.
87 Das Scheitern des Verbotes von Purpur ist wahrscheinlich vor allem auf die Möglichkeiten der Imitation des Farbstoffes zurückzuführen: Eine rot-violette Färbung konnte nämlich auch durch andere pflanzliche oder mineralische Farbstoffe erzielt werden, mit denen echter Purpursaft gern imitiert wurde (siehe auch Bradley (2009) 202). Bei einer offiziellen

leicht lässt es sich doch als Reaktion auf die Verbote verstehen, wenn man im
1. Jh. n. Chr. auf andere auffällige Farben auswich.[88] Seneca polemisiert gegen
die Träger von Mänteln unangemessener Farbe *(lacernae improbi coloris)*. Er
tadelt das Bedürfnis einiger Mitmenschen, um jeden Preis auffallen zu wollen,
und zu diesem Zweck sogar die äußere Gestalt verzärtelter Weichlinge anzunehmen, indem sie

> grellfarbige Regenmäntel anziehen, eine durchsichtige Toga tragen – kurz und gut,
> nichts unterlassen, was den Leuten in die Augen fallen könnte: sie ziehen überall bewußt die Aufmerksamkeit auf sich und nehmen, wenn sie nur auffällig wirken, jeden
> Tadel in Kauf.[89]

Auch einige Epigramme Martials lassen den Schluss zu, dass farbenfrohe
Mäntel bei den Reichen der Stadt sehr in Mode waren.[90] Neben der beliebten Purpurfarbe werden bei Martial auch scharlachrote,[91] amethystfarbene,[92]
grüne,[93] blaue[94] und weiße[95] Mäntel erwähnt, die gern bei den Spielen ›ausgeführt‹ wurden, offenbar als legale Alternative zum verbotenen Purpurmantel.

Es wird deutlich, dass das Bedürfnis nach der Repräsentation von Status bei den Reichen so groß war, dass man die Vorgaben der Kleiderordnung
zu umgehen, oder aufzuweichen suchte. Dies verweist auf ein Dilemma, das
in unterschiedlichen Interessenlagen begründet war. Die offiziellen Vorgaben
der Kaiser zielten darauf ab, die Gesellschaft durch uniforme Kleidung als
Einheit zu inszenieren und gleichzeitig durch die Vorzugsplätze die essentiellen Hierarchien abzubilden: den absoluten Vorrang der Senatorenschaft, die
Nachordnung des Ritterstandes und schließlich des *populus*. Die Einschärfung

---

Farbkontrolle konnte schwerlich nachgewiesen werden, ob jemand echten, verbotenen Purpur oder jenen billigen Farbstoff verwendet hatte, mit dem in Ägypten zu jener Zeit sogar
Babywindeln gefärbt wurden. Zur Imitation vor allem Reinhold (1970) 53 mit ausführlicher Literatur und Quellen unter Anm. 1.
88 Zum Folgenden siehe insb. Kolb (1977) 121.
89 Sen. epist. 114, 21: *lacernas coloris improbi sumunt, qui perlucentem togam, qui nolunt facere quicquam quod hominum oculis transire liceat: inritant illos et in se avertunt, volunt vel reprehendi dum conspici.* (Übers.: Glaser-Gerhard).
90 Siehe auch Bradley (2009) 201.
91 Mart. ep. 14, 131. 5, 23, 1 ff. 1, 96, 4 ff. 2, 43, 7 f. Plin. nat. hist. 38, 204 gibt eine
Zusammenstellung der jeweils kostbarsten Produkte des Meeres, der Erde, der Hölzer, Gewebe, Harze und Tierprodukte. Darin werden u. a. Farbmineralien wie Kermes (Scharlach/*coccum*) erwähnt, ebenso die Purpurschnecken.
92 Dieser Farbton konnte wahrscheinlich mit echtem Purpurfarbstoff erzielt werden.
Mart. ep. 1, 96, 4 ff. 2, 57, 1 ff.
93 Mart. ep. 5, 23, 1 ff.
94 Mart. ep. 14, 131, 1 ff.: blauer, grüner oder scharlachroter Mantel.
95 Mart. ep. 14, 135. 14, 140: weiß-grüner (Wende)mantel.

dieser Ordnung dokumentiert auch den Anspruch des Kaisers, über die soziale Hierarchie zu bestimmen. Dazu gehörte in der Praxis, dass ein Kaiser eine beliebige Person gezielt aufwerten konnte, indem er z. B. durch die Verleihung des goldenen Ringes einen Freigelassenen in den Ritterstand erhob.[96] Über Vespasian sagt der Dichter Statius, er habe den kaiserlichen Freigelassenen Claudius Etruscus »von den Plätzen des Volkes herabgeführt in die Sitzreihen der Ritter«.[97]

Maßnahmen dieser Art brachten die Nachvollziehbarkeit, ja die allgemeine Akzeptanz der traditionellen Hierarchie ins Wanken: Das Volk sah ehemalige Freigelassene im Ritterparkett sitzen und traute seinen Augen nicht. Diese Irritation des traditionellen Ordnungsempfindens musste zu Statusanmaßungen verleiten und spornte ambitionierte wie frustrierte Theaterbesucher an, sich ohne entsprechende Berechtigung auf einen Vorzugsplatz zu setzen.

Mit Martial als Gewährsmann fällt etwas mehr Licht auf den Theaterbetrieb zur Zeit Domitians. Wir erfahren, dass dieser die geltende Ordnung im Jahr 88 erneut durch ein Edikt bekräftigte[98] und es unter Strafe stellte, im Publikum Schmähschriften über angesehene Männer und Frauen zu verbreiten.[99] Im Hinblick auf die Kleiderordnung gestattete Domitian den Rittern und Senatoren, farbige/rote Mäntel zu tragen, die allerdings zu Beginn der Spiele abgelegt werden mussten; allenfalls weiße Mäntel – die das einheitliche Erscheinungsbild der *togati* nicht störten – waren offenbar geduldet.[100] Wenn wir aus den ergriffenen Maßnahmen Rückschlüsse auf diesen vorausgehende Missstände ziehen, so ist davon auszugehen, dass sich in der Zeit a) vermehrt Unberechtigte im Ritterparkett platzierten, dass b) im Publikum Schmähschriften gegen Angehörige der Elite kursierten, und c) die Kleiderord-

---

96 Friedländer SG I 147. Laut Friedländer hatte die Verleihung des Ringes spätestens seit dem 3. Jh. n. Chr., vielleicht aber bereits unter Commodus nur noch die fiktive Ingenuität, nicht aber mehr die Aufnahme in den Ritterstand zur Folge. Dazu auch Mommsen StR III 518 f.

97 Stat. silv. 3, 143: *atque idem in cuneos populo deduxit equestres.* (Übers.: E. H.).

98 Sueton berichtet, dass Domitian »der Frechheit [ein Ende setzte], sich im Theater im Zuschauerraum einfach unter die Ritter zu mischen« (Suet. Dom. 8, 3).

99 Suet. Dom. 8, 3: *scripta famosa vulgoque edita, quibus primores viri av feminae notabantur, abolevit non sine auctorum ignominia.* »Schmähschriften, die auf den Sitzen der *orchestra* lagen« (Übers.: Martinet), werden auch bei Suet. Tib. 66 erwähnt.

100 In der Forschung gibt es andere Ansichten: Eine Kampagne für das Tragen schlichter weißer Mäntel nimmt Neumeister (1991) in Auslegung von Mart. ep. 4, 2 an. Rawson (1987) 113 geht davon aus, dass Domitian oder einer seiner Vorgänger weiße Mäntel bei kaltem Wetter erlaubt hat. Kolb (1977) 129 postuliert, dass Domitian »den Gebrauch farbiger Kleidungsstücke verboten und allein den Rittern und wohl den Senatoren den Gebrauch scharlachroter und purpurner *lacernae* gestattet [hat].« Das Theateredikt Domitians verbot laut Kolb farbige Kleidung (außer für Ritter und Senatoren).

nung unterlaufen wurde. Domitians Maßnahmen erscheinen vor diesem Hintergrund als Zugeständnis an die Elite: Deren Plätze und deren Ehre wurden geschützt, im Hinblick auf die Kleidung kam Domitian ihrem Bedürfnis nach Statusrepräsentation entgegen, gleichzeitig konnte er an der Vorstellung vom uniformen Volk der Toga festhalten.

2.5 – Typen, Selbstdarstellung und Publikumsreaktionen

Martial hat sich der Erneuerung der Theaterordnung durch Domitian, den offiziell bestellten Ordnern und den daraus resultierenden Irritationen in den Epigrammen mehrfach gewidmet: In seinem im Jahr 89 n. Chr. entstandenen Buch 5 sind es sechs Epigramme,[101] die hier im Hinblick auf die darin aufscheinenden Praktiken und Konflikte ausgewertet werden sollen. Martial bietet mit diesen sechs Epigrammen literarische Variationen über ein Thema – die unberechtigte Einnahme eines privilegierten Sitzplatzes. Da die Szenen bei Martial häufig aus einer beobachtenden Perspektive geschildert werden, genauer gesagt aus Sicht des weiter oben im Theater platzierten *populus,* lesen sich diese Epigramme Martials wie literarisierte Schmähungen aus den hinteren Reihen. Man kann darin vielleicht einen Ersatz für die durch Domitian verbotenen Schmähschriften erkennen, die zuvor im Theater offenbar zirkulierten. Mit diesen Variationen gestaltet Martial ein Panorama, das unterschiedliche, für die Zeitgenossen in verschiedener Hinsicht auffällige Typen meist in belustigender Absicht vorstellt. Ganz sicher sind die vom Dichter geschaffenen ›Vignetten‹ keine Porträts einzelner Personen, sondern Karikaturen von Typen, die die Zeitgenossen anhand der vorgenommenen Zuschreibungen identifizieren konnten, weil diese Etikettierungen ihrem Erfahrungsschatz entsprachen. Es soll im Folgenden zunächst gezeigt werden, welche Typen in den Epigrammen vorgestellt werden, auf welche Weise sie vom Dichter charakterisiert und im Theater sanktioniert werden, bevor die Hintergründe zu rekonstruieren sind, vor denen diese Stilisierungen von den Zeitgenossen verstanden werden konnten. Betrachten wir zunächst vier Beispiele, in denen jeweils Personen mit griechischen Namen im Zentrum stehen, die ihres Sitzplatzes im Theater verwiesen werden.

Im Epigramm 5,8 wird Phasis[102] bei einer Theatervorstellung vor aller Augen vom Ordnungspersonal gezwungen, das Ritterparkett zu verlassen. Pha-

---

[101] Siehe dazu Canobbio (2011) insb. 142; zur *lex Roscia* zusammenfassend 142–145.
[102] Phasis ist ein fiktiver, griechisch klingender Name, abgeleitet von griech. *phemi* = »seine Meinung sagen; der Überzeugung sein«; gleichzeitig ist es die Bezeichnung eines

sis verkörpert den Typus eines Angebers, der die Domitianische Neuregelung der Sitzordnung, die er als geradezu sakrale Reinigungsmaßnahme darstellt, lautstark begrüßt, bevor er ihr selbst zum Opfer fällt, da er vom Aufseher des Platzes verwiesen wird. Der Aufseher tritt hier – wie auch in anderen Epigrammen – als namentlich genannte Person auf, ein technischer Terminus zur Bezeichnung der Funktion fehlt bei Martial. Im gesamten Œuvre werden für die Theateraufseher zwei Namen verwendet: Oceanos und Leitus. »Leitus« ist als ein sprechender Name zu verstehen, der nicht auf eine bestimmte historische Person, sondern auf einen zeitbekannten Typus Mensch verweist:[103] Der Name bezieht sich auf das griechische Wort *leitourgós,* was man mit »Staatsdiener« übersetzen kann. Auch mit dem Namen »Oceanos« (griechisch »Meer«) wird auf den als typisch angesehenen, sozialen Hintergrund der Aufseher angespielt, bei denen es sich oft um griechischstämmige Freigelassene des Kaiserhauses handelte.[104]

Phasis, der sich selbst im Theater in den Vordergrund spielt, steht auch im Mittelpunkt des Epigramms: Durch seine Kleidung erregt er optisch und durch seine lauten Bemerkungen akustisch Aufmerksamkeit, womit gleichsam die Fallhöhe gesteigert wird, bevor Phasis vom Aufseher seiner angemaßten Würde beraubt und des Platzes verwiesen wird. Martial lässt seine Leser das Ausmaß der Peinlichkeit unmittelbar nachempfinden mit formalen und sprachlichen Mitteln. Der zu Beginn als selbstbewusste, reich gekleidete Person vorgeführte Phasis räumt am Schluss des Epigramms als bloße Hülle seiner selbst den Sitz – es sind nur noch die Mäntel, die des Platzes verwiesen werden, von Phasis als Person ist nichts mehr übrig.[105]

> Gerade als Phasis das Edikt unseres Herrn und Gottes, | durch das die Sitzverteilung strenger festgelegt wird | und die Ritterschaft ihre (von den Plebejern) gesäuberten Bankreihen zurückbekommt – | gerade als er kürzlich im Theater dieses Edikt lobte, | Phasis, rot leuchtend in seinem Purpurgewand, | und mit überheblicher Miene stolz sich brüstete: | »Endlich kann man bequemer sitzen, | nunmehr ist die Ritterehre wiederhergestellt, | und vom Pöbel wird man nicht mehr bedrängt oder beschmutzt« – | gerade

---

Flusses in Kolchis (siehe Mart. ep. 13, 72). Als sprechender Name wird er auch von Canobbio (2011) 147 angesehen, siehe dort die Diskussion anderer Forschungspositionen.
103 Zu Martials Spiel mit griechischen Namen liegen überaus detaillierte Untersuchungen vor. Vallat (2006) kann überzeugend nachweisen, dass Martial mit den griechisch-klingenden Namen eine Art gelehrten »Supercode« des Pseudo-Griechischen kreierte, der sowohl gut in die Metrik der Epigramme passte als auch Spielereien mit den zugrundegelegten Worten erlaubte (insb. 133). Vallat thematisiert indes nicht, inwieweit die entsprechenden Epigramme auf Griechen gemünzt sind.
104 So Rawson (1987) 113.
105 Dies betont auch Vallat (2008) 347.

als er solcherlei mit zurückgewandtem Kopf äußerte, befahl Leitus diesem arroganten Purpurmantel aufzustehen.[106]

Die fast tragische Pointe des Epigramms wird auch dadurch unterfüttert, dass Phasis sich selbst zum *ordo equester* zählt, und dabei ein Wir-Gefühl heraufbeschwört, das die Ritter von dem drängenden und schmutzigen Pöbel absetzt. Sein Blick zurück auf die hinteren Reihen lässt sich als Hinweis darauf deuten, dass er glaubt, den dort platzierten Mob sinnbildlich hinter sich gelassen zu haben, bevor ihn der Aufseher eines Besseren belehrt.

Ebenso ein Grieche, der durch seine scharlachrote Kleidung auffällt, ist Euclides (griechisch *Eukleides* = »der Ruhmvolle«),[107] der im Ritterparkett lautstark mit seinem aus griechischen Landgütern resultierenden Vermögen prahlt und mit seinem langen Stammbaum angibt, der bis in die mythischen Zeiten nachzuvollziehen sei.

> Noch während Euclides in scharlachrotem Gewand laut renommierte, | von seinem Landsitz bei Patrae erwirtschafte er zweihunderttausend, | mehr noch von seinem Gut am Stadtrand von Korinth, | während er seinen langen Stammbaum von der schönen Leda herleitete | und mit dem Platzanweiser Leitus rang, der ihn wegjagen wollte, | da fiel diesem stolzen, edlen und wohlhabenden Ritter | plötzlich ein großer Schlüssel aus dem Bausch des Gewandes: | Niemals, Fabullus, war ein Schlüssel boshafter.[108]

Durch sein Verhalten wird Euclides als Imitator römischer Distinktionsmerkmale wie Landbesitz und einer langen Ahnenreihe *(longum stemma)*[109] lächerlich gemacht, kann er doch nichts Römisches vorweisen und trotz allen Prahlens nicht genügen. Gleichzeitig erinnert sein Gebaren an Pallas,[110] den

---

106 Mart. ep. 5, 8: *Edictum domini deique nostri, | quo subsellia certiora fiunt | et puros eques ordines recepit, | dum laudat modo Phasis in theatro, | Phasis purpureis rubens lacernis, | et iactat tumido superbus ore: | »Tandem commodius licet sedere, | nunc est reddita dignitas equestris; turba non premimur, nec inquinamur«: | haec et talia dum refert supinus, | illas purpureas et adrogantes | iussit surgere Leitus lacernas.*

107 Der Name ist in mehrfacher Hinsicht als »sprechender Name« zu identifizieren: Nicht nur rühmt sich Eukleides selbst eines guten Namens, sondern der letzte Vers wartet mit einem Wortwitz auf, der in der philologischen Forschung wiederholt konstatiert wurde: Aus dem »ruhmreichen Mann« *(eu+kleos)* wird »der Mann mit dem guten Schlüssel« *(eu+kleis).* Siehe Canobbio (2011) 352 mit Hinweis auf ältere Forschungspositionen.

108 Mart. ep. 5, 35: *Dum sibi redire de Patrensibus fundis | ducena clamat coccinatus Euclides | Corinthioque plura de suburbano | longumque pulchra stemma repetit a Leda | et suscitanti Leito reluctatur, | equiti superbo, nobili, locupleti | cecidit repente magna de sinu clavis. | Numquam, Fabulle, nequior fuit clavis.*

109 Siehe zur Relevanz der Ahnenreihen Canobbio (2011) 351 mit Hinweis auf Sen. benef. 3, 28, 2. Plin. nat. hist. 35, 6. Iuv. sat. 8, 6–9.

110 Zur Person PIR² A 858. Eine Zusammenstellung zentraler Quellen zu Pallas findet

bekannten, griechischstämmigen Freigelassenen des Claudius. Diesem wurden vom Senat die Insignien eines Prätors verliehen und ein gigantisches Geldgeschenk angeboten, darüber hinaus wurde für ihn – auf Vorschlag eines Senators – auch noch ein Stammbaum ›erfunden‹, der seine Herkunft von dem gleichnamigen König Arkadiens herleitete.[111]

Das Epigramm kulminiert darin, dass Euclides im Ringkampf mit dem Theaterordner ein Schlüssel aus dem Bausch der Toga fällt. Hier wird zum einen das Klischee des im Gymnasium trainierenden Griechen bemüht, zum anderen ist der Schlüssel ein eindeutiges Zeichen dafür, dass Euclides nicht über einen Türsteher *(ianitor)* verfügt, der in den gehobenen Häusern den Eingang bewachte, sondern allenfalls über ein Türschloss.[112] Das bedeutet, dass Euclides entweder zur Miete wohnt, oder – wahrscheinlicher: selbst als ein Türsteher entlarvt wird![113]

In den beiden zuletzt besprochenen Epigrammen geht es um griechische Angeber, denen jeweils ein leuchtender Mantel als Merkmal zugesprochen wird.[114] Juvenal verwendet die teure Farbe gar als Synonym für die Griechen: *conchylia* nennt er sie.[115] Möglicherweise waren die bunten Mäntel bei den Fremden tatsächlich besonders beliebt; sie konnten Reichtum veranschaulichen und gleichzeitig darüber hinwegtäuschen, dass ihren Trägern eine Toga gar nicht zustand, die ja römischen Bürgern vorbehalten war.[116]

---

sich bei Eck – Heinrichs (1993) 218–225.

111 M. Antonius Pallas versah das Amt *a rationibus* unter Claudius. Friedländer SG I 29. Mratschek-Halfmann (1993) 305 Nr. 122. Tac. ann. 12, 53, 2 zur fiktiven Genealogie des Pallas. Plin. epist. 7, 29. Der Vater des späteren Kaisers Galba 2 in seinem *Lararium* goldene Bildnisse des Pallas und Narcissus verehrt haben. Zur Relevanz von fingierten Genealogien Canobbio (2011) 350.

112 Zu den Schlüsseln, zur Terminologie und deren Gebrauch Hug (1921) 567. Der römische »clavis« wurde möglicherweise auch als griechisches Importgut betrachtet, zumindest ist der entsprechende griechische »balanos« früher bezeugt. Möglicherweise gilt der Schlüssel als Hinweis auf das Wohnen in einer Mietwohnung, das offensichtlich als degradierend für Mitglieder der Elite angesehen wurde: Über den späteren Kaiser Vitellius wird berichtet, dass er als jüngerer Mann so knapp bei Kasse war, dass er eine Perle, die seine Mutter im Ohr trug, verpfänden ließ und seinen Palast während seiner Abwesenheit vermietete, während er seine Frau und Kinder in einer Mietwohnung unterbrachte: Suet. Vit. 7, 2. Cass. Dio 65, 5, 3. Tac. hist. 2, 59.

113 Canobbio (2011) 352 nimmt mit Bezug auf eine Bemerkung Senecas (Sen. ira 2, 25, 3) sogar an, dass Eukleides dadurch als Sklave entlarvt wird. Den Türstehern wird verschiedentlich eine besondere Machtstellung attestiert, da sie den Zugang zu den wichtigen Personen reglementierten, was viele Menschen ärgerte.

114 Einen neureichen Freigelassenen, der sich im Ritterparkett niederlässt, behandelt bereits Hor. epod. 4.

115 Iuv. sat. 3, 81.

116 Diese Problematik wurde bislang in der Forschung übersehen; Rawson (1987) 111

Äußerst anspruchsvoll, da in den literarischen Anspielungen und der Komposition sehr voraussetzungsreich, ist das Epigramm 5, 25. Es zerfällt in zwei Hälften, wobei die erste Hälfte mit dem Theaterkontext spielt, während das literarische Ich in der zweiten Hälfte eine Art Anklage formuliert, welche sich gegen wohlhabende Personen richtet, die ihren Freunden nicht in finanziellen Engpässen zur Hilfe kommen. Dieses Theaterepigramm spielt mit dem komischen Genre, es bedient sich komödiantischer Sprache und Typen, es hat selbst eine Dramaturgie, die sich folgendermaßen beschreiben lässt: Zu Beginn gibt es eine komische Szene auf einer Bühne, dann tritt ein Komödienschauspieler aus dem Stück heraus, nimmt die Maske ab, um sich zunächst an das Publikum, dann an die vorderen Reihen des Publikums, nämlich die reiche Elite, und schließlich an eine einzelne Person aus den vordersten Reihen mit einem moralischen Appell zu wenden. Dieser ›Schauspieler‹ scheint mit dem Dichter Martial identisch zu sein, zumindest ist ein Dichter gemeint. Dass diese im Epigramm ersonnene ›kleine Komödie‹ tragisch endet, ist wiederum das Komische an dem Epigramm.

Angesichts dieser überaus kunstvollen, aber nicht ohne weiteres verständlichen Komposition mit moralischem Impetus ist es sinnvoll, das Epigramm vom Anfang bis zum Ende nachzuvollziehen: In den ersten beiden Zeilen des Epigramms wird der direkt angesprochene Chaerestratus gemahnt, das Ritterparkett zu verlassen, weil er nicht den nötigen Zensus aufbringe. Der Name Chaerestratus darf wiederum als Verweis auf eine griechische Herkunft gelesen werden, dem Kontext nach wird man am ehesten an einen freigeborenen Griechen denken.[117] Mit einer Reihe kurzer Imperative wird dieser vor dem Aufseher Leitus gewarnt »flieh', lauf', versteck dich!« Die philologische Forschung hat hier auf die Anleihen bei der plautinischen Komödie aufmerksam gemacht und diese Imperative einem »warnenden Freund« zugesprochen, während das literarische Ich erst im Anschluss zu Wort komme.[118] Die folgenden Verse beinhalten Fragen nach Hilfe für den Griechen in Bedrängnis, die wie von einer Bühne herunter an das Publikum gestellt werden. Pathetischen

---

bemerkt allerdings: »The importance of proper dress, of wearing a toga, is not merely an insistence on festal white (for all who could afford it) but an assertion of Roman difference from non-citizens.«

117 Andere in Betracht gezogene Deutungen referiert Canobbio (2002) 112, der ebenfalls darauf aufmerksam macht, dass der Name in den Komödien des Menander beliebt ist und auch bei Plautus vorkommt.

118 Siehe zu den plautinischen Elementen Canobbio (2002) insb. 112, 111 zu dem Sprecher der ersten Zeilen mit Verweis auf Paley-Stone in der Interpretation des »warning friend.« Canobbio selbst zieht einen durchgängigen Ich-Sprecher (Martial selbst) in Betracht.

Nachdruck verleiht das wiederholte Fragewort »*io*«, doch verhallen die Fragen unbeantwortet – ein Zeichen der Ausweglosigkeit des Protagonisten, dem offenbar keiner aus dem Publikum Unterstützung bietet. Komisch muten die darauf gestellten Fragen an, mit denen nun ein freiwilliger Helfer für den Verarmten (im imaginierten Publikum) gesucht wird: Gesucht wird zunächst jemand, der dem Dichter – aufgrund patronaler Wohltaten – Anlass gibt, in Versen verewigt zu werden, sodann jemand, der zu Lebzeiten spendabel und nicht darauf bedacht ist, mit allem Hab und Gut zu versterben (was hier komisch-griechisch-metaphorisch umschrieben wird mit »vollständig an den Styx – den griechischen Fluss zur Totenwelt – gelangen«). Im weiteren Verlauf tritt der Dichter noch enger in den Dialog mit einem imaginierten Publikum: Er befragt die Elite um deren Meinung, was anhand des hier verwendeten, amtlichen Terminus »*rogo*« deutlich wird. Ist es nicht besser, so lautet die rhetorische Frage, zu Lebzeiten zu teilen, als sein Geld für solch unnütze Dinge zu verschwenden wie für Duftspenden von Parfumwolken *(sparsiones)* im Theater,[119] oder für den Kauf eines Rennpferdes, das dem Star-Wagenlenker Scorpus[120] Reichtum und eine Bronzestatue mit einer von vielen Verehrern blank geriebenen, goldglänzenden Nase eingebracht hat? Zum Schluss wendet sich der Dichter ganz direkt an eine Person (»einen Heuchler von Freundschaft«) und versagt dieser Person, sie in der Dichtung zu verewigen.

> Vierhunderttausend hast du nicht, Chaerestratus, steh' auf! | Sieh, da kommt Leitus: Los, flieh‹, lauf‹, versteck dich!« | Ruft ihn etwa – hurra! – jemand zurück und bringt ihn zurück, wenn er weggeht? | Öffnet etwa ein Freund – hurra! – großzügig seine Geldkiste? | Wen übergebe ich in meinen Versen dem Ruhm und den Menschen, daß sie von ihm reden? | Wer lehnt es ab, vollständig zu den Wassern des Styx zu gelangen? | Ist das, ich bitte euch, nicht besser, als rote Parfümwolken über die Sitzreihen zu versprengen und von ausgegossenem Safran zu triefen oder als vierhunderttausend auszugeben für einen Gaul, der davon nichts merken kann, damit golden die Nase des Scorpus überall glänzt? O du, so nutzlos reich, o du Heuchler von Freundschaft: | Du liest diese Verse und lobst sie? Was für ein Ruhm dir entgeht![121]

---

119 Zur *sparsio*, dem Versprühen von parfümiertem Wasser/Wein mit Saffranessenzen, gibt es zahlreiche Belege: Plin. nat. hist. 21, 33. Lukrez 2, 416. Hor. epist. 2, 1, 79. Ov. ars 1, 104 und andere. Siehe Canobbio (2002) 114 f. zu weiteren Erwähnungen bei Martial. Als Geldverschwendung wird die *sparsio* bereits bei Seneca epist. 90, 15 kritisiert.

120 Ein Wagenlenker namens Scorpus wird bei Martial häufiger erwähnt (z. B. Mart. ep. 11, 1, 16), was wahrscheinlich auf den seiner Zeit berühmten Flavius Scorpus zu beziehen ist, dessen zahlreiche Siege inschriftlich dokumentiert sind (CIL VI 2, 10048, 19 f. benennt 2048 Erfolge) wie auch die Basis einer Ehrenstatue für ihn bekannt ist (CIL VI 10052). Weitere Quellen bei Canobbio (2002) 116.

121 Mart. ep. 5, 25: *Quadringenta tibi non sunt, Chaerestrate: surge,* | *Leitus ecce venit: sta, fuge, curre, late.«* | *Ecquis, io, revocat discedentemque reducit?* | *Ecquis, io, largas*

Auch im Epigramm 5, 41 wird ein Typus griechischer Herkunft verspottet, der hier in direkter Rede angesprochen wird. Das Epigramm beginnt mit einem adversativen Nebensatz, der einer beleidigenden Tirade gleichkommt: Als Kastrat *(spado)*[122] wird der Angesprochene gleich zu Beginn beschimpft, ein besonders verweichlichter obendrein: weichlicher als Attis, der Geliebte der Kybele, jener orientalischen Göttin, deren Priester sich entmannen ließen.[123] Obwohl er ein solcher Weichling sei, rede Didymus gebetsmühlenartig (so wie ein phrygischer Kybele-Priester seine Hymnen während der Prozession singt) von allen Ornamenten und den Vorrechten des Ritterstandes: von dem Dekret Domitians zum Ritterparkett, von der Festtracht der Ritter,[124] von besonderen Fibeln und vom Zensus. In dem betonten Kontrast zwischen Verweichlichung und traditioneller Tracht nebst Ritterehre liegt aus Sicht des lyrischen Ichs der Skandal begründet. Darüber hinaus mag hier der Verdacht der unfreien Herkunft bzw. die Unterstellung mitschwingen, dass es sich bei Didymus um einen Freigelassenen handelt. Gerade die Kybele-Priester rekrutierten sich nachweislich auch aus Freigelassenen.[125]

Ob Didymus nach formalen Kriterien zu Recht im Ritterparkett sitzt, bleibt offen – ihm wird vom Sprecher vor allem die rechte Männlichkeit abgesprochen, wie das nachstehende Zitat zeigt.[126]

> Obwohl du unmännlicher bist als ein schlaffer Kastrat | Und weichlicher als der Buhlknabe von Celanae,[127] | den der verschnittene Priester der in Ekstase versetzenden Mutter heulend anruft, | redest du immer nur von Theatern, von Sitzreihen und Erlas-

pandit amicus opes? | Quem chartis famaeque damus populisque loquendum? | Quis Stygios non volt totus adire lacus? | Hoc, rogo, non melius quam rubro pulpita nimbo | spargere et effuso permaduisse croco? | Quam non sensuro dare quadringenta caballo, | aureus ut Scorpi nasus ubique micet? | O frustra locuples, o dissimulator amici, | haec legis et laudas? Quae tibi fama perit!

122 Zum Terminus Canobbio (2011) 391. Grewing (1997) 82 f., der auf die in römischen Rechtstexten zu findende Unterscheidung zwischen *spado* (von Geburt an oder durch Krankheit Impotente) und *eunuchus* (Kastrat) verweist, die in literarischen Texten allerdings nicht durchgehalten werde.

123 Der Kybele-Kult stammt aus Phrygien/Kleinasien. In Rom ist ein ›offizieller‹ Tempel für die Magna mater/Kybele auf dem Palatin bezeugt, doch gab es darüber hinaus weitere Schreine für die Gottheit in der Stadt, deren kultische Verehrung sich daher nicht zeitlich bestimmen lässt.

124 Gemeint ist die *trabea*, ein Reitermantel, der zumal bei den Reiterfestspielen am 15. Juli getragen wurde.

125 Siehe Noy (2002) 232 f.

126 Zum Verhältnis von *effeminatio* und Kleidung siehe auch Starbatty (2010) 170–179. Zur *effeminatio* äußerst differenziert Meister (2012).

127 Gemeint ist Attis, der Geliebte der Kybele.

sen, | von der Festtracht der Ritter, von den Iden, den Spangen und dem Ritterzensus | und zeigst mit deiner glattpolierten Hand auf die armen Leute. | Ob du auf den Ritterbänken sitzen darfst, | das werde ich noch sehen, Didymus; auf denen für Ehemänner hast du nichts zu suchen.[128]

Didymus verkörpert den Typus des effeminierten Weichlings. Dies wird bereits im ersten Vers klargestellt: Der Angesprochene wird als fluider, also schlaffer Eunuch *(spado fluxus)* charakterisiert, wobei das Adjektiv *fluxus* gerade den fließenden Übergang zur Weiblichkeit bezeichnet, aber auch zur Charakterisierung des Metrums der Attis des Dichters Catull dient.[129] Die hier im Komparativ gesetzten Adjektive *eviratus* (unmännlich) und *mollis* (weichlich) gehören ins Wortfeld der Effemination – einem klischierten Vorwurf, der häufig den Griechen entgegengebracht wurde.[130] Die »glattpolierte Hand«, mit welcher der angesprochene abschätzig auf die armen Leute zeigt, die hinter ihm sitzen, spielt auf Enthaarung und Maniküre, auf für übertrieben gehaltene Körperpflege an. Sie unterschied den Effeminierten von dem natürlich-behaarten, virilen Ur-Römer. Der Name Didymos verweist nicht nur auf die Herkunft des so Benannten (man mag konkret den Ort Didyma in Kleinasien assoziieren), sondern hat auch eine implizite Komik, da dieses griechische Wort für »doppelt« im Plural die Hoden bezeichnet,[131] die dem Kastraten Didymos gerade fehlen.[132] Es bleibt festzuhalten, dass Didymos nicht dem Ordner weichen muss, sondern lediglich von einem anderen Theaterbesucher geschmäht wird.

Der Fokus der bisher besprochenen Theaterepigramme richtet sich auf Griechen, denen jeweils der Platz im Ritterparkett streitig gemacht wird, wobei drei unterschiedliche Typen vorgeführt werden: Typus 1 ist der reiche Angeber (dazu zählen Phasis und Euclides), der im Theater mit rotem Mantel protzt, der den Reichtum veranschaulicht, aus dem sein Träger die Berechti-

---

128 Mart. ep. 5, 41: *Spadone cum sis euiratior fluxo, | et concubino mollior Celaenaeo, | quem sectus ululat matris entheae Gallus, | theatra loqueris et gradus et edicta | trabeasque et Idus fibulasque censusque, | et pumicata pauperes manu monstras. | Sedere in equitum liceat an tibi scamnis | videbo, Didyme: non licet maritorum.*
129 Canobbio (2011) 391 mit weiterer Literatur und Verweisen auf Sall. Catil. 14, 5. Vell. 2, 88, 2. Sen. tranq. an. 17, 4.
130 Siehe auch Iuv. sat. 3, 95–97.
131 Canobbio (2011) 395.
132 Der am Hofe Domitians bekannte Eunuch (Flavius) Earinus kam aus Pergamon, das (wie Didyma) im westlichen Kleinasien liegt (PIR² F 262). Domitian verbot die Kastration im römischen Reich. Dazu auch Noy (2002) 227. Dieses Epigramm stellt den einzigen Beleg für spezielle Sitzplätze für verheiratete Männer zur Zeit Domitians dar, welche im Rahmen der augusteischen Ordnung laut Sueton vorgesehen waren (Suet. Aug. 44). Canobbio (2011) 396.

gung zum Sitz im Ritterparkett ableitet, bis er vom Ordner aus dem Ritterparkett verwiesen wird. Man kann daraus schließen, dass Reichtum allein eben nicht ausreichte, um das Anrecht auf einen Platz im Ritterparkett zu haben.[133] Bei diesem Typus wird der Platzverweis aus einer beobachtenden Perspektive geschildert, genauer gesagt aus Sicht des weiter oben im Theater platzierten *populus*. Dies geschieht mit deutlicher Häme, auch wird nachvollziehbar, wie überaus peinlich es sein musste, aus dem Bereich der abgesonderten Sitzplätze verwiesen zu werden. Typus 2, »der Effeminierte« (Didymus) hingegen, wird gar nicht vom Ordner des Platzes verwiesen, gleichwohl aber übel verunglimpft. Dies geschieht aus der Perspektive eines einheimischen Römers, der den Griechen zu einem mysteriösen Fremden mit perversem Körper stilisiert. Man wird hierin die Vorurteile eines traditionellen römischen Ritters gespiegelt sehen. Und schließlich wird noch Typus 3, »der verarmte Fremde«, vorgestellt (Chaerestratos), dem es nicht gelang, sich so gut in das soziale Netzwerk der Elite zu integrieren, dass sein Vermögensverlust von diesem aufgefangen wird. Diesem Typus steht Martial sogar moralisch entrüstet bei.

Man kann in der Optik des *populus,* welche der Dichter im Umgang mit Typus 1 einfängt, eine Mischung aus Sozialneid und Fremdenhass ausmachen. Martial greift hier sicher verbreitete Ängste der einheimischen, einfachen Bürger Roms auf, denen die Griechen als Emporkömmlinge schlechthin galten. Gespeist wurde dieser Sozialneid aus den Erfolgsgeschichten jener Griechen, die in aristokratischen Häusern bzw. am Kaiserhof Karriere machten, auch wenn sie unfreier Geburt waren.[134] Als Freigelassenen wurden ihnen wichtige Ämter anvertraut.[135] Von diesen Erfolgsgeschichten ging eine Sogwirkung aus; und es strömten mehr und mehr in vielerlei Hinsicht gut ausgebildete Griechen nach Rom, welche in den Dienst der aristokratischen Häuser traten,[136] vor-

---

133 Welche Möglichkeiten der Aufseher hatte, um den Ritterstatus zu überprüfen, entzieht sich unserer Kenntnis, was schon Mommsen StR III 517 feststellt. Peter Spahn hat in einer mündlichen Diskussion der Epigramme in Betracht gezogen, dass die roten Mäntel der »falschen Ritter« die Tunica verdecken sollten, weil die Träger gar nicht über das Standesabzeichen der Ritter verfügten. Aus meiner Sicht ist diese Deutung durchaus in Betracht zu ziehen.
134 Zum Dienst der Freigelassenen, vor allem denen östlicher Herkunft, in den Häusern der späten Republik Treggiari (1969) insb. 160.
135 Zur Stellung der Freigelassenen unter den verschiedenen Herrschern Friedländer SG I 39–44. Zum erheblichen Reichtum einiger berühmter (griechischer) Freigelassener bei Hofe Friedländer SG I 45–46. Zur Erhebung von Freigelassenen in den Ritterstand Friedländer SG I 48 f.
136 Dabei muss es nicht notwendigerweise um Sklaven bzw. Freigelassene gehandelt haben. Siehe zum Zuzug der Griechen auch Noy (2002) 224 f. Boatwright (2012) 66–98, insb. 84–88.

rangig zur Führung von Handelsgeschäften. In dieser Position verdrängten sie genuin römische Klienten.[137] Juvenals Umbricius kommt sich gegenüber den galanten Griechen, die alle Dienste am Herrn geschmeidiger und ehrerbietiger erfüllen und darüber hinaus mirakulöse Techniken (wie z. B. Astrologie) beherrschen, wie ein Krüppel vor, »ein unbrauchbarer Rumpf mit gelähmter Hand« *(mancus et extinctae corpus non utile dextrae)*.[138] In seiner Romsatire entwirft Juvenal das Bild, dass diese Griechen aus den entlegensten Ecken Asias in Scharen in Rom einfallen und dort jene Hügel besteigen, auf denen die feinsten Wohngebiete liegen, um dort die Herrschaft zu übernehmen:

> Römische Bürger, ich kann ein vergriechtes Rom nicht ertragen *(non possum ferre, Quirites, Graecam urbem)* [...]. Der kommt vom hohen Sicyon, jener von Amydon, ein andrer von Andros, dieser von Samos, andere von Tralles oder Alabanda: sie alle ziehen zum Esquilin und Viminal, um die Seele großer Häuser und schließlich Herren im Haus zu werden.[139]

Juvenal unterstellt den Griechen geistige Schnelligkeit *(ingenium velox)*, gnadenlose Dreistigkeit *(audacia perdita)* und Zungenfertigkeit *(sermo promptus)*,[140] die sie geradezu zu Alleskönnern qualifizieren.[141] Hinzu kommt die immer wieder betonte Lobhudelei *(adulatio)*, zu der sie äußerst fähig seien. Juvenal nennt die Griechen eine *adulandi gens*, ein im Einschleimen besonders bewandertes Volk, wofür er zahlreiche Beispiele anbringt.[142] Andere Autoren begegnen den Griechen in Rom mit ähnlichen Vorbehalten. Bereits bei Cicero stehen die Griechen im Ruf, auffallend schmeichlerisch aufzutreten.[143] Auch Tacitus hält sie – wie Juvenal – für lügnerisch.[144] Klischees gibt es gleichzeitig in der Eigenwahrnehmung, wo sie selbstverständlich anders ausfallen: Der Grieche Herodian hält seine Landsleute für verstandesmäßig überlegen,[145]

---

137 Die Satire Juvenals stellt die Griechen als Konkurrenten der schlichten römischen Klienten dar, welche sich durch ihre Schmeicheleien eine Vertrauensstellung erschlichen: Iuv. sat. 3, insb. 121–125.
138 Iuv. sat. 3, 41–48, hier 48.
139 Iuv. sat. 3, 57–114, hier 60f. und 69–73: *hic alta Sicyone, ast hic Amydone relicta, | hic Andro, ille Samo, hic Trallibus aut Alabandis, | Esquilias dictumque petunt a viminae collem, | viscera magnarum domuum dominique futuri*. Dazu auch Noy (2002) 34 f. Boatwright (2012) 92 f.
140 Iuv. sat. 3, 73 f.
141 Iuv. sat. 3, 76–78: *grammaticus, rhetor, geometres, pictor, aliptes, | augur, schoenobates, medicus, magus, omnia novit | Graeculus esuriens*.
142 Iuv. sat. 3, 86.
143 Cic. ad Q. fr. 1, 1, 16.
144 Iuv. sat. 10, 174. Tac. Agr. 5, 10. Zu den gängigen Klischees im Umgang mit Griechen Boatwright (2012) 80ff. Dresken-Weiland (2003). Zur Hellenisierung Roms Cain (2007).
145 Herodian. 3, 11, 8.

und Philostrat preist deren Bildung, Anmut, Geschäftstüchtigkeit und Kreativität.[146] Unstrittig ist, dass Griechen immer wieder als Vertreter bestimmter ›Berufsgruppen‹ erwähnt werden, wie (in diffamierender Absicht) bei Juvenal: als Sportlehrer, Künstler, Artisten, Philosophen, Wahrsager, Zauberer und Ärzte.[147] Alle diese Tätigkeitsfelder hatten keine, zumindest keine ausgeprägte römische Tradition; sie setzten vielmehr *techné*, im griechischen Sinne einer erlernbaren Kunstfertigkeit voraus, bei der man es durch Übung bzw. Gelehrsamkeit zur Meisterschaft bringen konnte. Die Griechen brachten diese aus römischer Sicht ›neuen Techniken‹ mit und boten sie – in vielen Fällen offenbar erfolgreich – der römischen Elite an, mit der sie dadurch intensiven Umgang pflegten. Juvenal lässt den einheimischen Römer Umbricius in seiner Romsatire resigniert feststellen, dass für ehrliche Tätigkeit in Rom kein Platz mehr sei, weswegen er auszuwandern beschließt – witzigerweise gerade gen Osten, nämlich dorthin, wo Daedalus erschöpft seine Flügel ablegte.[148]

Aber nicht nur neureiche Griechen, auch andere Personenkreise werden bei Martial als von der Neuordnung Domitians Betroffene dargestellt. In Epigramm 5, 14 wird Nanneius vorgestellt: Auch er muss den von ihm gewählten Sitzplatz verlassen – und dies gleich mehrfach. Zunächst wird er aus der ersten Reihe aufgescheucht *(excitatus)* (vermutlich ist nicht die Reihe der Senatoren gemeint, sondern die erste der vierzehn Reihen der Ritter), dann wird er von der (vermutlich letzten) Bank der Ritter geworfen *(deiectus)*, wo er sich schließlich mit einem Knie zu platzieren sucht, während er mit dem zweiten Bein im Gang Halt sucht, um so gegenüber dem Theaterordner den Eindruck zu erwecken, dass er stehe. Auch in diesem Epigramm erfolgt die Beobachtung aus der Perspektive des Volkes. Anders als in den vorangehend besprochenen aber wird hier gezeigt, wie das Anrecht auf den Sitzplatz nicht allein vom offiziellen Ordner, sondern auch von den übrigen Sitzenden überprüft wird. Über Nanneius[149] selbst erfahren wir nur, dass er für sich selbst einen hohen Rang reklamiert, während er von den anderen als eine Person niederen Ranges wahrgenommen wird. Aufgrund der militärischen Termini, welche im Epigramm Verwendung finden, zum Beispiel, dass Nanneius mehrfach sein Lager aufgeben muss *(castra transferre)*, kann vermutet werden, dass er den

---

146 Philostr. soph. 1, 21,5.
147 Iuv. sat. 3, 57–114. Siehe auch Friedländer SG I 38. Zu Ärzten und ihrer Herkunft aus Griechenland siehe ebenfalls Noy (2002) 225. Speziell dazu Huxley (1957).
148 Iuv. sat. 3, 21–25: *Hic tunc Umbricius ›quando artibus‹ inquit ›honestis | nullus in urbe locus, nulla emolumenta laborum, | res hodie minor est here quam fuit atque eadem cras deteret | exiguis aliquid, proponimus illuc | ire, fatigatas ubi Daedalus exuit alas‹.*
149 Der Name ist in Rom geläufig, an dieser Stelle wahrscheinlich nicht in Bezug auf eine bestimmte Person gemeint: Canobbio (2011) 195.

Typus des Militärs verkörpert.[150] Bezüglich der Platzierung von Militärs im Theater, gibt es viele offene Fragen und die überlieferten Details werden in der Forschung kontrovers beurteilt.[151] Ritterliche Legions- oder Kohortentribunen scheinen in der späten Republik das Vorrecht der Rittersitze genossen zu haben;[152] vielleicht hat das Theateredikt Domitians genaue Vorschriften vorgesehen, die Personen des Typs »Nanneius« den Sitzplatz streitig machten. Die Tatsache, dass Nanneius im behandelten Epigramm vorwiegend von seinen Sitznachbarn vertrieben wird, kann auf bestehende Vorbehalte gegenüber militärischen Emporkömmlingen deuten. In der frühen Kaiserzeit war der militärische Aufstieg von Veteranen über die Funktion des Primipilus bis zum ritterlichen Posten des Platzkommandanten *(praefectus castrorum)*, zum Tribun der städtischen Kohorten oder zum Präfekten von Auxiliarkohorten möglich, mitunter auch die Beförderung ehemaliger Centurionen zu senatorischen Ämtern.[153]

Und schließlich wird bei Martial auch noch Bassus (»der Dicke«) als Typ vorgeführt.[154] Er ging im grasgrünen Mantel ins Theater, so lange es erlaubt war, jedwede Farbe zu tragen und sich jeder, der sich für reich ausgab, ins Ritterparkett setzen konnte. Seit der verstärkten Beachtung der Kleiderordnung durch Domitian kommt Bassus (um keinen Eklat zu provozieren) im roten Mantel; doch weist das literarische Ich darauf hin, dass allein ein teurer Mantel nicht die Vermögensqualifikation unter Beweis stelle oder gar den Ritterstatus belege. Im Unterschied zu den anfangs besprochenen Epigrammen bleibt hier offen, ob tatsächlich ein Platzverweis folgt. Da die Zielperson direkt angesprochen wird, greift dieses Epigramm die Form einer anonymen Schmähschrift auf, die im Theater zu verteilen das Edikt Domitians untersagte.

2.6 – Fazit: Der Zuschauerraum als Bühne der Selbstdarstellung

Alle hier vorgestellten Epigramme zeugen von sozialen Spannungen, die im Theater der Zeit zu spüren waren. Es blühte der Sozialneid auf die reichen Griechen, also auf Personen aus der Provinz, die so vermögend waren, dass

---

150 Zur militärischen Sprache dieses Epigramms Canobbio (2011) 194.
151 Siehe dazu insb. Rawson (1987) 99–100.
152 Canobbio (2011) 194 geht davon aus, dass die ersten beiden Reihen des Ritterparketts für die Militärtribunen reserviert waren. Bei Mart. ep. 3, 95 aus dem Jahr 88/89 betont der Ich-Sprecher, dass ihm der Rang eines Tribuns und somit das Recht, auf den Ritterplätzen zu sitzen, zustehe. Als Aufseher tritt hier wieder Oceanus auf.
153 Siehe Friedländer SG I 222. Mommsen StR III 543 ff.
154 Mart. ep. 5, 23.

sie den Ritterstatus für sich beanspruchten. Daneben erfahren wir vom Frust des gedienten Militärs, dessen Leistung nicht mit einem Ehrenplatz honoriert wird, und vom sozialen Erfolg des reichen Bassus, der sich allein durch seine Garderobe im Ritterparkett zu behaupten versucht. Für die herausgearbeiteten Konflikte lassen sich folgende Hintergründe ausmachen.

Erstens die Problematik der seitens der Kaiser vorgenommenen Statuserhöhungen: Bereits für die ausgehende Republik zeigt das Beispiel des D. Laberius, wie ein Feldherr (in diesem Fall Caesar) als mächtige Einzelperson für sich beansprucht, den Rang einer Person festlegen zu können.[155] Dieser Vorgang der Aufwertung wird gegenüber den Mitmenschen durch die Verleihung des Goldringes sinnfällig veranschaulicht. Der Sachverhalt, dass der Goldring in vielen Passagen des Schrifttums als Symbol für die Statuserhöhung einer Person (oft einer zuvor unfreien oder infamen Person zum Ritter) benannt wird, die diesen Status nur aus Gunst erwirbt, ist in der Forschung zu wenig beachtet worden.[156] Der Goldring oder mehrere Goldringe[157] sind keineswegs ein gängiges Standesabzeichen der Ritter im Allgemeinen, sondern das Erken-

---

[155] Die Schilderung bei Suet. Caes. 39, 2 macht deutlich, dass Caesar sich hiermit über die Vorbehalte gegenüber Infamen erhebt. Ein ähnliches Beispiel wird in der Korrespondenz Ciceros erwähnt. Demnach sei Balbus – nach Caesars Vorbild – in Spanien ähnlich vorgegangen: Bei den von ihm in Gades veranstalteten Spielen habe er den Schauspieler Herennius Gallus mit dem goldenen Ring beschenkt und ihm einen Platz in den vierzehn Parkettreihen angewiesen: Cic. fam. 10, 32, 2 Kasten. Ein noch früheres Beispiel ist die Vergabe des Ringes an einen Schauspieler durch Sulla: Macr. Sat. 3, 14, 13.

[156] Der Goldring gilt gemeinhin als traditionelles Standesmerkmal des Ritters, doch ist unklar, ab wann dies so ist, wie bereits Mommsen StR III 515 zu Recht bemerkt, der auch auf die Besonderheit der Verleihung des Ringes durch Feldherren oder (später) die Kaiser aufmerksam macht (StR III 518). Plin. nat. hist. 33, 29 sagt, dass zur Zeit des Augustus die ritterlichen Richter Eisenringe getragen hätten; er hält das Tragen der Goldringe für eine recht junge Sitte. Zu dieser Standessymbolik siehe Mommsen StR III 517 und in jüngerer Zeit z.B. Kolb (1977) 252 f., der allerdings – nach meiner Ansicht unzulässigerweise – Staatspferd und Goldring nur in Kombination behandelt. Allerdings betonen Millar (1977) 488–490 und ihm folgend Mouritsen (2011) 107, dass der Goldring ausschließlich Freigelassene aufwertete, gewissermaßen zu Freigeborenen erklärte, und in der Kaiserzeit die Ritterwürde implizierte. Aus meiner Sicht ist überdies bei einem in zahlreichen Kulturen gängigen Schmuckstück wie dem Goldring selbstverständlich davon auszugehen, dass niemals ausschließlich römische Ritter ein solches trugen. Zur Verbreitung von Ringen in Rom Naumann-Steckner (2007) insb. 141 zu den Befunden von Pompeji und Herculaneum.

[157] In einer großen Zahl der Belegstellen ist von Ringen im Plural die Rede. Siehe etwa den Bericht bei Cass. Dio 53, 30, 3 über die (aus Dankbarkeit über die erfolgreiche Heilung des Augustus im Jahr 23 v.Chr.) veranlasste Aufwertung des Arztes Antonius Musa, eines Freigelassenen: »Dafür erhielt Musa sowohl von Augustus wie auch vom Senat viel Geld, sodann das Recht – er war nämlich ein Freigelassener – goldene Ringe zu tragen.« (Übers.: Veh).

nungsmerkmal des durch Gunst (zum Ritter) Erhobenen.[158] In diesem Sinne verleihen die Kaiser einen oder mehrere Goldringe an Personen, die die Rechte des Ritterstandes genießen sollen, ohne dafür anderweitig (*qua* Geburt bzw. Herkunft/Vermögen oder Leistung) qualifiziert zu sein und weitgehend ohne weitere Pflichten der Ritter daraus abzuleiten.[159] Dabei ist nicht auszuschließen, dass mit der Verleihung des Ringes durch den Kaiser auch die Zensusqualifikation für den Ritterstand sichergestellt werden konnte, nämlich durch den Sachwert des Ringes (vor allem aber mehrerer Ringe zusammen), der durchaus 400.000 Sesterzen entsprechen konnte.[160] Von diesem Mittel der gezielten Aufwertung einzelner Personen machte bereits Augustus Gebrauch.[161]

In der Folgezeit kam es wiederholt zu Statusanmaßungen innerhalb der Bevölkerung. Zur Zeit des Tiberius (im Jahr 23 n. Chr.) führte der Ädil C. Sulpicius Galba im Senat darüber Klage, dass sogar Schankwirte allgemein den Goldring trügen. Durch einen Senatsbeschluss wurde dies allen Unbefugten verboten und im folgenden Jahr in der *lex Viselia* nochmals eingeschärft, dass den goldenen Ritterring zu tragen (mit dem Privileg, in den ersten 14 Reihen im Theater zu sitzen), nur denjenigen zu gewähren sei, die drei Generationen lang eine freie Abstammung und einen Besitz von 400.000 Sesterzen aufweisen konnten.[162] Problematisch war, dass sich die Kaiser selbst über diese Vorgaben hinwegsetzten.[163] Unter Vespasian und den Flaviern ist die Verleihung des Ringes häufig bezeugt.[164] Plinius der Ältere entrüstet sich darüber, dass der Ritterstand dadurch mit Unfreien vermischt werde.[165] Diese bei Plinius erkennbare

---

158 Meines Wissens sind ehemalige Freigelassene, denen der Ritterstand durch Gunst verliehen wurde, niemals in die Gruppe der Staatspferdinhaber aufgenommen worden.
159 Iuv. sat. 7, 89. Tac. hist. 1, 13. 2, 57. 4, 3. Suet. Galb 14. Epikt. diss. 4, 1, 37f. Zur rechtlichen Besonderheit der fiktiven Ingenuität und dem Patronatsrecht Kübler (1907) 298 mit weiterer Literatur.
160 Der Wert des Ringes des Senators Nonius zur Zeit Marc Aurels wurde auf zwei Millionen Sesterzen geschätzt: Naumann-Steckner (2007) 147.
161 Zur Freilassung des Philopomen Suet. Aug. 27 und Cass. Dio 47, 7. Zur Freilassung des Arztes Antonius Musa Cass. Dio 53, 30. Zur Verleihung des Ritterstatus' an kaiserliche Freigelassene grundlegend Weaver (1972) 282–294. Mouritsen (2011) 107f. vertritt die Auffasung, dass das Recht, den goldenen Ring zu tragen, den Makel der Sklaverei getilgt habe.
162 Plin. nat. hist. 33, 32. Mommsen StR III 424 mit Hinweis auf Cod. Iust. 9, 21 *ad legem Viselliam* und Cod. Iust. 9, 31, 1. Friedländer SG I 157.
163 Friedländer SG I 39–44 listet – nach Kaisern geordnet – ganze Reihen von Freigelassenen auf und bemerkt dabei zu Recht, »daß zu unsrer Kenntnis nur vereinzelte Tatsachen gekommen sind, und fast nur solche, die allgemeines Aufsehen erregten.« (39). Über die Söhne von Freigelassenen SG I 117–118.
164 Mommsen StR III 519 und Friedländer SG I 147 mit Quellen.
165 Plin. nat. hist. 33, 33.

Entrüstung über die seitens der Kaiser vorgenommene Aufwertung von Freigelassenen findet sich im Schrifttum der Kaiserzeit allenthalben; speziell auf das Sitzen im Theater bezogen ist das eingangs bereits kurz herangezogene Epigramm Martials 2, 29 ein zentraler Beleg für die Vorbehalte gegenüber den ›neuen Rittern‹, deren Herkunft aus dem Sklavenstand die freien Bürger nicht zu übersehen geneigt waren.

Zweitens kann als Hintergrund für die beschriebenen Konflikte im Sitzraum des Theaters die bereits in der Antike bestehende Unklarheit der Kriterien ausgemacht werden, die als Voraussetzung für den Sitz im Ritterparkett galten. Dies betraf zum einen die Militärs, für die nicht eindeutig war, welche Position nun eigentlich zum Sitz in den gesonderten Reihen berechtigte. Zum anderen erwies sich die Tatsache, dass die Vermögensqualifikation als ein notwendiges, aber nicht hinreichendes Kriterium für das Sitzprivileg galt, als problematisch und beförderte die Statusanmaßung von Personen, die zwar über das nötige Vermögen verfügten, nicht aber über den Ritter- oder gar Bürgerstatus. Dies betraf allenthalben Personen aus den Provinzen, die durch erfolgreiche Geschäfte oder Beziehungen eine Position in der Gesellschaft erworben hatten, welche sie glauben ließ, zur Elite zu gehören, selbst wenn sie nicht das römische Bürgerrecht besaßen.

Das Kapitel hat gezeigt, dass die Sitzordnung im römischen Theater die gesellschaftliche Hierarchie nicht nur abbildete, sondern diese geradezu hervorbrachte. Besonders die beiden oberen *ordines*, Senatoren und Ritterschaft, waren aufgrund ihrer prominenten Platzierung innerhalb des Zuschauerraumes der sozialen Kontrolle durch die *plebs* ausgesetzt.[166] Das ›niedere Volk‹ konnte nämlich von den weiter hinten und höher gelegenen Reihen aus sehr genau verfolgen, wessen Vermögen offenbar ausreichte, um einen Platz in den ersten 14 Reihen einnehmen zu dürfen. Wer sich unberechtigterweise im »Ritterparkett« niederließ, musste mit Spottversen und Beschimpfungen aus den hinteren Reihen rechnen.[167] Schlimmstenfalls war eine Anzeige zu befürchten.[168] Zugespitzt lässt sich sagen, dass jede Person, die einen gewissen Rang in

---

166 Eine in der Sitzordnung angelegte soziale Kontrolle deutet auch Laser (1997) 96 an.
167 Ein Beispiel liefert Horaz, der den Etrusker Sarmentus erwähnt. Dieser habe als (ehemaliger?) Sklave am Hof des Augustus so viel Gunst gewonnen, dass er es gewagt habe, bei einem Schauspiel unter den Rittern Platz zu nehmen (Hor. sat. 1, 5, 51–69). Vom Volk sei er deswegen mit Spottversen verhöhnt worden. Ein Prozess gegen ihn wegen Anmaßung des Ritterstandes soll aufgrund der Fürsprache seines Gönners mit Freispruch ausgegangen sein: Schol. Iuv. sat. 5, 3. Dazu Friedländer SG I 157 mit Anm. 4. Siehe zu Sarmentus ausführlich Treggiari (1969) Appendix 7 (271 f.) mit allen prosopographischen Details.
168 Siehe die Anfeindungen bei Cic. Phil. 2, 44. Laut Sueton haben unter Augustus zahlreiche Ritter nicht mehr in den ersten Reihen Platz zu nehmen gewagt, weil sie ihr Vermögen in den Bürgerkriegen verloren hatten, Augustus habe daraufhin von der Vermögensqua-

der Gesellschaft für sich in Anspruch nahm, diesen im Theater erproben und bestätigen lassen musste: zum einen von den Sitznachbarn, also den Standesgenossen, zum zweiten vom *populus* und schließlich auch vom Kaiser, welcher seine Gesetze durch die Aufseher exekutieren ließ. Der Zuschauerraum fungierte als eine Bühne der Selbstdarstellung, auf der die Theaterbesucher ihre Position innerhalb der sozialen Hierarchie vorführten, die ihnen jedoch auch verweigert werden konnte. In Rom ging man daher wohl weniger ins Theater, um zu sehen, sondern um gesehen zu werden. Dies legt bereits Horaz in seinem nach dem Jahr 14 v. Chr. verfassten »Augustusbrief« nahe, in dem er sagt, dass das Publikum mehr Schauspiel böte als die Vorführungen.[169]

---

lifikation abgesehen, sofern die Zugehörigkeit zum Ritterstand gesichert gewesen sei (Suet. Aug. 40, 1).
169 Hor. epist. 2, 1, 197–198.

3

KÜSSE UND IHRE ›LESBARKEIT‹
IM KAISERHAUS UND IN DER STADT

3.1 – Fragestellung und Forschungsstand

Schmeicheleien, ihr naht euch mir vergeblich, | ihr elenden, mit euren abgefeimten Lippen. | Von einem »Herrn und Gott« habe ich nicht vor zu sprechen: | Ihr habt keinen Platz mehr in dieser Stadt; | geht weit fort zu den Parthern mit ihren Filzhüten | und küsst schmachvoll, erniedrigend und fußfällig | bunt gewandeter Könige Sandalen. | Hier gibt es keinen Herrn, einen Imperator nur, | nur den Gerechtesten von allen Senatoren; | durch ihn wurde aus dem stygischen Haus zurückgeführt | mit unparfümiertem Haar die schlichte Wahrheit. | Hüte dich, Rom, wenn du klug bist, unter diesem Fürsten | mit Worten zu sprechen aus früherer Zeit![1]

Dieses Epigramm Martials aus der im Jahr 98 überarbeiteten Fassung des 10. Buches weist die Schmeicheleien zurück, die den Dichter wie lästige Fliegen zu behelligen scheinen. Er verweist sie der Stadt Rom, die keinen Platz mehr für sie habe und schickt sie zu den Parthern, wo es noch Könige gebe, denen man die Füße küssen müsse. In Rom – so die freudige Botschaft des Epigramms – gebe es hingegen keinen »Herrn und Gott« als *princeps* mehr, sondern nur noch einen Imperator, der unter den Senatoren als gerechtester herausrage. Zweifellos ist dieses Epigramm eine Eloge auf Kaiser Trajan, der im Jahr 98 die Regierung übernommen hatte; augenzwinkernd wird der zeitgenössische Leser bemerkt haben, dass es sich dabei um eine gezielte Schmeichelei handelt, welche Verhaltensweisen und Gesten des Kaisers hervorhebt, mit denen sich Trajan dezidiert von seinem Vorgänger Domitian abzugrenzen bemühte, was

---

[1] Mart. ep. 10, 72: *Frustra, Blanditiae, venitis ad me | adtritis miserabiles labellis: | dicturus dominum deumque non sum. | iam non est locus hac in urbe vobis; | ad Parthos procul ite pilleatos | et turpes humilesque supplicesque | Pictorum sola basiate regum. | non est hic dominus, sed imperator, | sed iustissimus omnium senator, | per quem de Stygia domo reducta est | siccis rustica Veritas capillis. | hoc sub principe, si sapis, caveto, | verbis, Roma, prioribus loquaris.* Zur Datierung Barié – Schindler (2002) 1354.

auch Plinius in seinem *Panegyricus* hervorhebt: Die Inszenierung als *primus inter pares,* mit der er sich von der als Tyrannis empfundenen Gewaltherrschaft Domitians über den Senat und das Volk von Rom abzusetzen trachtete. Sinnfällig wird dieser Wandel der Untertanenbehandlung im Epigramm in der Anrede des Kaisers deutlich (früher: *dominus et deus*/jetzt: *imperator et iustissimus senator*) wie auch dadurch, dass jetzt in Rom niemandem mehr die Füße geküsst werden müssen. Man kann hier erkennen, wie bestimmte Rede- und Verhaltensweisen und auch Gesten des Kaisers mit Bedacht gewählt und interpretiert wurden, so dass davon auszugehen ist, dass das Verhältnis des *princeps* zu seinen Untertanen ebenso wie die soziale Hierarchie innerhalb der Gesellschaft einer dauernden Inszenierung bedurfte. Es erscheint aufschlussreich, zu untersuchen, auf welche Weise diese Inszenierung konkret erfolgte. Daher soll im Folgenden exemplarisch ein alltäglicher Gestus genauer betrachtet werden, dem von den Kaisern im frühen Prinzipat recht große Bedeutung beigemessen wurde – der Kuss. Um die diesem kaiserlichen Gestus innewohnende Symbolik zu entschlüsseln, wird gefragt, an welche traditionellen Gepflogenheiten der Gestus anknüpfte, inwiefern dieser variiert wurde und auf welche Weise die Zeitgenossen diese Varianten interpretierten. Darüber hinaus soll dargestellt werden, wie dieser Gestus seitens der Gesellschaft adaptiert wurde.

Der kaiserliche Kuss wurde in der Forschung des 19. und beginnenden 20. Jh.s recht häufig behandelt: Ludwig Friedländer widmet in seinen »Darstellungen aus der Sittengeschichte Roms« dem Kaiserhof ein umfangreiches Kapitel, in dem er auch ausführlich auf die Sitte des kaiserlichen Kusses eingeht, der für ihn Bestandteil eines offiziellen Begrüßungszeremoniells ist. Die Frage nach der Wechselwirkung zwischen kaiserlichen Vorgaben und deren Adaption in weiteren Kreisen stellt er in diesem Kontext nicht.[2] Ähnliches gilt für die einschlägigen Artikel in der Realenzyklopädie zu den Stichworten »Salutatio« (von August Hug) und »Kuß« (von Wilhelm Kroll), die sich beide maßgeblich auf eine ältere Studie von Carl Sittl über Gesten und Gebärden im Altertum stützen.[3] Sittl entwirft darin eine epochenübergreifende Typologie verschiedener Gesten, in der jedoch gerade die zeitspezifischen Konnotationen nicht erfasst werden. Andreas Alföldi hat in seinem erstmals 1934 erschienenen Aufsatz »Die Ausgestaltung des monarchischen Zeremoniells am römischen Kaiserhofe« die seiner Auffassung nach relevanten Formalisierungen

---

2 Zwar widmet Friedländer auch dem »Einfluss des Hofes auf Formen und Sitten« einen Abschnitt, allerdings geht es darin weniger um soziale Praktiken als um die Adaption von besonderen Vorlieben der Kaiser seitens der Bevölkerung (etwa Neros Vorliebe für Schnittlauch, welche laut dem älteren Plinius dazu geführt habe, dass in Rom der Schnittlauch an Ansehen gewann): Friedländer SG I, 33–35, hier 35.
3 Hug (1920). Kroll (1931). Sittl (1970), erstmals (1890) erschienen.

des Verhaltens im Verkehr mit dem Kaiser untersucht, zu denen auch der Kuss gehöre. Die von ihm aus den Quellen rekonstruierte »tatsächliche Ausgestaltung des Zeremoniells« lässt seiner Meinung nach zwei gegensätzliche Typen erkennen, zwischen denen »das Pendel der Geschichte« gleichsam hin- und her geschlagen sei:[4] Als einen Typus begreift er das von republikanischen Traditionen geprägte »bürgerlich-einfache Verhalten« des *princeps* gegenüber seinen Untertanen, das von Augustus, Vespasian und den Kaisern von Trajan bis Marc Aurel gepflegt worden sei. Als einen zweiten Typus fasst er die »sakraltheologische« Überhöhung des Kaisers, welche in Proskynese und *adoratio* ihren Ausdruck gefunden habe; diese sei bei Caesar, Caligula, Nero, Domitian, Commodus und seinen Nachfolgern zum Tragen gekommen.[5] Beide Verhaltensformen speisten sich nach Alföldi aus nicht genuin-römischen Traditionen – für den ersten Typus wird das »etruskische Erbe« betont, für den zweiten »hellenistische« oder »mesopotamisch-persische« Elemente.[6] Die gesellschaftlichen Auswirkungen des einen wie des anderen ermittelten Typus' des Hofzeremoniells bleiben bei Alföldi unberücksichtigt, obwohl er davon ausgeht, dass die unterschiedlichen Begrüßungsformen die staatlichen und gesellschaftlichen Verhältnisse »genau gespiegelt« hätten.[7] In jüngerer Zeit streift die Studie zum Kaiserhof von Aloys Winterling das Thema am Rande.[8]

Dieser kurze Überblick macht deutlich, dass der Kaiserkuss bislang vorwiegend als Bestandteil des Hofzeremoniells gedeutet wurde, das die Kaiser des ersten Jahrhunderts unterschiedlich handhabten. Nicht zuletzt deswegen fällt es schwer, die zugrundeliegende Symbolik zu entschlüsseln. Im Folgenden wird dies versucht, indem traditionelle Konnotationen des Gestus eruiert werden, bevor auf die Usancen der jeweiligen Kaiser und auf nachweisbare Reaktionen der Zeitgenossen einzugehen ist. Ziel ist es, die damaligen Sinndeutungen nachzuvollziehen, um die Funktion des Gestus für das politisch-soziale Gebilde des frühen Prinzipats zu ergründen. Schließlich werden die erhobenen Befunde mit literarischen Belegen konfrontiert, welche über den Kuss in der breiteren Bevölkerung Aufschluss geben.

---

4 Alföldi (1970) 273.
5 Siehe Alföldi (1970). Zur Kritik einzelner Ergebnisse und der problematischen Vorannahmen Alföldis siehe Winterling (1999) 28–31, insb. 31.
6 Alföldi (1970) IX–XVI.
7 Alföldi (1970) 39.
8 Winterling (1999) 123, 128. Der Aufsatz mit dem einschlägigen Titel »Der Kuß des Kaisers« von Werner Kühn stellt ein philologisches Problem der Textüberlieferung des *Panegyricus* des Plinius ins Zentrum, nämlich die Frage, ob die erst in einer gedruckten Fassung des 16. Jh.s greifbare Wendung vom »Missbrauch der Rechten« *(dexterae verecundia)* als authentisch angenommen werden darf: Kühn (1987).

3.2 – Der Kuss als kaiserlicher Gestus

Dass die Kaiser vor allem Senatoren mit Wangenküssen bedachten, ist im antiken Schrifttum zahlreich belegt. Den historischen Ursprung dieser Praxis finden zu wollen, wäre ein absurdes Anliegen.[9] Festzuhalten ist allerdings, dass der Kuss seit der Herrschaft des Tiberius als ein kaiserlicher Gestus beobachtet wurde, der etwas darüber aussagte, wie der *princeps* sein Verhältnis zu den von ihm mit diesem Gestus bedachten Senatoren auffasste und veranschaulichte. Besonders der Biograph Sueton interessiert sich dafür, wie es die einzelnen Kaisern mit den Küssen hielten.[10] Darüber hinaus behaupten mehrere antike Autoren, dass es in der Regierungszeit des Tiberius auch unter den Männern der Elite Roms üblich geworden sei, sich zu küssen, worauf unten noch näher eingegangen wird. Zunächst gilt es jedoch, die Vorannahme der älteren Forschung zu überdenken, dass es sich beim unter Männern getauschten Wangenkuss um einen Begrüßungsgestus handelt, der bei der allmorgendlichen *salutatio* seinen Platz hatte.[11] Gerade die kaiserlichen Küsse scheinen nämlich keineswegs ausschließlich nur zur Begrüßung gegeben worden zu sein und auch nicht allein im spezifischen Ritual der *salutatio*. Daher soll im Folgenden untersucht werden, in welchem sozialen Kontext der kaiserliche Kuss seinen Ursprung hatte und welche Anlässe, Adressaten, Kontexte und Formen von kaiserlichen Küssen bezeugt sind.

Im Lateinischen werden für den Kuss die Wörter *osculum* (»Mündchen«) und *basium* gebraucht, wobei keine unterschiedlichen Konnotationen festzustellen sind, so dass beide als Synonyme angesehen werden können. Innerhalb der römischen Familie gab es das traditionelle *ius osculi*, die Verpflichtung einer römischen Frau, jeden Tag ihre männlichen Verwandten mütterlicher- wie väterlicherseits bis zum 6. Grad zur Begrüßung zu küssen. Auf diese Weise

---

9 Friedländer erkennt in Augustus gewissermaßen den Erfinder des Begrüßungskusses, der die Sitte möglicherweise aus dem Orient übernommen habe: Am persischen Hof sei es ein Vorrecht der Verwandten gewesen, den König zu küssen, was auch von Alexander und einigen Nachfolgern adaptiert worden sei, die »das Recht, den König zu küssen, als Auszeichnung der Freunde« (Friedländer SG I 95) verstanden. Dass die Sitte gezielt aus einer anderen Kultur übernommen wurde, lässt sich jedoch nicht belegen. Zur Annahme einer Einführung der Sitte des Begrüßungskusses durch Augustus kritisch Alföldi (1970) 40, der die Sitte für republikanisch hält. Alföldis Bemerkungen zu diesem Thema (40–42) übersehen jedoch die Varianz des Gestus und erweisen sich als zu ungenau.

10 Bei Sueton ist die Frage, wie die Kaiser es mit dem Küssen hielten, geradezu eine feste Rubrik: Suet. Tib. 10, 2. 34, 2. Suet. Cal. 56, 2. Suet. Nero 37, 3. Suet. Otho 6, 10. Suet. Dom. 12, 3.

11 Friedländer SG I 93. Alföldi (1970) 27, 40f. Winterling (1999).

wurde der Kreis der Verwandten markiert, unter denen eine Eheverbindung als *incestum* gegolten hätte und daher verwundert es auch nicht, dass gerade Eheleute sich nicht in der Öffentlichkeit küssen sollten.[12]

Bereits Wilhelm Kroll erkannte, dass in der Zeit der Republik Küsse unter Männern »kaum bei gewöhnlicher Begrüßung« ausgetauscht worden seien, sondern nur »im Affekt« (z. B. beim Wiedersehen nach langer Trennung) oder um eine Art Bündnis zu veranschaulichen.[13] Dies kann gut in einem Brief Ciceros an Atticus nachvollzogen werden, in dem die zum Abschied gegebenen Umarmungen und Küsse ein Bündnis bekräftigen.[14] Ohne auf alle von Hug gesammelten Belege eingehen zu können, ist festzuhalten, dass ein Wangenkuss unter Männern in der Republik traditionell eine Bindung dokumentierte, die bei einer Zusammenkunft vor oder nach einer langen Trennung aktualisiert werden sollte: Der Kuss als Gestus konnte schnell und ohne den Aufwand vieler Worte Einigkeit und Zusammengehörigkeit demonstrieren.

Hinweise auf Küsse zu solchen Anlässen (Wiedersehen und Abschied; Momente des Aufrufens von Verbundenheit) finden sich auch für die frühen Kaiser. Sueton bezeugt bereits für Tiberius, dass er vor seiner im Jahre 6 v. Chr. von Augustus befohlenen Abreise nach Rhodos seine Frau und seinen Sohn in Rom zurückließ und sich nach Ostia begab: »Kaum einem seiner Begleiter erwiderte er auch nur ein Wort und als er abreiste, gab er nur wenigen einen herzhaften Kuß.«[15] Diese Formulierung soll nicht nur die absolute Isolation des Tiberius in der Situation zum Ausdruck bringen, sondern entspricht dem noch näher zu erläuternden Befund, dass der Kuss als gestische Abbreviatur für Gesprächsaustausch steht und vor allem zur Markierung des engsten Kreises der Vertrauenspersonen dient, dem Kreis der *comites*. Im Werk Cassius Dios wird berichtet, auf welche Weise Tiberius später, als er schon Kaiser war, seinen engen Vertrauten Sejan nach Rom entließ, während er selbst auf der Insel Capri zurückblieb: »Beim Abschied erklärte Tiberius, ein Teil seines Leibes und seiner Seele werde von ihm weggerissen, und er umarmte und küsste ihn unter Tränen, so dass sich Sejan noch stolzer fühlte.«[16] Hier wird die durch den Kuss heraufbeschworene Verbundenheit sehr deutlich expliziert.

---

12 Harders (2008) 24 mit Quellen und weiterer Literatur. Schwyzer (1928).
13 Kroll (1963) 187. Zur Begrüßung der Klienten bei der *salutatio* mit Handschlag Plut. Cicero 36.
14 Cic. Att. 16, 2, 2 Kasten. Weitere Belege für Küsse mit Bündnischarakter in der Republik bei Hug (1920) 2062.
15 Suet. Tib. 10: *relictis Romae uxore et filio confestim Ostiam descendit, ne verbo quidem cuiquam prosequentium reddito paucosque admodum in digressu exosculatus.* (Übers.: Martinet).
16 Cass. Dio 58, 4, 9.

Verfolgt man die Erwähnungen von kaiserlichen Küssen in der antiken Literatur, fällt auf, dass diese überwiegend mit Angehörigen der kaiserlichen *domus* getauscht wurden, darüber hinaus mit dem Kaiser besonders nahestehenden Senatoren und Rittern, die inoffiziell als *amici*, offiziell als *comites* und *consiliarii* bezeichnet wurden.[17] In der Forschung ist viel darüber nachgedacht worden, wie dieser enge Kreis um den Kaiser bestellt wurde. Die Vorstellung von einem festen *consilium principis* ist inzwischen überwiegend aufgegeben worden.[18] Werner Eck hat sich die Frage gestellt, mit welchem formellen Akt dieser enge, jedoch variable Kreis um den Kaiser bestellt wurde und in diesem Kontext auch eine formalisierte Auswahl *(adlectio inter amicos)* erwogen und verworfen.[19] Gleichzeitig schließt Eck aus, dass alle, die im Rahmen der *salutatio* beim Kaiser vorstellig wurden, zu den *amici* zählten.[20] Er geht hingegen von einer »Einladung« in den Kreis aus, die einem Vertrauensbeweis gleichgekommen sei:

> In Rom waren es natürlich von Anfang an vor allem Senatoren, aber auch schon bald einzelne Ritter, die dazu [zur Beratung des Kaisers] herangezogen werden konnten. Wenn der Princeps sie zu einer solchen Funktion einlud, dann gehörten sie durch den Vertrauensbeweis auch zu den *amici principis* [...]. Aber sie wurden, wenn nicht schon ein vergleichbarer Akt des Vertrauens vorangegangen war, erst durch diese Berufung zu *amici*.[21]

Ich meine, dass gerade in dem kaiserlichen Kuss ein solcher »Akt des Vertrauens« gesehen werden muss. Man kann dies deutlich in den Schilderungen der Distanzierung Senecas von Nero herauslesen. Laut Cassius Dio bat Seneca Nero, »ihm Kuss und gemeinsames Mahl« – beides Umschreibungen für die Nähe und den potentiell intensiven Kontakt – zu »erlassen«. Dieses Anliegen wurde laut Tacitus von Nero jedoch gestisch verweigert: durch Umarmungen und Küsse *(complexa et oscula)*.[22] Nero hielt verzweifelt und trotzig an dem von Seneca bereits aufgekündigten Vertrauensverhältnis fest.

---

17 Siehe dazu Bang (1921) 56 ff. Zum Sachverhalt der Freunde, Begleiter und Ratgeber der Kaiser siehe Eck (2010) 355 ff.; zum *consilium* der republikanischen Magistrate insb. 357; zur terminologischen Abgrenzung, die Eck m. E. zu scharf vornimmt, 358.
18 Eck (2010) 357: »Heute versteht man darunter im Allgemeinen, dass der Kaiser zwar bei allen Entscheidungen Berater heranzog, die Zusammensetzung des konkreten Teilnehmerkreises jedoch bei verschiedenen Gegenständen wechselte.«
19 Eck (2010) insb. 360 und 363.
20 Eck (2010) 366 gegen Winterling (1999) 161 ff.
21 Eck (2010) 366.
22 Cass. Dio 61, 10, 4. Tac. ann. 14, 56, 3.

Dass gerade der Kuss die Zugehörigkeit zum engen Kreis um den Kaiser markiert, geht auch aus einer Bemerkung des Tacitus hervor, die deutlich macht, dass es für die Positionierung des Einzelnen nicht allein entscheidend war, *dass* man geküsst wurde, sondern auch *wie* dies geschah: Tacitus erwähnt in der Biographie seines Schwiegervaters Agricola, wie dieser nach seiner Rückkehr aus Britannien unfreundlich bei Hofe aufgenommen wurde, indem er »mit flüchtigem Kuss empfangen und, ohne eines Gespräches gewürdigt zu werden, der Schar der Höflinge beigesellt« wurde.[23] Man erkennt hier, wie Agricola durch den flüchtigen Kuss im Kreis der Höflinge öffentlich degradiert wird, auch die geläufige Assoziation von ›Kuss‹ und ›Zwiesprache‹ tritt klar hervor.

Bereits zur Zeit des Tiberius scheint die Praxis, mit besonders nahestehenden Senatoren Wangenküsse auszutauschen und dadurch Gesprächsbereitschaft zu signalisieren, zu einer Überlastung des *princeps* geführt zu haben, weil zu viele Personen seine Gesprächsbereitschaft in Anspruch nehmen wollten: Tiberius habe schließlich die »täglichen Küsse« sogar generell per Edikt verboten.[24] Valerius Maximus nimmt Tiberius wegen dieser (in Rom offenbar unpopulären) Maßnahme in Schutz, indem er sinngemäß ausführt, einem Kaiser müsse es schließlich gestattet sein, sich von der Allgemeinheit abzuheben.[25] Für die im Kussverbot erkennbare Abgrenzung des Tiberius von den Senatoren können aus den Quellen mindestens zwei Motive hergeleitet werden: erstens hygienische Bedenken und zweitens – weit wichtiger – Vorbehalte gegenüber der mit dem Kuss verbundenen politischen Symbolik. Was die Hygiene betrifft, so werden im antiken Schrifttum immer wieder Sorgen artikuliert, durch Küsse würden sich Krankheit und Befleckung übertragen, vor allem bei Unterstellung der für unrein erachteten Sexualpraxis der *fellatio*.[26] Gerade Tiberius

---

23 Tac. Agr. 40, 3: *exceptusque brevi osculo et nullo sermone turbae servientium immixtus est.* (Übers.: E. H.).
24 Suet. Tib. 34, 2: *cotidiana oscula edicto prohibuit.* (Übers.: Martinet).
25 Siehe Val. Max. 2, 6, 17: *Ne Numidiae quidem reges vituperandi, qui more gentis suae nulli mortalium osculum ferebant: quidquid enim in excelso fastigio positum est, humili et trita consuetudine, quo sit venerabilius, vacuum esse convenit.* »Auch die Könige von Numidien sind nicht zu tadeln, die der Sitte ihres Volkes entsprechend keinem Sterblichen einen Kuss gaben. Denn was auf eine erhabene Höhe gestellt ist, muss von niedrigem und allgemeinen Gebrauch befreit sein, damit es mehr Spielraum habe.« (Übers.: E. H.).
26 Cassius Dio verkennt die Symbolik des Kusses und erwägt stattdessen, dass Seneca sich vom Kuss des Nero distanziert habe, weil er sich aufgrund mutmaßlicher Sexualpraktiken (gemeint ist die als verunreinigend angesehene *fellatio*) davor geekelt habe. Diese Erklärung verwirft er jedoch, da er meint, dass Seneca sich selbst vergleichbaren Praktiken mit jungen Liebhabern gewidmet habe: »Was hingegen das Küssen betrifft, so kann ich mir keinen Grund für dessen Ablehnung denken; denn die wohl einzige Vermutung dafür, daß er einen

soll überdies unter einem Hautausschlag gelitten haben,[27] den Plinius der Ältere auf das Küssen zurückführt.[28]

Um die dem Kuss innewohnende politische Symbolik weiter zu entschlüsseln, können Berichte über den Umgang des Tiberius mit den Senatoren zum Verständnis beitragen. Demnach waren dem Tiberius die servile Geisteshaltung und die Schmeicheleien der Senatoren höchst zuwider, wobei er sich vor allem damit schwer tat, von ihnen wie ein Patron von Klienten behandelt zu werden. Dies geht vor allem daraus hervor, dass er den Austausch von Neujahrsgeschenken, der gewöhnlich zwischen Klienten und Patron erfolgte, auf den ersten Januar beschränkte.[29] Außerdem wies er es weit von sich, von Senatoren mit dem Titel *dominus* angesprochen zu werden, was eine Unterwerfung derjenigen implizierte, die diese Anrede gebrauchten.[30] Vielmehr gerierte sich Tiberius zumindest anfänglich als ein Senator unter anderen, ja er sprach die Senatoren sogar als »seine Herren« an und inszenierte sich auf diese Weise als ›erster Diener seines Staates‹.[31] Tacitus Schilderungen spiegeln, dass das Verhalten des Tiberius im Senat zu Irritationen Anlass gab, zumal wenn der Kaiser als ›einfacher Senator‹ auftrat.[32] Durch das Kussverbot suchte Tiberius sicher auch den inflationären Gebrauch des Kusses zu unterbinden, zumal die Symbolik des Nahverhältnisses zu verwässern drohte, wenn zu viele es für sich reklamierten.

Festzuhalten ist, dass es sich in der Wahrnehmung der Zeitgenossen beim Wangenkuss ganz eindeutig um einen egalitären Gestus handelt,[33] was auch darin zum Ausdruck kommt, dass dieser wortwörtlich auf Augenhöhe erfolgt. Deutlich wird dies in einer Passage aus Plinius' *Panegyricus* auf Trajan, in der eine Senatssitzung imaginiert wird (wohl Anfang Januar 100), in der die Kandidaten ausgewählt wurden, welche sich als Suffektkonsuln für das laufende

---

solchen Mund nicht küssen wollte, erweist sich aufgrund seiner Beziehungen zu jungen Männern als unrichtig.« (Cass. Dio 61, 10, 5. Übers.: Veh).
27 Tac. ann. 4, 57. Dazu Wittstock (1993) 520, Anm. 114.
28 Plin. nat. hist. 27, 2 f.
29 Zu den Neujahrsgeschenken von Klienten siehe Kapitel 4. Zum Neujahrsempfang des Kaisers Winterling (1999) 126. Zu den eingeforderten Neujahrsgeschenken Caligulas Suet. Cal. 42.
30 Die Anrede *dominus* wurde traditionell von Klienten an Patrone gerichtet, von Kindern an den Vater, von Frauen an Männer. Sie zeigt eine Unterwerfung gegenüber der Macht des so angesprochenen an. Dazu ausführlich Bang (1921) 82–88, hier 85.
31 Suet. Tib. 29.
32 Siehe Tac. ann. 1, 74, 5 f. 1, 75, 1 f. Das Verhältnis des Tiberius zu den Senatoren wird gut charakterisiert bei Bleicken (1962) 58 ff.
33 Als Geste unter Gleichen versteht Kühn (1987) 266 den Wangenkuss, welcher ebenso wie die dabei zur Schau getragene freundliche Miene der Veranschaulichung der *humanitas* des Kaisers diene.

Jahr bewarben:³⁴ Plinius schreibt begeistert: »[...] wie groß war der Beifall des Senats, mit welcher Freude nahm man es auf, als du zu jedem einzelnen Kandidaten, sowie du seinen Namen genannt hattest, hingingst und ihn küßtest, herabgestiegen zu ebener Erde, als wärest du nur einer aus der Schar der Gratulanten!«³⁵ Wenn hier der Kaiser beschrieben wird, wie er sich von seinem Amtsstuhl erhebt, um sich sinnbildlich auf das Niveau der Kandidaten zu begeben, und sie dann küsst, wird deutlich, dass dieser Gestus die Rolle des Kaisers als *primus inter pares* veranschaulichen soll. Um dies zu unterstreichen wird gleich im Anschluss von Plinius das Gegenbild der schlechten Vorgänger (konkret: Caligula und Domitian) gezeichnet. Diese hätten fest auf ihrem Stuhl gesessen, nur zögernd die Hand – zum Handkuss – ausgestreckt, Ämter nur aus Gunst, nicht nach Fähigkeit verliehen: »Sie nämlich, wie festgenagelt auf ihren Amtsstühlen, streckten lediglich die Hand hin, selbst das nur zögernd und schlaff und so, als würden sie dies als Gunstbeweis in Anrechnung bringen.«³⁶ Hier wird auf die Konnotationen abgehoben, die mit unterschiedlich inszenierten Küssen transportiert werden konnten; während der Wangenkuss als ein Gunstbeweis galt, hatte der Handkuss einen ganz anderen Beigeschmack.

Wer eine ihm dargereichte Hand küsste, nahm eindeutig eine untergeordnete Position ein, daher wurde mit dem Darreichen der Hand zum Kuss eine Unterordnung eingefordert. Caligula war der erste Kaiser, der mit der egalitären Behandlung von Senatoren brach, und je nach persönlicher Gunst Wangen-, Hand- oder gar Fußküsse einforderte. Cassius Dio entrüstet sich darüber, dass er »nur ganz wenige zu küssen pflegte, [...] denn selbst den meisten Senatoren bot er nur die Hand oder den Fuß zur Huldigung. Deshalb dankten ihm jene, die einen Kuss empfangen hatten, sogar im Senat, und dies obwohl er doch vor aller Augen täglich Schauspieler küsste.«³⁷ Dass Caligula den infamen Schauspielern mit einem weitaus größerem Respekt gegenübertrat als den Senatoren, wird hier als schwerwiegende Missachtung der Elite verstanden, gleichwohl wurde der Wangenkuss dadurch exklusiver und höher geschätzt. Sueton berichtet überdies, dass Caligula auch den Prätorianertribun Cassius Chaerea unter anderem durch die obendrein mit einer obszönen Geste kombi-

---

34 Zur Senatssitzung Plin. paneg. 69, 1–75. Siehe die Erläuterungen in der Übersetzung von Kühn (2008).
35 Plin. paneg. 71, 1: *Iam quo assensu senatus, quo gaudio exceptum est, quum candidatis, ut quemque nominaveras, osculo occurreres! devexus quidem in planum, et quasi unus ex gratulantibus.* (Übers.: Kühn).
36 Plin. paneg. 71, 2: *quam velut affixi curulibus suis manum tantum, et hanc cunctanter et pigre, et imputantibus similes, promerent.* (Übers.: Kühn).
37 Cass. Dio 59, 27, 1.

nierte Aufforderung zum Handkuss so sehr gekränkt und entehrt habe, dass dieser schließlich Caligula ermordet habe.[38]

Im Unterschied zum egalitären Wangenkuss brachte die Aufforderung zum Handkuss (der traditionell auch als Zeichen der Dankbarkeit gegeben werden konnte) eindeutig den Anspruch zum Ausdruck, das Gegenüber herabzustufen, das beim Küssen den Kopf neigen musste.[39] Der Handkuss in Verbindung mit einem Fußfall galt in Rom traditionell als die typische Geste des Schutzflehens und des Gnadengesuchs.[40] Mit dem geforderten Fußkuss aber wurde geradezu eine Unterwerfung des Küssenden veranschaulicht, die sinnfällig im Bücken zum Ausdruck kam. Seneca berichtet von einem weiteren Vorfall der Entehrung durch Caligula, in diesem Fall betraf es einen ehemaligen Konsul, der zunächst zum Tode verurteilt, dann begnadigt worden war. Als sich der Konsular bei Caligula bedanken wollte, habe dieser ihm den linken Fuß zum Kuss hingehalten – vor den Augen der führenden Persönlichkeiten des Staates. Seneca erinnert der Gestus an die von persischen Großkönigen bekannte Proskynese; er erkennt darin ein Indiz dafür, dass sich die freie Gesellschaft in persische Sklaverei verwandelt habe. Gleichzeitig berichtet er aber auch von Stimmen, die den Vorfall zu bagatellisieren suchten, indem sie bestritten, dieser Gestus sei zum Zweck der Demütigung *(insolentiae causa)* geschehen, sondern meinten, der Kaiser habe dem Senator lediglich seine goldenen Schuhe zeigen wollen.

> Kaiser Gaius (Caligula) hat dem Pompeius Poenus das Leben geschenkt – wenn es schenkt, wer es nicht wegnimmt; als dieser nun freigesprochen war und sich bedanken wollte, hielt er ihm zum Kusse den linken Fuß hin. Die das entschuldigen und bestreiten, es sei zur Demütigung geschehen, behaupten, er habe ihm eine golden bestickte Sandale, nein goldene und mit Perlen verzierte, zeigen wollen. So, mit einem Wort: was ist entehrender, wenn ein ehemaliger Konsul Gold und Perlen geküsst hat, natürlich, weil er sonst bei ihm keinen Körperteil wählen konnte, den er hygienischer küssen könnte? Der Mann, dazu geboren, die Sitten einer freien Gesellschaft in persische Sklaverei zu verwandeln, hielt es für zu wenig, wenn ein Senator, ein alter Mann, mit den

---

38 Suet. Cal. 56, 2.

39 Sueton berichtet im Kontext der mangelnden Umgänglichkeit Domitians, dass er der Geliebten seines Vaters, die ihn anlässlich seiner Rückkehr küssen wollte (was oben als traditionelle Affirmation von Verbundenheit interpretiert wurde), die Hand hinhielt (Suet. Dom. 12, 3).

40 Dazu Kühn (1987) 264 mit Quellen unter Anm. 7. Den im Handkuss mit Fußfall ablesbaren Unterwerfungsgestus illustriert auch Tacitus, der schildert, wie die überlebenden Senatoren nach der Aufdeckung der Pisonischen Verschwörung sich bei den Göttern bedankten, den Palast mit Lorbeer schmückten und sich Nero selbst zu Füßen warfen und seine Rechte bis zum Überdruss küssten (Tac. ann. 15, 71).

> höchsten Ämtern geehrt, vor den Augen der führenden Persönlichkeiten des Staates sich ihm in der Weise zu Füßen geworfen hätte, in der besiegte Feinde vor den Feinden liegen; gefunden hat er unterhalb der Knie etwas, womit er die Freiheit vernichten konnte. Nicht heißt das, den Staat mit Füßen zu treten, und zwar – mag einer auch denken, das tue nichts zur Sache – mit dem linken Fuß?
> Denn zu wenig scheußlich und rasend hätte er sich demütigend verhalten, der über Tod und Leben eines ehemaligen Konsuln in Sandalen Gericht hielt, wenn er, der Kaiser, nicht in den Mund eines Senators die hölzernen Nägel seiner Sandale eingeführt hätte.[41]

Auch andere Quellen belegen eindeutig, dass der geforderte Fußkuss als Zeichen der Degradierung verstanden wurde.[42]

Es wurde deutlich, dass die Gesten der Kaiser, von denen der Kuss hier als Beispiel gewählt wurde, von den Zeitgenossen gründlich studiert und interpretiert wurden. Es ist nicht wahrscheinlich, dass dabei die Einflüsse fremder Kulturen eine entscheidende Rolle spielten – wie Friedländer und Alföldi vermuteten, vielmehr verfügte die römische Kultur über ein eigenes Repertoire an Gesten und Redeweisen, welche Gleichrangigkeit oder Gefälle in der sozialen Relation der Kommunizierenden anzeigen konnten. Aus dem gestischen Inventar der Freundschaftsbeziehungen wurde der Wangenkuss im Kaiserhaus zunächst exklusiv für Angehörige der kaiserlichen *familia* und besonders nahe Vertraute verwendet.

Tiberius tat sich schwer, die Einnahme der Führungsposition, die ihm vom Senat zugestanden wurde, durch entsprechende Gesten zu veranschaulichen. Bezeichnend dafür ist die bei Tacitus berichtete Anekdote über den Senator Haterius, der fast der Leibwache des Tiberius zum Opfer gefallen wäre, weil

---

41 Sen. benef. 2, 12, 1 f.: *C. Caesar dedit vitam Pompeio Penno, si dat, qui non aufert; deinde absoluto et agenti gratias porrexit osculandum sinistrum pedem. Qui excusant et negant id insolentiae causa factum, aiunt socculum auratum, immo aureum, margaritis distinctum ostendere eum voluisse. Ita prorsus: quid hic contumeliosum est, si vir consularis aurum et margaritas osculatus est alioquin nullam partem in corpore eius electurus, quam purius oscularetur? Homo natus in hoc, ut mores liberae civitatis Persica servitute mutaret, parum iudicavit, si senator, senex, summis usus honoribus in conspectu principum supplex sibi eo more iacuisset, quo hostes victi hostibus iacuere; invenit aliquid infra genua, quo libertatem detruderet. Non hoc est rem publicam calcare, et quidem, licet id aliquis non putet ad rem pertinere, sinistro pede? Parum enim foede furioseque insolens fuerat, qui de capite consularis viri soccatus audiebat, nisi in os senatoris ingessisset imperator epigros suos.* (Übers.: Rosenbach, leicht modifiziert von E. H.).
42 Siehe z. B. Epikt. diss. 4, 1, 17: »Wenn dich aber einer zwänge, dem Kaiser die Füße zu küssen, dann würdest du das für brutale Gewalt und den Gipfel der Tyrannis halten.« (Übers.: Nickel).

seine Gesten missverstanden wurden: Tiberius habe mit der Übernahme der Regierung gezögert und damit den Unwillen des Senates auf sich gezogen; die Frage des Senators Haterius »Wie lange, Caesar, willst du es zulassen, dass dem Gemeinwesen sein Haupt fehlt?« nahm Tiberius sehr übel und fuhr Haterius an. Als der sich später entschuldigen wollte, ereignete sich laut Tacitus' Bericht Folgendes:

> Fest steht, dass Haterius, als er, um Abbitte zu leisten, ins Palatium gegangen war, sich vor dem hin und her gehenden Tiberius zu Füßen warf, und beinahe von den Soldaten umgebracht worden wäre. Tiberius war nämlich, zufällig oder durch die Hände des Haterius behindert, zu Boden gefallen.[43]

Diese Anekdote fasst sinnbildlich, wie sich Tiberius dem Unterwerfungsgestus des Senators widersetzt und dadurch selbst zu Fall kommt. Es gibt eine weitere, bei Sueton überlieferte Anekdote über ein scheinbares Missverständnis eines Unterwerfungsgestus durch Tiberius: Sueton berichtet, dass Tiberius trotz Krankheit weiterhin heftige Gelage abhielt, bei denen auch sein Arzt zugegen war. Dieser habe sich entziehen wollen, was Tiberius jedoch nicht zuließ, indem er vorgab, den Gestus missverstanden zu haben, um die eigentlich intendierte Botschaft ignorieren zu können:

> Denn seinen Arzt Charikles, der seinen Urlaub antreten wollte und deswegen von der Tafel aufgestanden war und seine Hand zum Kuss ergriffen hatte, mahnte er in dem Glauben, er habe seinen Puls fühlen wollen, noch zu bleiben und wieder bei Tisch Platz zu nehmen, und so verlängerte er das Mahl.[44]

Bereits Tiberius' Nachfolger Caligula instrumentalisierte die Gesten gern und führte den Senatoren durch den sparsamen Gebrauch des Wangenkusses sowie durch geforderte Hand- und Fußküsse drastisch ihre Abhängigkeit von ihm vor, während sich spätere Kaiser weniger exponierten: Der beim Senat unbeliebte Claudius thematisierte den Sachverhalt seiner geringen Autorität beim Senat eher verbal und sarkastisch.[45] Aus der Beobachtung, dass Nero »keinen Senator [...] eines Kusses, nicht einmal eines Gegengrußes *(resalutatione)*« würdigte, leitet Sueton ab, dass Nero wohl am liebsten den gesamten Senato-

---

43 Tac. ann. 1, 13: *constat Haterium, cum deprecandi causa Palatium introisset ambulantisque Tiberii genua advolveretur, prope a militibus interfectum quia Tiberius casu an manibus eius inpeditus prociderat.* (Übers.: Sontheimer).

44 Suet. Tib. 72, 3: *Nam Chariclen medicum, quod commeatu afuturus e convivio egrediens manum sibi osculandi causa apprehendisset, existimans temptatas ab eo venas, remanere ac recumbere hortatus est cenamque protraxit.* (Übers.: Martinet, leicht modifiziert von E. H.).

45 Siehe Suet. Claud. 40, 2.

renstand beseitigen wollte. Für Sueton galt der egalitäre Wangenkuss des Kaisers als adäquater Gestus gegenüber der Senatorenschaft.[46] Überhaupt erweist sich das Kussverhalten der Kaiser als ein Sujet neben zahlreichen anderen, das es diesem Autor erlaubt, gute von schlechten Kaisern zu scheiden: Gute Kaiser affirmieren das Ideal der Leutseligkeit *(comitas)* und Zugänglichkeit *(civilitas)* im egalitären Gestus des Wangenkusses gegenüber den Senatoren, schlechte Kaiser fordern unterordnende Handküsse oder erweisen sich gar als Tyrannen, indem sie wie orientalische Herrscher den erniedrigenden Fußkuss fordern. Diese Sichtweise findet sich auch in der eingangs zitierten Schmeichelei Martials gegenüber Kaiser Trajan wieder.

3.3 – Der Kuss als Gestus des Anbiederns in der Bevölkerung

Plinius erwähnt in seiner Naturgeschichte eine epidemische Hautkrankheit. Ursprünglich sei sie nur im Scherz »Kinnkrankheit« *(mentagra)* genannt worden, weil die durch sie verursachten Flechten vor allem am Kinn zu Tage getreten seien, dann habe sich diese Bezeichnung durchgesetzt.[47] Die »Kinnkrankheit« sei bei den Vorfahren noch unbekannt gewesen und habe sich, nachdem sie aus Asien eingeschleppt worden sei, erst unter der Regierung des Tiberius als Epidemie in Rom verbreitet. Sie übertrage sich vor allem durch Küsse[48] und breite sich vom Gesicht auf andere Körperteile aus; sie sei zwar nicht tödlich, aber doch äußerst unangenehm, fast noch schlimmer sei allerdings die Behandlung, bei der man die betroffenen Stellen ausbrenne.

Liest man die Äußerungen des Plinius zu der Krankheit nicht als medizinische Beobachtung, sondern versucht man, die impliziten Bewertungen des Autors zu extrahieren, fallen zwei Dinge auf: Erstens der Hinweis darauf, dass die Krankheit bei den Vorfahren nicht vorgekommen sei[49] – man kann dies sicher als eine moralistische Diagnose des Sittenverfalls lesen, der sich nach Ansicht des Plinius gerade im Kussverhalten der Römer offenbarte, das ihm persönlich höchst suspekt war; diese Angabe liefert nebenbei einen Anhaltspunkt dafür, dass das Küssen für Plinius den Älteren eine recht neue Erscheinung war. Zweitens ist die Bemerkung aufschlussreich, dass Frauen ebenso wenig von der Krankheit betroffen seien wie Sklaven oder das niedere und mittlere

---

46 Suet. Nero 37, 3.
47 Plin. nat. hist. 26, 2–4. Plinius meint genau zu wissen, wer diese Krankheit eingeschleppt hat, nämlich der Sekretär eines Quaestors, ein Ritter aus Perusia.
48 Plin. nat. hist. 26, 3: *veloci transitu osculi maxime*.
49 Plin. nat. hist. 26, 3: *non fuerat haec lues apud maiores patresque* »bei unseren Vorfahren und Vätern hatte es diese Seuche noch nicht gegeben«.

Volk, »die Vornehmen« *(proceres)* hingegen in besonderem Maße,[50] gerade *weil* sich die Krankheit schnell durch Küsse übertrage. Dieses Urteil spricht weniger für den medizinischen Sachverstand des Plinius über die Ursachen der Verbreitung von Epidemien, sondern spiegelt seine Einschätzung, dass diese neue Art des Küssens eine Gepflogenheit der Elite sei. Auch für Martial sind die Epidemie und ihre Symptome ein Thema,[51] er widmet dem Kussverhalten seiner Zeitgenossen eine ganze Reihe von Epigrammen in unterschiedlichen Büchern. Im Folgenden ist zu klären, aus welchen Gründen diese Praktiken in den Epigrammen so häufig traktiert werden und welche Rückschlüsse daraus auf die gesellschaftliche Relevanz der Thematik gezogen werden können.

Zunächst sind die zeitlichen, örtlichen und sozialen Rahmenbedingungen, in denen die Küsse getauscht werden, genauer zu bestimmen. Sieht man die für diese Thematik einschlägigen Epigramme Martials durch, so zeigt sich, dass hier nicht unbedingt im unmittelbaren Zusammenhang mit der *salutatio* geküsst wird, sondern eigentlich an allen belebten Orten und zu jeder Zeit: im Gedränge der Straßen, auf den öffentlichen Plätzen, in den Thermen und sogar in den Latrinen,[52] vor allem im morgendlichen Gewimmel, das entstand, wenn sich zahlreiche Klienten zur Begrüßung ihrer Patrone aufmachten.[53] Weiterhin fällt auf, dass das Kussverhalten in keinem Epigramm positiv bewertet wird, vielmehr tritt als zentrales Motiv die Klage über die zudringlichen Küsser *(basiatores)* hervor, die Flucht vor den zudringlichen Küssern ist ein zentrales Motiv.[54] Als besondere Zumutung werden Küsse mit laufender, kalter

---

50 Plin. nat. hist. 26, 3: *nec sensere id malum feminae aut servita plebesque humilis aut media, sed proceres veloci transitu osculi maxime.* »Dieses Übel erlitten weder Frauen oder Sklaven, noch das niedere Volk oder der Mittelstand, sondern nur Vornehme, unter denen sie sich sehr rasch hauptsächlich durch den Kuss verbreitete.« (Übers.: König).
51 Die Epigramme bezeugen den verbreiteten Glauben, dass sich die Krankheit durch Küsse übertrage; ein Sprecher der Epigramme gibt an, sich extra Pflaster auf das Kinn geklebt und die gesunden Lippen mit Bleiweiß bemalt zu haben, um eine Erkrankung vorzutäuschen und so potentielle Kusspartner auf Abstand zu halten, siehe Mart. ep. 10, 22.
52 Mart. ep. 11, 98.
53 Mart. ep. 12, 29, 3.
54 Siehe auch die bei Sueton überlieferte Anekdote über den Redelehrer Q. Remmius Falaemon (zur Person PIR² R 49): Der ehemalige Sklave Remmius habe es zur Zeit des Tiberius zwar zu großem Erfolg als Redelehrer und auch Reichtum gebracht, genoss aber einen schlechten Ruf. Als er einem Mann einen Kuss aufdrängen wollte *(in turba osculum sibi ingerentem)*, versuchte dieser zunächst, zu fliehen, kam jedoch in der Menge nicht schnell genug davon. Auf die Beliebigkeit und Anmaßung der Kussattacke abhebend fragte er Remmius: »Willst du, Meister, jedesmal denjenigen ablecken, den du sich sputen siehst?« (Suet. gramm. 23, 7, Übers.: Martinet).

Nase,[55] Küsse von Fellatoren[56] und Küsse von stark parfümierten Personen[57] beschrieben. Die Omnipräsenz der Küsser und deren Zudringlichkeit wird im Epigramm 11, 98 deutlich, das die Kussmanie selbst als Übel darstellt, gegen das es kaum ein Heilmittel gebe:

> Unmöglich ist es, Flaccus, den Küssern zu entkommen. | Sie drängen, halten auf, verfolgen, kommen entgegen: | Von vorne und von hinten, allenthalben und überall. | Kein böser Furunkel oder auffällige Pusteln, | kein abstoßendes Kinn und schmutzige Flechten, | weder Lippen, mit fettiger Wachssalbe eingeschmiert, | noch ein Tropfen von der gefrorenen Nase schützen vor ihnen. | Sie küssen den, der schwitzt, und den, der friert, | und den, der für seine Braut den Kuß aufsparen will. | Nicht kann dich retten, wenn du den Kopf in Kapuzen hüllst; | weder wird dich die Sänfte befreien, die durch Leder und Vorhang abgeschirmt ist, noch ein Tragsessel, der mehrfach verschlossen wurde: | Durch jeden Ritz wird der Küsser eindringen. | Nicht einmal das Konsulat, nicht das Tribunat | oder die sechs Rutenbündel, auch nicht der herrische Amtsstab | des laut schreienden Liktors werden den Küsser vertreiben: | Magst du auch auf hohem Tribunal sitzen | und vom kurulischen Sessel aus den Völkern Recht sprechen, | der Küsser wird doch hier und dort heraufsteigen. | Er wird dich küssen, wenn du fieberst und wenn du weinst, | er wird dir einen Kuß geben, wenn du gähnst und wenn du schwimmst, | er gibt ihn dir auch, wenn du kackst. Nur ein Heilmittel gibt es gegen diese Plage: | Zum Freund mußt du den machen, dessen Küsse du nicht willst.[58]

Mit dem Hinweis, dass es unmöglich sei, den Küssern zu entkommen, wird zunächst die Situation sehr eindrücklich geschildert; die Küsser agieren im Gedränge, ja sie sind das Gedränge; dass dabei gerade auf Wege und öffentliche Straßen, Plätze und Räume (wie Thermen und Latrinen) Bezug genommen wird, versinnbildlicht, dass die Küsser überall sind. Die zudringlichen Küsser lassen sich durch nichts abhalten, weder durch eine (vorgebliche) Infektion des ›Opfers‹ mit der »Kinnkrankheit«, noch durch Rücksicht auf Befindlichkeit

---

55 Mart. ep. 7, 95.
56 Mart. ep. 11, 95.
57 Mart. ep. 2, 12.
58 Mart. ep. 11, 98: *Effugere non est, Flacce, basiatores. | Instant, morantur; persecuntur, occurrunt | et hinc et illinc, usquequaque, quacumque. | Non ulcus acre pusulaeve lucentes, | nec triste mentum sordidique lichenes, | nec labra pingui delibuta cerato, | nec congelati gutta proderit nasi. | Et aestuantem basiant et algentem, | et nuptiale basium reservantem. | Non te cucullis asseret caput tectum, | lectica nec te tuta pelle veloque, | nec vindicabit sella saepibus clusa: | rimas per omnis basiator intrabit. | Non consulatus ipse, non tribunatus | senive fasces necsuperba clamosi | lictoris abiget virga basiatorem: | sedeas in alto tu licet tribunali | et e curuli jura gentibus reddas, | ascendet illa basiator atque illa. | Febricitantem basiabit et flentem, | dabit oscitanti basium natantique, | dabit cacanti. Remedium mali solum est, | facias amicum basiare quem nolis.*

und Beschäftigung des Verfolgten – der nicht einmal im Bad oder auf der öffentlichen Toilette in Ruhe gelassen wird. Auch lassen sich die Zudringlichen weder durch zum Schutz angelegte Kleidung noch durch geschlossene Fortbewegungsmittel (Sänfte und Tragsessel) abhalten. Sodann werden im Epigramm die typischen Opfer der Kussmanie vorgestellt, zunächst Inhaber von Statussymbolen (Kapuzenmantel, Sänfte, Tragsessel), desweiteren Inhaber von Ämtern (Volkstribun, Konsul und von Liktoren begleitete Amtsinhaber, konkret die Prätoren). Schließlich wird deutlich, dass selbst »der oberste Gerichtsherr der Völker«, also der *princeps,* ein potentielles Opfer der Küssenden ist. Zwar bleibt in diesem Epigramm offen, welchen sozialen Status diese Zudringlichen haben, jedoch wird am Schluss des Epigrammes deutlich, welches Ziel sie mit ihren Attacken verfolgen: Sie wollen in den Kreis der Freunde aufgenommen werden, dann wären sie am Ziel ihrer Wünsche und müssten nicht länger küssen.

Dass über den Kuss traditionell Verbundenheit affirmiert und nach außen dokumentiert wurde, ist oben bereits angeführt worden. Bei Martial geht es aber nicht um bestehende, sondern um gewünschte Verbundenheit. Das Aufdringen des Kusses entspricht dem Wunsch, Zugang zum Geküssten zu bekommen bzw. gar bereits mit diesem verbunden zu erscheinen. Die Gesten der Mitmenschen wurden in Rom offenbar sehr genau beobachtet und gedeutet, wie man z. B. bei Seneca erfährt: »Der hat mich auffallend unhöflich gegrüßt; der hat meinen Kuss nicht herzlich erwidert *(ille osculo meo non adhaesit);* der hat ein begonnenes Gespräch rasch abgebrochen; der hat mich nicht zum Essen eingeladen; dessen Miene ist mir abweisend vorgekommen.«[59] Seneca mahnt seine Leserschaft, dies nicht zu übertreiben, doch wird hier erkennbar, wie argwöhnisch die Gesten der Mitmenschen interpretiert wurden, gerade weil man aus diesen Gesten die aktuelle soziale Position ableiten konnte.

Es bleibt festzuhalten, dass in Martials Epigrammen stets derjenige geküsst wird, den man für überlegen hält – im Hinblick auf Reichtum, Lebensstil und Beziehungen. Man versuchte sich in der sozialen Hierarchie ›hochzuküssen‹. Wie passt dieser Befund zum oben bezüglich der kaiserlichen Kusspraktiken gezogenen Fazit, dass es sich beim Wangenkuss der Kaiser gegenüber den Senatoren um einen egalitären Gestus handelte? Die Epigramme Martials stehen dieser Deutung nicht entgegen, sondern bestätigen diese. Allerdings hebt Martial vorrangig auf die dennoch vorhandenen Statusgefälle zwischen Küsser und Geküsstem ab, er richtet seinen boshaften Humor gerade auf die Imitation des elitären Verhaltens und die mehr oder weniger erfolgreichen, jedenfalls lä-

59 Sen. ira 2, 24, 1.

cherlichen Bemühungen der Aufstrebenden, sich als Gleichrangige zu gerieren, um sich damit eine bestimmte gesellschaftliche Stellung anzumaßen.

3.4 – Fazit: Der Kuss als ›Beziehungsbarometer‹

Durch Küsse, die sie Angehörigen der *domus* und nahen Vertrauten gewährten, konnten die Kaiser Nähe dokumentieren und kenntlich machen, wen sie zum Kreis der *amici* zählten und wen nicht, wer eines Gespräches für würdig befunden wurde und wer nicht. Gerade mit der Verweigerung des Wangenkusses oder gar der Erzwingung eines Hand- oder Fußkusses konnte den Betroffenen wie den Zuschauenden allein durch Gesten eine Distanzierung oder gar Degradierung zum Ausdruck gebracht werden.

Dass die Sitte, vom Kaiser geküsst zu werden, im frühen Prinzipat als Privileg für die Senatoren etabliert wurde, kann als gezielte Maßnahme gedeutet werden, diese Körperschaft in neuer Weise auf den *princeps* hin auszurichten. Während die traditionellen Rangabzeichen geeignet waren, sowohl die Homogenität der Standesgenossen als auch ihre gehobene Stellung innerhalb der Gesellschaft zu veranschaulichen, war der Gestus des Kusses geeignet, die enge Verbundenheit jedes Einzelnen zum Kaiser zu veranschaulichen, dessen Machtmonopol gerade darin zum Ausdruck kam, dass er entschied, wen er wohin küsste. Da sich die Nähe zum Kaiser als ein äußerst entscheidender, ja als der entscheidende Faktor für die soziale Positionierung des Einzelnen innerhalb der gesellschaftlichen Elite erwies, nahm der Kuss des Kaisers die Funktion eines ›Beziehungsbarometers‹ ein: Wenn der egalitäre Wangenkuss flüchtig oder innig gegeben wurde, verweigert oder auf ein anderes Körperteil hin ›umgelenkt‹ wurde, konnten die betroffene Person und die Umgebung daran ablesen, welchen Wert auf der Skala von Nähe und Distanz die geküsste Person erreicht hatte. Dem Kaiser stand mit dem Kuss ein äußerst flexibles, spontan sowie sowohl diskret oder vor einer größeren Öffentlichkeit einsetzbares Mittel zur Verfügung, individuelle Personen innerhalb der Gruppe der Privilegierten zu befördern oder zu degradieren, während etwa der Ausschluss aus dem Senat ein demgegenüber verwaltungsaufwendiger und langwieriger Vorgang war. Epiktet behandelt in seinen *Gesprächen* immer wieder den dringenden Wunsch der Senatoren, ein Freund des Kaisers zu werden, und die Konsequenz, sich dafür demütigenden Situationen aussetzen zu müssen.[60]

Für den Kreis derjenigen, deren gesellschaftliches Ansehen von einer derartigen Gunstbezeugung abhing, ergab sich daraus die Notwendigkeit, präsent

---

60 Epikt. diss. 4, 1.

zu sein, um überhaupt die Möglichkeit zu haben, den aktuellen Gunstwert zu eruieren. Dieses neue Instrument zur Veranschaulichung von Status hat die Geschlossenheit der Senatorenschaft nicht gerade gestärkt, sondern Konkurrenz befördert. Cassius Dio betont die zunehmende Rivalität innerhalb der Elite bereits für die Zeit der Abwesenheit des Tiberius auf Capri und sagt ganz explizit, dass nun viel mehr als früher »Worte und Winke« beachtet worden seien.[61]

Dass die hier vorgestellte Logik der vom Kaiserhof ›definierten‹ Gesten auch in weiteren Kreisen der Gesellschaft ihre Wirkung entfaltete, wurde im zweiten Teil der Ausführungen deutlich. Auffällig ist dabei, dass etwa bei Martial vornehmlich spöttisch über die Ambitionen von Statusniederen gesprochen wird, die sich an die Statushöheren geradezu heranschmeißen, um mit dem Kuss einen egalitären Gestus zu erzwingen, welcher den Küssenden vor den Augen Dritter auf dieselbe Rangebene wie den Geküssten heben sollte. Mag es auch konkret darum gegangen sein, ein Gespräch und vielleicht eine Einladung zum Abendessen zu ergattern, scheint das Ziel im Vordergrund gestanden zu haben, nach außen hin den Eindruck zu erwecken, man gehöre in die Sphäre des sozialen Ranges des Geküssten. Da nirgends gesagt wird, dass sich jemand über derartige ›Sympathiebekundungen‹ freute, darf man annehmen, dass diese Bekundungen den Verehrten kaum Statusgewinn einbrachten, sondern vielmehr als lästig oder sogar als peinlich empfunden werden konnten, wenn man nicht mit dem Küssenden in Verbindung gebracht werden wollte. Insgesamt lässt sich anhand dieses Kommunikationsverhaltens gut die Wirkung des vom Kaiser induzierten Kräftefeldes nachvollziehen, von dem Vielberg spricht.[62] Jeder richtete sich auf Personen aus, von denen man annahm, dass sie dem Kaiser nahestanden. Als nützlich galten ausschließlich Beziehungen ›nach oben‹, während große Gefolgschaften (zumal von sozial Unterlegenen) keinen Gewinn versprachen. Das folgende Kapitel soll zeigen, welche ökonomischen Konsequenzen mit dieser Umorientierung verbunden waren.

---

61 Cass. Dio 58, 5, 2. Cassius Dio führt diese besondere Aufmerksamkeit letzlich auf das geringe Selbstbewusstsein Sejans zurück, der offenbar über keine natürliche Autorität verfüge.
62 Vielberg (1996) 11.

4

DIE INSTRUMENTALISIERUNG
DER KLIENTENROLLE

4.1 – Fragestellung und Forschungsstand

Marius lädt nicht zum Essen ein, schickt keine Geschenke, | übernimmt keine Bürgschaft und will auch nichts leihen – er hat ja auch nichts. | Trotzdem findet sich eine Menge Leute, um den unergiebigen Freund zu hofieren. | Ach, wie dumm sind deine Togenträger, Rom![1]

Dieses Epigramm Martials fasst – unter negativen Vorzeichen – zusammen, was ein Klient von seinem Patron an materiellen Zuwendungen erwarten durfte: neben einer Einladung zum Essen auch Geschenke, Bürgschaft und Darlehen.[2] Marius, der hier angesprochene Patron, kann all dies nicht leisten. Um einen solchen Patron bemühten sich Martial zu Folge nur dumme Klienten!

Damit sind zwei gesellschaftliche Probleme angesprochen: erstens das Unvermögen von Patronen, ihre Klienten zu unterstützen, und zweitens die Einfalt der Klienten, die Unterstützung von Patronen erhoffen, obwohl die gar nicht in der Lage sind, diese zu gewähren. Während das Unvermögen der Patrone im 6. Kapitel dieses Buches ein Thema ist, geht es im Folgenden um die hier als einfältig apostrophierten Klienten. Martial nennt sie *togae* (»Togen«), weil die Toga gewissermaßen ihre Berufskleidung darstellte, mit der sich die Klienten allmorgendlich zur Begrüßung *(salutatio)*[3] beim Patron einzufinden

---

[1] Mart. ep. 10, 19: *Nec vocat ad cenam Marius, nec munera mittit, | nec spondet, nec volt credere, sed nec habet. | turba tamen non deest sterilem quae curet amicum. | eheu! quam fatuae sunt tibi, Roma, togae!*

[2] Daneben gab es auch immaterielle patronale Verpflichtungen, wie zum Beispiel den Rechtsbeistand.

[3] Goldbeck (2010) 24 f., 189 widmet sich der *salutatio* ausführlich, vermeidet aber weitgehend die Verbindung mit dem Begriff »Klientelwesen«, sondern spricht vom Kontext der personalen Nahverhältnisse. Diese Differenzierung vorzunehmen ist aus meiner Sicht unnö-

hatten und ihn im Anschluss im Rahmen der sogenannten *adsectatio*[4] auf den Wegen im öffentlichen Leben begleiteten. Als Gegenleistung konnten die Klienten vom Patron Verköstigung, Beistand vor Gericht und finanzielle Hilfe erwarten.[5] In diesem Kapitel sollen diese Rituale – die *salutatio*, die *adsectatio* – zum Ausgangspunkt genommen werden, um einige Auffälligkeiten der hier angesprochenen und vor allem in den literarischen Texten der frühen Kaiserzeit thematisierten Spielart von Patronage herauszuarbeiten, die in der Stadt Rom anzutreffen war. Es geht um das Verhältnis zwischen Personen, die sich zur morgendlichen Begrüßung *(salutatio)* in den Häusern anderer Personen einfanden. Dabei wird auf Schilderungen zu achten sein, mit denen von den Autoren der Kaiserzeit ein Wandel althergebrachter Praktiken angesprochen wird.[6]

Die altertumswissenschaftliche Forschung hat sich dieser Spielart von Nahbeziehungen zunächst im Rahmen kulturgeschichtlicher Studien gewidmet, denen es um die Rekonstruktion des Alltagslebens ging.[7] Ludwig Friedländer behandelt das stadtrömische Klientelwesen in seiner großen Sittengeschichte im Zuge der Darstellung der Bevölkerung Roms, interessanterweise im Kapitel zum »dritten Stand«: Er geht nämlich davon aus, dass die Klienten, die ihre Patrone morgens begrüßten und von ihnen Gaben in Form von Essensrationen oder Geldspenden (sogenannte *sportulae*) empfingen, den niederen Klassen angehörten. Wenn er einräumt, dass auch manche »aus bessern Verhältnissen« dazu zählten, begreift er dies als Folge eines gesellschaftlichen Abstiegs.[8] Andere Altertumswissenschaftler des ausgehenden 19. und frühen 20. Jh.s behandeln diese Klienten aus dem Volk abschätzig, und man mag hierin gewisse Ressentiments der bürgerlichen Wissenschaftler gegenüber dem

tig. Grundlegend zum Thema Hug (1920) 2066–2069. Zur Republik Rilinger (1997) 82–84. Zur frühen Kaiserzeit Marquardt (1980) 205. Saller (1982) 128f. Winterling (1999) 117ff. mit Hinweisen auf ältere Literatur. Speziell zur Thematisierung des Klientelwesens bei Martial und Juvenal: Andrée (1941). Colton (1976).

4 Die *adsectatio* wird in der Forschung weniger beachtet als die *salutatio,* obwohl die Begleitung auf den öffentlichen Wegen (zumindest in der frühen Kaiserzeit) fast noch wichtiger für das Ansehen des Begleiteten zu sein scheint. Siehe dazu den kurzen Artikel von Habel (1893) 422. Goldbeck (2010) 117f. verwendet den Terminus »*deductio*« synonym.

5 Das Prinzip von Leistung und Gegenleistung wird explizit bei Cic. Mur. 71 benannt. Auch Iuv. sat. 5, 12f. nennt die Einladung zum Mahl beim Patron Belohnung für die Klientendienste *(officia).*

6 Bei den folgenden Ausführungen handelt es sich um eine überarbeitete und modifizierte Fassung des Aufsatzes Hartmann (2009). Die zwischenzeitlich erschienene, sehr grundlegende Arbeit von Goldbeck (2010) soll berücksichtigt und das Thema um einige Ausführungen erweitert werden.

7 Marquardt (1980). Friedländer SG I. Weeber (2006) 211–215.

8 Friedländer SG I 225 ff., hier 233. Ähnlich bereits Marquardt (1980) 205.

»Lumpenproletariat« ihrer Zeit gespiegelt sehen. So bezeichnet Anton von Premerstein die Klienten als »Schmarotzer der großen Gesellschaft«.[9] Auch in neueren kulturgeschichtlichen Beiträgen wird – wenngleich ohne wertende Kommentare – davon ausgegangen, dass die *salutatio*-Klienten der armen Masse der Bevölkerung entstammten, die Anwesenheit von Aristokraten bei den *salutationes* wird allenfalls am Rande bemerkt.[10]

Die jüngere politik- bzw. strukturgeschichtlich orientierte Forschung, die vor allem nach der politischen Relevanz der Klientelbeziehungen fragt, vernachlässigt hingegen die »lower-class clients« – wie Richard Saller sie nennt; die im antiken Schrifttum bezeugte Anwesenheit von Aristokraten bei der *salutatio* ist für Saller ein Indiz des kontinuierlichen Fortbestehens politisch instrumentalisierbarer Patronagebeziehungen seit der Republik.[11] Das Hauptaugenmerk gilt hier der Bedeutung der Patronage für die Anwerbung und Ausbildung der Elite, für rechtliche und finanzielle Unterstützungsleistungen innerhalb der Oberschicht und für die aufstrebenden Dichter. Koenraad Verboven kommt gar zu der Auffassung, dass die ›wirklich Armen‹ aus dem Patronagesystem gänzlich ausgeschlossen waren – »the truly poor were left out«. Die städtischen Klienten seien vielmehr zum einen Teil Angehörige der kulturellen Elite und zum anderen Teil Angehörige der »middle-class« gewesen, die zwar ihr eigenes bescheidenes Einkommen gehabt hätten, aber im Falle von Versorgungsengpässen in Folge von Missernten, Feuersbrunst etc. auf die Hilfe ihrer Patrone angewiesen waren.[12] Aloys Winterling, der sich im Rahmen seiner Studie zum Kaiserhof auch mit dem Ritual der *salutatio* – sowohl bei Hofe wie auch in den aristokratischen Häusern – befasst, geht nicht auf die soziale Lage der Klienten ein, sondern fragt nach deren Bedeutung für die aristokratischen Patrone. Unter den Bedingungen des Prinzipats habe

---

9 Premerstein (1937) 116. Siehe bereits Premerstein (1900) 23–55, hier 53. Ähnliche Vorbehalte gegenüber dem Mob finden sich auch bei Marquardt (1980) 206f., der in seiner Darstellung des frühkaiserzeitlichen Klientelwesens das Bild einer Degeneration zeichnet, für die in erster Linie die Klienten verantwortlich zu sein scheinen, die nunmehr egoistisch und unverschämt aufträten; die Patrone hingegen scheinen an dem ›Verfall‹ keinen Anteil zu haben. Für Hug (1929) 1884f. sind die Klienten »eben arme, arbeitsscheue Leute.«

10 Laut Veyne (1989) 96 sind die *salutatio*-Gänger »arme Teufel, Dichter und Philosophen (darunter viele Griechen), die auf Almosen des Patrons angewiesen sind und die es [...] entehrend fänden zu arbeiten.« Weeber (2006) 211–215, hier 214 geht nicht explizit auf die soziale Situation der Klienten ein, scheint aber ebenso eher die ›kleinen Leute‹ im Blick zu haben, die auf die Unterstützung der Patrone zur Finanzierung des Lebensunterhaltes angewiesen waren. Kenzler (2007) 60f. behandelt nur die Armen als Klienten. Zu dieser Fokussierung auf die armen Klienten kritisch Goldbeck (2010) 80.

11 Saller (1982) 129, insb. 134.

12 Verboven (2002) 111–115, insb. 113, 115; das Zitat 105. So argumentiert auch Goldbeck (2010) 80–82.

dieses Ritual nur noch der (vom Kaiser misstrauisch beäugten und zum Teil sanktionierten) Machtprätention dienen können und nicht mehr – wie in der Republik – dem Machterwerb.[13] Da die Aristokraten ihrerseits gehalten waren, dem Kaiser ihre Aufwartung bei Hofe zu machen, wurde die Teilnahme an dem kaiserlichen Begrüßungsritual zu einem neuen Bestandteil der aristokratischen Rangmanifestation. In seinem Aufsatz »Freundschaft und Klientel im kaiserzeitlichen Rom« greift Winterling die These vertiefend auf: Er stellt zunächst die seit der Republik ungebrochene, ja noch gesteigerte symbolische Bedeutung von Freundschafts- und Klientelbeziehungen für die Statusmanifestation der Aristokratie fest und arbeitet heraus, dass das Prinzip der inneraristokratischen *amicitia* mit dem Prinzip der kaiserlichen Gunst, von der jeder Machtzugewinn der Einzelnen abhing, inkompatibel gewesen sei. Dies führte Winterling zu Folge die Zeitgenossen zum Teil zu paradoxen Handlungsweisen und neuen normativen Vorstellungen von Freundschaft. Die Beziehungen innerhalb der römischen Aristokratie sowie die der Aristokraten zum Kaiser stehen bei ihm im Zentrum; die Frage, inwieweit die unteren Schichten Roms in das Klientelwesen einbezogen und/oder dadurch in die Gesellschaft integriert waren, bleibt hingegen unberücksichtigt.[14]

Der Forschungsstand lässt eine eigentümliche Akzentuierung erkennen: Die kulturgeschichtlichen Untersuchungen fokussieren die armen Klienten/den Pöbel als Empfänger patronaler Wohltaten, die politik- bzw. strukturgeschichtlich ausgerichteten Studien die elitären Klienten und die Mechanismen der Patronage. Diese Akzentuierung ist vor allem auch darin begründet, dass in den beiden Forschungsdiskursen auf unterschiedliche Quellen zurückgegriffen wird. Gerade die politik- bzw. strukturgeschichtlichen Abhandlungen beziehen sich maßgeblich auf die Ausführungen jener antiken Autoren, die der politischen Elite zuzurechnen sind, namentlich die moralphilosophischen Briefe und ethischen Abhandlungen Senecas, die Briefe des Senators Plinius des Jüngeren und die Werke des Tacitus. Die älteren kulturgeschichtlichen Studien haben vor allem die kaiserzeitliche Dichtung ausgewertet – die Epigramme Martials und die Satiren Juvenals.[15] Demgegenüber liegt inzwischen Fabian Goldbecks sehr detaillierte Analyse der Teilnehmer der *salutationes*

---

13 Winterling (1999) 117–144, insb. 138 ff. Jetzt auch Winterling (2008) insb. 312 ff.
14 Winterling (2008) 301 spricht zwar selbst davon, dass er nur »Freundschaft und Klientel in den unteren Schichten ohne Beteiligung des Adels« unberücksichtigt lassen will, doch geht es in seinen Ausführungen eigentlich ausschließlich um die gehobenen Klienten und aristokratischen Freunde.
15 Rund 130 Epigramme Martials widmen sich dem Thema »Patron/Klient«: Holzberg (1988) 68. Eine nützliche Zusammenstellung zu diesem Motiv liefern auch Mohler (1931) und Jones (1935). Zur Übernahme der Motive Martials bei Juvenal Colton (1993).

vor, die alle Quellenarten berücksichtigt.[16] Goldbeck kommt hinsichtlich der Teilnehmenden zu dem Ergebnis, dass die *salutatio* insgesamt eine Interaktion unter den männlichen Bürgern Roms war. Besucht wurden in der Kaiserzeit weiterhin vornehmlich Mitglieder der senatorischen Oberschicht, als Novum auch einflussreiche *equites*, weiterhin Frauen des Kaiserhauses. Als Besucher agierten Goldbeck zu Folge »Bürger aller Stände«.[17] Nun hat bereits Nippel zu Recht bemerkt, dass weder die Patrone noch die Klienten jemals eine genau abgrenzbare soziale Gruppe darstellten, zumal eine Person sowohl als Klient wie auch (gegenüber einem Dritten) als Patron agieren konnte.[18] Daher ist es sinnvoll, nicht nur das soziale ›Profil‹ der am Patron-Klient-Verhältnis beteiligten Personen genau zu erfassen, sondern auch zu fragen, welchen Stellenwert die beteiligten Personen den unterschiedlichen sozialen Rollen beimaßen, welche Funktion die Einnahme der jeweiligen Rolle hatte und woran überhaupt erkannt werden konnte, wer in welcher Rolle handelte.

Im Folgenden sollen im Rahmen einer differenzierten Betrachtung unterschiedlicher literarischer Quellen divergierende Haltungen und Interessenlagen ausgewiesen und gedeutet werden. Gerade die Epigramme Martials und die Satiren Juvenals liefern aufschlussreiches Material, da sie Missstände schildern[19] und die Klagen über den Verlust guter Sitten Rückschlüsse auf (verlorene) Ideale der Patronagebeziehung erlauben. Inwiefern die Dichter auf lebensweltliche Erfahrungen Bezug nehmen, kann geklärt werden, indem überprüft wird, ob und in welchem Zusammenhang die von den Dichtern behandelten Aspekte auch in anderen literarischen Gattungen zur Sprache kommen. Dabei ist darauf zu achten, welche Konnotationen bestimmten Handlungen und Gesten anhängen und ob sich diese verändern. Auf diese Weise können Veränderungen der Patron-Klient-Verhältnisse im sozialen Gefüge der Stadt Rom unter den politischen Bedingungen des Prinzipats beleuchtet werden. Inhaltlich konzentriert sich die folgende Darstellung 1. auf den von den Klienten geleisteten Dienst der *salutatio* und *adsectatio* und 2. auf die von den Patronen als *beneficium* gewährte *sportula* bzw. die Einladung zum Abendessen.[20] Schließlich soll 3. auf die erwarteten finanziellen Unterstützungen und Geschenke eingegangen werden. In jedem Abschnitt wird zunächst dargestellt, was über die Tradition der jeweils untersuchten sozialen Praxis seit der Zeit

---

16 Goldbeck (2010) insb. 59–105.
17 Goldbeck (2010) 104 f.
18 Nippel (2002) 142.
19 Dies stellt Walter (1996) 289 zu Recht heraus, der allerdings die geschilderten Missstände nicht systematisch abhandelt. Siehe auch Walter (1998).
20 Ausgeklammert wird hier der zweifellos wichtige Bereich der wechselseitigen Dienstleistungen vor Gericht: Dazu Flaig (1992) 106 f.

der Republik bekannt ist, bevor einige Epigramme Martials und Satiren Juvenals betrachtet werden, die dieses Thema behandeln, um sie anschließend mit literarischen Zeugnissen anderer Gattungen in Bezug zu setzen.

4.2 – Dienste der Klienten: *salutatio* und *adsectatio*

Dass die Klienten sich in Rom bei ihrem Patron morgens zur Begrüßung einfanden, wird in der Forschung als eine alte Sitte angesehen, ohne dass jedoch aussagekräftige Quellen vorliegen, die über den genauen Ablauf und Sinngehalt in der Frühzeit Auskunft geben.[21] Wilhelm Kroll geht davon aus, dass die Sitte ihren Ursprung »in den alten patriarchalisch-ländlichen Verhältnissen« hatte, in denen sich die Abhängigen beim Gutsherrn einfanden, um laufende Angelegenheiten zu besprechen sowie Rat und Hilfe einzuholen.[22] Sicherlich wäre es sinnvoll, ländliche und städtische Verhältnisse differenziert zu behandeln,[23] doch liegen für die späte Republik überhaupt nur einige Hinweise in Ciceros Schriften vor: Daraus wird vor allem ersichtlich, dass die Gefolgschaften, die sich bei den Angehörigen der Elite in den ersten beiden Stunden des Tages zum Morgengruß einfanden, eine immense Bedeutung für das Ansehen des Patrons hatten: Je mehr Besucher sich zeigten, desto größer die Ehre.[24] In der Forschung wird zuweilen davon ausgegangen, dass es bereits zur Zeit der Republik üblich war, dass sich selbst ranghohe Personen bei noch höherrangigen zum Morgenempfang einstellten,[25] es muss allerdings unterschieden werden, ob man sich gezielt dem Ritual der *salutatio* unterzog

---

21 Dazu Goldbeck (2010) 188 ff.
22 Kroll (1963) 187/65.
23 Siehe Mohler (1931) 246.
24 Siehe die bei Kroll (1963) angeführten Belege. Wagner-Hasel (2002) 336. Goldbeck (2010) vor allem 261.
25 So auch Goldbeck (2010) insb. 261. Polybios behauptet, dass die vornehme römische Jugend schon im 2. Jh. v. Chr. einen großen Teil ihrer Zeit mit Morgenempfängen ausfüllte (Polyb. 31, 29, 8.). Siehe dazu Kroll (1963). Rilinger (1997) 83. Im Zusammenhang mit der Catilinarischen Verschwörung wird verschiedentlich erwähnt, dass die das Attentat auf Cicero planenden Männer, bei denen es sich nicht um einfache Bürger, sondern um Ritter handelte, die Situation der *salutatio* bei ihm ausnutzen wollten: Sall. Catil. 28, 1. Cic. Catil. 1, 10. Siehe auch Cic. Sull. 52. Cicero schreibt an Paetus Anfang August 46 v. Chr.: »So verbringe ich jetzt meine Tage: morgens empfange ich daheim Besuche, viele Optimaten, aber bedrückt, und diese strahlenden Sieger, die mir persönlich überaus gefällig und liebenswürdig begegnen. Wenn sich die Besucher verlaufen haben, vergrabe ich mich in meine Bücher« (Cic. fam. 9, 18, 3. Übers.: Kasten). Siehe dazu Nippel (2002) 142 Anm. 14. In anderen Zusammenhängen wird allerdings deutlich, dass die *salutatores* überwiegend aus dem ›niederen‹ Volk stammten: Comm. pet. 35: *magis vulgares sunt*.

oder lediglich den Zeitpunkt der sicheren Anwesenheit eines Mannes nutzte, um z. B. ein Gespräch zu führen. In Ciceros *commentariolum petitionis* wird jedenfalls von einer klaren Hierarchie innerhalb der Gefolgschaft von Klienten gesprochen, in der die *salutatores* als einfache Leute *(vulgares)* bezeichnet werden, die den geringsten Dienst *(minimum officium)* leisten, dabei allerdings durchaus mehrere Patrone nacheinander aufsuchen.[26] Die Klienten erschienen mitunter so zahlreich, dass sie nicht alle gleichzeitig (wie es traditionell üblich war) im Atrium Platz fanden; auch waren sie nicht alle dem Patron persönlich bekannt:[27] Man setzte als Hilfskräfte sogenannte Nomenclatoren ein, denen zunächst vor allem im Wahlkampf die Aufgabe zufiel, dem Namensgedächtnis des Patrons auf die Sprünge zu helfen. Seit dem frühen Prinzipat oblag ihnen die Aufgabe, die Zulassung der bei der *salutatio* anwesenden Personen zu reglementieren.[28]

Wie sich der konkrete Ablauf einer *salutatio* in einem stadtrömischen Haus der frühen Kaiserzeit gestaltete, lässt sich anhand einiger kritischer Bemerkungen Senecas rekonstruieren.[29] Die Morgenbesuche wurden demnach in den ersten Stunden des Tages gemacht. Alle, die zur Begrüßung erschienen, mussten eine Toga – Tracht und Erkennungszeichen des römischen Bürgers – tragen,[30] sie warteten vor der Tür des Hauses, bis diese von einem Sklaven geöffnet wurde. Vermutlich wurde anhand einer Liste überprüft, wer zugelassen werden sollte. Während einige schon an der Türschwelle *(liminis)* zurückgewiesen wurden,[31] ließ man die Berechtigten in Gruppen in bestimmte

---

26 Comm. pet. 35. Es wäre zu überlegen, ob das Ritual der *salutatio* in dem Moment gewissermaßen nobilitiert wurde, als der Kaiser die Elite zum Morgenempfang lud.
27 Zur Zunahme der Zahl von Klienten und Freunden und den sich daraus ergebenden Interferenzen Winterling (2008) 307. Goldbeck (2010) 90–97.
28 Vogt (1978).
29 Seneca kritisiert die zeitgenössische Praxis des in seinen Augen unpersönlichen Massenbetriebes und geht ausführlich auf die Einteilung der *salutatores* in Rangklassen ein, welche bereits von C. Gracchus und Livius Drusus praktiziert worden sei. Demnach seien nur die engsten Vertrauten des Patrons in einem Raum des Hauses empfangen worden, im Atrium haben sich die weniger engen Freunde als zweite Gruppe eingefunden; und wenn die Masse der *humiles* – die dritte Gruppe – nicht ohnehin außerhalb des Hauses bleiben musste, erhielt sie nur kollektiv Zugang. Während offen bleiben muss, ob Seneca die Praxis der Gracchenzeit korrekt beschreibt, wird daraus zumindest ersichtlich, dass gestaffelte Vorlassungen in seiner Zeit vorstellbar waren und daran für Außenstehende eine Rangordnung ablesbar war (Sen. benef. 6, 33, 3 ff., insb. 34, 2). Siehe dazu Winterling (1999) 119–122.
30 Dazu Goette (1990) 2–7.
31 Bei verschiedenen Autoren ist oft von der Schwelle die Rede, die die *salutatores* aufsuchen. Dabei handelt es sich offenbar nicht um ein *pars pro toto* für das Haus insgesamt, denn gerade Sen. benef. 6, 33, 3 ff. macht deutlich, dass die *salutatores* unterschiedlich weit

Bereiche des Hauses vor. Je weiter ein Klient in das Innere des Hauses und in die Nähe des Hausherrn gelangte, desto höher durfte er seine Position im Nahverhältnis zum Patron einstufen.[32]

Im Anschluss an die *salutatio* konnte eine weitere Dienstleistung der Klienten erfolgen, die sogenannte *adsectatio*. Unklar ist, ob dieser Dienst von denselben Personen übernommen wurde; die Quellen der späten Republik differenzieren hier stärker als die der frühen Kaiserzeit.[33] Wenn der Patron sein Haus verließ, um Besuche zu machen, Geschäfte oder Gerichtstermine wahrzunehmen, wurde er von Klienten begleitet, die ihm vorauseilten, um Platz in der Menge zu bahnen oder ihm folgten. Verschiedene Quellen legen den Schluss nahe, dass diese Begleitung sich in der frühen Kaiserzeit über den gesamten Tag erstrecken konnte.[34] Da das Reiten und die Benutzung von Wagen innerhalb der Stadt Rom Restriktionen unterlagen,[35] war es üblich, zu Fuß zu gehen. Nur wer es sich leisten konnte, benutzte für seine Wege einen Tragstuhl *(sella)* oder eine verhangene Sänfte *(lectica)*, die von vier bis acht Männern

---

in das Innere des Hauses zugelassen werden konnten. Man muss daher die Erwähnung der Schwelle in einigen Fällen wörtlich nehmen: Siehe z. B. Sen. tranq. an. 12, 3, 6. Sen. brev. vit. 14, 3. In Laus Pisonis 110 wird ganz klar gesagt, dass der Arme an die Schwelle tritt. Ebenso »schwirren« bei Columella nur die sogenannten bezahlten Guten-Morgen-Wünscher *(mercennarii salutatores)* um die Schwellen der Männer von Einfluss (Colum. 1 praef. 9). Zur unfreundlichen Behandlung der Klienten, die an den Schwellen stehen gelassen werden, auch Goldbeck (2010) 167.

32 Zur archäologisch nachweisbaren Veränderung der Ausstattung der Häuser Pompejis in der Kaiserzeit Dickmann (1999) 299 ff. 370 f. Zu Rom Hesberg (2005) 41 ff.

33 Dazu Habel (1893) 422. Im Comm. pet. 33 f. wird zunächst allgemein von der Begleitung gesprochen, dann wird zwischen dem geringsten Dienst, der einfachen *salutatores*, dem »*officium maius*« der *deductores*, die den Patron auf das Forum begleiten, und dem »*summum beneficium*« der *adsectatores*, die den ganzen Tag um ihn sind, unterschieden. Letztere rekrutieren sich aus Personen, die sich der Patron durch die Vertretung von Rechtsansprüchen verpflichtet hat. Cicero nennt diese dauernde Gegenwart die »Sache befreundeter kleiner Leute, die nicht beschäftigt sind.« Cic. Mur. 70 f. benennt die Begleitung als Ausdruck des Dankes der kleinen Leute: *Homines tenues unum habent in nostrum ordinem aut promerendi aut referendi benefici locum, hanc in nostris petitionibus operam atque adsectationem. neque enim fieri potest neque postulandum est a nobis aut ab equitibus Romanis ut suos necessarios candidatos adsectentur totos dies.* »Die kleinen Leute haben eine Gelegenheit, unserem Stande einen Dienst zu erweisen oder zu erwidern: die Mühe der Begleitung bei unseren Bewerbungen. Denn es ist weder möglich noch zumutbar, daß Männer unseres Standes oder römische Ritter ihre nach einem Amte strebenden Freunde tagelang begleiten.« (Übers.: Fuhrmann). Für die frühe Kaiserzeit wird angenommen, dass die Gruppe der *salutatores* mit denen der *adsectatores*, mitunter auch *anteambulatores* genannt, identisch sind. So Friedländer SG I 229. Heuermann (1875) 7. Mohler (1931). Es ist allerdings vorstellbar, dass nur einige der *salutatores* zur Begleitung ausgewählt wurden.

34 Siehe die gesammelten Belege bei Friedländer SG I 229 f.

35 Dazu ausführlich Wissowa (1921) 22–25.

getragen wurde;³⁶ Sänften dienten also als Statussymbole und verwiesen auf den Wohlstand ihrer Besitzer.

Zwei Epigramme Martials seien exemplarisch ausführlicher behandelt. Beide berühren die von den Klienten geleisteten *officia*, in beiden spricht das literarische »Ich« aus der Perspektive eines Klienten. Im ersten Beispiel (Epigramm 5, 22) wird zunächst auf die feine Wohngegend des Patrons auf dem besser belüfteten Hügel Esquilin abgehoben, den der Klient auf seinem morgendlichen Gang erklimmen muss, da er selbst in der niederen *subura* zu Hause ist. Der Weg wird als äußerst beschwerlich beschrieben: Der Anstieg, der Regen, der Schmutz, die überfüllten Straßen machen den Morgenbesuch für den Klienten zu einer Strapaze,³⁷ die darin kulminiert, dass der Türsteher des Patrons erklärt, der Herr sei nicht zu Hause. Die Pointe besteht aber nicht nur darin, dass alle Mühen des Klienten vergebens waren, weil er den Herrn gar nicht zu sehen bekommt. Es wird deutlich: Würde der Herr lediglich noch schlafen, also einfach nur unhöflich sein, könnte man darüber hinwegsehen. Viel gravierender aber ist der begründete Verdacht, der Herr (hier mit der ehrwürdigen Anrede »König« bedacht³⁸) sei selbst zu einer *salutatio* unterwegs.³⁹

> Hätte ich es nicht gewünscht und verdient, dich heute morgen zu Hause zu besuchen, | dann könnte für mich, Paulus, dein Esquilin getrost noch weiter entfernt sein. | Aber ich wohne ganz in der Nähe des Tiburtinischen Pfeilers, | dort wo die ländliche Flora auf den alten Jupitertempel blickt. | Den steilen Pfad von der Subura hügelaufwärts muß ich bewältigen | und die schmutzigen Steine, und das niemals trockenen Fußes, | und kaum ist es möglich, die langen Reihen der Maultiere zu durchbrechen | und die Marmorblöcke, die man, du siehst es, mit so vielen Seilen zieht. | Härter noch ist, daß der Türhüter nach tausend Strapazen | mir, dem Erschöpften erklärt, du, Paulus, seiest gar nicht zu Hause. | Das ist dann der Lohn vergeblicher Anstrengung und einer triefend nassen Toga: | es lohnte kaum der Mühe, frühmorgens den Paulus zu besuchen. | Hat denn ein eifriger Klient immer nur unhöfliche Freunde? | Wenn du nicht noch schläfst, kannst du nicht mein Patron sein.⁴⁰

---

36 Lamer (1924).
37 Siehe ganz ähnlich Iuv. sat. 5, 76–79. Howell (1995) 103.
38 Die Anrede *rex* zählte wie auch *dominus* zu den ehrenvollen Bezeichnungen, mit denen Klienten ihre *patroni* begrüßten. Dazu Howell (1995) 99. Vössing (2004) 240 mit Anm. 5. Goldbeck (2010) 168–173.
39 Dass eben darin die Pointe liegt, nimmt auch Howell (1995) in seinem Kommentar unter Verweis auf die Parallele in Mart. ep. 2, 18, 3–4 an.
40 Mart. ep. 5, 22: *Mane domi nisi te volui meruique videre, | sint mihi, Paule, tuae longius Esquiliae. | sed Tiburtinae sum proximus accola pilae, | qua videt anticum rustica Flora Iovem: | alta Suburani vincenda est semita clivi | et nunquam sicco sordida saxa gradu, | vixque datur longas mulorum rumpere mandras | quaeque trahi multo marmora fune vides. | illud adhuc gravius quod te post mille labores, | Paule, negat lasso ianitor esse domi. | exitus*

Auf den ersten Blick scheint Martial an dem schlichten Sachverhalt der Rollendopplung Anstoß zu nehmen, dass der Patron des Ich-Sprechers gleichzeitig der Klient eines anderen ist. Dieser Tatbestand allein wird jedoch in der Zeit kaum jemanden überrascht haben, Rollenüberschneidungen dieser Art müssen sich in Rom zwangsläufig ergeben haben, gerade wenn man davon ausgeht, dass sich die gesamte Senatorenschaft im Prinzip zur morgendlichen Begrüßung des Kaisers im Palast einzufinden hatte.[41]

Man wird daher wahrscheinlich, um die Pointe des Epigramms einschätzen zu können, weniger darauf zu achten haben, *dass* der Patron selbst als Klient eines anderen dargestellt wird, sondern *wie* er sich in dieser Rolle verhält. Das Problem besteht wohl vor allem darin, dass der Patron, indem er selbst auch eine *salutatio* leistet, sich genau der gleichen, im Epigramm als anstrengend und erniedrigend beschriebenen Tortur unterzieht wie der vorgeführte Klient. Beide – der angesprochene Patron wie der Klient – vollziehen dieselben Gesten der Unterwerfung; ein Statusgefälle ist für den Klienten nicht länger erkennbar, und darin liegt das Problem, das im Epigramm kritisch apostrophiert wird.[42]

Die sich aus solchen Konstellationen potentiell ergebende Konkurrenz innerhalb der Klientel eines Patrons ist das Thema im Epigramm 10, 10.[43] Zwei Klienten werden hier vorgestellt, die demselben Patron dienen, der – durch den Verweis auf Sänfte und Tragstuhl – als wohlhabend und in seiner Neigung, Gedichte vorzutragen, als kulturbeflissen charakterisiert wird. Die beiden konkurrierenden Klienten unterscheiden sich deutlich in ihrem sozialen Profil: Mit dem Hinweis auf die Insignien, die der angesprochene Paulus zum Jahresbeginn trägt, wird er als Konsul vorgestellt. Der Ich-Sprecher ist hingegen (als Angehöriger des Volkes Numas) bloß ein heimischer Bürger, ein Teil des großen Haufens (10, 10, 4), ein schlichter Mann (*pauper*: 10, 10, 11), der eine Toga trägt. Er weist sich so als freier römischer Bürger aus, der nicht über ein Vermögen verfügt, das eine Zugehörigkeit zu einem der oberen *ordines* erlauben würde. Dieser Klient wird als ein ur-römischer, bodenständiger, schlichter, ehrlicher Typ charakterisiert, der gegenüber seinem Patron nichts anderes in

hic operis vani togulaeque madentis: | *vix tanti Paulum mane videre fuit.* | *semper inhumanos habet officiosus amicos?* | *rex, nisi dormieris, non potes esse meus.*
41 Dazu Winterling (1999) 122 ff.
42 Siehe in diesem Sinne Mart. ep. 2, 18: Auch an dieser Stelle zeigt sich, dass die vorausgesetzte Asymmetrie von Patron und Klient nicht länger gegeben ist, da sich der Patron selbst wie ein serviler Klient verhält. Das Verhalten führt aus Sicht des Klienten das Verhältnis *ad absurdum*.
43 Siehe dazu die Interpretation Faust (2004).

die Waagschale werfen kann als seine Dienste. Doch diese – und das ist der Gegenstand der Klage – finden beim Patron keine Beachtung mehr, wenn sie von Personen vom Schlage des ranghohen Paulus geleistet werden, der bereitwillig selbst den niedrigsten Dienst übernimmt – das Tragen der Sänfte des Herrn.[44] Auch sonst vermag dieser Klient eleganter und beflissener gegenüber dem Patron aufzutreten als sein schlichter Konkurrent.[45]

> Da du, der mit lorbeergeschmückten Rutenbündeln ins neue Jahr geht, | frühmorgens zum Gruß tausend Schwellen abtrittst, | was soll ich dann hier machen? Was läßt du, Paulus, mir übrig, der ich zum Volke Numas und zum großen Haufen gehöre? | Wer sich nach mir umblickt, soll ich den meinen ›Herrn‹ und ›König‹ nennen? | Du tust das ja schon, und wieviel einschmeichelnder als ich! | Soll ich der Sänfte, dem Tragstuhl folgen? Du weigerst dich nicht, sie zu tragen, | und kämpfst darum, mitten durch den Dreck vorauszugehen. | Soll ich mich öfter erheben vor dem, der Gedichte zitiert? Du stehst bereits | und streckst beide Hände zugleich zum Mund. | Was soll ein unvermögender Mann tun, der nicht mehr Klient sein darf? | Euer Purpur hat unsere Togen aus dem Dienst entlassen.[46]

Über den konkreten Realitätsgehalt dieser Schilderungen, lässt sich streiten. Ist es vorstellbar, dass sich ein Konsul tatsächlich zur *salutatio* bei mehreren Patronen aufmachte, also »zum Gruß tausend Schwellen« abtrat? Auf den ersten Blick mutet dies überzogen an, dennoch ist nicht von der Hand zu weisen, dass es Martial mit diesem Szenario gelingt, eine von ihm auch in anderen Epigrammen scharf beobachtete und attackierte servile Haltung einzufangen, in der sich selbst die Hochstehenden bei den noch Höheren anbiedern. Er zeichnet ein Bild, das Verhaltensweisen kritisiert, und dabei geht es nicht um eine einzelne Person, sondern sein fiktiver Paulus steht für die Gruppe der Standes-

---

[44] Verschiedentlich klingt in den Epigrammen an, dass das (ja auch körperlich anstrengende) Tragen der Sänfte als besonders niederer Dienst der Klienten eingestuft wurde, sogar aus der Perspektive der Klienten: Siehe dazu Mart. ep. 3, 46 und 3, 36, wo suggeriert wird, dass ein langjähriger Klient bessere Dienste verdient habe, als ein Neuling, der u. a. den Sessel durch den Schlamm zu tragen habe. Somit veranschaulichen die unterschiedlichen Positionen bzw. Tätigkeiten innerhalb der Anhängerschaft eine Hierarchie, die von den Zuschauenden ›gelesen‹ werden konnte.
[45] Zur Betonung der Konkurrenz durch zahlreiche Komparative und zur im Epigramm ablesbaren Steigerung des Übertreffens des armen Klienten durch Paulus auch Faust (2004) 73.
[46] Mart. ep. 10, 10: *Cum tu, laurigeris annum qui fascibus intras, | mane salutator limina mille teras, | hic ego quid faciam? quid nobis, Paule, relinquis, | qui de plebe Numae densaque turba sumus? | qui me respiciet dominum regemque vocabo? | hoc tu – sed quanto blandius! – ipse facis. | lecticam sellamve sequar? nec ferre recusas, | per medium pugnas et prior isse lutum. | saepius adsurgam recitanti carmina? tu stas | et pariter geminas tendis in ora manus. | quid faciet pauper cui non licet esse clienti? | dimisit nostras purpura vestra togas.*

genossen der Purpurträger. Darunter sind Angehörige des Senatorenstandes zu verstehen, die zum Tragen des breiten Purpurstreifens *(latus clavus)* an der Tunica berechtigt waren, wie auch Angehörige der Ritterschaft, deren Tunica ein schmaler Purpurstreifen *(angustus clavus)* zieren durfte.[47] Martial illustriert in seinem Epigramm einen von ihm in der Realität beobachteten Prozess, den man als Klientelisierung der Elite bezeichnen kann, er zeigt dessen Folgen für diejenigen auf, die zur traditionellen Gruppe der Klienten gehörten und in Vermögen und sozialem Rang den Purpurträgern weit unterlegen waren. Um diesen Prozess in einem dichten Bild einfangen zu können, führt er vor, wie zwei, ihrem sozialen Profil nach ganz unterschiedliche Personenkreise als Klienten agieren und dabei zu Konkurrenten werden: Ranghöhere Mitglieder der Bevölkerung, welche die genuinen Aufgaben des ›einfachen Mannes‹ übernehmen, gefährden dessen Integration in das Patronagesystem.

Diese ›einfachen Klienten‹ werden in den Epigrammen Martials häufig als Personen gezeichnet, die zwar materiell nichts zu bieten haben, dafür aber ethische Qualitäten aufweisen: traditionelle Tugendhaftigkeit, Treue, Zuverlässigkeit als Freund.[48] *Pauperes* werden sie oft genannt, und es wird unterstellt, dass diese sich selbst gewissermaßen als einen *ordo* betrachten: Sie legen einen eigenen Standesdünkel an den Tag; analog zu den andernorts geschilderten Statusanmaßungen von Angehörigen der oberen *ordines*[49] werden auch von den *pauperes* all jene in ihre Schranken verwiesen, die sich diesen Status zu Unrecht anmaßen.[50] Auch Juvenal unterscheidet in seinen Satiren sehr deutlich zwei Gruppen von Klienten, er nennt zum einen die reichen Freunde,

---

47 Siehe Plin. nat. hist. 33, 29.
48 Tugend: Mart. ep. 4, 5 »*vir bonus et pauper*«; Freundschaft: 4, 67. 5, 18, 6 ff. 5, 19, 10 ff. Ganz ähnliche Werte des einfachen Mannes arbeitet der anonyme Autor der Laus Pisonis (Z. 118 ff.) heraus, wenn er auf den reinen Sinn *(mens casta)* und die untadelige Lebensweise der armen Klienten verweist, die von den Patronen oft nicht hoch genug geschätzt würden. Zu dieser Quelle und deren Einordnung Leppin (1992).
49 Zur Kritik an einem Freigelassenen, der im Theater auf einem Senatorensessel Platz nimmt Mart. ep. 2, 29. Siehe auch Kapitel 2 zum Theater. Zur Statusanmaßung in der römischen Gesellschaft generell Reinhold (1971) insb. 285.
50 Siehe Mart. ep. 11, 32. Mit einem ähnlichen Clou wartet das kurze Epigramm 8, 19 auf: Ein fiktiver Cinna wird vorgeführt, der zu den Armen zählen möchte, also gleichsam eine Zugehörigkeit zu einer Gruppe erheischt. Die Pointe liegt in der ›von oben herab‹ erfolgenden Feststellung, dass er wirklich arm ist. Das Epigramm spielt mit ambivalenten Implikationen des Wortes ›Armut‹ *(paupertas)*, die sich aus unterschiedlichen Werthaltungen und Blickrichtungen ergeben. Das Wort kann im Œuvre Martials einerseits (herablassend) Armseligkeit von Lebensverhältnissen bezeichnen, andererseits (anerkennend) deren Schlichtheit; dies tritt gerade dort hervor, wo eine (Selbst-)Aussage impliziert ist, die mit einem gewissen Wert- oder Ehrgefühl einhergeht. Zur Schlichtheit siehe Mart. ep. 4, 77. 2, 90. 10, 4. 2, 48. 11, 11. 2, 53; zur Not 11, 56.

die bei den Patronen willkommen sind, gut bewirtet und freundlich behandelt werden, und zum anderen die »schlichten« oder »unbedeutenden«.⁵¹ Deren Herabsetzung steht in klarem Zusammenhang mit ihrer Armut, die sich nicht zuletzt in schadhafter Kleidung offenbare.⁵² Ganz ähnlich formuliert es der Autor der Lobrede auf Piso, der vor der Negativfolie der üblichen Sitten als guter Patron vorgestellt wird: Selten gebe es in Rom ein Haus, das nicht einen bedürftigen Freund zurückweise oder voller Verachtung auf einem Klienten herumtrampele (Z. 118ff.); kaum jemand erweise sich großzügig gegenüber einem armen, jedoch »wahren Freund« *(amico vero)*.

Verfolgt man, was in anderen literarischen Quellen über die Anwesenheit und das Verhalten des Patrons bei der *salutatio,* den sozialen Hintergrund der aufwartenden Klienten sowie über deren Dienste geäußert wird, ergibt sich ein ganz ähnliches Bild. Seneca beschwert sich über die Stillosigkeit mancher Patrone, welche die Klienten, die ihnen »ihre bezahlte Aufwartung machen«, entweder gar nicht oder extrem desinteressiert empfingen. Konkret wirft er diesen Patronen vor, abwesend zu sein, zu schlafen, an den Klienten »mit heuchlerischer Eile« vorüberzurennen oder sogar »durch verborgene Nebeneingänge« der Begegnung mit ihnen zu entfliehen. Viele würden bei der Begrüßung »kaum die Lippen bewegen und den ihnen tausendmal zugeflüsterten Namen mit herablassendem Gähnen wiederholen.«⁵³ Seneca unterscheidet ferner zwei Gruppen von umtriebigen Klienten:⁵⁴ Zum einen die, für die sich die mühselige Prozedur der *salutatio* eigentlich gar nicht lohne – die armen Bürger. Zum anderen die, denen er bedeutungslose Motive (das Streben nach Rang und Ansehen hohlem Glanz aus Sicht des Philosophen) unterstellt, wenn sie überall antichambrieren. Dabei hat er zweifellos ambitionierte Angehörige der oberen Stände im Blick.⁵⁵ Diesen gelten seine ausführlichen Ermahnungen,

---

51 Siehe insb. Iuv. sat. 15, 107. 146.
52 Siehe insb. Iuv. sat. 3, 152 ff.
53 Sen. brev. vit. 14, 3 f. Ähnlich Lukian. merc. cond. 2, 36, 10 f.: »du mußt früh aufstehen, um dich dann beim Warten herumstoßen zu lassen, vor verschloßener Tür stehen und auch noch den Eindruck zu erwecken, du seist ein unverschämter und zudringlicher Kerl, du mußt von einem Türsteher in schlechtem Syrisch und einem Nomenclator aus Libyen Anweisungen entgegennehmen und dem letzteren obendrein ein Trinkgeld geben, um seinem Namensgedächtnis auf die Sprünge zu helfen [...]. Er [der Patron] schaut viele Tage hintereinander noch nicht einmal hin.« (Übers.: Möllendorff). Zum traditionellen Ideal des aufmerksamen Patrons Comm. pet. 35.
54 Sen. tranq. an. 12, 3, 6.
55 Dass man die Klienten, welche bei der *salutatio* in Erscheinung treten, nach Herkunft und Motiven – den einen geht es um die Befriedigung grundlegender Bedürfnisse, den anderen um Ehre, finanzielle Vorteile und Ämter – in zwei Gruppen unterteilen konnte, legen weitere Autoren nahe: Der unbekannte Autor der vermutlich in neronischer Zeit entstande-

ihre sinnlose Geschäftigkeit einzudämmen: Er vergleicht sie mit Ameisen, die planlos hin- und herliefen und sich sogar Fremden zu Diensten anböten *(alienis se negotiis offerunt)*. Manche erweckten durch ihre gehetzte Beschäftigung gar den Eindruck, als müssten sie einen Brand löschen:[56]

> So sehr schubsen sie Entgegenkommende und bringen sich und andere zu Fall, während sie schon weitergelaufen sind, um jemanden zu begrüßen, der ihren Gruß nicht erwidern wird, oder sich dem Trauerzug eines unbekannten Verstorbenen anzuschließen oder dem Prozess irgendeines Streithammels oder der Trauung einer sich oft Verheiratenden, und eine Sänfte geleitend, tragen sie diese gelegentlich sogar.[57]

In dieser Passage werden neben der *salutatio* weitere Angelegenheiten genannt, zu denen die Schar der Umtriebigen sich geradezu beliebigen Personen anschließt, von denen sie sich Statusgewinn und materielle Vorteile verspricht. Der Besuch von Trauerfeiern, Prozessen und Hochzeiten steht auch auf der täglichen Agenda eines Mannes im Rang des Plinius; solche Anlässe boten Gelegenheit, Verbundenheit zu dokumentieren und gegebenenfalls (etwa als eingesetzter Erbe) auch davon zu profitieren.[58] Doch lassen die Selbstaussagen des Plinius keinen Zweifel daran, dass sich für ihn aus einem bestehenden Nahverhältnis die Präsenzpflicht ergibt, während Senecas Kritik darauf abzielt, dass die von ihm beschriebenen »Ameisen« dem Glauben anhängen, allein durch die Performanz ein Nahverhältnis herstellen, ja geradezu erzwingen zu können, um davon letztlich vor allem materiell zu profitieren.[59] Um den Schein eines Nahverhältnisses zu inszenieren, übernehmen sie im extremen Fall jenen Dienst, der vielleicht am deutlichsten den Status des Klienten dokumentiert – das Tragen der Sänfte.[60] Dies mag geradezu als symbolischer

---

nen Lobrede auf Piso (Z. 117) unterscheidet »höchste« und »niedrige« Klienten. Siehe auch Colum. praef. 9 f. Lukian. Nigr. 22 ff. Lukian. merc. cond. 2, 36.
56 Sen. tranq. an. 12, 3, 4. Siehe dazu Plin. epist. 1, 9. Lukian. merc. cond. 2, 36, 10.
57 Sen. tranq. an. 12, 4: *Usque eo impellunt obvios et se aliosque praecipitant, cum interim cucurrerunt aut salutaturi aliquem non resalutaturum aut funus ignoti hominis prosecuturi, aut ad iudicium saepe nubentis, et lecticam assectati quibusdam locis etiam tulerunt.* (Übers.: Rosenbach).
58 Siehe z. B. Plin. epist. 1, 9 zur Betriebsamkeit der Aristokraten; 2, 9 zur Sichtbarkeitspflicht auf dem Forum; 1, 62 zu Besuchen am Krankenbett.
59 Neben dem materiellen Gewinnstreben, das auch im Rahmen der sogenannten. Erbfängerei im Vordergrund steht (dazu Kapitel 5), ging es bei der Morgenbegrüßung auch um Kontakte, die als hilfreich für die erfolgreiche Bewerbung um ein Amt angesehen wurden: Goldbeck (2010) 264 f.
60 Laut Lamer (1924) 1097 war das Tragen der Sänfte eigentlich eine Sklavenarbeit; es finden sich nur wenig Belege dafür, dass diese Tätigkeit von freien Bürgern ausgeübt wurde. Vielleicht dient auch die Schilderung Senecas vor allem dazu, den Diensteifer und die Eilfertigkeit der hier Angesprochenen auf die Spitze zu treiben.

Akt der Unterwerfung zu verstehen sein: Wer sich so verhielt, stellte sich auf eine Stufe mit jenen Klienten, deren Dienst ebenso wie ihr Status traditionell als »niedrig« eingeschätzt wurde.[61]

Wie bei den zuvor besprochenen Epigrammen Martials ist auch hier zweifelhaft, ob eine alltägliche Beobachtung oder der Wunsch nach Überspitzung Seneca dazu veranlasste, das Bild des Sänftenträgers zu bemühen. Insgesamt jedoch scheint er Martials Beobachtung von der Übernahme des Klientendienstes durch die ›Purpurträger‹ zu teilen, wobei er ein anderes Problem thematisiert: Während seine Kritik sich auf das Sozialverhalten der Elite bezieht, stellt Martial zunächst einmal die Folgen für die armen Klienten heraus, deren Dienst überflüssig wird.

4.3 Pflichten der Patrone: *sportulae* und cenae *rectae*

Traditionell war der Patron verpflichtet, seine Klienten zum Essen zu laden.[62] Unklar ist, ob diese Einladung regelmäßig oder gar täglich erfolgen sollte, ob der Klient persönlich zu Tisch gebeten werden sollte oder lediglich eine Portion aus der Küche des Patrons erhielt. Man kann sich alle möglichen Varianten vorstellen. Sehr anschaulich beschreibt Lukian, wie ein im Hause eines Reichen angestellter *grammaticus* zum ersten Mal zum Essen eingeladen und mit einem persönlichen Trinkspruch geehrt wird, und ihm diese persönliche Zuwendung des Hausherrn den Neid und Groll der »alten Freunde« einbringt, die beim Essen in der zweiten Reihe stehen oder liegen müssen.[63] Vermutlich gab es bereits in der Zeit der Republik die Praxis, eine Essensration in einem Korb *(sporta)* oder einem Körbchen *(sportella)* auszuhändigen, die danach *sportula* genannt wurde.[64] Auch war es üblich, dass Gäste während des Mahls Speisen in einer mitgebrachten Serviette *(mappa)* verstauten, um sie am nächsten Tag essen zu können.[65] Im 1. Jh. n. Chr. wurden vor allem anlässlich der öffentlichen, seitens von Privatleuten, Magistraten oder dem Kaiser finanzierten

---

61 Siehe auch Laus Pisonis Z. 134f.
62 Cic. Mur. 71. Hug (1929) 1884. Vössing (2004) 193, 243. Stein-Hölkeskamp (2005) 92 ff. Eine solche Einladung zum Abendessen musste sicherlich nicht täglich ergehen. Iuv. sat. 5, 15 f. spricht sarkastisch davon, dass der Patron den Klienten nach zwei Monaten seines Dienstes zum Essen einlädt.
63 Luk. merc. cond. 2, 36, 17.
64 Cic. fam. 9, 20, 2. Zu der *sportula* Heuermann (1875). Hug (1929) 1884f. Zum Wort Le Gall (1966) 1449f. Verboven (2002) 95 ff. Vössing (2004) 193 f. mit Literatur, und zu *sportulae*-Verteilungen in den Städten des Imperiums unter Anm. 5. Goldbeck (2010) 175 f.
65 Vössing (2004) 199, 221.

Speisungen *(epula publica)* Körbchen *(sportulae)* mit Essen verteilt.⁶⁶ Die Kaiser ließen solche Körbchen anlässlich der Spiele verteilen, wie dies Sueton für Caligula, Nero und Domitian überliefert.⁶⁷ Dieses Verfahren der Beköstigung wurde wahrscheinlich unter Nero dahingehend vereinfacht, dass den Empfängern eine bestimmte Summe Geld ausgehändigt wurde, so dass *sportula* auch die Bedeutung »Geldgeschenk« annehmen konnte.⁶⁸ Sueton erwähnt dies im Zusammenhang mit nicht näher bestimmten Maßnahmen Neros gegen den Luxus: »[...] öffentliche Mahlzeiten wurden zur Verteilung von Geldgeschenken [...]« *(publicae cenae ad sportulas redactae)*.⁶⁹ Bereits Domitian bemühte sich laut Sueton, solche Geldzahlungen zu unterbinden und zu der alten Tradition zurückzukehren: »Er hob die Geldsportula *(sportulae publicae)* auf und führte stattdessen den Brauch der ordentlichen Mahlzeiten *(cenae rectae)* wieder ein,« wobei darunter Gastmähler mit Tischen, Speisesofas und Geschirr zu verstehen sind, wie sie auch beim häuslichen Gastmahl zur Anwendung kamen.⁷⁰

Die Motive der Kaiser Nero und Domitian, die jeweils gängige Praxis der öffentlichen Verköstigung zu verändern, werden im antiken Schrifttum nicht expliziert und sind in der Forschung wenig beachtet worden. Einige Forscher deuten die Maßnahme Neros als einen Versuch, Prachtentfaltung auf dem Gebiet des Speiseluxus zu unterbinden.⁷¹ Wäre jedoch die Eindämmung des Speiseluxus intendiert gewesen, hätte man dies auf dem Weg konkreter Vorgaben im Sinne der schon in älterer Zeit bezeugten *leges sumptuariae* verfolgen

---

66 Marquardt (1980) 208. Winterling (1999) 144 zur Unterscheidung von öffentlichen Gastmählern und *cenae rectae*.
67 Suet. Cal. 18, 2: An dieser Stelle werden allerdings größere Körbe, *panaria*, erwähnt. Suet. Nero 16 und Dom. 4, 5. 7.
68 Winterling (1999) 145.
69 Suet. Nero 16, 2 (Übers.: Martinet). Ausführlich zu den Sueton-Stellen Vössing (2004) 281 f. mit Wiedergabe des Forschungsstandes zur Deutung dieser Passage, die stark an der Übersetzung von *publicae cenae* hängt: Fraglich bleibt, ob damit kaiserliche Speisungen (so Friedländer u. a.), Speisungen von Patronen außerhalb des Hauses (so Vössing) oder jedwede Verköstigung von vielen Geladenen im Haus (so m. E. zu Recht Heuermann (1875) 6) gemeint sind.
70 Suet. Dom. 7, 1. Saller (1982) 129 Anm. 66 sieht in der Maßnahme Domitians die einzige Initiative eines Kaisers, das Patron-Klient-Verhältnis zu regulieren, äußert sich jedoch nicht über denkbare Intentionen, sondern stellt lediglich fest, dass die Maßnahme »keine gravierenden Änderungen mit sich brachte.« Zum typischen Inventar der *cena recta* Winterling (1999) 145.
71 So Warmington (1990) 73. Kierdorf (1992) 181. Vössing (2004) 282. Dass Sueton die Einführung der Geldsportula im Zusammenhang mit gegen Luxus gerichteten Maßnahmen erwähnt, kann darauf zurückzuführen sein, dass er den Hintersinn dieser Maßnahme nicht mehr verstanden hat.

können. Daher ist es wahrscheinlicher, dass die Maßnahme darauf abzielte, die Verköstigung gegenüber einer großen Zahl von Empfängern zu vereinfachen und den Nutzen für die Zielgruppe zu optimieren: Eine Geldspende war schnell und unkompliziert auszuhändigen, während der logistische Aufwand für eine verabreichte Essensration erheblich höher gewesen sein dürfte. Für bedürftige Empfänger war das Geld von größerem Nutzen, da es nach eigenem Ermessen genutzt werden konnte, zumal sich Nero laut Sueton gleichzeitig darum kümmerte, dass die Garküchen auch erschwingliche Speisen anboten.[72]

Über den Grund, warum Domitian wiederum der *cena recta* den Vorzug gegenüber der Geldsportula gab, lässt sich nur spekulieren. Möglicherweise ging es darum, die Sichtbarkeit der Aristokraten als Spender vor dem Hintergrund kaiserlichen Misstrauens zu verringern.[73] Ob es bei den von Sueton erwähnten Neuerungen der Kaiser ausschließlich um von den Kaisern organisierte Speisungen und Geldverteilungen geht, oder um vom Kaiser ausgegebene Regeln, die für jedweden Patron gelten sollen, wie oft unterstellt wird, ist unklar.[74] Einige Quellen lassen den Schluss zu, dass die Patrone allerdings (sofern keine generelle Vorschrift existierte) das kaiserliche Spendenverhalten adaptierten. So bezeichnet *sportula* im speziellen Sinn seit der Mitte des 1. Jh.s n. Chr. ein Geldgeschenk des Patrons an seinen Klienten.[75] Während Sueton die Neuerung nur am Rande erwähnt (Domitians habe statt der Verteilung von *sportulae* die Rückkehr zur Tradition der *cena recta* gefordert), wird sie in Martials drittem Buch der Epigramme, das wohl Ende 87 Anfang 88 n. Chr.

---

[72] Nero trat im Übrigen selbst als großzügiger Spender gegenüber der *plebs* auf, die er anlässlich der Spiele nicht nur mit Geld, sondern auch mit weiteren Geschenken beglückte, weswegen Tacitus auch glaubt, dass »die ärmliche, an Circus und Theater gewöhnte Masse, das Lumpenpack der Sklaven und das [...] auf Kosten Neros unterhaltene Gesindel« besonders unglücklich über den Tod des Herrschers gewesen sei – im Unterschied zu allen anderen Gruppierungen der Gesellschaft: Tac. hist. 1, 4, 3.
[73] So Vössing (2004) 284. Winterling (2008) geht davon aus, dass Domitian auch gegen aristokratische *salutationes* vorgegangen sei, was er aus der Bemerkung bei Plin. paneg. 62, 7, dass nun (unter Trajan) die Tore der Privatwohnungen der Älteren wieder gefahrlos offenstünden und die Jungen ihre Vorbilder besuchen könnten, schließt.
[74] Dazu Heuermann (1875) 5 f.
[75] Der erste datierbare literarische Beleg für *sportula* im Sinne von Geldgeschenk ist Petron. 45, 10. Hier geht es allerdings um den Ersatz einer von Amtsanwerbern finanzierten öffentlichen Speisung durch einen Geldbetrag zum Zweck der Wahlpropaganda. Da an dieser Stelle der Ersatz der Speisung durch Geld bereits als Normalität angesehen wird, schließt Vössing, dass die Praxis in der Zeit schon geläufig gewesen sein muss: Vössing (2004) 193 Anm. 6. Von einer bezahlten Aufwartung der Klienten beim Patron spricht Sen. brev. vit. 14, 3. Die Praxis der Austeilung von Geldgeschenken von Patronen an Klienten ist in der Forschung zu Unrecht bezweifelt worden. Die Zweifel gründen sich auf die Einschätzung des Realitätsgehalts Martials und Juvenals: Verboven (2002) 96.

entstand, mehrfach explizit mit Bezug auf das Patron-Klientverhältnis thematisiert: »Keine *sportula* wird mehr ausgeteilt, doch umsonst kannst du als Gast zu Tische liegen« heißt es im Epigramm 3, 30; einhellig wird bei Martial aus der Klientenperspektive diese Neuerung verurteilt. Bereits im 4. Buch der Epigramme Martials (Ende 88 publiziert) und in den späteren Büchern wird allerdings wieder von der Geldsportula gesprochen, ebenso in Juvenals 1. Satire. Da auch andere Autoren von den »bezahlten Klienten« sprechen, ist wohl davon auszugehen, dass sich die Geldzahlungen letztlich (wieder) durchgesetzt haben, was jedoch nicht bedeutet, dass überhaupt keine Essenseinladungen an Klienten mehr ergehen, da diese von den Dichtern ebenso weiterhin thematisiert werden.[76] Man könnte nun annehmen, dass vielleicht gerade die armen Klienten mit der Geldsportula ›abgespeist‹ wurden, während die gehobenen *amici* zum Mahl geladen wurden, doch zeigt die folgende Analyse, die zunächst auf die Geldsportula und anschließend auf die Einladung zum Essen eingeht, dass dem nicht so war.

Der Modus der Aushändigung der Geldsportula wird in den Quellen nicht einheitlich geschildert.[77] Die Dichter erwähnen die Ausgabe anlässlich der morgendlichen *salutatio* (Iuv. sat. 1, 94 ff.), aber auch während des Tages, am Abend (Mart. ep. 9, 85) oder gar in der Nacht (Mart. ep. 1, 80); vermutlich jeweils in enger zeitlicher Verbindung mit den von den Klienten geleisteten Diensten.[78] Die Höhe des gezahlten Betrages hing von der Großzügigkeit und dem Vermögen des Patrons ab; 100 Quadranten werden häufig genannt, vermutlich handelte es sich dabei um eine Art Standardsatz, oder diese Summe wurde im Sprachgebrauch der Klienten als Chiffre für einen nicht als ausreichend empfundenen Betrag – etwa im Sinne von ›die paar Kröten‹ – verwendet.[79] Wo Martial die Perspektive der Klienten einnimmt, wird häufig die Geringfügigkeit der üblichen hundert Quadranten herausgestellt.[80] Die

---

76 So auch Heuermann (1875) 9. Vössing (2004) 206.
77 Cloud (1990) meint darin ein Indiz zu erkennen, dass die Geldsportula nur ein literarisches Motiv der Dichter sei. Dies überzeugt nicht, da man sich vorstellen kann, dass die Praxis tatsächlich unterschiedlich war. Zur kritischen Auseinandersetzung mit Cloud ausführlich Goldbeck (2010) 177–179.
78 Plin. epist. 2, 14, 4 erwähnt die Auszahlung im Gerichtssaal und sogar im Triclinium. Die Auszahlung im Gerichtssaal legt Mart. ep. 1, 95 nahe; in der Therme: Mart. ep. 3, 7, 3. 10, 70.
79 Mart. ep. 1, 59. 6, 88. 10, 70. 10, 75, 11–14. Verboven (2002) 98 warnt davor, diesen Betrag wörtlich zu nehmen. Dazu auch Goldbeck (2010) 180. 100 Quadranten entsprachen 6 ¼ Sesterzen. Vermutlich konnte eine Person vom täglichen Empfang einer solchen Summe leben. Siehe dazu die bei Weeber (2006) 281 zusammengestellten Preise. Siehe auch Szaivert – Wolters (2005).
80 Siehe z. B. Mart. ep. 10, 75, 11–14, häufig ist im selben Atemzug von Hunger und

Perspektive des Patrons nimmt das Epigramm 8, 42 ein: Ein Klient namens Matho wird gerügt, dass er anderen Patronen mit einem besseren Angebot die Aufwartung mache; indem der sprechende Spender angibt, für seine *sportula* könne man immerhin hundertmal baden gehen, bekennt er sich (nach der heutigen Kenntnis über römische Badepreise) zum Standardlohn von 100 Quadranten.[81] Vermutlich besteht der Witz gerade darin, dass die ärmeren Klienten das Geld zum Lebensunterhalt brauchten und für sie gar nicht daran zu denken war, davon den Eintritt für eine Therme zu bezahlen.

Dennoch wurde nach Ausweis der Epigramme das empfangene Münzgeld geschätzt, gerade weil dieses für grundlegende Bedürfnisse des täglichen Lebens ausgegeben werden konnte. Als konkrete Verwendungszecke werden benannt: Bei Martial die Miete für eine »düstere Kammer«, die für den Klientendienst unabdingbare Toga, die Bezahlung einer Prostituierten;[82] bei Juvenal Toga und Schuhe, Brot und Kohl sowie Holzkohle.[83]

Mehrmals werden Personen porträtiert, die sich mit Hilfe der *sportula* gerade eben über Wasser halten können; auch wird die Ansicht vertreten, dass man auf jeden Fall mehrere *sportulae* empfangen muss, um nicht zu verhungern.[84] Die Praxis der Austeilung von Geldgeschenken erhöhte offenbar die Attraktivität der Stadt bei Leuten vom Land.[85] Ein Epigramm stellt die Reaktion auf die schockierende Nachricht über den Ausfall der Geldsportula aus der Perspektive der Betroffenen dar: Sie fordern nunmehr ein ordentliches Gehalt *(salarium)*.[86] Diese Forderung lässt deutlich werden, wie weit sich das

---

Armut die Rede (3, 38. 3, 14). Selten wird erwähnt, dass ein Mann als Klient aufgrund der *sportula* seine wirtschaftliche Situation verbessern kann: Mart. ep. 8, 44.

81 Siehe auch Verboven (2002) 98.

82 Mart. ep. 3, 30. Interessanterweise wird nirgends auf die Bedürfnisse einer Familie abgehoben, die damit zu ernähren sei. Ich erkenne darin einen Hinweis auf eine übliche, vielleicht sogar typische soziale Situation eines einfachen Klienten: Dieser lebte allein in einem Zimmer in einer der Mietwohnungen Roms; seine tägliche Arbeit bestand vorwiegend im Dienst an dem Patron, welche durch zusätzliche Gelegenheitsarbeiten ergänzt werden konnte.

83 Iuv. sat. 1, 118 ff. Juvenal, dessen erste Satire wohl zu einem Zeitpunkt entstand, als die Verteilung von Geldsportulae sich wieder durchgesetzt hatte, scheint der traditionellen Versorgung mit Essen den Vorzug zu geben. Denn er kritisiert, dass die aktuelle Praxis der Geldsportula dazu führe, dass der Patron ganz alleine essen und sein Erbe verschlingen würde.

84 Mart. ep. 1, 80.

85 Mart. ep. 3, 14 suggeriert, dass ein »Hungerleider« sogar eigens aus Spanien angereist sei, um mittels der *sportula* in Rom über die Runden zu kommen; doch an der Milvischen Brücke habe er das Gerücht vom Ausfall der Geldsportula erfahren und kehrtgemacht. Siehe auch Mart. ep. 3, 38. 4, 5.

86 Mart. ep. 3, 7, 4 ff.

Verhältnis von Patron und Klient von dem alten Freundschaftsideal, von dem Martial an anderen Stellen spricht, entfernt hat.[87] Manchmal wird in den Epigrammen dargestellt, dass ein Klient in eine akute Notsituation gerät, wenn das Geldgeschenk ausbleibt.[88] Ob es sich bei den Epigrammen, die dies suggerieren, um abstruse Übertreibungen handelt, oder ob diese Gefahr realiter bestand, lässt sich schwer entscheiden. Fest steht, dass die Geldsportula nach Ausweis Martials Klienten zugutekommt, die davon ihren dürftigen Lebensunterhalt bestreiten.[89]

Anders als Martial entwirft Juvenal in seiner ersten Satire das Szenario, dass zur morgendlichen Geldverteilung im Hause des Patrons nicht nur die »altgedienten Klienten« erscheinen, deren Lebensunterhalt von der Spende abhängt, sondern sowohl reiche Freigelassene als auch ranghohe Amtsinhaber – diese darüber hinaus noch in Begleitung ihrer Gattinnen, für die sie ebenfalls eine Spende erbitten.[90] Er schildert, wie die Reihenfolge der Zulassung nach Rang mit dem Zeitpunkt des Erscheinens konkurriert. Er wettert verstärkt gegen die Statusanmaßung von Freigelassenen, deren Selbstverständnis ›Reichtum ist dem Rang überlegen‹ ironisch kritisch dargestellt wird. Auch er benennt Amtsinhaber (Prätor und Volkstribun) als Empfänger der *sportulae*.

> [...] Heute steht das kleine Geschenkekörbchen ganz vorn auf der Schwelle, damit die Schar in der Toga es plündere. Jener jedoch [= der Patron] überprüft zuvor das Gesicht und ist ängstlich besorgt, dass du als Unberechtigter kommst, unter falschem Namen forderst: bist du identifiziert, empfängst du. Er befiehlt dem Herold [gemeint ist der Nomenclator], selbst die Trojaentstammten [gemeint sind vornehme Geschlechter] herbeizurufen, denn auch sie suchen mit unsereinem die Schwelle heim. ›Gib dem Praetor, gib dann dem Tribun!‹ Aber der Freigelassene war früher da. ›Ich war‹, sagt er, ›früher zur Stelle. Warum sollte ich mich fürchten und zögern, meinen Platz zu verteidigen, obwohl ich am Euphrat geboren bin, was die weibischen Ringlöcher im Ohre verraten, sollte ich es selbst leugnen? Aber fünf Ladengeschäfte bringen mir Vierhunderttausend. [...]‹. [...] so mögen denn die Tribunen sich gedulden, es siege der Reichtum, damit nicht einem unverletzlichen Amtsträger jemand Platz mache, der erst kürzlich in diese Stadt [...] kam, da nun einmal bei uns die heiligste Macht der Reichtum ist [...].[91]

---

87 Mart. ep. 4, 5. 5, 19. Iuv. 5.
88 Mart. ep. 12, 32.
89 Dass die Besuchten mit der Geldsportula die Klienten »belohnten«, die sonst möglicherweise ausgeblieben wären, wie Goldbeck (2010) 267 annimmt, scheint mir eine Fehleinschätzung zu sein.
90 Zu den Patron-Klient-Verhältnissen in Juvenals erster Satire einführend Braund (1996) 32 f., die jedoch die Komplexität der realen sozialen Verhältnisse zu stark vereinfacht, insb. im Kommentar zu Zeile 95 ff. (98).
91 Iuv. sat. 1, 95 ff.: *[...] nunc sportula primo | limine parva sedet turbae rapienda toga-*

Es wird klar herausgestellt, dass sowohl die ausländischen Freigelassenen trotz vorhandenen Reichtums als auch Amtsinhaber aus vornehmen Familien das Geldgeschenk vor allem deswegen annehmen, um in die Nähe des Patrons zu gelangen. Auf diese Weise kritisiert der Dichter das Antichambrieren von Wohlhabenden, die sich nicht zu fein sind, im Modus des armen Klienten zu agieren, um Zugang zu einem Patron zu erlangen, von dem sie sicher etwas anderes erhoffen als ein Taschengeld. Man hat dies durchweg für eine ironische Übertreibung gehalten.[92] Aus meiner Sicht ist es jedoch – ähnlich wie bei Martial – keineswegs sicher, ob es allein darum geht, vermittels eines fiktiven Szenarios das unwürdige Anbiedern jener Leute vorzuführen. Vielleicht verkennen wir die Relevanz jener Gesten, die unmissverständlich eine Unterordnung zum Ausdruck brachten, und denen eine ungeheuer große Bedeutung zukam – in einer Gesellschaft mit einem ausgeprägten Sinn für soziale Hierarchien, die vor allem durch die unmittelbare Verständigung ihrer Mitglieder immer neu ausgehandelt wurden. Möglicherweise ist es nicht nur eine Allegorie, dass Personen Geldgeschenke annahmen, obwohl sie es eigentlich nicht nötig hatten. Vielleicht taten sie es tatsächlich: Nämlich um damit ihre Positionierung als Klient gegenüber dem Patron sinnfällig zum Ausdruck bringen zu können.[93]

Mit der Karikatur des höchsten Amtsinhabers, der nicht nur um eine Spende für sich, sondern obendrein noch für seine Gattin bettelt, spielt Juvenal wahrscheinlich darüber hinaus auf das ebenfalls in anderen Quellen bezeugte Problem der Geldknappheit von Angehörigen der oberen *ordines* an.

> Wenn aber der höchste Würdenträger am Ende des Jahres zusammenrechnet, was ihm die Sportel erbringt, wieviel er den Konten hinzufügen kann, was sollen die Begleiter tun, die davon die Toga, die davon die Schuhe und das Brot und das Feuer im Hause bezahlen müssen? Dicht gedrängt erbitten die Sänften die 25 As: es folgt dem Ehemann die kranke oder schwangere Frau und wird mit umhergetragen. Einer fordert für die Abwesende, indem er gerissen den schon vertrauten Trick anwendend die leere und geschlossene Sänfte vorweist an Stelle der Gattin. ›Es ist meine Galla‹, sagt er. ›Entlass mich ganz schnell! Du zögerst? Steck den Kopf raus, Galla! Stör sie nicht, sie wird

tae. | ille tamen faciem prius inspicit et trepidat, ne suppositus venias ac falso nomine poscas: | angitus accipies. iubet a praecone vocari | ipsos Troiugenas, nam vexant limen et ipsi | nobiscum. »*da praetori, da deinde tribuno!*« | *sed libertinus prior est.* »*prior*« *inquit* »*ego adsum. | cur timeam dubitemve locum defendere, quamvis | natus ad Euphratem, molles quod in aure fenestrae | arguerint, licet ipse negem? sed quinque tabernae | quadringenta parant. […]*« | *[…] expectent ergo tribuni, | vincant divitiae, sacro ne cedat honori nuper in hanc urbem […] venerat […], | quandoquidem inter nos sanctissima divitiarum maiestas […].*

92 Siehe z. B. Braund (1996) 103.
93 Goldbeck (2010) 267 stellt überzeugend heraus, dass ein großes Interesse bei hochrangigen *salutatores* darin bestand, von Ämterpatronage zu profitieren.

schlafen!‹ Der Tag selbst wird durch die schöne Abfolge der Aufgaben gegliedert: die Sportel, dann das Forum und der rechtskundige Apollo sowie die Triumphalstatuen [...]. Aus den Vorhallen ziehen die altgedienten erschöpften Klienten davon und lassen ihre Wünsche fahren, obwohl beim Menschen die Hoffnung auf ein Mahl sehr lange anhält, kaufen müssen die Armen den Kohl und die Feuerkohle.[94]

Das zentrale Problem, auf das er kritisch aufmerksam macht, besteht darin, dass die altgedienten Klienten nicht mehr zum Zuge kommen, da sowohl das Geld von denjenigen kassiert wird, die es nicht nötig haben sollten, als auch die Tagesdienste am Patron (konkret wird neben der *salutatio* die Begleitung auf das Forum zu Gerichtszwecken benannt) von den ›gehobenen‹ Klienten, ja den ranghöchsten Personen, übernommen werden. Juvenal entwirft – ähnlich wie Martial – ein Szenario von der Verdrängung der ärmeren römischen Bürger aus dem Patronageverhältnis, stellt aber den Punkt deutlicher heraus, dass die Klienten damit von der Verteilung der Ressourcen abgeschnitten werden.

Die Abschaffung der Geldsportula unter Domitian führte offenbar dazu, dass der Klient wieder (wie es früher üblich gewesen war) eine reguläre Mahlzeit *(cena recta)* erwarten durfte: Im besten Fall im Rahmen einer Einladung zu Tisch mit Geschirr und mehreren Gängen.[95] Dass solche Einladungen tatsächlich an Klienten ergingen, suggerieren nicht nur die Epigramme Martials, sondern auch die Satiren Juvenals und weitere Quellen.[96] Eine Klage, die in der Dichtung topische Züge hat, betrifft die minderwertige Qualität des Essens, das den geladenen Klienten dabei vorgesetzt wird.[97] Besonders deutlich wird die Kritik aus dem Munde des geladenen Klienten in einem Epigramm Martials formuliert, in dem die neue Sitte der Essenseinladung explizit mit dem Wegfall der Geldsportula in Verbindung gebracht wird.[98]

---

94 Iuv. 1, 117 ff.: *sed cum summus honor finito computet anno | sportula quid referat, quantum rationibus addat, | quid facient comites quibus hinc toga, calceus hinc est | et panis fumusque domi? densissima centum | quadrantes lectica petit, sequiturque maritum | languida vel praegnas et circumducitur uxor. | hic petit absenti nota iam callidus arte | ostendens vacuam et clausam pro conigue sellam. | »Galla mea est« inquit, »citius dimitte. moraris? profer, Galla, caput. noli vexare, quiescet.« | ipse dies pulchro distinguitur ordine rerum: | sportula, deinde forum iurisque peritus Apollo | atque triumphales [...]. | vestibulis abeunt veteres lassique clientes | votaque deponunt, quamquam longissima cenae | spes homini: caulis miseris atque ignis emendus.* (Übers.: Adamietz).
95 Zum Begriff der *cena recta* Vössing (2004) 193, 243.
96 Siehe dazu Vössing (2004) 243.
97 Mart. ep. 4, 68. 4, 85.
98 Siehe den Kommentar von Fusi (2006) 396–399.

> Da ich zum Essen eingeladen werde, seit ich kein bezahlter Klient mehr bin wie früher, | warum setzt man mir dann nicht das gleiche Essen vor wie dir? | Du nimmst dir Austern, die im Lukrinersee sich sättigen, | ich sauge die Miesmuschel aus und schneide mir dabei in den Mund. | Du hast Champignons, ich muss mir die Saupilze nehmen. | Du hast es mit dem Steinbutt, ich hab's mit der Brachse zu tun. | Eine goldgelbe Taube füllt dir mit ihren mächtigen Keulen den Magen, | mir wird eine Elster vorgesetzt, die im Käfig starb. | Weshalb speise ich ohne dich, da ich doch, Ponticus, mit dir speise? | Daß es die Sportula nicht mehr gibt, soll mir nützen: Essen wir das gleiche!⁹⁹

Auf den ersten Blick sehen die dem Klienten hier dargebotenen Speisen in mehreren Gängen immer noch recht opulent aus und nicht nach einem Essen für einen im Alltagsleben armen Schlucker. Bei genauerer Betrachtung aber wirkt das hier vorgeführte Spiel mit ungleichem Gleichen geradezu zynisch: Der ausgehungerte Klient bekommt zwar Speisen derselben Art, jedoch minderer Qualität; sie machen den Ausgehungerten beim Essen lächerlich, wenn er versucht, Miesmuscheln wie Austern auszuschlürfen und sich dabei in den Mund schneidet, sich an der grätenreichen Brachse versucht oder an dem zähen toten Haustier knabbert. Auch wenn Martial in diesem Epigramm dem Klienten die Stimme leiht, der beherzt eine echte Gleichheit der Speisen und eine wahre Gemeinschaft fordert, sind die Reichen die Zielgruppe seines Epigrammes.

Dass man Arme, Bettler und Behinderte beim Gastmahl auftreten ließ, um diese lächerlich zu machen und sich dabei erhaben zu fühlen, geht auch aus anderen Quellen hervor. Auch Juvenals 5. Satire schildert, wie der reiche Patron Virro dem Klienten Trebius, der zu den »schlichten« oder »armen Freunden« zählt,¹⁰⁰ minderwertiges Essen vorsetzt.¹⁰¹ Und in der Lobschrift auf Piso (der im Übrigen auch in Juvenals 5. Satire als großzügiger Patron angesprochen wird¹⁰²) wird kritisch bemerkt, dass es unter den Patronen verbreitet sei, einen Armen für einen lumpigen Preis zu kaufen, um bei Tisch beschämende Witze über ihn zu reißen (Z. 124 ff.). Hier klingt an, dass die Armen geradezu angemietet wurden, um dann verspottet zu werden. Auffällig ist, dass der arme und der reiche Klient gleichwohl an einer Tafel teilhaben; und es steht zu vermuten,

---

99 Mart. ep. 3, 60: *Cum vocer ad cenam non iam venalis ut ante, | cur mihi non eadem quae tibi cena datur? | ostrea tu sumis stagno saturata Lucrino, | sugitur inciso mitulus ore mihi: | sunt tibi boleti, fungos ego sumo suillos: | res tibi cum rhombo est, at mihi cum sparulo. | aureus inmodicis turtur te clunibus implet, | ponitur in cavea mortua pica mihi. | cur sine te ceno cum tecum, Pontice, cenem? | sportula quod non est prosit: edamus idem.*
100 Siehe insb. Iuv. sat. 5, 107 ff. 146 ff. Dazu auch Vössing (2004) 257.
101 Stein-Hölkeskamp (2005) 96 f.
102 Iuv. sat. 5, 109.

dass auf eine gängige Praxis angespielt wird, deren Reiz für die Gastgeber sich gerade aus dem sozialen Gefälle der Gäste ergibt. Konrad Vössing geht zu Recht davon aus, dass sich die in den Epigrammen häufig zu findenden Klagen über das den Klienten vorgesetzte minderwertige Essen darauf richteten, dass die übliche und allgemein akzeptierte Differenzierung zu weit getrieben, ein gewisser Stil nicht gewahrt wurde.[103] Auch Plinius schildert in einem Brief an Avitus eine Begebenheit, die er selbst erlebt zu haben vorgibt.[104] Ein namentlich nicht genannter, aber von Plinius als schmutzig und noch dazu verschwenderisch charakterisierter Gastgeber habe sich folgendermaßen verhalten:

> [...] sich und einigen wenigen setzte er allerhand Delikatessen vor, den übrigen billiges Zeug und in kleinen Portiönchen. Auch den Wein hatte er in kleinen Flaschen in drei Sorten aufgetragen, nicht damit man die Möglichkeit habe zu wählen, sondern damit man nicht ablehnen könne, eine für sich und uns, eine andre für die geringeren Freunde – er macht nämlich Rangunterschiede bei seinen Freundschaften – eine dritte für seine und unsere Freigelassenen.[105]

Sehr deutlich wird in kritischer Haltung auf die Ungleichbehandlung von Gästen hingewiesen, die deren Rang veranschauliche: Den höchsten Rang beansprucht der Gastgeber für sich und seine Gäste im Format des Plinius, darunter werden die geringeren Freunde angesiedelt, und zuletzt kommen die Freigelassenen des Gastgebers und der höheren Gäste. Plinius macht sich zwar auch nicht für die großzügige Speisung von armen Klienten als Tugend stark, wohl aber für eine Gleichbehandlung auf niedrigem Niveau. Aus seiner Sicht kann die Kargheit der Bewirtung die altrömische Tugend der Sparsamkeit veranschaulichen,[106] die sich gleichfalls als distinktive Praxis kultivieren ließ, um sich gegenüber der hemmungslosen Prasserei abzusetzen, welche als topische Untugend der reichen Freigelassenen jener Zeit in der Literatur abgehandelt wird.[107]

Auch wenn zweifellos das Gastmahl zur privaten Prachtentfaltung instrumentalisiert werden konnte, bei der man sich – wie in der Forschung oft betont

---

103 Vössing (2004) 254 ff. Stein-Hölkeskamp (2005) 97 f.
104 Plin. epist. 2, 6. Dazu Vössing (2004) 255 ff.
105 Plin. epist. 2, 6, 2: *[...] sibi et paucis opima quaedam, ceteris villa et minuta ponebat. vinum etiam parvolis lagunculis in tria genera discripserat, non ut potestas eligendi, sed ne ius esset recusandi, aliud sibi et nobis, alius minoribus amicis (nam gradatim amicos habet), aliud suis nostrisque libertis.* (Übers.: Kasten).
106 Zu Reichen, die sich den Anschein der Schlichtheit/Armut geben Apul. apol. 19, 5. Zum Ideal der Kargheit als altrömischer Tugend Plin. epist. 1, 62. 3, 12.
107 Rosen (1995) insb. 84–85. Walter (1996) 224 ff.

wird[108] – im aristokratischen Agon zu überbieten suchte, bleibt festzuhalten, dass doch die »unbedeutenden Freunde« nicht für wert befunden wurden, sich für sie zu verausgaben. Vielmehr wurden diese eingeladen, damit sich die ranghöheren Gäste gut oder besser behandelt fühlen konnten. Das Ritual des gemeinsamen Mahles konnte seine integrierende Funktion, Statusgruppen übergreifend zu verbinden, nicht mehr erfüllen.[109]

4.4 – Erkaufte Patronage? Geschenke im Patronageverhältnis

Das Vorhandensein entsprechender Ressourcen versetzte eine Person in die Lage, andere daran teilhaben zu lassen und war eine Voraussetzung, überhaupt als Patron auftreten zu können schenken. Das Schenken *(donare)* wird als zentrale Potenz des Patrons angesehen.[110] Neben den bereits behandelten materiellen Gaben in Form von Essen oder Geldbeträgen bekamen Klienten von den Patronen traditionell vor allem Kleidung[111] geschenkt, darüber hinaus alles, was zur Verbesserung des Lebens nützlich war (z. B. auch Dachziegel) und – als krönende Belohnung für lange Jahre treue Dienste – ein Haus oder ein Stück Land.[112] Aus moderner Perspektive fällt es schwer, den Beigeschmack dieser Unterstützungsleistungen einzuschätzen, die terminologisch als *munera* (»Pflichtgeschenke«) oder als *dona* (in Anerkennung des Charakters der sozialen Verbindung gewährte Gaben) bezeichnet werden können. Hinzu kommt, dass Vermögende nicht nur gegenüber Klienten die soziale Verpflichtung zur finanziellen Unterstützung hatten, sondern auch gegenüber Freunden *(amici)* und Verwandten, also tendenziell Statusgleichen. So ergab sich ein komplexes

---

108 Wagner-Hasel (2002).
109 Stein-Hölkeskamp (2005) 100.
110 Zur Potenz des Schenkens Mart. ep. 4, 40, 7. Zur Fähigkeit eines *vir bonus*, Zuwendungen zu machen Sen. benef. 1, 2, 4. Die Thematik kann an dieser Stelle keinesfalls erschöpfend behandelt werden, siehe dazu Verboven (2002) 71–115.
111 Die unzähligen Klagen Martials darüber, dass ein Patron seinem Klienten keine gute neue Toga, lediglich eine gebrauchte oder eine von geringer Qualität zur Verfügung stellte, sind m. E. nicht als topische Klagen aufzufassen, sondern berühren ein zentrales Problem der einfachen Klienten, da nämlich die Toga bei vielen öffentlichen Ereignissen getragen werden musste: auf dem Forum und in dessen Nähe, beim *adventus* des Kaisers in der Stadt Rom, bei den Spielen (Mart. ep. 2, 39. Iuv. sat. 11, 203–204), vor Gericht, beim Opfer und vor allem bei der *salutatio* (Iuv. sat. 1, 96). Eine Toga war mithin ein sehr wichtiges und persönliches Geschenk des *patronus* mit traditionell hohem symbolischen Wert. Die Klagen Martials über die fehlende Ausstattung mit einer angemessenen Toga sind wiederum Teil des Krisenszenarios Martials von der Verdrängung der einfachen Klienten.
112 Zu der Art von Geschenken siehe Verboven (2002) 80–82, der allerdings die soziale Rolle des Schenkenden nicht berücksichtigt.

Geflecht von Verpflichtungen, das in der Antike mehrfach zum Gegenstand elaborierter Reflexion wurde.[113] Die sich innerhalb des Geflechtes ergebenden Hierarchien sind heute schwer zu durchschauen und waren es vermutlich damals schon. Dass nach dem antiken Verständnis für Geschenke immer eine Gegenleistung erwartet wurde und gerade Geldgeschenke meistens unter der Prämisse gewährt wurden, dass der Begünstigte die Summe zurückzahlen würde, wenn er dazu in der Lage war, rückt das Geldgeschenk in auffällige Nähe zum Darlehen. Ein Darlehen wiederum konnte dem Schuldner auch erlassen und noch im Nachhinein zu einem Geschenk deklariert werden.[114]

Festzuhalten ist, dass materielle Unterstützungen jedweder Art den Empfänger gegenüber dem Geber verpflichteten. In Martials Epigrammen wird, wo die Sicht der Klienten eingenommen wird, häufig über den Geiz der Patrone geklagt: Diese würden ihr Vermögen lieber zu ihrem persönlichen Vergnügen investieren,[115] oder bisweilen selbst gar nicht liquide sein. Aus der Perspektive der Patrone werden aber auch unverschämte Klienten thematisiert.[116] Diese Epigramme verweisen sowohl auf veränderte Prioritäten wie auch auf bestehende finanzielle Engpässe selbst der Angehörigen der oberen Stände.[117] Im Folgenden soll es daher um den in den Quellen erhobenen Vorwurf der Käuflichkeit der Patrone gehen.

In der Regel war im Patron-Klient-Verhältnis der Klient der Empfänger von Geschenken, allerdings gab es bestimmte rituell begangene Anlässe, an denen ausnahmsweise der Klient als Schenkender auftrat: Anlässlich der im Dezember gefeierten Saturnalien beschenkten sich Klienten und Patrone wechselseitig. Ursprünglich zählten Tonpuppen und Wachskerzen zu den typischen Saturnaliengaben;[118] Klienten erhielten aber von ihren Patronen auch

---

113 Mit der Ethik des Schenkens hatte sich schon Cicero in seiner Pflichtenlehre *de officiis* befasst. Cicero betont, dass Freigebigkeit mancherlei Vorsichtsmaßnahme erfordere, und dass man jeden nach seinem Verdienst beschenken müsse. Sehr deutlich geht aus dem zweiten Buch hervor, dass das Schenken nicht nur dem Beschenkten nützt, sondern auch dem Schenkenden. Seneca hat sich ebenfalls in seiner Schrift *de beneficiis* intensiv mit dem Schenken befasst. Auch seine Ausführungen stellen die sozialen Folgen des Handelns in den Vordergrund. Siehe zu Senecas *de beneficiis* insb. Fuhrmann (1997) 285–290.
114 So auch Verboven (2002) 74, 120. Nach Verboven (2002) 126 stellte das aus Freundschaft gewährte Darlehen *(mutuum)* das Gegenstück zu dem nicht auf Wohlwollen, sondern auf kommerziellen Interessen beruhendem Darlehen *(faenus)* dar. Die Übergänge zwischen patronal-freundschaftlichen Hilfeleistungen und professionellen Geldgeschäften scheinen fließend gewesen zu sein.
115 Mart. ep. 9, 2, 10: Ein Patron gibt sein Geld für seine Geliebte aus, während sein Klient in Schuldhaft abgeführt wird.
116 Siehe z. B. Mart. ep. 2, 37 und 3, 23.
117 Siehe dazu Kapitel 6.5.
118 Macr. Sat. 1, 7, 33. Bereits ein Gesetz des C. Publicius Bibulus, Volkstribun 209

Gewürze, Lebensmittel, Kleidung, Bücher, Kosmetika oder Geschirr.[119] Bei Martial wird wiederholt von den Klienten Enttäuschung über die Geringfügigkeit der Gaben ihrer Patrone geäußert.[120] Umgekehrt galten die seitens der Klienten gemachten Saturnaliengeschenke dem Patron als Indikatoren für die Erwartungshaltung der Klienten: Je größer das Saturnaliengeschenk ausgefallen war, um so mehr erwarteten die Klienten auch vom Patron.[121]

Ebenso rituell begründet war die Sitte, dass der Klient dem Patron als symbolisches Geschenk am Neujahrstag (den Janus-Kalenden) eine (gegebenenfalls vergoldete) Dattel mit einer bescheidenen Kupfermünze (einem As) überreichte, auf der ein Januskopf abgebildet war.[122] Anlässlich von Geburtstagen wurden von Wohlhabenden besondere Festmähler ausgerichtet, wobei auch von den geladenen Gästen Geschenke erwartet wurden.[123] Martial kritisiert in dem Epigramm 7, 86, dass zum Geburtstag bei Sextus nur diejenigen eingeladen würden, die kostbare Geschenke mitbrächten: Konkret geht es um ein Pfund spanisches (das heißt als ausgesprochen rein geltendes) Silbergeschirr, eine glatte Toga und einen neuen Mantel. Wer dies nicht leiste, bekomme weder Anteil am Geburtstagsmahl noch an der zu diesem Anlass ausgegebenen Geldspende *(sportula)*. Dem Gastgeber wird auf diese Weise vorgeworfen, Kosten und Gewinn seiner Geburtstagsfeier zu seinen Gunsten zu optimieren. Dass eine Toga als Geschenk erwartet wird, deutet darauf hin, dass der

v. Chr., hat möglicherweise die Geschenke der Klienten auf Wachslichter beschränkt, weil die Geschenke zum Vorwand für »Gabenauspressungen aus den Klienten« (Nilsson (1921) 205) hätten genommen werden können. Ähnlich interpretiert wird die *lex Cincia de donis et muneribus* (aus dem Jahr 204 v. Chr.), welche den Patronen die Annahme von Geschenken über einem bestimmten (nicht überlieferten) Wert verbot. In diesem Kontext scheint es durch entsprechende, eingeforderte Geschenke um eine getarnte ›Vergütung‹ von Gerichtspatronage gegangen zu sein. Dazu ausführlich Verboven (2002) 75 ff.
119   Weeber (2006) 298. Döpp (1993) 145–177, insb. 146 f. Nilsson (1921) 201 ff. Zu den Saturnalien aus religionswissenschaftlicher Perspektive umfassend Versnel (1993) 136–227. Zu Martials *Xenia* und *Apophoreta* und deren Bezug zu den Saturnalien Grewing (2010) insb. 140.
120   Diese Klagen greifen wiederum das oben bereits angesprochene Motiv der Schlechtbehandlung auf (Mart. ep. 8, 33). Bei Mart. ep. 8, 71 wird aus der Perspektive des Klienten beklagt, dass die Saturnaliengeschenke des Patrons im Laufe von 10 Jahren immer kleiner geworden seien, was nicht akzeptabel sei: »Geschenke müssen bleiben [d. h. immer denselben Wert haben] oder wachsen« (Mart. ep. 8, 71, 3 f.); siehe auch Mart. ep. 10, 57. Verschiedentlich wird Patronen nachgesagt, an andere weitergegeben zu haben, was ihre Klienten ihnen brachten (Mart. ep. 7, 53 und ep. 4, 88).
121   Mart. ep. 4, 88. 5,18. 5, 59.
122   Siehe den Kommentar von Barié – Schindler zu Mart. ep. 8, 33, der diese »als symbolische Gaben, unseren Ostereiern vergleichbar« deutet. Siehe auch Mart. ep. 13, 27. Zur Bedeutung der Datteln als Zeichen für eine gute Zukunft Ov. fast. 1, 185 f.
123   Zu Geburtstagsfeiern allgemein Argetsinger (1992).

Gastgeber sich selbst schenken lässt, was er seinen Klienten schenken sollte. Offenbar ist eine Weiterleitung der Geschenke geplant. Das literarische Ich des Epigramms mahnt vor diesem Hintergrund: Es sei keine patronale Gabe mehr, wenn man Handel damit betreibe *(non est sportula quae negotiatur)*.

Abgesehen von geforderten Aufwendungen zu speziellen Anlässen wird in der 3. Satire Juvenals kritisiert, dass die Klienten bereits die Türsteher aus dem Sklavenstand mit Geld oder Geschenken bestechen mussten, um vorgelassen zu werden, so dass der morgendliche Besuch beim Patron durchaus kostspielig sein konnte:[124]

> Wieviel gibst du, damit du Cossus irgendwann deine Aufwartung machen kannst, damit Veiento einen Blick auf dich wirft mit geschlossenen Lippen? [...] Tribut zu zahlen sind wir Klienten gezwungen und den eleganten Sklaven den Privatbesitz zu mehren.[125]

Der benannte Senator A. Didius Gallus Fabricius Veiento hatte sich als Vermittler von Gunstbezeugungen des Kaisers gegen Geld einen zweifelhaften Namen gemacht. Er war unter Nero verbannt worden, aber unter Vespasian wieder in den Senat aufgenommen worden und hatte dreimal den Konsulat inne.[126] Auch aus einigen Bemerkungen Epiktets geht hervor, dass der Weg in die Einflusssphäre der Mächtigen, ›geschmiert‹ werden musste: Der unter den Senatoren verbreitete Wunsch, ein Freund des Kaisers zu werden, sei mit vielen Erniedrigungen verbunden, darüber hinaus müsse man bereit sein, »sich ausplündern« zu lassen.[127]

Interessant ist, dass in den literarischen Zeugnissen der frühen Kaiserzeit mehrfach die »Geschenkegier der Patrone« angesprochen wird – und zwar nicht nur im Kontext von Schmiergeldern für Türsteher oder in Ausnahmesituationen, sondern im Alltäglichen. So wie am Kaiserhof einflussreiche Senatoren sich ihre Fürsprache für Amtsbewerber durch Geschenke ›vergelten‹ ließen,[128] wurde jedwede Fürsprache durch entsprechende Offerten befördert. Von den Zeitgenossen wird darin eine Verkehrung der sozialen Rollen des Patrons und des Klienten erkannt und kritisiert. Dieser Sachverhalt widerspricht

---

124 Zur Macht der Türsteher, denen man Gunst erweisen muss, um eingelassen zu werden Senec. benef. 3, 28, 5. Zu den dort zu erwartenden Demütigungen Senec. epist. 11, 84, 12. Zum Einfluss der Nomenclatoren Amm. 14, 6, 15. Siehe zum Thema auch Goldbeck (2010) 100 f., 174, der die Diskrepanz zwischen Einfluss und rechtlicher Stellung der Türsteher betont.
125 Iuv. sat. 3, 184 ff.: *quid das, ut Cossum aliquando salutes, | ut te respiciat clauso Veiento labello? [...] | praestare tributa clientes | cogimur et cultis augere peculia servis.*
126 Siehe zur Person PIR² F 91.
127 Epikt. diss. 4, 1.
128 Die literarischen Quellen behandeln diesen Sachverhalt recht zurückhaltend. Siehe dazu Klingenberg (2011) 70.

auch gänzlich dem in den antiken Quellen formulierten Ideal der Sozialbeziehung von Patron und Klient, in der der Patron der Spender materieller Gaben ist. Im vorangehenden Abschnitt wurde gezeigt, inwiefern der soziale Hintergrund derjenigen, die sich als Klienten in Rom verdingten, im 1. Jh. n. Chr. veränderte: dass sich zunehmend Personen mit gehobenem Sozialprestige und Vermögen für die niederen Dienste am Patron zur Verfügung stellten. Daher ist es nicht überraschend, dass die Patrone selbst Gaben vorab – gewissermaßen Vorauszahlungen – für ihre später zu erbringenden Leistungen erwarten konnten und auch annahmen.[129] Die finanzielle Bedrängnis, in die auch prinzipiell wohlhabende Patrone durch die Ausgaben im Bereich des Geltungskonsums häufig gerieten, beförderte im Grunde sittenwidriges Verhalten der Patrone.

Der Diskurs über die seitens der Klienten als ›Eintrittsgeld‹ in die Sphären des *patronus* zu erbringenden Geschenke ist nicht nur in der Dichtung greifbar. Selbst in den Bemerkungen des Philosophen Epiktet wird die prinzipielle Käuflichkeit des Patrons vorausgesetzt; ausgehend von der alltäglichen Erfahrung eines Klienten, nicht zum Essen eingeladen zu sein, ist es Epiktets Ziel, das von diesem empfundene Selbstmitleid in eine gelassene Sichtweise zu überführen und die Vorteile dieser Situation herauszustreichen, die darin bestünden, dass man sich nicht anzubiedern brauche:

> Du bist nicht zum Essen eingeladen worden? Du hast nämlich dem Gastgeber den Preis nicht bezahlt, für den er sein Essen verkauft. Für ein Lob oder eine Aufmerksamkeit verkauft er es. Gib ihm den Preis, für den er es verkauft, wenn es dir nützlich ist. Wenn du das eine aber nicht bezahlen und das andere trotzdem haben willst, dann bist du unverschämt und einfältig. Hast du nichts statt der Einladung? Du kannst doch sagen, du hast den nicht gelobt, den du nicht loben wolltest, und du brauchst dich nicht mit den Wächtern an seiner Tür auseinanderzusetzen.[130]

Auch in der Lobschrift auf Piso wird ganz explizit die gängige Praxis kritisiert, dass Patrone sich üblicherweise nur denjenigen als Klient aussuchten, der ihnen Gewinn *(merces)* bringe – Piso selbst hebe sich als rühmliche Ausnahme davon ab.[131] Und der Agrarschriftsteller Columella bringt in seiner Schrift Über die Landwirtschaft sehr deutlich auf den Punkt, dass nach seiner Auffassung die gehobenen Klienten, welche ihre Patrone gezielt besuchen, um ein Amt zu erhalten, dieses geradezu erkaufen: »Denn nicht durch bloße Dienstbe-

---

129 Dieser Aspekt wird von Goldbeck (2010) nicht behandelt, der sich auf die Geldzahlungen an Klienten im Rahmen der *sportulae* konzentriert, die er (aus meiner Sicht nicht überzeugend) als Kompensation der nachlassenden Attraktivität der Angehörigen der Oberschicht deutet (284).
130 Epikt. ench. 25, 2 ff. (Übers.: Nickel).
131 Laus Pisonis Z. 123.

reitschaft, sondern nur durch Geschenke bezahlt man eine Ehrenstellung *(nam nec gratuita servitute, sed donis rependitur honor).*[132] Derselbe Sachverhalt wird auch bei Seneca verschiedentlich erwähnt, wenn dieser sich in seiner Abhandlung über die Wohltaten darum bemüht, eine Ethik des Schenkens zu formulieren. Darin referiert er die gängige Sicht des Empfängers einer Wohltat, dass er für deren Annahme dem Geber etwas schulde: zum Beispiel das Amt eines Konsuls, das eines Priesters oder eine Provinz.[133]

4.5 – Fazit: Die Instrumentalisierung der Gesten und die Verdrängung der armen Klienten

Sowohl in der Dichtung wie auch in den Texten der Prosa-Autoren wird die strukturelle Veränderung des Personenkreises thematisiert, der die traditionell als »niedrig« eingestuften Klientendienste (die morgendliche Begrüßung des Patrons sowie dessen Begleitung) leistete. Diese Dienste würden nun auch von Personen ausgeführt, die ihrem sozialen Profil nach wohlhabender und besser angesehen waren als die sogenannten kleinen Leute (denen diese Pflicht ursprünglich oblag) und die daraus auch ihren Lebensunterhalt bezogen. Diese Veränderung wird durchaus negativ bewertet: Senecas Kritik richtet sich auf das in seinen Augen unwürdige Anbiedern der ambitionierten Klienten, die sich von ihren Patronen materielle und persönliche Förderung versprechen. Martial und Juvenal stellen heraus, dass die ärmeren Leute aus dem Patronageverhältnis herausgedrängt werden, da ihre Dienste von bessergestellten übernommen werden. Diese Auswirkungen werden interessanterweise von Seneca oder von Plinius nicht behandelt; wahrscheinlich, weil sie als Angehörige der Elite von diesem Prozess nicht unmittelbar betroffen waren.

Der mit der Veränderung des Personenkreises einhergehende Wandel althergebrachter Werte und Tugenden, welche von Klient und Patron erwartet wurden, wird ebenfalls von allen Zeitgenossen – aus unterschiedlichen Perspektiven – bemerkt und kritisch beurteilt. Als markanter Punkt der Kritik wird die fehlende Verbindlichkeit der Patron-Klient-Verhältnisse benannt, die sich etwa im Desinteresse der Patrone an den schlichten Klienten oder in deren verächtlicher Behandlung beim Mahl zeige. Gerade in dieser Hinsicht glaubte

---

132 Colum. 1 praef. 10 (Übers.: E.H.). Zur Ämterpatronage im Rahmen der *salutatio* Goldbeck (2010) 264 f., der aber nicht auf die dabei zu leistenden Geschenke, die den Charakter von Zahlungen hatten, eingeht.
133 Sen. benef. 1, 5, 1. An anderer Stelle ist von der üblichen, aus Habgier resultierenden Undankbarkeit gegenüber den Einflussreichen die Rede, denen man ein Amt zu verdanken habe (Sen. benef. 2, 27, 4).

man sich vom überkommenen Ideal eines persönlichen, auf wechselseitiger Treue und echter Tischgemeinschaft basierenden Verhältnisses entfernt zu haben. Geht man davon aus, dass sich in den Äußerungen ein sozialer Wandel ablesen lässt, ist zu bezweifeln, dass das Klientelwesen im ausgehenden 1. und zu Beginn des 2. Jh.s n. Chr. maßgeblich zur vertikalen Solidarität innerhalb der stadtrömischen Gesellschaft beigetragen hat und somit die Funktion erfüllte, die dem Klientelwesen der Republik aus moderner Sicht zugesprochen wurde. Zwar wurden weiterhin materielle Ressourcen transferiert, jedoch hatte dieser Transfer eher den Charakter einer Zirkulation als einer Umverteilung. Dies bedeutet jedoch nicht, dass die soziale Figuration des Klientelwesens insgesamt oder die ihr innewohnenden Bindungskräfte obsolet wurden.

Indem im Vorliegenden dem sozialen Profil der Klienten und der Symbolik, die den zwischen Patron und Klient ausgetauschten Leistungen innewohnte, besondere Beachtung beigemessen wurde, konnte ein Phänomen gründlicher beleuchtet werden, auf das in der jüngeren Forschung bereits hingewiesen wurde: In der Spätphase der Republik diente das Klientelwesen als vermittelnde Instanz zwischen den Belangen der Masse und den Erwartungen der Führungsschicht. Jedes Mitglied der Führungselite richtete sein Handeln auch auf seinen Anhang im *populus* aus.[134] Das Ansehen hing von der Integrationskraft des aristokratischen Hauses ab. Zwar verlor der Glanz, den zahllose Klienten dem Patron zu verschaffen vermochten, während des Prinzipats nicht seine Strahlkraft, doch büßten die Klienten ihren Wert für den konkreten Machterwerb ein, als die Magistratswahlen nicht mehr in den Volksversammlungen, sondern im Senat durchgeführt wurden.[135] Unter den veränderten Bedingungen des Prinzipats richtete jeder, der politisch erfolgreich sein wollte, sein Handeln auf diejenigen hin aus, die eine engere Beziehung zum Kaiser hatten oder zumindest für einflussreich gehalten wurden.[136] Die vorangehende Analyse hat darüber hinaus vier Ergebnisse erbracht.

1. *Die Umpolung des sozialen Feldes*. Bei gleichbleibender äußerer Form der Kommunikations- und Handlungsweisen zwischen den am Klientelverhältnis Beteiligten, wurden diese zum Teil von anderen Personen und zu anderen Zwecken genutzt, wobei gleichsam eine Umpolung des sozialen Feldes vollzogen wurde. Nun brauchten nicht mehr die Patrone die Klienten zum Machterwerb, sondern umgekehrt: Es war strategisch sinnvoll, sich zum Zwecke des Aufstiegs wie ein Klient einem Höherstehenden zu unterstellen; diese

---

134 Laser (1997) 189. Rilinger (1997) 86. Wagner-Hasel (2002) 337. Winterling (2008) 308.
135 Dies betont auch Goldbeck (2010) 264.
136 Siehe Flaig (1992) 108. Winterling (2008) 309. Dickmann (1999) 372f., hier 373.

›Klienten neuen Typs‹ instrumentalisierten die Patrone zur Verbesserung ihrer sozialen und wirtschaftlichen Position, teils zahlten sie auch selbst dafür, um ihre Chancen auf Ämter zu erhöhen.

2. *Die Instrumentalisierung der Gesten.* Das Statusgefälle zwischen Patron und Klient, das in der Zeit der Republik gerade in dem Verhältnis zwischen dem elitären Patron und dem Klient aus dem Volk beiderseitig akzeptiert war, lag in den sich in der frühen Kaiserzeit ergebenden Konstellationen weniger klar auf der Hand, wenn sich potentielle Patrone selbst, aus Protektionserwartung oder zum Zweck des Prestige-, Macht- oder Geldgewinns, in die Rolle von Klienten begaben. Gerade wo ein Statusgefälle anhand von Differenzkriterien wie etwa familiärer Abkunft und/oder Vermögen zwischen Patron und Klient nicht mehr eindeutig erkennbar war, konnte es durch Handlungen und Gesten aus dem traditionellen symbolischen Inventar des Klientelwesens künstlich inszeniert werden. So ließe sich erklären, warum Gastgeber mitunter auf eine Ungleichbehandlung der Gäste besonderen Wert legten. Ob es sich bei in den Texten entworfenen Szenarien, dass selbst angesehene Bürger die Sänfte ihres Patrons trugen oder sich sogar vermögende Klienten ein Geldgeschenk des Patrons abholten, lediglich um Allegorien handelt, die Strategien des Anbiederns umschreiben, oder um reale soziale Praktiken, ist schwer zu entscheiden. Fest steht, dass Gesten und Rituale, die vormals als Abbild bestehender sozialer Hierarchien galten, nun als Strategien verstanden werden konnten, die den Wunsch nach patronaler Förderung auszudrücken vermochten, bzw. – auf der anderen Seite – geeignet erschienen, Patronagefähigkeit auszudrücken.

3. *Die Verdrängung der ärmeren Klienten aus dem Patronagesystem.* Nach Aussage der Dichter ging die ›Klientelisierung‹ der Elite mit einer Verdrängung der ärmeren Klienten aus dem Patronagesystem einher, die ihre Klientelfähigkeit einbüßten, als ihre traditionellen Dienste von ambitionierten, wohlhabenden, ranghöheren Klienten angeboten wurden. Die ›schlichten Klienten‹ gerieten in die Rolle von lästigen Bittstellern um materielle Unterstützung.[137] Dieser Befund lässt sich durch andere Quellen in dem Sinne relativieren, dass kein totaler Ausschluss dieser unvermögenden Klienten erfolgte. Dies ist sicher weniger auf die Einsicht der Wohlhabenden um die gesellschaftsstabilisierende Wirkung der ökonomischen Umverteilung zurückzuführen; vielmehr behielt auch der arme Klient einen gewissen Nutzen, wenn es um die Quantität der

---

137 Inwieweit die Kaiser mittels der Getreideversorgung oder anderen Vergünstigungen die materiellen wie auch die sozialen Auswirkungen dieses Prozesses milderten oder auffingen, ob dies gezielte Maßnahmen oder (eigentlich nicht intendierte) Nebeneffekte kaiserlicher Freigebigkeit waren, wäre eine eingehende Untersuchung wert. Siehe zur Thematik Gilbert (1976) 40 ff. Veyne (1988) insb. 591 f. Höbenreich (1997) insb. 29.

Besucherzahlen ging, und nicht zuletzt konnte ein Patron die armen Klienten gewissermaßen als Randmarkierungen des sozialen Spektrums verwenden, um Relationen der Wertschätzung innerhalb seiner Gefolgschaft zum Ausdruck zu bringen.

    4. Die Klientelisierung von Wohlhabenden. Unabhängig von dem exakten Realitätsgehalt einzelner Schilderungen heben die Zeitzeugen durchweg darauf ab, dass sich auch Wohlhabende ›klientelisierten‹, indem sie mit jeweils Ranghöheren im Modus des Austausches von Leistungen operierten. Der Wirkungsradius des ursprünglich schichtenübergreifenden Patronagesystems verringerte sich, er bezog sich nun vornehmlich auf einen Teilnehmerkreis der sozial und finanziell Bessergestellten. Diese kauften sich nicht zuletzt durch Geschenke in das Patronagesystem ein. War man erst in dieses Netzwerk integriert, hatte man gute Aussichten auf weiteren Zugewinn, vor allem durch zugesprochene Legate. Diese werden im folgenden Kapitel eingehend untersucht.

5

DIE ERBFÄNGEREI
ALS INTEGRATIONSSTRATEGIE

5.1 – Fragestellung und Forschungsstand

Aurelia, eine Dame aus ersten Kreisen, wollte ihr Testament unterzeichnen und hatte ihre schönsten Kleider angezogen. Als Regulus zur Unterzeichnung kam, sagte er: ›Bitte, vermache mir diese.‹ Aurelia glaubte, es handle sich um einen Scherz, er drang aber allen Ernstes in sie. Kurz, er zwang die Frau, das Testament wieder zu öffnen und ihm die Kleider, die sie trug, zu vermachen; er beobachtete sie beim Schreiben und sah nach, ob sie es auch geschrieben hätte [...].[1]

Diese Begebenheit schildert Plinius in einem Brief an Calvisius, in dem er sich über Regulus entrüstet, den er für einen Emporkömmling hält.[2] Dieser habe gänzlich stillos die vornehme Aurelia[3] vor allen Anwesenden dazu gebracht,

---

[1] Plin. epist. 2, 20, 10f.: *Aurelia ornata femina signatura testamentum sumpserat pulcherrimas tunicas. Regulus cum venisset ad signandum, ›Rogo‹ inquit ›has mihi leges.‹ Aurelia ludere hominem putabat, ille serio instabat; ne multa, coegit mulierem aperire tabulas ac sibi tunicas quas erat induta legare; observavit scribentem, inspexit an scripsisset [...].* (Übers.: Lambert). Dazu Tellegen (1982) 50ff.

[2] Zur Biographie des M. Aquilius Regulus PIR² A 1005; zum Vermögen des Regulus ausführlich Mratschek-Halfmann (1993) 357 (Nr. 278) mit Belegen. Regulus stammte wahrscheinlich aus Ulubrae, war zunächst als Advokat tätig und brachte es in der Ämterlaufbahn (Quaestur: vor 70) bis zum Suffektkonsulat; er starb um 104. Plinius erwähnt ihn häufig in seinen Briefen und schildert ihn mit größter Abschätzigkeit: Er sei aus armen und niederen Verhältnissen zu großem Vermögen gekommen, das Plinius auf 60–120 Millionen Sesterzen schätzt (Plin. epist. 2, 20, 13). Als Quelle seines Reichtums galten *delationes*, Denunziationen (dazu Kapitel 8), unter Nero, von denen allein zwei 7 Millionen Sesterzen eingebracht haben sollen (Tac. hist. 4, 42), und Erbschleicherei unter Domitian, worauf Plinius verschiedentlich eingeht (Plin. epist. 2, 20, 10. 4, 2). Regulus besaß zwei Häuser bei Rom, Gärten jenseits des Tiber (Plin. epist. 4, 1, 5), zwei Landgüter (in Tibur und Tusculum) und verfügte über Grundbesitz in verschiedenen Regionen Italiens.

[3] Auf die bei Plinius erwähnte Aurelia spielt wahrscheinlich auch Iuv. sat. 5, 92 an. So auch Gérard (1976) 266.

ihr Testament spontan zu ändern und ihm darin ihre schönsten Gewänder, die sie gerade trug, zu vermachen. Vermutlich waren diese aus Seide und ein Vermögen wert.[4] Das Szenario gibt einen lebendigen Eindruck von der Atmosphäre bei Testamentseinsetzungen, denen (wie auch den Testamentseröffnungen) als Zeuge beizuwohnen für Leute vom Stande des Plinius zum Alltag gehörte. Mit Spannung verfolgte man in Rom, wer von wem mit Legaten (Vermächtnissen) bedacht wurde, da diese erheblichen Zugewinn bringen konnten.[5] Da Erblasser ihre Testamente allerdings im Laufe ihres Lebens wiederholt abänderten,[6] war bis zur Eröffnung nach dem Tod offen, wer tatsächlich in welchem Ausmaß begünstigt wurde.[7] Dass vermögende Männer und Frauen weitgehend frei über ihre Vermächtnisse entscheiden konnten, führte dazu, dass ihnen zahlreiche Personen ihre Aufwartung machten, durch Besuche, aufmerksame Gefälligkeiten und Geschenke ihre Fürsorge bekundeten, in der Hoffnung, im Gegenzug im Testament berücksichtigt zu werden.[8] Solch ein Verhalten wurde von den Zeitgenossen mit dem Ausdruck *captatio* (Fängerei) bezeichnet. Ursprünglich für den Fischfang mit Angel und Köder oder für die Jagd mit Schlingen verwendet, wurde das Wort auf Leute wie Regulus übertragen: Erbfänger *(captatores)* nannte man sie, weil ihnen die reichen Erblasser wie Jagdtiere in die Falle tappten.[9] Die Erwähnungen solcher Erbfänger

---

4   Der Wert der Textilien wird in jüngeren Darstellungen oft nicht erkannt. Zur Machart und zum Wert von seidenen Gewändern Becker (1863) 203–219.
5   Plinius selbst wurde verschiedentlich mit Legaten bedacht: Plinius erwähnt zum Beispiel eine Erbschaft in Höhe von 1.600.000 Sesterzen (Plin. epist. 5, 7, 3). Siehe auch Szaivert – Wolters (2005) 302–304 zu Größenordnungen von Erbschaften.
6   In Tacitus' *Annalen* wird ein lebenslustiger Senator aus neronischer Zeit erwähnt, der freimütig bekennt, dass seine Vermögensumstände zurückgegangen seien, weil er stets einen reichen Tisch führe, und er deshalb schon mehrfach sein Testament habe ändern lassen (Tac. ann. 15, 54). Mart. ep. 5, 39 thematisiert die Klage eines Erbfängers, dessen Erblasser sein Testament immerhin dreißigmal im Jahr geändert habe.
7   Plinius geht mehrfach auf die gespannte Atmosphäre ein, welche bei Testamentsunterzeichnungen und -eröffnungen herrschte. In Plin. epist. 8, 18, 3 wird Domitius Tullus (voller Ironie) als ein scheinbar positives *exemplum* dafür vorgeführt, wie man durch geschickte Arrondisierung und Familienpolitik zu Vermögen kommen konnte. Tullus wird entsprechend von Erbfängern umlagert. Ausführlich wird auf die Zusammensetzung des gigantischen Vermögens des Tullus eingegangen, das nach seinem Ableben Anlass dafür gibt, dass in Rom von nichts anderem die Rede ist und alle auf die Auktion warten (11). Die Unsicherheit des Erbfängers thematisiert auch Mart. 12, 73: »Dein Erbe sei ich, sagst du, Catullus. | Ich kann es erst glauben, wenn ich es gelesen habe, Catullus.«
8   Zur stereotypen Charakterisierung der Erblasser Champlin (1991) 90: »The quarry of the captator is easily summed up in three words: *orbus, locuples*, and *senex*.«
9   Zur Jagdmetaphorik in diesem Kontext siehe insb. Mart. ep. 4, 56. 9, 88. Zur Terminologie Mansbach (1982) 2. Champlin (1991) 87. Die Wendung *captare testamentum* lässt sich bei Horaz nachweisen (Hor. serm. 2, 5, 23–24); die so umschriebene Praxis wird aller-

häufen sich auffällig in der Literatur der ersten beiden Jahrhunderte um die Zeitenwende, während sich bei Autoren der späteren Zeit nur wenige Belege finden.[10] Man mag bereits hierin ein Indiz dafür erkennen, dass das Phänomen in dieser Zeit virulent war, doch bleibt allein dieser quantitative Befund unbefriedigend, wenn nicht erklärt werden kann, warum es sich um ein zeitspezifisches Phänomen gehandelt haben könnte.

Der Erbfängerei ist in der Forschung seit dem 19. Jh. recht viel Aufmerksamkeit beigemessen worden.[11] Ausführlich widmet sich Ludwig Friedländer der Thematik in seiner »Sittengeschichte Roms«: Er hält die Erbschleicherei für ein charakteristisches Phänomen der damaligen Zeit, das er moralisch verurteilt. Verwerflich erscheint ihm vor allem die Falschheit der Erbjäger, deren Gesten nur scheinbar freundschaftliche gewesen seien, tatsächlich aber geradezu auf professionelle Bereicherung abzielten.[12] Er verurteilt die Praxis, vermag sie jedoch nicht zu erklären. Während Friedländer die Erbfängerei für eine reale Erscheinung hält, werden der Realitätsgehalt sowie die Zeitspezifik des vorwiegend in der Dichtung behandelten Themas in der jüngeren Forschung relativiert.[13] Die Philologin Agnes Mansbach prägte in ihrer Studie aus dem Jahr 1982 die Auffassung von der *captatio* als einem literarischen Topos, der im weiten Sinne in einen sozialethischen Diskurs gehöre, welcher die Abkehr von der *familia* zugunsten der *amici* thematisiere.[14] Auch jüngere rechts- und sozialhistorische Studien sind skeptisch, was den Realitätsgehalt der Schilderungen angeht: Champlin und Verboven erkennen darin eine kriti-

dings bereits bei Plautus (Plaut. Mil. 705–715) erwähnt; ebenso bei Cicero (Cic. parad. 39. Cic. Cluent. 162). Dazu Verboven (2002) 198.

10 Siehe die Belege bei Mansbach (1982) in Appendix A und B (118–135), die auf Friedländer und der Sammlung von Schmid (1952) basiert. Eine tabellarische Zusammenstellung der einschlägigen Belege bei Champlin (1991) Appendix IV, 201 f.

11 Zum gesamten Themenkomplex Friedländer SG I 248–253. Saller (1982) 124 f. Hopkins (1983) 235–247. Corbier (1985). Verboven (2002) 197 ff. Seine Ausführungen basieren im Wesentlichen auf Champlin (1991) 87–102, dessen wiederum auf Mansbach (1982). Dieses Kapitel basiert auf Hartmann (2012b).

12 Friedländer SG I 248: »Es war ein öffentliches Geheimnis in Rom, daß gerade die Aufmerksamsten und Eifrigsten unter allen Höflichkeitsbeflissenen *(officiosi)* gewerbsmäßige Erbschleicher waren, die also mit gespannter Erwartung auf den Tod derer lauerten, die sie mit Freundschafts- und Ehrerbietungsbezeugungen überhäuften [...]. Keine Erscheinung ist für das damalige Rom charakteristischer, keine zeigt die Lügenhaftigkeit dieses ganzen Formenwesens in so grellem Licht wie der Umfang, in dem die Erbschleicherei wie ein Gewerbe betrieben wurde.«

13 Siehe vor allem Mansbach (1982) passim, insb. 114. Auch Champlin (1991) 96, 100–102, hier 100: »[...] there is almost no factual evidence for the existence of *captatio* as historical phenomenon.« Ähnlich Verboven (2002) 197 ff.

14 Mansbach (1982) 114 ff.

sche Überzeichnung sozialer Praktiken, die in Rom im Rahmen traditioneller Freundschaftsverhältnisse allgemein üblich gewesen seien;[15] allein die negative Bewertung der gewinnorientierten Motive seitens der Zeitgenossen konturiere den Tatbestand der Erbfängerei – wie es Champlin formuliert: »Captatio lies in the eye of the beholder.«[16]

Halten wir fest, dass Friedländers moralisches Urteil dem Duktus der antiken Autoren folgt und nicht die zugrundeliegende soziale und wirtschaftliche Problematik zu erhellen vermag. Die Wahrnehmung der *captatio* als literarischer Topos in der neueren Forschung hingegen erklärt nicht dessen Verankerung in der Erlebniswelt der Zeitgenossen. Daher ist zu fragen, auf welche Beziehungsmuster dieser vorwiegend (aber nicht ausschließlich) in der Dichtung traktierte Topos Bezug nimmt und welche Erfahrungen damit verbunden waren. Darüber hinaus ist eine weitere Forschungslücke auszumachen: Es ist nämlich bislang kaum beachtet worden, dass in zahlreichen Quellen – vor allem bei Martial – Frauen als besonders interessante ›Opfer‹ von Erbfängern dargestellt werden.[17] Selbst Friedländer lässt dies im Kontext seiner Darstellung zur Erbschleicherei unberücksichtigt.[18] Der Philologe Niklas Holzberg konstatiert in entsprechenden Epigrammen Martials eine für die Antike nicht ungewöhnliche Frauenfeindlichkeit und versucht, die ›sexuelle Thematik‹ im Spannungsfeld von offizieller Staatsethik und sozialer Realität zu kontextualisieren.[19] Auch in der althistorischen Forschung finden sich kaum überzeugende Erklärungen für den auffälligen Befund der häufigen Erwähnung von Frauen in diesem Kontext. John Balsdon geht in seiner grundlegenden Studie zu Frauen in Rom nur kurz auf Frauen als begehrte Objekte der Erbjäger ein, liefert jedoch keine Erklärung, sondern folgt dem satirischen Duktus der Dichtung.[20] Jens-Uwe Krause hat zwar in seiner umfangreichen Studie zur wirtschaftlichen und gesellschaftlichen Stellung von Witwen die einschlägigen Befunde gesammelt, allerdings dominiert bei ihm die Einschätzung, dass Frauen im Witwenstand eher von Verarmung betroffen waren; ein gesamtgesellschaftlich gesehen sicherlich zutreffendes Urteil, das jedoch die spezifische

---

15 So Champlin (1991) 97. Verboven (2002) 199.
16 Champlin (1991) 97.
17 Mart. ep. 2, 26. 2, 32, 5 f. 4, 56. 9, 100. 7, 75. 9, 80. 10, 8. 11, 29.
18 Vgl. zum »Pantoffelregiment« reicher Frauen: Friedländer SG I 278.
19 Holzberg (1988) 54 f. Diese Herangehensweise stellt gegenüber älteren Ansätzen, die Spottverse als Indiz für allgemein vorherrschende Frauenfeindlichkeit betrachten (so etwa Gérard (1976) 260 ff. in Bezug auf Juvenal), einen großen Gewinn dar.
20 Balsdon (1962) 222: »The rich widow attracted the attention of every sort of gigolo and confidence trickster. Either she knew her power, and enjoyed the tyranny that she exercised, or she was ridiculously gullible.«

Situation der gerade in den Epigrammen zahlreich erwähnten reichen Frauen (bei denen es sich teils um Ledige, teils um Witwen handelt) ausblendet.[21] Die folgenden Ausführungen sollen sich daher auf einige Aspekte richten, die in der Forschung bislang zu wenig Beachtung gefunden haben oder gerade in der jüngeren Zeit aus dem Blick geraten sind.

Erstens: Gerade in der jüngeren Forschung wird das im antiken Schrifttum wiederkehrende Motiv der Erbfängerei als Topos etikettiert und *a priori* als Fiktion – und im Sinne der historischen Rekonstruktion sozialer Realität als belangloses Phantasieprodukt – ausgeklammert. Aus meiner Sicht sollte man dies nicht tun, auch wenn dieser Topos in den Texten der vermeintlich seriöseren Prosa-Autoren nicht im selben Umfang behandelt wird oder unserem bisherigen ›Kenntnisstand‹ über die antiken Sozialverhältnisse zu widersprechen scheint. Vielmehr sind literarische Topoi als Teil der äußerst komplexen historischen Realität zu deuten. Dementsprechend soll hier zunächst versucht werden, die sozialen Rahmenbedingungen der Erbfängerei zu rekonstruieren, wobei zwei Aspekte gezielte Beachtung verdienen: die soziale und finanzielle Stellung der als Opfer der Erbfänger angesprochenen Frauen und – da diese häufig als kinderlose ausgewiesen werden – das Phänomen der Kinderlosigkeit *(orbitas)* und dessen soziale Folgen.

Zweitens gilt das Interesse dem Verhältnis von Erbjägern und Erblasserinnen, denn wenn sich auch die Kritik hauptsächlich auf die Erbfänger kapriziert, ist unbestritten, dass an der *captatio* zwei Personen beteiligt waren: nämlich jene, die »fangen« und jene, die »gefangen werden.« Der Modus der Interaktion zwischen beiden Beteiligten, die ›Spielregeln‹, die sich für diese Art der zwischenmenschlichen Beziehung ausmachen lassen, wurden bislang noch nicht eingehend rekonstruiert. Dies soll im zweiten Teil dieses Kapitels geschehen, wobei der Fokus auf den Beziehungen zu den bislang kaum beachteten weiblichen Erblasserinnen liegt, die gerade in den Epigrammen Martials thematisiert werden.[22] Zu fragen ist, ob sich aus dieser Mann-Frau-Konstellation besondere Eigenheiten für das Verhältnis ergaben und mit welchen kulturspe-

---

21 Bei Krause (1994) findet sich kein eigenes Kapitel zu reichen Witwen; es dominiert die Vorstellung, dass diese Gruppe besonders von Verarmung betroffen war, was quantitativ sicherlich auch zutrifft. Auf Erbschleicherei geht er nur sehr knapp ein: Krause (1994) 40.
22 Mart. ep. 2, 76. 4, 56. 8, 27. Ein Erbschleicher ist am Ende, weil er zu jeder Testamentsversiegelung dem Erblasser neue Geschenke bringen muss: 5, 39. Der Erbschleicher muss Geschenke schicken: 6, 62. 9, 88. Warnung vor einem Erbschleicher: 6, 63. Großzügiger Erblasser: 4, 73. Ein Mitgiftjäger hat mit Gift Frauen umgebracht: 4, 69. Enttäuschte Erbschleicher: 9, 8. 10, 97. 9, 48. 11, 55. Das angekündigte Erbe führt zum Todeswunsch seitens des Erbschleichers: 11, 67.

zifischen Geschlechterbildern die Epigramme Martials operieren. Vorauszuschicken sind zunächst jedoch einige Bemerkungen über den Charakter der Legate.

5.2 – Die Relevanz von Legaten

Neben der traditionellen Erbfolge *(ab intestato)*, in der die *heredes* den *pater familias* beerbten, wurde in Rom bereits in der jüngeren Republik ein anderes Prinzip der Erbfolge beherrschend – die Vererbung per Testament *(ex testamento)*. Dabei vererbte der Erblasser sein Vermögen an eine oder mehrere Personen seiner Wahl.[23] Als Erbe eingesetzt werden konnten alle freien Bürger, auch eigene Sklaven, sofern sie zugleich freigelassen wurden; für Frauen galten zeitweise Einschränkungen, nicht jedoch im hier untersuchten Zeitraum des frühen Prinzipats. Nahezu unbeschränkt konnte der Erblasser in seinem Testament Vermächtnisse, sogenannte Legate, bestellen.[24] Mit Legaten bedacht werden konnten Ehepartner sowie Verwandte und Freunde. Legate konnten in ganz konkreten Gütern (Landgütern, Hausrat), aber auch in Forderungsrechten, Schuldbefreiungen und Mitgiftrückforderungsrechten bestehen.[25] In welchen Kreisen und in welchem Umfang solche Legate in der römischen Gesellschaft vergeben wurden, wird in der Forschung seit dem 19. Jh. kontrovers beurteilt. Überzeugend ist die Position Yaakov Sterns, dass diese Testaterbfolge in Rom zur Zeit des frühen Prinzipats eindeutig präferiert wurde.[26]

---

23 Kaser (1971) 266. Sobald ein Testament vorlag, trat die traditionelle Intestaterbfolge außer Kraft. Im Laufe der Zeit sind verschiedene Einschränkungen vorgenommen worden, zum Beispiel durfte der Erblasser bestimmte Angehörige nicht stillschweigend übergehen, sofern er sie zuvor nicht enterbt hatte. Die Fähigkeit, ein Testament zu erstellen, hatten neben männlichen Bürgern auch freie Frauen, sofern sie nicht in einer *manus*-Ehe verheiratet waren – einer traditionellen Eheform die bereits in der ausgehenden Republik von der sogenannten Ehe *sine manu* weitgehend abgelöst worden war, bei der die Ehefrau auch nach der Heirat in der *potestas* ihres Vaters blieb. Dieser hatte zu Lebzeiten auch die Aufsicht über ihr Vermögen. Zu den Besonderheiten der Testierfähigkeit der Frauen: Kaser (1971) 281.
24 Kaser (1971) 299–300.
25 Kaser (1971) 304. Gleichfalls zum Typus des Vermächtnisses zählt auch das sogenannte *fideicommissum*, ursprünglich eine formlose Bitte des Erblassers an eine im Testament bedachte Person, deren Treue man vertraute, bestimmte Leistungen oder Zuwendungen gegenüber einer weiteren Person zu erbringen. Seit Mitte des 1. Jh.s n. Chr. verschmolzen die Legate mit dem *fideicommissum*. Justinian hob den nur noch formellen Unterschied auf: Cod. Iust. 6, 43, 2.
26 Anders Champlin (1991) 101. Dagegen Stern (2000). Welcher Position man folgt, hängt maßgeblich davon ab, welchen Zeugnissen welcher Realitätsgehalt und welches Gewicht attestiert werden. Quantitative Aussagen sind auch in diesem Punkt – wie in vielen

Diese Testierpraxis hatte tendenziell eine Zersplitterung des Vermögens zur Folge. Schon seit dem 2. Jh. v. Chr. wurden verschiedentlich Gesetze erlassen,[27] die genau dieser Zersplitterung entgegenwirken sollten, deren genaue Inhalte und Implikationen im Folgenden jedoch ausgeklammert bleiben können, zumal die Bestimmungen im behandelten Zeitraum durch die Etablierung des *fideicomissum* ›unterlaufen‹ wurden, das kaum an formalistische Vorgaben gebunden war. Legate wurden traditionell im Rahmen der auf wechselseitigen Bindungen beruhenden *amicitia* vergeben, die sich idealiter aus lebenslangen Vertrauensverhältnissen ergab und *per se* auf Geben und Nehmen angelegt war. Die Berücksichtigung im Testament erfolgte als Vergeltung gewisser vorab erbrachter Dienste (z.B. in der Krankenpflege); sie war vor allem Ausdruck der Verbundenheit.[28] Ein reicher Mensch konnte bereits zu Lebzeiten einem anderen versprechen, ihn im Testament zu berücksichtigen und damit den Begünstigten an sich binden und zu bestimmten Leistungen verpflichten. Die testamentarisch vergebenen Legate wie auch die *fideicomissa* schufen und bestätigten Nahbeziehungen jenseits der Familien.[29]

Legate waren auch in finanzieller Hinsicht attraktiv. Israel Shatzman hat 1975 im Detail nachgewiesen, dass der Zugewinn durch Testamente befreundeter oder verpflichteter Personen bereits in republikanischer Zeit für die Senatsaristokratie äußerst wichtig war.[30] In der frühen Kaiserzeit galt dies umso

---

anderen Zusammenhängen – schwer zu erheben, daher wird hier versucht, qualitativ darzustellen, worin die Vorteile der Testierpraxis für die Teilhaber an diesen Transaktionen bestanden haben könnten.

27 Dazu Wesel (1964) 308–316. Zur lex Voconia aus dem Jahr 169 v. Chr., die es Angehörigen der obersten Zensusklasse untersagte, Frauen als Erben einzusetzen, grundlegend Kaser (1971) § 66 II (271); § 68 III 3 (281). Zum *fideicommissum* als legalem Instrument zur Umgehung der lex Voconia Saller (1991) 34. Zur Stellung der Witwen in der Erbfolge *ex testamentu* Krause (1994) 82 f. mit weiterer Literatur.

28 Seit Augustus hatte sich die Praxis durchgesetzt, dass Vermögende den Kaiser in ihrem Testament bedachten, auch um sicherzustellen, dass ihre Verfügungen anerkannt blieben. Siehe dazu Suet. Nero 32, 2, wo zum Ausdruck kommt, dass Verfügungen unter Nero, in denen der Kaiser nicht berücksichtigt wurde, gänzlich vom Kaiser beansprucht wurden. Dazu Martin (1993) 152. Shaw – Saller (1984). Augustus habe laut Sueton in den letzten zwanzig Jahren seines Lebens 1, 4 Milliarden Sesterzen durch Vermächtnisse erhalten (Suet. Aug. 101). Zum Skandal, den seine Nichtberücksichtigung im Testament des T. Marius Urbinas auslöste Val. Max. 7, 8, 6.

29 Siehe Corbier (1985) und (1990) 241–243 mit der Charakterisierung der »vertikalen« und »horizontalen« Zirkulation. Dazu auch Martin (1993) 160. Zur Debatte der Verbreitung der Testierpraxis in Rom Stern (2000); zum Aspekt der sozialen Netze insb. 423. Die Option der Netzwerkbildung durch an Freigelassene vergebene Legate betont Veyne (1995) 25.

30 Shatzman (1975) insb. 409 ff. weist anhand von Fallstudien zu senatorischen Familien im Detail nach, dass der Erwerb und die Vermehrung von Eigentum durch Testamente be-

mehr. Erstens waren die Möglichkeiten eingeschränkt, durch kriegerische Unternehmungen Reichtümer zu erwerben.[31] Zweitens war der Großteil des Vermögens der Senatsaristokratie in Grundbesitz angelegt und nicht flexibel zu handhaben. Und schließlich waren die führenden Stände sozial verpflichtet, einen luxuriösen Lebensstil zu pflegen, so dass immer Geld benötigt wurde, z. B. zum Einkauf von Delikatessen für exquisite Gastmähler oder entsprechendes Inventar.[32] Gerade für solche Ausgaben griff man gern auf Legate zurück.[33] Die Erbfängerei war aus diesen Gründen keineswegs eine Sache einfacher Leute, vielmehr werden im antiken Schrifttum gerade auch schwerreiche Personen mit dem Vorwurf konfrontiert.[34] Legate wurden traditionell innerhalb der Aristokratie vergeben, die Annahme an sich stellte dabei kein moralisches Problem dar.

5.3 – Vermögende Frauen und Kinderlosigkeit

In vielen literarischen Zeugnissen der frühen Kaiserzeit werden wohlhabende alte Menschen beiderlei Geschlechts als begehrte Objekte der Erbjäger vorgeführt. Frauen werden in diesem Zusammenhang so häufig erwähnt, dass es sich zu fragen lohnt, woran das liegt. Waren sie besonders vermögend? Lassen sich im Hinblick auf die Beschaffenheit ihres Vermögens Spezifika feststellen?

Es ist in der Forschung unbestritten, dass Frauen in der späten Republik und in der Kaiserzeit über große Vermögen verfügen konnten;[35] konkrete Schätzungen in absoluten Zahlen lassen sich jedoch ebenso schwer vornehmen wie relative Aussagen in Bezug auf den Besitz von Männern.[36] Grundsätzlich

freundeter oder verpflichteter Personen äußerst wichtig waren. Dazu auch Mratschek-Halfmann (1993) 11, 117.
31 Nörr (1977).
32 Wagner-Hasel (2002).
33 Dies gilt zum Beispiel auch für Plinius, der verschiedentlich Legate erhielt, und sich aus dem Gewinn auch Luxusgüter kaufte. Siehe Plin. epist. 5, 1 und dazu Lewis (2007). Zu den Luxusgütern des Plinius auch ausführlich Hartmann (2012a).
34 Tac. ann. 13, 42 unterstellt Seneca, dieser habe sein Vermögen sogar maßgeblich auf der Basis von Erbschleicherei aufgebaut: Er habe »Vermächtnisse kinderloser Personen wie bei einer Treibjagd« erbeutet.
35 Siehe Krause (1994) 215 f.
36 Jens-Uwe Krauses Aussage etwa, dass insgesamt »weit weniger Vermögenswerte im Besitz von Frauen als von Männern« waren, mag zwar – auf die gesamte Gesellschaft bezogen – durchaus richtig sein, hilft aber nicht, grundlegende Strukturen und Muster der Besitzübertragung innerhalb der Elite zu verstehen: Krause (1994) 215. Dieser Schluss lässt sich im Übrigen auch kaum aus dem Befund ableiten, dass in den erhaltenen Quellen weniger Testamente von Frauen erwähnt werden, als von Männern. In diesem Sinne jedoch

haben sich die Möglichkeiten für Frauen, Vermögen zu erwerben und zu mehren, nicht von denen für Männer unterschieden: Es gibt genügend Beispiele für Frauen,[37] die ihren Reichtum durch Einkünfte aus Grundbesitz und Landwirtschaft, Vertrieb von Lebensmitteln, durch Handel (z.B mit Ziegeln) oder Geldgeschäfte vergrößerten. Vermögen konnten Frauen auch aus der Familie erhalten, etwa im Anschluss an eine Ehe aus der Mitgift, deren Rückgabe oder Auszahlung an die Frau nach Beendigung der Ehe erwartet wurde,[38] auf dem Weg einer Erbschaft oder aufgrund der Berücksichtigung in einem Testament. Frauen waren im Erbrecht nicht benachteiligt und strukturell gegenüber Männern insofern im Vorteil, als sie nicht mit Ausgaben für den *cursus honorum* belastet waren (z.B. für die im Zuge der Prätur zu leistenden Spiele).[39] Die strategische Verknüpfung von mehreren Faktoren konnte zu einer enormen Akkumulation von Vermögen in den Händen von Frauen führen.[40]

Champlin (1991) 46 ff. Es zeigt sich am Beispiel des Vermögens der Frauen besonders, wie die Deutung der schwerlich zu verallgemeinernden Befunde von den Prämissen der Forscher geprägt ist, die oft von einer grundsätzlichen Benachteiligung der Frauen in antiken Gesellschaften ausgehen. So herrscht etwa bei Krause die Annahme vor, dass Witwen in der Regel bedürftig waren.

37 Siehe etwa das Beispiel der Domitia Lepida, die Fischzucht und Kornhandel betrieb: Mratschek-Halfmann (1993) 102 und Anhang Nr. 110. D'Arms (1981) 75 f., 78. Zur Betreibung von Ziegeleien Mratschek-Halfmann (1993) 103 ff. mit weiterer Literatur. Ein Beispiel für eine reiche Frau des 2. Jh.s n. Chr. in der provinzialen Elite stellt Aemilia Pudentilla dar, die ältere Frau des Apuleius, deren Reichtum u. a. auf Geldgeschäften beruhte, worauf Apuleius in der Apologie (Apul. apol.) ausführlich eingeht: Gutsfeld (1992). Fantham (1994).

38 Krause (1994) 216 zur Rückgabe der Mitgift. Zur Höhe der Mitgiften siehe den Überblick bei Krause (1994) 49. Krause hält Angaben zu hohen Mitgiften (mehrere hunderttausend Sesterzen) für topisch; Treggiari (1991) 345 f. dagegen – zu Recht – für realistisch. Plin. epist. 3, 19 erwähnt, dass er drei Millionen Sesterzen (sic!), die er für den Kauf von Ländereien verwenden will, von seiner Schwiegermutter bekommen könne (möglicherweise mit einer Bürgschaft in Form von Ländereien). Er selbst verfüge nicht über die Summe, weil sein ganzer Besitz in Land angelegt sei.

39 Mart. ep. 10, 41 thematisiert in einem Epigramm, dass eine reiche Frau sich scheiden lassen will, weil ihr Mann Prätor wird (und daher Spiele zu geben verpflichtet ist). Umgekehrt thematisiert Iuv. sat. 3, 125 f. wie ein Prätor zur morgendlichen *salutatio* bei reichen Frauen unterwegs ist, in der Hoffnung auf eine Heirat oder ein Erbe.

40 Ausmaß und Herkunft des Reichtums der Frauen der römischen Oberschicht lassen sich bislang nur anhand von Einzelbeispielen beleuchten, da eine systematische Untersuchung zum Reichtum der Frauen in der römischen Kaiserzeit fehlt; Sigrid Mratschek-Halfmann liefert in ihrer Prosopographie der reichsten Personen des römischen Imperiums zwar rund 50 Beispiele von Frauen des 1. Jh.s n. Chr., die von Zeitgenossen als »besonders reich« beschrieben wurden, ihr Augenmerk gilt dabei aber nicht den spezifischen Ausprägungen weiblichen Reichtums: Mratschek-Halfmann (1993). Die grundlegende Arbeit von Marie-Thérèse Raepsaet-Charlier erfasst prosopographisch die Frauen des Senatorenstandes, geht aber nicht auf deren Vermögen ein: Raepsaet-Charlier (1987). Es scheint mir ein Desiderat

In der frühen Kaiserzeit häufen sich die Belege für überaus reiche, alleinstehende Frauen, die häufig im Witwenstand lebten.[41] Zu erwägen ist, ob diese Frauen für die Erbfänger nicht zuletzt deswegen besonders attraktiv waren, weil zu ihrem Vermögen der von Juristen sogenannte *mundus muliebris* zählte, worunter neben Hausrat vor allem Kleidung und Schmuck gefasst wurde.[42] Diese Luxusgüter brauchte man, wenn man Status demonstrieren wollte, sie stellten darüber hinaus Wertobjekte dar, welche – im Unterschied zum Landbesitz – schnell, unkompliziert und in kleineren Einheiten verpfändet, also zu Geld gemacht werden konnten.[43] Diese flüssigen Mittel konnten dann für einen gehobenen Lebensstil ausgegeben werden.[44] Es bleibt festzuhalten, dass die Beschaffenheit des weiblichen Vermögens *ein* Grund dafür war, warum Frauen für Erbfänger interessant waren. Dies galt umso mehr, wenn

der Forschung zu sein, die genaue Beschaffenheit des Vermögens der gut bekannten, reichen Frauen eingehend zu analysieren. Als Beispiel sei hier auf Domitia Lucilla verwiesen, die Mutter des Lucanus. Vom kinderlosen Tullus adoptiert, erbte sie dessen Vermögen und Ziegelfabriken, die sie dann ihrer Tochter (der Mutter Marc Aurels) hinterließ. Siehe Dressel (1886) und zur *gens Domitia* CIL XV 265 ff. Friedländer SG I 130.

41 Reiche Witwen zählen zu den in der angelsächsischen Forschung sogenannten »New Roman Women«: Seit der zweiten Hälfte des 1. Jh.s v. Chr. ist in einigen Quellen von selbstbestimmt auftretenden Frauen die Rede, die von Fantham [u.a.] (1994) 280 unter dem Typus der »New Woman« gefasst werden. Diese Bezeichnung ist nicht sinnvoll gewählt, weil sie den Aspekt der Emanzipation von männlicher Bevormundung fokussiert, einem modernen Ideal westlicher Gesellschaften, das nicht viel zum Verständnis antiker Gesellschaften beiträgt. Die Forschung hat vor allem die sexuelle Freizügigkeit als Novum herausgestellt, m. E. muss aber die ökonomische Stellung als Basis verstanden werden. Zusammenfassend zur Debatte Winter (2003) insb. 21–38; zu den Ehegesetzen als Reaktion auf das neue Rollenverständnis 39–58.

42 Siehe Krause (1994) 88 f. Der hohe Wert des Schmuckes und der Kleidung seiner Frau rettet auch Trimalchio in Petrons *Satyricon* nach einem ersten Fehlschlag im Seehandel die Existenz: Petron. 76, 3. Der Wert des Schmuckes der Lollia Paulina, die laut Tacitus im Jahr 49 zum Selbstmord gezwungen wurde (Tac. ann. 12, 22, 2 f.), belief sich laut Plin. nat. hist. 9, 117 auf 40 Millionen Sesterzen. Dazu Mratschek-Halfmann (1993) 295 Nr. 93. Bei Tac. ann. 16, 30 verkauft Servilia Schmuck und Gewänder – die Zeichen ihres Standes –, um damit einen Magier zu bezahlen. Bei Plin. epist. 5, 16 werden »Kleider, Perlen und Edelsteine« als Mitgift erwähnt.

43 Auf die Verpfändung von Gegenständen zur Finanzierung eines luxuriösen Essens wird bei Iuv. sat. 11, 1 ff. angespielt.

44 Plinius der Ältere stellt einen Zusammenhang zwischen dem Luxusstreben der Führungsschicht, der Kinderlosigkeit und der Erbschleicherei her, die er allesamt für Symptome des Niedergangs hält: »Den Nachfahren gereichte die Weite der Welt und die Masse des Besitzes zum Schaden. Nachdem man angefangen hatte, den Senator nach dem Besitz zu wählen, den Richter nach dem Besitz zu bestimmen, und sobald den Beamten und den Feldherrn nichts mehr auszeichnete als der Besitz, nachdem Kinderlosigkeit höchstes Ansehen und Macht, Erbschleicherei den ergiebigsten Gewinn [versprachen] und die alleinige Freude im Besitz bestand, gingen die Werte des Lebens zugrunde [...].« (Plin. nat. hist. 14, 1, 5).

die Frauen keine eigenen Kinder hatten, die als *heredes* in der Erbfolge hätten berücksichtgt werden müssen.

Dass viele Frauen der Elite in jener Zeit gezielt kinderlos blieben, ist bislang wenig beachtet worden,[45] obwohl die Verbreitung der Kinderlosigkeit innerhalb der wohlhabenden Stände seit dem Ende der römischen Republik gut bezeugt und erforscht ist.[46] Die Maßnahmen des Augustus zur Steigerung der Geburtenrate der oberen Stände im Rahmen der sogenannten Ehegesetzgebung[47] seien kennzeichnend für den politischen Willen, der Kinderlosigkeit der oberen Stände entgegenzuwirken, hätten jedoch nicht den gewünschten Erfolg gehabt.[48] Zwar sei die Zahl der römischen Bürger durchaus gestiegen, was an überlieferten Zensuszahlen festgemacht werden könne,[49] doch habe gerade die Elite der Hauptstadt die intendierte Hebung der Geburtenraten verfehlt.

Zur Erklärung der Kinderlosigkeit in den oberen Ständen wird überwiegend auf Faktoren abgehoben, die in sämtlichen Gesellschaften die Geburtenrate beeinflussen: die Sterblichkeit von Säuglingen und Kindern, Kriege, Emp-

---

45 Die Verweigerung der Ehe läuft – ebenso wie die Verweigerung von Nachwuchs – den vielfach bezeugten Idealvorstellungen antiker Agrargesellschaften zuwider. Zumindest in Teilen der Forschung wird der römischen Elite vielleicht aus diesem Grund implizit unterstellt, gänzlich auf die Weiterexistenz ihrer Häuser fixiert gewesen zu sein: Einen vorherrschenden Kinderwunsch unterstellen Krause (1994) 39 f. und Corbier (1992) 63: »the first, typically ›Roman‹ thought was, however, to put an end to the childlessness *(orbitas)*«. Thrams (2004) reflektiert Kinderlosigkeit auch für die römische Antike lediglich als ein Problem, verkennt aber die Chancen, welche sich für Zeitgenossen gerade durch Kinderlosigkeit ergeben konnten.

46 Krause (1994) 103 geht davon aus, dass im Römischen Reich »viele Ehen (vermutlich mind. ein Fünftel) kinderlos blieben.« Siehe auch Mette-Dittmann (1991) 210.

47 Dazu zählen die *lex Iulia de ordinibus maritandis* aus dem Jahr 18 v. und die *lex Papia Poppaea* aus dem Jahr 9 n. Chr. Zu den Quellen grundlegend Raditsa (1980). Zur Einordnung Kaser I 318–321. Raepsaet-Charlier (1987) I 2 ff.

48 Nörr (1977) insb. 315. Raepsaet-Charlier (1994) 175. Während in der Forschung (so etwa bei Dixon (1988) 97. Gourevich (1990) hier insb. XX) die Einschätzung vorherrscht, dass die demographische Intention der *leges Iuliae* nicht den gewünschten Erfolg gehabt habe, vertritt z. B. Mette-Dittmann (1991) 212 f. die Auffassung, dass es voreilig sei, »von einem Scheitern der Familienpolitik« zu sprechen: »Auf lange Sicht unterstützte die Familienpolitik des Augustus […] die Umwandlung einer einst machtausübenden, aristokratischen, römischen Elite in eine politisch weitgehend entmachtete Führungsschicht von immer stärkerer provinzialer Prägung, eine Umwandlung, die für die Stabilität des römischen Herrschaftssystems stand.«

49 Siehe Nörr (1977) 315; 333 Anm. 13. Zur problematischen Aussagekraft der Zensuszahlen auch Mette-Dittmann (1991) 207 ff. mit Verweisen auf ältere Literatur.

fängnisverhütung[50] bzw. Abtreibung und Kindesaussetzung.[51] Implizit wird dabei oft davon ausgegangen, dass es den römischen Frauen der Oberschicht ein dringendes Anliegen gewesen sei, den Fortbestand des Hauses zu sichern, auch wenn dieses Anliegen nicht von Erfolg gekrönt gewesen sei. Es ist aber offenkundig, dass sich zahlreiche Frauen der Elite in jener Zeit gezielt der traditionellen sozialen Erwartung widersetzten, zu heiraten und Nachkommen zu gebären. In diesem Sinne stellt Juvenal in seiner 6. Satire als Ausnahme dar, wem die *lex Iulia* behage und wer »kleine Erben« (eigene Kinder) den von den Erbfängern zu erwartenden Geschenken vorziehe.[52]

Die spezifischen Gründe für den freiwilligen Verzicht auf Kinder lagen in der konkreten ›Gestaltung von Familie‹ im Sinne der römischen Oberschicht.[53] Ann-Cathrin Harders stellt überzeugend dar, dass in den aristokratischen Kreisen Roms sowohl mit der Ehe wie auch mit der Adoption nicht primär das Ziel verfolgt wurde, die Kontinuität des Familienverbandes biologisch und finanziell zu sichern, sondern es vielmehr in erster Linie darum ging, Nahbeziehungen und Freundschaften – ›horizontale‹ Bindungen – zu Standesgenossen zu schaffen.[54] Für diese horizontalen Verbindungen spielten die testamentarisch vergebenen Legate eine ganz entscheidende Rolle,[55] da diese Nahbeziehungen bestätigten und zugleich die Empfänger banden und verpflichteten.[56] Da es der Rationalität der Vermächtnisse entsprach, auf familiäre Erben – auf eigene Kinder – zu verzichten, ist davon auszugehen, dass Kinderlosigkeit keineswegs immer aus Unfruchtbarkeit resultierte, sondern von Frauen freiwillig und gezielt gewählt werden konnte.[57] Diese Zusammenhänge werden von Zeitgenossen explizit thematisiert. Plinius der Ältere bemerkt, dass in Kinder-

---

50 Dazu Hopkins (1965) 124 ff. Brunt (1971) 146 ff.
51 Siehe zu dieser Thematik Mette-Dittmann (1991) 210 mit älterer Literatur. Zu den in der älteren Forschung diskutierten Gründen und zu den in republikanischer Zeit ergriffenen Maßnahmen, die Geburtenrate zu steigern, Nörr (1977) 310 mit Hinweisen auf Literatur. Die grundlegenden Studien von Raepsaet-Charlier (1987, 1994) erschließen anhand des epigraphischen Befunds den Wandel der Wahl der Ehepartner, die Verweigerung der Ehe wird nicht thematisiert.
52 Iuv. sat. 6, 38.
53 Zu den aktuellen Kontroversen der Forschung im Hinblick auf die römische Familie kurz und prägnant Harders (2008) 10 f.
54 Harders (2008) insb. 82. Zur Begünstigung von Freigelassenen, insb. von Günstlingen und sogenannten *pueri delicati* siehe Veyne (1995) 18–19.
55 Siehe Corbier (1985) und (1990) 241–243 mit der Charakterisierung der »vertikalen« und »horizontalen« Zirkulation.
56 Martin (1993) 160.
57 Zu den Methoden der Verhinderung von Nachwuchs zusammenfassend Mette-Dittmann (1991) 210 f. mit Hinweisen auf ältere Literatur. Zur Empfängnisverhütung speziell Hopkins (1965) 124 ff. Brunt (1971) 146 ff.

losigkeit höchstes Ansehen und sogar Macht *(auctoritas summa et potentia)* begründet sei.[58] Ähnlich führt Tacitus zahlreiche Besucher im Haus, die als Indiz für Macht und Ansehen gelten, auf Kinderlosigkeit, Geld und gute Beziehungen des Hausherrn zurück.[59] Konkret verweist er auf das Beispiel der Calvia Crispinilla, deren »Einfluss auf Geld und Kinderlosigkeit beruhte«.[60] Und Plinius der Jüngere findet es gar erwähnenswert, dass sein Freund Asinius Rufus freiwillig auf die Vorteile der Kinderlosigkeit verzichte.[61] Auch Seneca streicht in seiner Trostschrift an Marcia die Vorteile der Kinderlosigkeit heraus und versucht auf diese Weise, der trauernden Mutter über den Tod ihres Sohnes hinwegzuhelfen:

> Um auf einen keineswegs löblichen, aber realistischen Trost zurückzugreifen: In unserer Stadt bringt Kinderlosigkeit mehr Wertschätzung als sie nimmt, und in dem Maß eröffnet die Einsamkeit, an der sie früher meist zerbrachen, den alten Leuten neue Möglichkeiten, daß manche Zerwürfnisse mit ihren Söhnen vorgeben, ihr eigen Fleisch und Blut verleugnen und sich künstlich die Kinderlosigkeit verschaffen.[62]

Seneca spricht an dieser Stelle deutlich aus, dass Kinderlosigkeit absichtsvoll hergestellt wurde: entweder durch ein inszeniertes Zerwürfnis mit den Söhnen (das diese als Erben ausschloss und ermöglichte, das Vermögen über Legate an frei gewählte Personen zu vermachen), oder durch schlichte Verleugnung.[63]

58 Plin. nat. hist. 14, 1, 5.
59 Tac. dial. 6, 2. Dass Kinderlosigkeit *potentia* verleiht, geht auch aus der Bemerkung des Tacitus über Calvia Crispinilla hervor (Tac. hist. 1, 73).
60 Zu Calvia Crispinilla siehe Mratschek-Halfmann (1993) 137 und Nr. 194. Macht wird auch Laronia in Mart. ep. 2, 32, 6 zugesprochen, weil sie kinderlos, reich, alt und verwitwet ist. Zu dieser Frau Mratschek-Halfmann (1993) 133 und Katalog Nr. 248. Zahlreiche weitere Beispiele finden sich im Katalog von Mratschek-Halfmann (1993). Siehe z. B. Nr. 194, 221, 223, 224, 227, 230, 232, 238, 244, 259. Dass sich unter den gelisteten reichen Frauen besonders viele Beispiele aus der Zeit der zweiten Hälfte des 1. Jh.s n.Chr. finden lassen, mag der Überlieferungssituation geschuldet sein, könnte aber auch in der faktischen Häufung in dieser Zeit begründet sein.
61 Plin. epist. 4, 15, 3.
62 Sen. Marc. 19, 2: *Ut minime probabili sed vero solacio utar, in civitate nostra plus gratiae orbitas confert quam eripit, adeoque senectutem solitudo, quae solebat destruere, ad potentiam ducit ut quidam odia filiorum simulent et liberos eiurent, orbitatem manu faciant.* (Übers.: Rosenbach).
63 Um eine eben solche Konstellation (Enterbung des Sohnes der Witwe Pomponia Galla aufgrund eines (scheinbaren?) Zerwürfnisses) geht es auch bei Plin. epist. 5, 1. In Plin. epist. 6, 33 wird eine Tochter von ihrem Vater enterbt. Zu den Fällen siehe ausführlich Tellegen (1982) 82 ff. und 110 ff. Die testamentarische Enterbung des Sohnes durch den Vater *(abdicatio)* wird auch in den Kontroversen des älteren Seneca häufig behandelt: Sen. contr. 2, 1. 2, 4. Enterbung wegen Heirat: Sen. contr. 3, 3. 3, 4. 4, 5. 2, 5. 3. 6, 1. 6, 2. Siehe dazu auch Mette-Dittmann (1991) 171 mit Hinweisen auf ältere Literatur.

Daraus wird sehr deutlich, dass Kinderlosigkeit bei vielen eben nicht aus Unfruchtbarkeit resultierte, sondern vielmehr aus Gründen des Gewinns an *potentia* freiwillig gewählt wurde.[64]

5.4 – Das Verhältnis zwischen Erbfänger und Erblasserin

Obwohl die Annahme von Legaten an sich – wie gesagt – kein moralisches Problem darstellte, häufen sich im Schrifttum des 1. Jh.s n. Chr. (insbesondere in den Epigrammen Martials) die Bemerkungen über die notorischen Erbfänger, die ihre ›Opfer‹ mit geheuchelten Freundschaftsdiensten umgarnen. Dabei legten die Erbfänger im Grunde bloß die traditionell in freundschaftlichen Nahbeziehungen üblichen Gesten und Verhaltensweisen an den Tag: Dazu zählten Besuche, Aufmerksamkeiten und höfliche Kommunikation.[65] Diese Gesten hatten auch eine dokumentarische Funktion gegenüber Außenstehenden, sie veranschaulichten bestehende Nahbeziehungen, denn wer im Testament berücksichtigt wurde, war als Teil des sozialen Netzes erkennbar.[66] Wie kommt es nun, dass die antiken Autoren die Verhaltensweisen und Gesten der Erbfänger, also von Personen, die sich um ältere Mitmenschen kümmerten, so deutlich kritisieren und denunzieren? Im Kern zielt die Kritik darauf, dass das Sozialverhältnis von beiden Parteien jeweils opportunistisch genutzt wurde und die traditionellen Gesten und die Verhaltensforderungen übertrieben wurden: Einerseits hatten die potentiellen Erblasser überzogene Ansprüche gegenüber ihren ›Freunden‹; diese wiederum übertrieben die Demonstrationen ihrer Fürsorge, um den Erblassern zu schmeicheln und sich anzubiedern. Kritische Stimmen solcher Art finden sich bei Seneca, Plinius und Tacitus, Epiktet und

---

64 Wie sich die Macht der Kinderlosen konkret entfalten konnte, illustrieren die Bemerkungen des Tacitus zur Beeinflussung eines gegen ihn gerichteten Prozesses durch den Senator Pompeius Silvanus: Dieser war wegen Erpressung im Zuge seines prokonsularischen Imperiums in der Provinz Africa angeklagt worden. »Silvanus war von einer großen Zahl von Anklägern bedrängt, die eine Frist zum Aufbieten von Zeugen forderten. Der Angeklagte dagegen verlangte, daß seine Verteidigung ohne Aufschub erfolge, und er setzte dies durch, da er ein kinderloser, vermögender Mann war und in hohem Alter stand, das er über die Lebenszeit derer hinaus verlängerte, deren Bemühungen er es verdankte, daß er davongekommen war.« (Tac. ann. 13, 52).
65 Zu den Morgenbesuchen *(salutationes)* Kapitel 4.2 und Goldbeck (2010) 73, der Besuche bei Frauen Ende des 1. Jh.s n. Chr. für vorstellbar hält, jedoch die Thematisierung der Besuche bei Frauen bei Martial für einen Topos im Sinne einer zugespitzten Kritik gegenüber der Erbschleicherei hält.
66 Die Position von Frauen innerhalb derartiger Netzwerke einzuschätzen, fällt der Forschung nicht leicht. Dazu Goldbeck (2010) 84 ff. Es fällt auf, dass Frauen im antiken Schrifttum sehr wohl häufig als Besuchte erwähnt werden, jedoch auffälligerweise nicht als Besucherinnen; es werden Erblasserinnen erwähnt, niemals aber Erbfängerinnen.

Juvenal, am ausführlichsten aber widmet sich dieser Thematik Martial in seinen Epigrammen,[67] wobei er sowohl die Perspektive des Erbfängers wie des Erblassers einnimmt, weswegen die folgenden Beobachtungen im Wesentlichen aus der Analyse der Epigramme gewonnen wurden.

Betrachtet man die Erbfängerei als ein Gesellschaftsspiel, für das implizite Regeln galten, so fällt auf, dass sich die Ziele der Beteiligten grundlegend unterschieden, ja geradezu widersprachen. Ziel der Erbfänger war es nämlich, mit wenig Aufwand eine große Summe im Rahmen eines Legates testamentarisch zugesichert zu bekommen; wenn er sich freundlich verhielt, so entsprachen seine Gesten dem Kalkül: Besuche, Beistand am Krankenbett, Empfehlungen von Ärzten, Geschenke und Opfer für die Genesung.[68] Weiterhin war dem Erbfänger daran gelegen, dass der Erblasser schnell starb, damit der materielle Gewinn, den der Erbfänger sich erhoffte, abgeschöpft werden konnte.

Ziel der Erblasser hingegen war es, möglichst lange zu leben, um möglichst viele freundschaftliche Aufwendungen zu erhalten. Durch häufige Änderungen des Testamentes konnten sie Druck auf die vermeintlichen Empfänger der Legate ausüben und Konkurrenz schüren. Der ›Gewinn‹ der Erblasser dabei war vielfältig. Zunächst einmal erhöhten zahlreiche Besucher ihr Sozialprestige, denn sie stellten ihr Ansehen unter Beweis.[69] Und selbst wenn allgemein bekannt war, dass die zahlreichen Besucher nicht aus echter Freundschaft, sondern nur wegen der erwarteten Legate vorstellig wurden, diente die Menge der Besucher immerhin als Indikator für Reichtum, einem wichtigen Element für sozialen Rang. Die Besuchten ihrerseits fühlten sich umsorgt, beachtet und als Teil des geselligen Lebens. Materiellen Gewinn stellten die regelmäßigen Geschenke dar, bei denen es sich vielfach um besonders teure Delikatessen handelte.[70] Solche teuren Geschenke ließen sich sogar gewinnbringend weiterverkaufen, worauf Juvenal anspielt: eine gewisse Aurelia würde die ihr von einem Erbschleicher verehrten Delikatessen verscherbeln;[71] an einer anderen Stelle spricht er gar vom »erbschleicherischen Delikatessenmarkt«.[72] Sogar Seneca erwähnt im Kontext der Besuche eines Erblassers den »lastenden Tribut« *(tributus gravis)*,[73] womit zweifellos die zu erbringenden Geschenke gemeint sind.

---

67 Siehe die gesammelten Belege bei Champlin (1991) 201 ff.
68 Iuv. sat. 12, 97: Einem Vater von drei Kindern würde im Fall von Krankheit nicht einmal eine halbtote Henne geopfert, den Kinderlosen jedoch ganze Hekatomben, das sind hundert Rinder.
69 Mart. ep. 9, 100, 4. Zur Symbolik der Begrüßerscharen Goldbeck (2010) 267 ff.
70 Mart. ep. 9, 88. 2, 40. 9, 48. 3, 76.
71 Iuv. sat. 5, 97 f.
72 Iuv. sat. 6, 40. 4, 18 f. 5, 97.
73 Senec. benef. 6, 38, 4.

Erst die satirischen Texte geben einen konkreten Eindruck davon, dass diese Geschenke keine geringfügigen ›Mitbringsel‹ waren, sondern Aufwendungen erforderten, welche die *captatores* an den Rand des Ruins trieben – zumal, wenn sie über eine längere Zeit erbracht werden mussten, als ursprünglich erwartet.[74] Das sind die Vorteile, die sich in diesem ›Spiel‹ für die Erblasser ergaben.

Nun ist noch auf die Besonderheit des ›falschen Spiels‹ einzugehen. Die Epigramme Martials deuten darauf hin, dass sich manch einer für reicher ausgab, als er in Wirklichkeit war, und sich nach Kräften darum bemühte, den Schein des Reichseins zu wahren, um von den Begünstigungen der Erbschleicher materiell und sozial zu profitieren. Plausibel wird diese unterstellte Prätention vor dem Hintergrund der finanziellen Engpässe der Elite. Bekanntlich unterlag das Vermögen der oberen *ordines* jener Zeit großen Schwankungen, was vermehrt dazu führte, dass die Testamente häufig geändert werden mussten. Martial thematisiert häufig die Enttäuschung der Erbfänger, die am Ende gar nichts erhalten oder viel weniger, als sie erwartet hatten.[75]

In einer weiteren Hinsicht spielten die umschwärmten Erblasser darüber hinaus ein ›falsches Spiel‹: Da die *captatores* ihre Fürsorge intensivierten, wenn der Tod der Person, deren Vermögen sie begehrten, in greifbare Nähe rückte,[76] wussten dies gewitzte Erblasser zu nutzen: Sie schminkten sich blass oder stellten sich krank, um die Bemühungen der Erbschleicher zu potenzieren.[77] Zum Beispiel wird in einem Epigramm Martials (2, 26) eine Frau vorgeführt, die eine Krankheit inszeniert, um ihren Erbschleicher bei der Stange zu halten:

> Weil Naevia so kläglich schnauft, weil sie so bitterlich hustet | Und dir sogar nicht selten auf dein Gewand spuckt, | glaubst du, Bithynicus, du habest dein Ziel schon erreicht; | du irrst dich: Naevia kokettiert, sie stirbt nicht.[78]

---

74 Mart. ep. 5, 39. In einem Epigramm entsprechen Gaben eines Besuchers einem Geldwert von 6000 Sesterzen im Jahr.
75 Siehe z. B. Mart. ep. 7, 66. 9, 8.
76 Siehe Plin. epist. 2, 20 über das abschreckende Betragen des Regulus am Krankenbett der Verania.
77 Siehe z.B auch Mart. ep. 2, 40. 11, 86. Plin. nat. hist. 20, 160 berichtet davon, dass Julius Vindex zur Zeit Neros Kümmel getrunken habe, um eine bleiche Gesichtsfarbe zu bekommen.
78 Mart. ep. 2, 26: *Quod querulum spirat, quod acerbum Naeuia tussit, | inque tuos mittit sputa subinde sinus, | iam te rem factam, Bithynice, credis habere? | Erras: blanditur Naevia, non moritur.*

5.5 – Der Typus des Erbfängers in Martials Epigrammen

Während im Vorangehenden geklärt wurde, dass vorrangig kinderlose, reiche Personen begehrte Objekte der Erbfänger waren (wobei Frauen in dieser Untersuchung im Vordergrund standen), soll nun gefragt werden, ob sich über den sozialen Hintergrund und die Motive jener Personen, die der Erbfängerei bezichtigt werden, etwas Genaueres aussagen lässt. Gerade diesbezüglich erweist sich das zuletzt besprochene Epigramm als aufschlussreich.

Obwohl man über den Erbfänger Bithynicus nicht mehr erfährt, als dass er bespuckt und getäuscht wird, können einige Schlüsse auf die zeitgenössische Wahrnehmung des durch ihn repräsentierten Typus gezogen werden. Bereits sein Name, der wörtlich übersetzt »der Bithynier« bedeutet, darf als Verweis gelesen werden, dass hier ein Mensch aus dem Osten des Reiches gemeint ist.[79] Dieser versucht sich über das Testament einer vermögenden Alten zu bereichern. Auch in den Bemerkungen von Autoren wie Seneca und Tacitus – beide selbst in Provinzen geboren – wird die Erbschleicherei mit Provinzialen in Verbindung gebracht, die in den Ritterstand oder aus diesem aufsteigen wollten.[80] Während die Vergabe von Legaten in der Zeit der Republik zum Großteil innerhalb der Aristokratie erfolgte, darf angenommen werden, dass im 1. Jh. n. Chr. zunehmend auch Provinziale davon profitierten. Während der Aufstieg der aus Provinzen stammenden Freigelassenen wie auch der *homines novi*, die sich in die Senatsaristokratie integrierten, und der erfolgreichen Geschäftsleute des Ritterstandes, die als ambitionierte Inhaber ritterlicher Ämter hervortraten, vor allem über die epigraphischen Zeugnisse und die Prosatextquellen nachvollzogen werden kann,[81] eröffnen die satirischen Texte einen Blick auf eine Gruppe, die in anderen Quellen wenig hervortritt. Man kann sie als ›Glücksritter‹[82] bezeichnen, weil sie offenbar weniger eine große Karriere als eine glückliche Gegenwart anstrebten und weil sie im Erfolgsfall den Zensus des Ritterstandes erreichen konnten.[83] Bithynicus repräsentiert einen dieser jungen Männer, die – mit Intelligenz und geistiger Flexibilität ausgestat-

---

79 Zu Martials Spiel mit Namen Vallat (2008).
80 Senec. benef. 6, 38.
81 Siehe zusammenfassend Alföldy (2011).
82 Auch Friedländer verwendet den Ausdruck »Glücksritter«, allerdings abwertend, geradezu synonym mit Betrüger, z. B. SG I 17.
83 Martial kannte sich in dieser ›Szene der Glücksritter‹ recht gut aus. Seine Epigramme enthalten zahlreiche Hinweise darauf, dass es diesen Leuten letztlich weniger um den sozialen Aufstieg als vielmehr um das Wohlleben und gute Auskommen in der Gegenwart ging und sie durchaus ein gewisses Zusammengehörigkeitsgefühl verband.

tet – in Rom ihr Auskommen aus den sozialen Netzen der alten Aristokratie zu bestreiten versuchten. Sie boten den senatorischen Häusern ihre Dienste an: als Dichter (wie z. B. Martial selbst) oder als Vermögens- und Lebensberater.[84] Sie agierten als Astrologen und Ärzte[85] oder vermittelten solche.[86] Sie betätigten sich im Falle der alleinstehenden Frauen auch als Liebhaber. Offenbar erfüllten diese jungen Männer dabei die Bedürfnisse der Umsorgten in vielen Fällen besser, als jene, die sich traditionell darum hätten kümmern sollen: die *amici* unter den Standesgenossen, die *familia* (inklusive Sklaven und Freigelassene) und die Klienten.[87] Auch das bei Martial häufig traktierte Thema der ›Jagd nach einem Abendessen‹ ergibt sich aus dieser Sachlage; dabei geht es nicht nur um die Suche nach einem Gönner, der einmalig für ein Abendessen aufkommen soll, sondern um die gezielte Suche nach einer einträglichen Verbindung.[88]

Die einheimischen Römer fühlten sich geradezu von diesen Provinzialen, welche sich in die Häuser zu integrieren suchten, überrannt: Juvenal klagt, dass er »ein vergriechtes Rom« nicht länger ertragen könne.[89] Dabei dient »Grieche« als eine pejorative Sammelbezeichnung, die recht unspezifisch auf Menschen aus dem Osten des Imperiums angewandt wird, zu denen auch der oben erwähnte Bithynicus zu zählen wäre.[90] Diesen »Griechen« werden Eigenschaften zugeschrieben, die sie für die Erbfängerei geradezu prädestinieren,

---

84 Personen, die solche Dienste übernahmen, nannte man traditionell *dispensatores,* üblicherweise entstammten diese dem Sklavenstand: Veyne (1995) 13–14.
85 Laut Plinius dem Älteren gelten Ärzte als notorische Erbschleicher: »denn welcher [Beruf] hat mehr Vergiftungen oder mehr Erbschleicherei *(testamentorum insidiae)* aufzuweisen?« (Plin. nat. hist. 29, 20). Siehe dazu auch Mattern (1999).
86 Friedländer SG I 38.
87 Diese Gruppe der ›Glücksritter‹ ist in der jüngeren Forschung aus meiner Sicht kaum beachtet worden, wohl aber von Friedländer: »Die Fähigsten und Hochstrebensten aus der Jugend aller Länder drängten sich aus der provinziellen Verborgenheit nach dem Glanz und Licht der Weltstadt […], die dem Ehrgeiz das weiteste Feld eröffete, die zu Ausbildung und Studium wie zu Erholung und Genuß die großartigsten Anstalte bot.« (Friedländer SG I 15). Siehe auch Friedländer SG I 233: »Dazu kam jene fortwährende Masseneinwanderung von Freien aus allen Provinzen, besonders aber aus den südlichen und östlichen, die Rom überflutete und den gebornen Römern je länger je mehr den Boden streitig machte.«
88 Siehe dazu etwa Mart. ep. 2, 14. Dazu Neumeister (1991) 141–145. Die Strategie, durch frühabendlichen Aufenthalt an besuchten Plätzen einen ›Wirt‹ zu finden, wird allerdings nicht ausschließlich von Nicht-Römern gewählt. Epikt. diss. 4, 1, 33–38 benennt diese Praxis insbesondere für Freigelassene und vergleicht sie sogar mit Prostitution: »[Dem Freigelassenen passiert es], dass er nicht weiß, wo er essen soll, und jemanden sucht, an den er sich heranmachen kann. Dann erwirbt er seinen Lebensunterhalt durch Prostitution und lässt die schlimmsten Dinge über sich ergehen, und wenn er irgendeine Futterkrippe ergattert, gerät er in noch viel elendere Knechtschaft als vorher.« (Übers.: Nickel).
89 Iuv. sat. 3, 60.
90 Juvenal erklärt explizit, dass von diesem »Dreck« (gemeint sind die »Griechen«) die

sie verstünden etwas von Schmeicheleien, wodurch sie sich eine Vertrauensstellung erschlichen.[91] Der Glücksritter Bithynicus allerdings ist im vorgestellten Epigramm am Ende enttäuscht – auch dies ein gängiges Motiv der *captatio*-Epigramme.[92] Die Erbschleicher rackern sich ab, sie verausgaben sich psychisch, finanziell, sogar sexuell: Am Ende bekommen sie weniger als sie erhofften. Daneben ist die Würdelosigkeit der Dienste ein häufiges Thema der Literatur: Bereits Cicero meint, dass sich im Dienst am Erblasser manch einer zum Sklaven mache,[93] Seneca betont deren »schimpfliche Unterwürfigkeit.«[94]

5.6 – Sexuelle Wohltaten

Gerade in den Epigrammen Martials wird ein Aspekt der Interaktion zwischen weiblicher Erblasserin und männlichem Erbfänger sehr häufig betont, den andere Quellen – vermutlich aus Gründen der Diskretion – ausblenden: Martial unterstellt, dass Frauen ihre Erbfänger zur sexuellen Befriedigung einsetzen. Das Interesse ›alter‹ Frauen[95] an sexueller Aktivität ist zwar ein in der antiken Literatur vielfach behandeltes Thema, sollte jedoch nicht vorschnell verallgemeinernd als Topos behandelt werden.[96] Denn in den Epigrammen Martials und in den Satiren Juvenals stehen die Schilderungen im spezifischen Kontext

---

wenigsten echte Griechen seien, sondern darunter viele Syrer und Menschen aus Kleinasien (Iuv. sat. 3, 60).
91   Iuv. sat. 3, 86–90.
92   Siehe z. B. Mart. ep. 7, 66. 9, 8.
93   Cic. parad. 39: *hereditatis spes quid iniquitatis in serviendo non suscipit? Quem nutum locupletis orbi senis non observat? Loquitur ad voluntatem; quidquid denuntiatum est facit, adsectatur, adsidet, muneratur.* »Die Hoffnung auf eine Erbschaft – welchen Umfang an unangemessener und unbilliger Unterwerfung nimmt sie nicht in Kauf? Welchen Wink des reichen, kinderlosen Greises läßt sie außer Acht? Sie redet ihm nach dem Mund, führt alle seine Aufträge aus, läuft hinter ihm her, setzt sich zu ihm, macht ihm Geschenke: Was entspricht davon dem Verhalten eines freien Mannes, was ist in Wirklichkeit nicht Zeichen eines unbrauchbaren Sklaven?« (Übers.: Nickel).
94   Senec. benef. 6, 38, 4.
95   Völlig unklar ist, welches Alter für die in Martials Epigrammen als alt chrakterisierten Figuren anzunehmen ist. Realiter waren Frauen, auf die hier spöttisch Bezug genommen wird, vielleicht nicht viel älter als 40 Jahre?
96   Ältere Frauen werden wegen der ihnen unterstellten sexuellen Gier in der antiken Literatur häufig lächerlich gemacht. Siehe die im Kommentar zu Mart. ep. 11, 29 bei Kay (1985) 134 f. genannten Beispiele, insb. Hor. epod. 8. 12, 1 f. Eine ausführliche Bibliographie zum Thema findet sich bei Vioque (2002) 75.

der *captatio* und sind bezeichnend für das Gefälle dieser Form der sozialen Beziehung.⁹⁷

Zwei dieser Epigramme sollen hier exemplarisch genauer betrachtet werden, wobei besonders auf die jeweils eingenommene Perspektive sowie den Gegenstand des Epigrammes einzugehen ist, bevor herausgearbeitet wird, wie die Beziehung zwischen männlichem Erbfänger und weiblicher Erblasserin charakterisiert wird. Das Epigramm 11, 29 nimmt die Perspektive des männlichen Erbschleichers ein, der sich an eine alte Frau richtet. Dass es sich um einen Erbfänger handelt, geht aus den in der zweiten Hälfte des Epigramms ausgeführten materiellen Ansprüchen hervor: Er möchte Geld, ein Stück Land in einer attraktiven Gegend und andere, zum demonstrativen Konsum nützliche Luxusgüter bekommen. Die angesprochene Frau wird als »geile Alte« charakterisiert (*vetula* Z. 1).⁹⁸ Zu dieser Charakterisierung passt, dass ihr ein gängiger Prostituiertenname (Phyllis) gegeben wird.⁹⁹ Ihr geht es um Sex, darüber hinaus aber – wie die ihr in den Mund gelegten Kosenamen suggerieren – sogar um ein Liebesverhältnis mit dem Mann. Er hingegen ist nur auf ihren Nachlass aus, und die aktiven Bemühungen der Testatorin sind ihm widerwärtig.

> Wenn du mit deiner greisen Hand anfängst, meinen schlaffen Schwanz zu bearbeiten, | dann bringt mich, Phyllis, dein Finger noch um. | Denn wenn du mich deine ›Maus‹, wenn du mich dein ›Augenlicht‹ nennst, | glaube ich kaum, daß ich in zehn Stunden wieder zu Kräften kommen kann. | Du verstehst nichts von Schmeicheleien; sag doch einfach: ›Ich will die hunderttausend geben, | geben will ich dir ertragreiche Morgen Land auf setinischer Flur; nimm Weine, ein Haus, Knaben, Gefäße mit Goldrand, Tische!‹ | Keine Finger braucht man dazu: So sollst du, Phyllis, mich aufpolieren!¹⁰⁰

Im Epigramm werden normative Geschlechterrollen und Verhaltensweisen konterkariert: Nicht nur, dass die alte Frau sexuell überaus aktiv ist (entgegen der gesellschaftlichen Erwartung, dass Frauen sexuell eine passive Rolle zukomme), der Alten wird beinahe jugendlicher Schwung unterstellt. Sie verlegt

---

97 Mart. ep. 10, 67. 10, 90. 3, 32. Siehe auch Iuv. sat. 1, 35–41. 10, 319f.
98 Zur Charakteristik der *vetula* – »eine offensichtlich nicht mehr jugendliche Frau (aber nicht unbedingt eine alte Frau), die ihr sexuelles Begehren artikuliert« – siehe Meyer-Zwiffelhoffer (1995) 98.
99 Kay (1985) 135 mit weiteren Belegen für diesen Namen.
100 Mart. ep. 11, 29: *Languida cum vetula tractare virilia dextra | coepisti, jugulor pollice, Phylli, tuo. | nam cum me murem, cum me tua lumina dicis, | horis me refici vix puto posse decem. | blanditias nescis: »dabo« dic »tibi milia centum | et dabo Setini jugera certa soli; | accipe vina, domum, pueros, chrysendeta, mensas.« | nil opus est digitis: sic mihi, Phylli, frica.*

sich gar auf Schmeichelei *(blanditia)* – die eigentlich zum Verhaltensrepertoire der Erbschleicher zählt. Der männliche Sprecher hingegen ist nicht nur passiv, sondern trotz seiner Jugend altersschwach und impotent, er droht nicht mehr zu Kräften zu kommen und wird von der Alten geradezu gepäppelt. Das Epigramm bezieht seinen Witz aus der Verkehrung sämtlicher Rollenklischees. Es wird klar, dass die am Sozialverhältnis beteiligten Partner jeweils unterschiedliche Interessen verfolgen; auch wenn im Epigramm fast ausschließlich und deutlich abwertend von der Frau die Rede ist, tritt gleichfalls hervor, dass die materielle Gier den Mann zwingt, dieses abscheuliche und unwürdige Verhältnis zu unterhalten. Im Epigramm 7, 75 tritt ebenfalls ein männliches Ich als Sprecher auf. Es richtet sich an eine hässliche alte Frau, die für die von ihr gewünschten sexuellen Dienstleistungen keinen materiellen Gegenwert aufbringen will.[101]

> Du willst umsonst gevögelt werden, obwohl du häßlich und alt bist. | Der Fall ist höchst lächerlich: Du willst dich hingeben und nichts dafür geben.[102]

Auch hier wird mit den Konnotationen des in sozialen Beziehungen jener Zeit allgemein gängigen Prinzips des Gebens und Nehmens gespielt.[103] Der Überraschungseffekt des Epigramms basiert auf dem Aufrufen des Bildes einer Prostituierten zu Beginn, die gemeinhin für Sex bezahlt wird: Wenn hier eine Frau in der ersten Zeile anbietet, sich »gratis vögeln zu lassen«, so ist dies zunächst ein erstaunliches, vielleicht sogar reizvolles Angebot. Dieser Reiz wird jedoch umgehend konterkariert, wenn man erfährt, dass die sich Anbietende hässlich und alt ist. Durch diese Information verkehrt sich das zunächst imaginierte Prostitutionsverhältnis: Aufgrund ihres Alters ist die Frau so unattraktiv, dass sie es ist, die dafür bezahlen muss, dass jemand mit ihr verkehrt. Im Unterschied zum vorangehenden Epigramm bleibt die Frau hier sexuell passiv (sie möchte »gevögelt werden«, sich »hingeben«); dennoch wird sie abschätzig behandelt und lächerlich gemacht. Implizit wird aber deutlich, dass der männliche Sprecher in dieser Konstellation in die keineswegs ehrenhafte Rolle des Prostituierten gerät: Denn er ist es, der bezahlt werden will. Wiederum wird deutlich, wie konfliktbehaftet die Beziehung ist, da beide beteiligte Personen ganz unterschiedliche Motive haben, sie zu pflegen. Die Frauen möchten sexuelle Erfüllung oder geliebt werden, den Männern geht es um das Vermögen, das sie teils auf dem Weg von Legaten, in anderen Fällen aber auch auf

---

101 Siehe dazu den Kommentar von Vioque (2002) 75.
102 Mart. ep. 7, 75: *Vis futui gratis, cum sis deformis anusque. | Res perridicula est: vis dare nec dare vis.*
103 In diesem Sinne auch Vioque (2002) 431.

dem Weg einer Heirat an sich bringen wollen.[104] Aufgrund ihrer Hässlichkeit und verabscheuenswerten Geilheit verstoßen diese von Martial gezeichneten Frauen in verschiedener Hinsicht gegen ein positives, in der antiken Literatur vorherrschendes Frauenbild: Sie sind weder jung und schön, noch keusch und zurückhaltend; ebenso wenig sind sie kompatibel mit dem Idealbild der hübschen, willigen und passiven Prostituierten.[105] Allein ihr Vermögen macht diese Frauen attraktiv: Ihr Reichtum aber wird kaum explizit behandelt, folglich wird auch die unwürdige Abhängigkeit der männlichen Erbfänger und Mitgiftjäger nur implizit thematisiert.[106]

5.7 – Fazit: Neue Profiteure traditioneller Netzwerke

Der soziale und materielle Gewinn, den Erblasser und Erblasserinnen einem Erbfänger abringen konnten, war vielfältig: Sie wurden umsorgt und gepflegt, besucht und reich beschenkt. Speziell wohlhabende Frauen konnten die Beziehungen zu potentiellen Legatempfängern für sich so angenehm gestalten, dass es für sie erstrebenswert schien, auf leibliche Erben zu verzichten und kinderlos zu bleiben – ein Lebensentwurf, dem so viele folgten, dass sich daraus demographische Probleme für den Senatorenstand ergaben. Die Erbfänger waren gegenüber den Erblassern eindeutig im Nachteil: Ihr Gewinn war ausschließlich materiell, er war ungewiss und konnte überdies nicht aktuell ›abgeschöpft‹ werden, sondern erst nach dem Tod des anderen. Traditionell vollzog sich die Annahme von Legaten in Rom innerhalb der Aristokratie; die finanziellen Zuwendungen wurden genutzt, um den notwendigen Konsum von Luxusgütern abzudecken und stellten an sich kein moralisches Problem dar. Die sich im senatorischen Schrifttum des 1. Jh.s n. Chr. (bei Seneca, Plinius und Tacitus) häufenden abfälligen Bemerkungen über die notorischen Erbfänger nehmen Anstoß an der Heuchelei falscher Freundschaft, deren Ausrichtung auf das Materielle durchaus als Verstoß gegen die traditionelle Ethik der *amicitia* gesehen wurde.[107] Im Vordergrund der Kritik stand, dass die Gesten der

---

104 Mart. ep. 1, 10. Dazu Howell (1980) 130 mit weiteren Beispielen. Siehe auch Mart. ep. 3, 93. 9, 80. 10, 8. Siehe ebenfalls Iuv. sat. 6, 136–141.
105 Dazu Hartmann (2007) 11 f.
106 Es ist gerade in den philologischen Kommentaren zu den Epigrammen dieser Art oft übersehen worden, dass hier durchaus der männliche Sprecher Spott abbekommt, sei es in der Rolle des impotenten Materialisten, sei es in der Rolle des Prostituierten.
107 Explizit wird der Kontrast zwischen Erbschleicherei und wahrer Freundschaft bei Mart. ep. 11, 44 thematisiert.

Nähe nur mehr zum Schein und zum alleinigen Zweck des Vermögenszuwachses praktiziert wurden.

Dies wird auch in der Entrüstung des Plinius über Regulus im eingangs zitierten Brief sehr deutlich.[108] Plinius sah es als Unverschämtheit des Regulus an, dass dieser Frauenkleider für sich in Anspruch nahm, also keinen Hehl daraus machte, dass er diese ohnehin versetzen würde, da sie offenkundig nicht für ihn selbst geeignet waren.[109]

Die Attraktivität der von Frauen vermachten Erbgüter bestand darin, dass sie optional als Luxusobjekte verwendet oder gegen Bares getauscht werden konnten. Nachdem im Vorangehenden die Besonderheiten der Beziehung zwischen einer Erblasserin und einem Testatempfänger maßgeblich auf der Basis der Epigramme Martials herausgearbeitet wurden, wird auch erkennbar, inwiefern Regulus Aurelia unter Druck setzen konnte,[110] um die Testamentsänderung vorzunehmen: Es erscheint plausibel, dass Regulus ein Geheimnis mit Aurelia teilte, das – ausgeplaudert – für den Ruf der vornehmen Dame äußerst ungünstig gewesen wäre. Vielleicht hatte Regulus gar ein sexuelles Verhältnis zu ihr und konnte sie deshalb erpressen?

Die ›seriösen Autoren‹ kritisieren im Wesentlichen nur die Erbfänger und fokussieren dabei den Wandel althergebrachter Werte und Tugenden. Hingegen erfahren die Erblasser kaum Kritik, obwohl diese nach der hier rekonstruierten ›Bilanz‹ die klaren Gewinner dieses ›Gesellschaftsspiels‹ waren. Diese einseitige Wahrnehmung entspricht der Sicht der Elite, die eine Unterwanderung ihres traditionellen Beziehungsnetzes durch aufstrebende Außenstehende befürchtet. Die strukturelle Veränderung des Kreises der an der Erbfängerei beteiligten Personen wird vorwiegend in der Dichtung thematisiert. Gerade Juvenal kritisiert das Eindringen von Fremden in die sozialen Netze, innerhalb derer die Legate vergeben werden. Diese Schilderungen können als Reflex des Sachverhaltes gedeutet werden, dass die Netzwerke im behandelten Zeitraum nicht mehr ausschließlich der Elite zur Verfügung standen, sondern zunehmend auch anderen Personen, nämlich Provinzialen, die diese für ihren ökonomischen Erfolg und zur gesellschaftlichen Integration nutzten. Der Dichter Martial, der sich der Thematik am ausführlichsten gewidmet hat, nimmt sowohl die Perspektive des Erbfängers wie die des Erblassers ein und stellt beide Parteien bloß. Er behandelt die reichen Frauen als prominentes Thema, er zeigt die Schieflagen im Verhältnis von Erblasserin und Erbfänger auf, er malt die

---

108 Plin. epist. 2, 20.
109 Tellegen (1982) 53 bemerkt, dass Regulus äußerst heftig insistierte, kann aber keine »unlawful methods« feststellen.
110 Plin. epist. 2, 20, 11: *coegit* »er zwang sie«.

Täuschungsmanöver und die in Kauf genommenen Strapazen in grellen Farben. Wenn Martial in seinen Epigrammen gerade die aufgrund ihres Reichtums für die Erbfänger interessanten Frauen traktiert, sie als alt, fordernd, dominant und abstoßend häßlich charakterisiert, so spiegelt sich darin die Erfahrung mancher Männer, die aus Bedürftigkeit eine Erwerbsstrategie wählten, bei der manche Erniedrigung hingenommen werden musste.

6

DIMENSIONEN DES KONSUMS DER ›NEUREICHEN‹ FREIGELASSENEN

6.1 – Forschungsstand und Fragestellung

> Selber weiß er nicht, wie viel er hat, so ein Großkapitalist ist er; [...] er selber hat Grundstücke, soweit der Habicht fliegt, Geld hoch drei. Silbergeld fliegt bei seinem Türsteher mehr in der Zelle herum als sonst einer in seinen Depots hat. Und erst Personal, ohlala, echt jetzt, mein Gott, ich meine, kaum einer von denen kennt den Herrn überhaupt. Kurz und gut: jeden von diesen aufgeblasenen Fatzken kann er in die Tasche stecken.[1]

Auf diese Weise wird in Petrons *Cena Trimalchionis* das Vermögen des Trimalchio charakterisiert: Er habe unübersehbar viele Besitztümer, darunter sowohl riesige Ländereien wie auch Geld in Massen und so viel Personal, dass die einzelnen Diener ihren Herrn gar nicht persönlich kennen würden. Zwar spielt die Geschichte nicht in Rom, sondern in einer campanischen Küstenstadt (vermutlich in Puteoli), doch die von den Protagonisten vertretenen ›Typen‹ waren gerade in der Hauptstadt der frühen Kaiserzeit omnipräsent: Bei dem schwerreichen Gastgeber handelt es sich um einen Freigelassenen, d. h. einen ehemaligen Sklaven, der aus Kleinasien stammt. Auch seine Gäste sind größtenteils Ausländer, sie reden in vermeintlicher Umgangssprache, zumindest nicht in gehobenem Latein, und pochen dennoch auf Überlegenheitsgefühle, nicht nur gegenüber der breiten Masse der Bevölkerung,[2] sondern auch – wie das an-

---

[1] Petron. 37, 6–10: *Ipse nescit quid habeat, adeo saplutus est; [...] ipse fundos habet, qua milvi volant, nummorum nummos, argentum in ostiarii illius cella plus iacet quam quisquam in fortunis habet. Familia vero babae babae, non mehercules puto decumam partem esse quae dominum suum noverit. Ad summam, quemvis ex istis babaecalis in rutae folium coniciet.* (Übers.: Müller – Ehlers revidierte Fassung 2012, modifiziert von E. H.).
[2] Siehe die Beispiele in der Einführung von Müller – Ehlers (2012) 8: »›Du lachst über dem *plebs* seine Worte‹ usw.«

geführte Zitat deutlich macht – gegenüber den »blasierten Fatzken«, also den traditionsgemäß Reichen. Um diese fraglichen, aus Reichtum resultierenden Überlegenheitsgefühle geht es in diesem Kapitel.

Sozialer Rang war in der römischen Gesellschaft traditionell an Vermögen gekoppelt.[3] Daher bargen Vermögensgewinne bzw. -verluste für die damalige Zeit ungeahnte Möglichkeiten des sozialen Auf- und Abstiegs.[4]

Diese soziale Mobilität ist in der Forschung vielfach konstatiert, jedoch unterschiedlich bewertet worden. Weitreichende Konsequenzen für das soziale Gefüge stellt Aloys Winterling heraus, wenn er davon ausgeht, dass im 1. Jh. n. Chr. »Personen niedriger sozialer Herkunft zu Reichtum und damit verbundenen Möglichkeiten der Lebensführung [kamen], die sie einer Vielzahl von Senatoren weit überlegen machte, was die traditionelle Gliederung der Gesellschaft gewissermaßen auf den Kopf stellte«.[5]

Deutlich zurückhaltender ist demgegenüber das Urteil von Géza Alföldy, der betont, dass die soziale Mobilität im gesellschaftlichen Leben der Prinzipatszeit nicht überbewertet werden dürfe,[6] und es »nur selten möglich und jedenfalls untypisch [gewesen sei], dass sich jemand aus sehr niedrigen Verhältnissen bis auf die höchsten Stufen der sozialen Pyramide emporarbeiten konnte.«[7] Diese beiden Aussagen unterscheiden sich nicht nur darin, welche Aussagekraft einzelnen Beispielen zugesprochen wird, sondern auch darin, welche Wertigkeit man dem Faktor ›Vermögen‹ beimisst, der zwar als entscheidende Grundlage für hohen sozialen Rang anzusehen ist, jedoch nicht das alleinige Kriterium dafür war.[8]

Für sozialen Aufstieg auf der Basis von Vermögenszuwachs lassen sich für die römische Gesellschaft zahlreiche Beispiele anführen: Einfache Leute

---

3 Klingenberg (2011) 50–55. Die Rolle des Landbesitzes (dazu grundlegend Andermahr (1998)) wird in der Forschung vermutlich überschätzt. Zur Liquiditätsproblematik und zur Bindung des Vermögens in Liegenschaften Veyne (1995) 32.

4 Während der soziale Aufstieg einzelner sozialer Gruppen in den Quellen gut bezeugt und gründlich erforscht ist, findet der soziale Abstieg in den antiken Texten wie auch in der Forschung weniger Beachtung; siehe jedoch Klingenberg (2011), der sich auf die beiden oberen Stände beschränkt und auch die Thematik weitgehend ausblendet, dass zeitgleich Menschen mit traditionell geringem Sozialprestige enormen Vermögenszuwachs verzeichneten.

5 So Winterling (2001) 94. Winterling macht hierfür vor allem kaiserliche Schenkungen verantwortlich, allerdings ist wohl davon auszugehen, dass sich die Fluktuation von Vermögen und Status auch – unabhängig vom Kaiser – vollzog.

6 Alföldy (2011) 207.

7 Alföldy (2011) 208.

8 »Man musste reich sein, höhere Funktionen und dadurch Macht ausüben, über Ansehen in der Gesellschaft verfügen und vor allem […] Mitglied eines führenden *ordo* […] sein«, so die Auffassung von Alföldy (2011) 138. Siehe auch Alföldy (1977).

schafften durch ihren Einsatz im Militär oder Staatsdienst, oft in Kombination mit erfolgreichen Geschäften, den Aufstieg in den Ritterstand;[9] recht gut erforscht ist auch der wirtschaftliche Erfolg von Angehörigen des Ritterstandes auf der Basis von Geldgeschäften, Handel, Fabriken und Zollpacht.[10] Als »Aufsteiger *par excellence*«[11] aber werden in der Forschung oft die Freigelassenen betrachtet, wobei deren ökonomischer Erfolg im Widerspruch zur sozialen Stigmatisierung durch ihre Herkunft stand, so dass gerade diese Gruppe von einer Statusdissonanz betroffen war, die im Auseinanderdriften von Rangkriterien begründet war: Ihr Vermögen mochte erheblich oder schier immens sein, ihr Ansehen war jedoch – aus dem Blickwinkel ihrer freigeborenen Mitmenschen – mit dem Makel der sklavischen Abkunft behaftet.[12]

Allerdings sind verallgemeinernde Aussagen problematisch, weil die Klassifizierung dieser Gruppe aufgrund des juristischen Kriteriums der Freilassung aus dem Sklavenstand die Tatsache in den Hintergrund rückt, dass ihre Mitglieder mehr Unterschiede als Gemeinsamkeiten aufwiesen:[13] Paul Veyne hebt hervor, dass »der Sklavenstand nicht ein sozialer, sondern ein juristischer Status war; und vom Recht zur Wirklichkeit konnte es weit sein.«[14] Ökonomisch relativ erfolgreich konnten Freigelassene aristokratischer Familien sein, also Personen, die mehr oder weniger dem Typus der literarischen Figur des Trimalchio aus Petrons *Satyricon* entsprechen.[15]

Gigantische Vermögen aber, welche die der Senatoren übertrafen, erlangten bestimmte Freigelassene der Kaiser: Ihr Reichtum resultierte vornehmlich aus kaiserlichen Zuwendungen, aus Ämtern im Kaiserhaus und/oder der

---

9 Siehe Alföldy (2011) 208.
10 Dazu und zu den für Ritter möglichen Aufstiegschancen im Staatsdienst Alföldy (1984) 108 f. Alföldy (2011) 165–168. Mratschek-Halfmann (1993) 167–176. Zu dem eingeschränkten Aufstieg der Ritter im Militär Alföldy (2011) 207.
11 So Dahlheim (2003) 219. Veyne (1995) 30 stellt fest, dass »Aufstieg« im Grunde hier lediglich ökonomischen Erfolg meint.
12 Alföldy (2011) 138 f. Mouritsen (2011) 248. Veyne (1995) betont zu Recht die Chancen, die der Sklavenstand barg, vorausgesetzt man entkam ihm. Es ist durchaus – vor allem bei Menschen aus Asia – mitunter von freiwilliger Versklavung auszugehen, die in der Hoffnung auf Freilassung gewählt wurde: Veyne (1995) 24.
13 Ihr Vermögen erwarben Freigelassene auf viele erdenkliche Weisen: über Erfolge als Gladiatoren, Schauspieler und Wagenlenker; als Betreiber von Geldgeschäften, als Landwirte, Bauleute, Lebensmittelhändler, Kleidermacher, Sklavenhändler, Ärzte, Künstler und Lehrer und nicht zuletzt über Legate: Duff (1958) 105.
14 Veyne (1995) 14.
15 Zur Tradition der Aristokraten in der späten Republik, Freigelassene als Berater zu halten Mouritsen (2011) 101. Zum historischen Gehalt von Petrons *Cena Trimalchionis* Veyne (1995). Rosen (1995). López Barja de Quiroga (1995).

Nähe zum Kaiser.[16] Der von Paul R. C. Weaver geprägte Ausdruck »*familia Caesaris*« ist jedoch irreführend, weil er die grundsätzliche Vergleichbarkeit des Rechtsstatus' von Personen am Hof und in der kaiserlichen *familia* suggeriert, der so nicht gegeben ist.[17] Die antiken Autoren haben sich über diese Freigelassenen vielfach geäußert, was in der neuesten Forschung zum Anlass genommen wird, ihre gesellschaftliche Prominenz zu bezweifeln: Die reichen Freigelassenen würden in den Quellen überzeichnet, was zu Überschätzungen ihrer Zahl, ihrer Vermögen und ihrer Relevanz führe.[18]

Aus meiner Sicht gehen diese Schlüsse zu weit; die Häufigkeit der Erwähnungen wie auch die Übertreibungen beleuchten lediglich, dass dieser Typus Mensch besonders auffiel bzw. als Provokation wahrgenommen wurde. Allerdings variierte der Einfluss, den Freigelassene des Kaisers nehmen konnten, je nach Herrscher: Gerade Caligula, Claudius, Nero und Domitian gestanden Freigelassenen eine enorme Machtfülle zu und spielten diese gegen die Machtstellung der oberen *ordines* gezielt aus. Unter Augustus, Tiberius, Vespasian und vor allem seit Trajan scheint der Einfluss der kaiserlichen Freigelassenen geringer gewesen zu sein.[19]

Bei den Erwähnungen dieser ›Neureichen‹ ist zu berücksichtigen, dass diese in den literarischen Quellen aus einem ganz bestimmten Blickwinkel be-, ja geradezu verurteilt wurden, nämlich aus der Sicht der senatorischen Elite. Dass die negative Charakterisierung aus dem Neid der senatorischen Autoren resultiere, da die Freigelassenen über eine faktische Macht verfügten,

---

16 Ein Überblick der Testimonien zu den Freigelassenen der Kaiser bei Friedländer SG I 39–44; zu ihrem Reichtum 45–47. Die Forschung hat sich diesen als »Sonderfall« intensiv gewidmet: López Barja de Quiroga (1995) 327 f. Mouritsen (2011).
17 Der von Weaver (1972) 299 f. geprägte Ausdruck »*familia Caesaris*« ist nicht in den Quellen bezeugt. Zur Kritik am Begriff Winterling (1999) 113. Winterling behandelt diese Freigelassenen im Zuge der Darstellung der höfischen Organisation unter der Rubrik »unpolitische Stellen«, die nicht »die Herstellung und Durchsetzung gesamtgesellschaftlich bindender Entscheidungen betreffen« (91). Diese Klassifizierung könnte zu der Annahme verleiten, dass diesen Posten nur geringe Bedeutung zukam, was jedoch keineswegs der Fall war.
18 Siehe Klingenberg (2011) 21: »Groß war die Zahl der reichen Freigelassenen nicht; man neigt aber gelegentlich dazu, sie zu überschätzen, da sie viel deutlichere Spuren hinterlassen haben als ihre weniger begüterten Pendants.« Zur strittigen Frage der Zunahme der reichen Freigelassenen in der frühen Kaiserzeit skeptisch Mouritsen (2011) 118, zur Debatte um Zahlen 125–141. Zur literarischen Überzeichnung Mouritsen (2011) 228: »rich freedmen became a literary topos [...] and their iconic status inevitably led to distortions of their numbers and fortunes.«
19 Dazu summarisch Alföldy (2011) 141. Kein Kaiser verzichtete jedoch auf die Dienste der Freigelassenen – auch in nachtrajanischer Zeit: Mouritsen (2011) 95–97; zur Abhängigkeit der Wahrnehmung von der dominanten Überlieferungssituation 97 f.

die ihnen aus senatorischer Sicht nicht zukommen durfte, betont Werner Eck zu Recht.[20] Entsprechend ist deren Bezeichnung als ›Neureiche‹ keineswegs neutral, sondern eine negative Etikettierung im Sinne der konservativen Elite Roms.[21]

Im Folgenden geht es nicht um verallgemeinernde Aussagen zur sozialen Mobilität, auch nicht darum, zu zeigen, wie sich Vermögen im Einzelnen mehren oder dezimieren ließ.[22] Vielmehr soll die Aufmerksamkeit darauf gelenkt werden, dass in Rom Vermögen und Sozialprestige gerade im Konsum miteinander verwoben waren, weshalb die sozialen Auswirkungen von Reichtum nachvollzogen werden können, indem die Formen des Konsumierens betrachtet werden. Um die Formen des Konsumierens im Hinblick auf ihre Auswirkungen in der Gesellschaft systematisch erfassen zu können, sollen die Dimensionen herausgearbeitet werden, in denen sich Reichtum im antiken Rom sozial entfaltete. Dieser schematisierende Zugriff ermöglicht einen Vergleich zwischen den sogenannten ›Neureichen‹ und den Angehörigen der oberen Stände, die man entsprechend als ›Schon-immer-Reiche‹ bezeichnen müsste: Zunächst soll jedoch gefragt werden, auf welche Weisen die hier im Zentrum der Analyse stehenden *liberti* sich innerhalb der jeweiligen Dimensionen verausgabten, anschließend soll diese Frage für die Angehörigen des Senatoren- und Ritterstandes beantwortet werden. Ziel dieser Herangehensweise ist es, in der Beurteilung der Auswirkungen von Konsum die Wertmaßstäbe der untersuchten Gesellschaft zugrundezulegen, wobei zu berücksichtigen ist, dass diese nicht kohärent, sondern vielfältig wie auch umstritten sein konnten.

Es sind daher nicht nur Zeugnisse der senatorischen Autoren heranzuziehen, sondern auch die ›satirischen‹ Dichter zu interpretieren sowie Dokumentationen von Stiftungen: So soll die den Schriften der Prosa-Autoren inhärente Perspektive der Stigmatisierung der Freigelassenen überwunden werden, indem ergänzend nach den fassbaren Ausgaben und materiellen Resultaten ihres Reichtums gefragt wird. Dabei wird die Hypothese aufgestellt, dass Freigelassene als überaus erfolgreich wahrgenommen werden konnten, auch wenn sich dies in den meisten literarischen Zeugnissen nicht abbildet.

---

20 Rosen (1995), Eck (1999) und jetzt auch Mouritsen, der die Perspektivität der Quellen herausstellt und sich damit von älteren Positionen wie Duff und Treggiari abgrenzt, die den reichen Freigelassenen »Vulgarität« attestierten und eng dem Duktus der Quellen folgten: Mouritsen (2011) 117 mit Verweisen auf die ältere Literatur.
21 Auch Mouritsen (2011) 111 erkennt in dem Stereotyp einen Selbstbehauptungsmechanismus der alten Elite.
22 Zu den konkreten Möglichkeiten von Vermögensgewinnen siehe Mratschek-Halfmann (1993). Zu Risiken von Verlusten Klingenberg (2011).

Zunächst sind einige grundlegende Bemerkungen über die große Bedeutung der Demonstration von Reichtum in Rom und zu einigen Tendenzen der Konsumforschung zu machen. In ihrer umfassenden Studie zum Reichtum hebt Sigrid Mratschek-Halfmann hervor, dass »zwischen Reichtum und Ansehen aus der Sicht der Prinzipatszeit ein enger Zusammenhang bestand«.[23] Reichtum wurde als Ausduck der Fülle verstanden, der mit anderen Wertbegriffen *(nobilitas, virtus, peritia, honores)* korrelierte. Armut bzw. Verarmung hingegen wurde als gravierender Makel empfunden: Sie war nicht nur mit sozialen Nachteilen verbunden, da sie Patronagefähigkeit reduzierte, sondern sie implizierte auch gleichzeitig Sittenlosigkeit, fehlende *mores,* was unehrenhafte Handlungen *(flagitia)* zur Folge hatte. Dies alles kulminierte im Prestigeverlust, der, wie Mratschek-Halfmann betont, vor allem mit Anonymität gleichgesetzt wurde. Wer zu arm für seine Standesgruppe war, ging in der anonymen Masse der Unbekannten *(ignoti)* unter.[24]

Letzteres ist für die römische Auffassung von Vermögen bezeichnend. Es wird darin deutlich, dass Reichtum kein Lebensziel an sich war, sondern vor allem ein Mittel zum Zweck der Sichtbarkeit. Der Reichtum an sich mochte zwar Auskunft über ökonomische Potenzen geben, doch fungierten die Güter und deren ostentativer Konsum in erster Linie als distinktive Zeichen, mittels derer eine Situierung im sozialpolitischen Gefüge erfolgte.[25] Man kann zugespitzt formulieren, dass für die Repräsentation des Einzelnen die Demonstration entscheidender war als der Besitz. Ein Vermögen war nutzlos, sofern es nicht gezeigt, bewundert, verteilt und verbraucht wurde. Anteilnahme und Sichtbarkeit sind entscheidende Schlagworte, die auch in den antiken Reflexionen über den Konsum immer wieder als Ziele des Besitzens benannt werden.[26]

Dieser ostentative oder demonstrative Verbrauch, den der Soziologe und Ökonom Thorstein Veblen in seiner »Theory of the Leisure Class« von 1899 als Mittel der Elitenbildung identifizierte,[27] ist für die politische Elite der Römer von zentraler Bedeutung. Die Frage nach demonstrativem Konsum geht

---

23 Mratschek-Halfmann (1993) 231.
24 Mratschek-Halfmann (1993) 232.
25 Siehe dazu und zum Folgenden grundlegend Wagner-Hasel (2002).
26 Tac. ann. 3, 55, 2: *ut quisque opibus domo paratu speciosus per nomen et clientelas inlustrior habebatur.* »Sobald jemand durch seinen Reichtum, sein Haus und seinen Luxus Aufsehen erregte, desto geachteter war sein Name und desto größer seine Klientel.« (Übers.: E.H.). Sen. epist. 94, 71. 122, 14. 50, 3. Siehe auch Plut. mor. 679b. Lukian. Nigr. 6. Dass es auf Sichtbarkeit ankam, betont Klingenberg (2011) insb. 73; für die Gastmähler 76; für die Häuser 77.
27 Auf Thorstein Veblen geht die soziologische Bezeichnung für auf öffentliche Wirksamkeit zielendes güterverbrauchendes Handeln zur Vermehrung des Sozialprestiges

für die römische Antike im Wesentlichen im Diskurs über Luxus *(luxuria)*[28] und Aufwand *(sumptus)* auf. Während das Wort »Luxus« im gegenwärtigen Sprachgebrauch suggeriert, dass es sich bei Luxusgütern um etwas Überflüssiges, nicht unbedingt zum Leben Notwendiges handelt,[29] erkannte bereits Ludwig Friedländer, dass in Rom der Luxus selbst eine Notwendigkeit war: Die Mitglieder des Senatorenstandes konnten ihm zu Folge »unmöglich die großen und mannigfachen Ansprüche, die von allen Seiten an sie gemacht wurden, umgehen [...], ohne gegen die öffentliche Meinung zu verstoßen, die einen standesgemäßen Aufwand von ihnen erwartete und forderte.«[30] Auch in jüngeren Forschungsbeiträgen zum Luxus in der römischen Antike, wie in Karl-Wilhelm Weebers populärwissenschaftlicher Studie »Die Schwelgerei, das süße Gift ... Luxus im Alten Rom«[31] wird implizit auf Veblen zurückgegriffen, dessen Erklärungsansatz des Konsums den Vorteil hat, die auf die Moderne ausgerichteten Konzepte zu erweitern, insofern Teilhabe am Konsum nicht als individuelle, sondern als soziale Handlung verstanden wird, deren Motive und Auswirkungen über den einzelnen Konsumenten hinausgehen.[32]

Die ostentative Selbstdarstellung kann als ein entscheidendes Charakteristikum der senatorischen Existenz angesehen werden, die nämlich im Leistungs- und Rangdenken begründet war, welche die gesamte römische Gesellschaft und die politische Kultur seit der Republik prägten. Eine treibende Kraft war dabei das Bestreben von Einzelnen und Familien, miteinander zu konkur-

---

(»conspicuous consumption«, übersetzt mit »Geltungskonsum«) zurück: Veblen (1993), im Original 1899 erschienen.
28 Dazu grundlegend Wagner-Hasel (2002). Der *luxuria*-Begriff selbst entstammt der Sprache des Wachsens und des Übermaßes und ist an sich an keinen bestimmten Gegenstand gebunden.
29 Diese Unterscheidung zwischen Grund- und Wahlbedarf entstammt der Diskussion um den Luxuskonsum, die ins 19. Jh. zurückreicht wie Wagner-Hasel (2002) zeigt: Der Nationalökonom Werner Sombart definiert 1913 den Luxus als Aufwand, der über das Notwendige hinausgeht. Dazu Kloft (1996) 123 f., auch 113 ff. zu Sombart. Sombart (1983) 85 ff., zweite Auflage von 1922.
30 Friedländer SG I 127. Viele Quellen bestätigen diese gesellschaftliche Verpflichtung zum Konsum: Senator zu sein, wurde aufgrund des damit verbundenen Konsumzwanges teilweise sogar als Last empfunden, der man sich zu entledigen suchte. Ein gewisser Surdinius Gallus zog im Jahr 47 nach Karthago, um nicht Senator zu werden. Laut Cass. Dio 60, 29, 9 musste er auf Befehl des Claudius zurückkehren, um sich in »goldene Fesseln« schlagen zu lassen. Andere senatorische Ritter verweigerten den Übergang in den Senat und wurden von Claudius daraufhin aus dem Ritterstand ausgestoßen (Suet. Claud. 24, 1).
31 Weeber (2003).
32 Siehe z.B. Prinz (2003). Der Moderne als Konsumgesellschaft liegt ein Verständnis von Konsum als Wahlbedarf oder Luxusbedarf zugrunde, in Abgrenzung zum Grundbedarf. Für diesen Hinweis danke ich Beate Wagner-Hasel.

rieren und sich vor anderen auszuzeichnen.³³ Während die Konkurrenz *in politicis* – um Ehre, Ämter und entsprechende offizielle Symbole – seit langem als wesentliche Eigenheit des römischen Gemeinwesens erkannt ist, wird der Konkurrenz im Hinblick auf »Statusfragen«, die »eher etwas mit Wertvorstellungen und Perspektiven als mit gesetzlichen Vorschriften zu tun haben«,³⁴ erst in jüngerer Zeit in der Forschung zunehmende Beachtung geschenkt. Zum Beispiel zeigt Beate Wagner-Hasel, wie im spätrepublikanischen und frühkaiserzeitlichen Diskurs um Luxuskonsum der strukturelle Konflikt zwischen Einzelinteressen und Gemeinwesen verhandelt wird, der in den Bedürfnissen der Elite nach Normkonformität einerseits und Distinktionsbemühungen andererseits begründet ist.³⁵

Allerdings ist zu bedenken, dass in Rom nicht nur die Senatsaristokratie ›demonstrativ konsumierte‹, sondern auch alle, die etwas zum Konsumieren hatten. Gerade im Konsum offenbarten sich die Standesunterschiede, wobei Formen und Ausmaß des Konsums ausgehandelt werden mussten und daher auch Gegenstand der Diskussion waren. Diese Diskussion wird in der Literatur der späten Republik mit der Reflexion über die Ursachen des Luxus verknüpft (z. B. bei Sallust); Tacitus berichtet später von verschiedenen Senatsdebatten unter Tiberius und widmet den Formen und Ursachen des Luxus einen eigenen Exkurs.³⁶ Es gab offenbar (innerhalb der Aristokratie) ein ausgeprägtes Empfinden für die Angemessenheit von Luxus, wobei jeweils für bestimmte Personenkreise Unterschiedliches als angebracht galt. Dies spiegelt sich zum Beispiel in der Rede des zur Zeit des Tiberius lebenden Senators Asinius Gallus, dem Tacitus folgende Worte in den Mund legt: »Man kann doch bei [den Luxusgütern] [...] von einem Zuviel oder einem richtigen Maß nur im Verhältnis zu den Einkünften des Betreffenden sprechen.«³⁷ Dieser Sinn für das Angemessene wird auch in Ciceros Reden immer wieder bemüht, der zum Beispiel seinem politischen Gegner Lucius Calpurnius Piso vorwirft, dessen *luxuria* entspreche eben nicht der Art und Weise, die einem freien Mann *(ingenuo ac libero)* gezieme.³⁸ Bei Cicero findet sich auch eine in dieser Hinsicht bezeichnende Anekdote über das Haus des Senators und Feldherrn Lucullus:

---

33 Dazu grundlegend Hölkeskamp (2004).
34 Garnsey – Saller (1989) 168.
35 Wagner-Hasel (2002).
36 Siehe Tac. ann. 3, 52.
37 Tac. ann. 2, 33, 3. Dazu Dahlheim (2003) 42.
38 Cic. Pis. 67. Solche Belege, welche unterschiedliche Vorstellungen von Angemessenheit bezeugen, sind im antiken Schrifttum zahlreich zu finden. Zum Beispiel erwähnt Tertullian Silbergeschirr (Tertull. Apol. 6, 3), das zwar einem Senator zukomme, nicht aber einem Freigelassenen oder einem »Durchgepeitschten« *(flagra rumpentium)*.

Der habe seine mit Statuen gefüllte Villa in Tusculum gegenüber Kritikern damit gerechtfertigt, dass er nicht hinter dem Prunk der Nachbarn (einem Freigelassenen und einem Ritter) zurückstehen wolle und könne.[39] Diese Anekdote zeigt nicht nur, dass die Wohnung elementarer Bestandteil des demonstrativen Konsums war, sondern belegt auch die Auffassung, dass für jeden Stand etwas anderes als angemessen galt, wobei die Senatsaristokratie jeweils den höchsten Grad der Selbstdarstellung für sich beanspruchte. Der betriebene Aufwand sollte dabei den gesellschaftlichen Aufgaben entsprechen: Daher sei nach Cicero auch »im Hause eines berühmten Mannes, in dem viele Gäste empfangen und in das eine Menge von Leuten jeglichen Schlages eingelassen werden soll, Sorge zu tragen für Geräumigkeit.« Gleichzeitig mahnt er seine Zeitgenossen, als Vorbilder zu fungieren und sich davor zu hüten, »in Aufwand und Großartigkeit über das Maß hinauszugehen, in diesem Zusammenhang liegt ein gut Teil des Übels auch in dem Vorbild.«[40]

In der folgenden Untersuchung wird es vor allem um das Konsumverhalten der *liberti* gehen und nur vergleichend um die Angehörigen des Senatoren- und des Ritterstandes, deren ostentative Prachtentfaltung in Rom sehr viele Facetten hatte, die schon häufig wissenschaftlich bzw. populärwissenschaftlich aufbereitet wurden.[41] Während in der Zeit der Republik auch immaterielle Faktoren wie eine illustre Ahnenreihe, deren Bildnisse bei Begräbnisfeiern mitgeführt oder im Atrium ausgestellt wurden, im allgegenwärtigen Konkurrenzkampf eine wichtige Rolle spielten, scheint gerade die Relevanz der Ahnen(bilder) in der Kaiserzeit abgenommen zu haben.[42] Eine umso größere Bedeutung kam den ebenso traditionellen Feldern der demonstrativen Prachtentfaltung zu: der Kleidung, der Wohnung (welche auch die Kapazitäten als Patron und Gastgeber inklusive Tafelluxus implizierte),[43] dem Fortbewegungsmittel und der großen Anhängerschaft aus umsorgten Freunden und Klienten,[44] welche die soziale und wirtschaftliche Integrationskraft des Hauses dokumentierten. Eine weitere soziale Pflicht zum demonstrativen Konsum bestand in der Ausrichtung von Spielen im Zusammenhang mit der Ämterlaufbahn.

Um diese unterschiedlichen Formen des demonstrativen Konsums systematisch behandeln zu können, sollen drei Dimensionen unterschieden werden,

---

39 Cic. leg. 3, 30–1. Siehe auch Vell. 2, 33, 4.
40 Cic. off. 1, 138–140 (Übers.: Gunermann).
41 Siehe Weeber (2003).
42 Siehe dazu Klingenberg (2011) 79: Viele konnten gar nicht mehr auf eine lange Ahnenreihe zurückschauen.
43 Dazu Klingenberg (2011) 77 f. Vell. 2, 10, 1.
44 Dazu auch Klingenberg (2011) 74.

in denen sich Konsum in Rom entfaltete. Da diese im Grunde funktionale Unterscheidung nicht auf einer antiken Abstraktion oder exakt entsprechenden antiken Begrifflichkeiten basieren, dient sie lediglich als ein heuristisches Instrument.

1. *Ornamentale Dimension:* Sie umfasst, was den Rang einer Person ausweist, die Person schmückt und für die Umwelt als einer bestimmten Gruppe zugehörig ausweist (am ehesten als *decor* bezeichnet, abwertend auch als *luxuria privata*).
2. *Euergetische Dimension:* Sie beinhaltet, was im Rahmen der Erfüllung von Amtspflichten oder zur Versorgung bzw. Unterstützung der *plebs urbana* an Mitteln aufgebracht wird (positiv als *magnificentia publica* bezeichnet).
3. *Sozial-investive Dimension:* Sie bezieht sich auf das, was an Reichtum in soziale Netze aller Art investiert wird (*familia*, Eheverbindungen, Freundschaften, Klientelbeziehungen). Diese wird im Lateinischen am ehesten mit den Begriffen *liberalitas* oder *comitas* umschrieben.

Bevor im Folgenden dargestellt werden soll, wie gerade die reichen *liberti* sich in diesen Dimensionen verausgabten, ist kurz auf zwei Topoi einzugehen, die im literarischen Diskurs über die Freigelassenen immer wieder aufgerufen werden und hier nicht unerwähnt bleiben dürfen, weil sie die Wahrnehmung des Konsumverhaltens der *liberti* deutlich beeinflussten: das Stigma der sklavischen Abkunft und der Vorwurf der Maßlosigkeit.

6.2 – Das Konsumverhalten der *liberti*

Der Reichtum der Freigelassenen wurde in der Gesellschaft des frühen Prinzipats vor allem deswegen als Provokation aufgefasst, weil die sklavische Abkunft als eklatanter Widerspruch zum Ansehen wahrgenommen wurde.[45] Die unfreie Abstammung blieb daher im Diskurs über den sozialen Rang der reichen Freigelassenen ein im Schrifttum sehr häufig aufgerufenes und für entscheidend gehaltenes Differenzkriterium, das sich als ein von Geburt an bestehendes Faktum nicht von den Betroffenen selbst aus der Welt schaffen

---

45 Mouritsen (2011) 116, 248 betont in seiner Darstellung der gesellschaftlichen Stereotype gegenüber reichen Freigelassenen, dass der Reichtum – eigentlich ein Ausweis sozialer Respektabilität und moralischer Größe – im Kontext mit den Freigelassenen gleichsam ins Gegenteil zu einem Stigma (»mark of difference, even inferiority«) verkehrt werde.

ließ.⁴⁶ Martial behandelt dieses Stigma der unfreien Geburt mehrmals in der Form des ›Witzes‹, dass als Sklaven geborene Menschen nach dem römischen Rechtsverständnis nicht als Personen, sondern als Sachen anzusehen seien, dementsprechend weder einen Geburtstag noch Eltern haben könnten. Als Beispiel sei hier ein Epigramm vorgestellt, das sich an die von Martial wiederholt behandelte Figur des Zoïlus richtet:

> Soll man dir doch ein Siebenkinderrecht geben, Zoïlus, | sofern dir niemand eine Mutter gibt, niemand einen Vater.⁴⁷

Zoïlus könne zwar ruhig das »Siebenkinderrecht« verliehen werden – eine komische Übertreibung des sogenannten Dreikinderrechts *(ius trium liberorum)*, das einige Privilegien implizierte und eigentlich für Eltern von drei Kindern vorgesehen war, allerdings vom Kaiser auch an kinderlose Personen verliehen werden konnte.⁴⁸ Eltern aber könne doch niemand dem Zoïlus geben. Das Epigramm bezieht seine Komik aus der Gegenüberstellung von fehlenden Kindern und fehlenden Eltern: Zwar seien Zoïlus mit der Verleihung des Privilegs gleichsam Kinder geschenkt worden, doch niemand könne dem als ›Sache‹ Geborenen (und in diesem Sinne Elternlosen) Eltern ›geben‹. Da nur der Kaiser das Dreikinderrecht (auch an Kinderlose) verleihen konnte, wird Zoïlus ganz offenkundig mit dieser Bemerkung auch Nähe zum Kaiserhaus unterstellt.⁴⁹ Das Stigma der unfreien Geburt, das den Menschen zu einer Sache degradierte, wird in vielen literarischen Zeugnissen betont, um die Inferiorität der Freigelassenen herauszustellen, die nach der verbreiteten Ansicht durch Wohlstand wie durch verliehene Ehren nur scheinbar aufgehoben werden konnte. Interessanterweise formuliert der Dichter Statius in seinem Lobpreis auf Claudius Etruscus,⁵⁰ der Sohn eines Freigelassenen war, dass sein

---

46 Mouritsen (2011) 111 stellt heraus, dass das Kriterium der Geburt in Rom gegen den sozialen Aufstieg aufgewogen wurde: »Examples of rapid social ascent have typically been met with reassertion of birth as the primary source of esteem and a corresponding denigration of recently acquired fortunes.«

47 Mart. ep. 11, 12: *Ius tibi natorum vel septem, Zoile, detur, | dum matrem nemo det tibi, nemo patrem.*

48 Auch Martial hat dieses Recht wahrscheinlich (wenn man die entsprechenden Epigramme autobiographisch lesen möchte) von Domitian erbeten und erhalten, obwohl er unverheiratet und kinderlos war: Mart. ep. 2, 91 (Bitte um Verleihung des Dreikinderrechts) und 2, 92 (Dank für die Erteilung).

49 Auf die Nähe des Zoïlus zum Kaiserhaus spielt ebenso Mart. ep. 3, 29 an, in dem Zoïlus seine alten Fußfesseln dem Saturn weiht, während er jetzt über *anulos* – wohl vom Kaiser verliehene Ritterringe – verfügt. Siehe ähnlich auch die Pointe von Mart. ep. 11, 37. Zum Aufstieg von kaiserlichen Freigelassenen in den Ritterstand Weaver (1967) 17 mit Beispielen.

50 Zum Vater des Claudius Etruscus PIR² C 860. AE 1972 574.

gigantisches Vermögen diesen Makel getilgt habe: »dein großes Vermögen hat die Geburt ersetzt«.[51]

Daneben lassen sich im antiken Schrifttum weitere, ebenfalls häufig verwendete Stereotype zur Stigmatisierung der Freigelassenen ausmachen: Dazu zählen vermeintliche Verstöße gegen Etikette und Stil sowie ein Mangel an Bildung,[52] darüber hinaus der fehlende Sinn für das angebrachte Maß des Konsums. Diesbezüglich wird den Freigelassenen in der antiken Literatur immer wieder ein ›Zuviel‹ unterstellt, was ganz konkret relativ auf den Besitz ihres Freilassers bezogen,[53] aber auch einfach nur pauschal formuliert werden kann. Daher ist auch der Vorwurf des Hangs zur *luxuria*, zum maßüberschreitenden Konsum, ein fester Bestandteil im Inventar der gegenüber Freigelassenen gehegten Vorurteile.[54] Dabei wurde behauptet, dass die *liberti* aufgrund ihrer sklavischen Natur besonders leicht der *luxuria* verfielen. So finden sich zahlreiche Schilderungen, die jeweils die Unfähigkeit der Freigelassenen aufzeigen, mit dem von ihnen erworbenen Vermögen adäquat umzugehen. Ein Beispiel dafür ist Martials Epigramm 5, 70, in dem ein Freigelassener vorgeführt wird, der von seinem Freilasser (hier wie üblich als »Patron«[55] bezeichnet) ein riesiges Vermögen geerbt hatte und dieses letztlich – ohne den sklavischen Lebensstil aufzugeben – in den Garküchen der Stadt verprasst habe.

> Die über ihn kürzlich von seinem Patron ausgeschütteten | vollen zehn Millionen, Maximus, hat Syriscus | in Garküchen, wo man auf Stühlen sitzt, herumbummelnd, | im Umkreis von vier Bädern durchgebracht. | Wie groß muss ein Schlund sein, um zehn Millionen zu verfressen! | Und dann noch sogar ohne dabei zu Tisch zu liegen![56]

Im Epigramm wendet sich der Sprecher an ein Gegenüber (namens Maximus), um sich über Syriscus zu entrüsten, der von seinem Freilasser ein Erbe in der Höhe von zehn Millionen erhalten hatte, dies jedoch umgehend verjubelt habe und zwar auf überaus stillose Weise: nicht etwa bei luxuriösen Diners (was wohl noch vorstellbar gewesen wäre), sondern in Garküchen in der Nähe

---

51 Stat. silv. 3, 3, 45. Zur Rechtskonstruktion der *restitutio natalium*, welche in späteren Rechtsquellen bezeugt ist und volle *ingenuitas* herstellte Mouritsen (2011) 108.
52 Das am ausführlichsten ausgearbeitete Beispiel für den fehlenden Stil und die nicht vorhandene Bildung ist Petrons Trimalchio. Siehe dazu Mouritsen (2011) 115.
53 Siehe z. B. den Bericht des älteren Plinius über die kostbaren Tische des Nomius, die hochwertiger waren als die seines Patrons (Plin. nat. hist. 13, 93–94). Weitere Belege bei Mouritsen (2011) 117.
54 Dazu Mouritsen (2011) 109–113.
55 Siehe Kaser (1938).
56 Mart. ep. 5, 70: *Infusum sibi nuper a patrono | plenum, Maxime, centiens Syriscus | in sellariolis vagus popinis | circa balnea quattuor pergit. | O quanta est gula, centiens comesse! | Quanto maior adhuc, nec accubare!*

schäbiger Bäder.⁵⁷ Die Distanz zum gehobenen Gelage wird dadurch unterstrichen, dass man in den Garküchen nicht einmal zu Tische liegen *(accubare)* würde, auch wird das Unvorstellbare durch den Kontrast zwischem dem riesigen Schlund und den kleinen Garküchen anschaulich dargestellt.⁵⁸ Der Name Syriscus, typisch für einen Freigelassenen aus Syrien, spricht dafür, dass hier wieder einmal der Typus des Aufsteigers aus dem Osten des Imperiums traktiert wird, der durch die Nähe zu seinem ehemaligen Herrn dessen Vertrauen und schließlich einen Großteil seines Vermögens erwerben konnte.⁵⁹

Das niveaulose Verprassen wird den zu Reichtum gekommenen *liberti* in allen literarischen Gattungen vorgeworfen, wofür nur drei weitere Beispiele kurz erwähnt seien: Die schaurige Anekdote über Vedius Pollio, einen durch die Gunst des Augustus in den Ritterstand erhobenen Sohn eines Freigelassenen, der die in seiner Landvilla gezüchteten Muränen mit Sklaven gefüttert haben soll, bestätigt die Auffassung, dass die genuin sklavischen Emporkömmlinge den eigentlichen Esprit und Sinngehalt des demonstrativen Konsums verfehlten und stattdessen nur eine brutale Verschwendung von Ressourcen betrieben.⁶⁰

Ähnlich überzogen wirkt die Anekdote über den Freigelassenen Epaphroditus,⁶¹ dem Gönner des Geschichtsschreibers Flavius Josephus und des Philosophen Epiktet. Epiktet berichtet, dass Epaphroditos von einem Bittsteller um Unterstützung gebeten worden sei, weil dieser ›bloß‹ noch sechs Millionen Sesterzen besessen habe. Epaphroditos habe darauf sein Erstaunen zum Ausdruck gebracht, wie man solche Armut nur ertragen könne.⁶² Diese Anekdote ist sicherlich als Witz zu verstehen, da kaum jemand ernsthaft mit einem Vermögen dieser Größenordnung um Unterstützung hätte bitten müssen; in diesem Kontext von Armut zu sprechen, ist erst recht absurd. Gerade solche Witze aber verweisen auf die Verfehlung des Maßes, die den reichen *liberti* unterstellt wird.

Abschließend ist auch noch Seneca anzuführen, der über Freigelassene und ihren typischen, indezenten Umgang mit riesigen Vermögen urteilt: Diese seien auf geschmacklose Art glücklich.⁶³

57   Mit den »vier Bädern« sind nach Barié – Schindler (2002) 1261 die (im Übrigen von Freigelassenen gestifteten) Bäder des Fortunatus, Faustus, Gryllus und Lupus gemeint, die in einem anderen Epigramm (Mart. ep. 2, 14, 11–12) als äußerst schäbig beschrieben werden.
58   Barié – Schindler (2002) 1261.
59   In diesen Fällen sind gezielte Selbstversklavungen in Betracht zu ziehen: Veyne (1995) 24. Alföldy (1986) 315 ff. Alföldy (2011) 187 mit weiterer Literatur.
60   Siehe Friedländer SG I 156 mit Verweis auf Cass. Dio 54, 23, 1–6.
61   Zur Person PIR² E 69. Eck (1976).
62   Epikt. diss. 1, 26, 11 f.
63   Siehe z. B. Sen. epist. 27, 5.

Während in den vorangehend angeführten Zeugnissen nachvollzogen werden konnte, welchen Stigmatisierungen die reichen *liberti* ausgesetzt waren, stellt sich nun die Frage, inwiefern diese Personengruppe dennoch als erfolgreich angesehen werden kann oder gar angesehen werden muss. Die Antwort auf diese Frage hängt davon ab, wessen Wertmaßstäben man Geltung attestiert. Paul Veyne vertritt in seiner berühmten Studie über Petrons Trimalchio die These, dass Trimalchio zwar unter seinesgleichen als äußerst erfolgreich wahrgenommen wurde, jedoch niemals im Sinne der alten Elite. So gesehen sei er auch kein Parvenü, weil er nie arrivierte, ja arrivieren konnte: »[...] ein Parvenü ist wirklich arriviert, während Trimalchio seiner Kaste nicht entkommen kann, er kann lediglich ins Irreale fliehen.«[64] Dass diese These revidiert werden muss, ließ bereits der konstatierte Erfolgsneid, in dem die vielfältigen Stigmatisierungen der Freigelassenen begründet waren, erahnen. Deutlicher wird dies noch, wenn nun anhand sämtlicher verfügbarer Quellen die eingangs entwickelten Dimensionen des Konsums verfolgt werden, um zu zeigen, wie sich gerade die reichen *liberti* in den jeweiligen Bereichen verausgabten.

6.3 – Die Erfolge der ›Neureichen‹: Persönlicher Prunk und Wohltaten für das gemeine Volk

Betrachten wir zunächst die ornamentale Dimension des Konsums, also die auf den Einzelnen bezogene Ausstattung und den persönlichen Schmuck durch Statussymbole. Dabei ist zunächst der Kleideraufwand zu erwähnen, der im antiken Schrifttum geradezu als ein Erkennungszeichen der als ›neureich‹ Diffamierten auszumachen ist: Durch luxuriöse Kleidung erregen sowohl Petrons Trimalchio wie auch Martials Zoïlus Aufmerksamkeit, Letzterer ebenso durch eine geräumige Sänfte[65] und purpurne Polster.[66] Ferner werden die überaus prächtigen Wohnbauten einzelner Freigelassener in bester Lage in zahlreichen weiteren Zeugnissen hervorgehoben,[67] wobei die Zeitzeugen vor allem auf die von den Freigelassenen erzielten qualitativen und quantitativen Superlative in der Verwendung exotischer Materialien abheben: Plinius der Ältere erwähnt, dass Callistus, der Freigelassene Caligulas, in seinem Speisezimmer dreißig Säulen aus orientalischem Alabaster habe aufstellen lassen, während

---

64 Veyne (1995) 10.
65 Mart. ep. 2, 81.
66 Mart. ep. 2, 16. Siehe auch Petron. 38, 5.
67 Mart. ep. 5, 13 über die Häuser des Kallistratus. Juvenal über den Palast des Eunuchen Posides, der das Kapitol geschmückt habe: Iuv. sat. 14, 91. Cic. S. Rosc. 133 über die prächtige Ausstattung der Häuser des Freigelassenen Chrysogonus und dessen Luxusgüter.

das in augusteischer Zeit errichtete Balbus-Theater lediglich vier, obendrein kleinere dieser Art aufwies.[68] Das öffentliche Gebäude war demnach weitaus weniger prunkvoll ausgestattet als nur eines der Zimmer des Freigelassenen. Auch Juvenal äußert sich über die erlesenen Baumaterialien, die das Haus des von Augustus freigelassenen Licinus geschmückt hätten: phrygische Säulen mit Bernstein, Schildpatt und Elfenbein.[69]

Nicht nur diese Superlative der Qualität sorgten für Gesprächsstoff in der Stadt und erhöhten damit die Aufmerksamkeit, die den Freigelassenen zuteilwurde. Die Sichtbarkeit ihres Reichtums wurde vor allem durch ihre Begräbnisse wie durch ihre Begräbnisstätten erhöht, die mitunter gigantische Ausmaße annahmen und in Form und Pracht das gängige Maß aristokratischer Gräber übertrumpften. Diese Grabanlagen sind teils archäologisch, teils epigraphisch und teils literarisch bezeugt.[70]

Gut bekannt ist das prächtige, sich noch *in situ* befindende Grabmal des freigelassenen Bäckers Eurysaces (30 v. Chr.) an der Porta Maggiore in Rom; gleichfalls imposant wirken noch heute die Überreste des Grabmals des Lusius Storax aus Amiternum,[71] und das Grabmal der Haterii, einer Bauunternehmerfamilie aus flavischer Zeit.[72] Die anmaßende Inschrift, welche die Grabanlage des von Claudius freigelassenen Pallas zierte, und die ihm vom Senat zugesprochene Ehre des prätorischen Ranges sowie die ihm gleichfalls zugesprochenen 15 Millionen Sesterzen verzeichnete, ärgerte Plinius den Jüngeren noch vier Jahrzehnte nach dem Tod des Pallas, zumal dieser die Prämie auch noch ausgeschlagen hatte.[73] Anlässlich des Todes der Priscilla, der Frau des kaiserlichen Freigelassenen Abascantus, hat der Dichter Statius ein Leichenlied *(epicedion)* verfasst, in dem er die Größe des Begräbnisses betont und dabei immer wieder die daraus resultierende Sichtbarkeit des Abascantus hervor-

68 Plin. nat. hist. 36, 60.
69 Iuv. sat. 14, 305 ff.
70 Zanker (1975) behandelt ausschließlich und umfassend die Grabreliefs von Freigelassenen, die es – verglichen mit den hier interessierenden Superreichen – zu eher bescheidenem Vermögen gebracht hatten. Zu den Gräbern in Italien und Ostia Mouritsen (2005). Allgemein zu den Gräbern der Freigelassenen Hesberg (1992) insb. 239 f. Zu den inschriftlich bezeugten Grabgärten (insb. von Freigelassenen) siehe Samter (1899) 1966.
71 Zu den Grabmälern des Eurysaces und des Lusius Storax, dessen Reste sich heute im Museo archeologico nazionale d'Abruzzo in Chieti befinden siehe Hesberg (1992) insb. 240.
72 Die Reste befinden sich jetzt in den Vatikanischen Museen, Inv. 9997 und 9998. Dazu Hesberg (1992) 240.
73 Plin. epist. 7, 29. Plinius behauptet, Pallas habe mit der Ausschlagung der ihm verliehenen Summe der Nachwelt ein Beispiel für sein Maßhalten *(moderationis exemplum)* geben wollen, ihm wird unterstellt, den gegenüber den Freigelassenen erhobenen topischen Vorwurf des Verprassens abwenden zu wollen. Siehe auch Plin. epist. 8, 6.

hebt.⁷⁴ Der Leichenzug wird als gigantischer Fluss fremdländischer Blumen und Düfte beschrieben, der die auf pupurgefärbte Seide aufgebahrte Verstorbene begleitet habe. Ganz Rom habe auf den zutiefst trauernden Ehemann geschaut.⁷⁵ Das Grabmal lag an prominenter Stelle, direkt am Beginn der Via Appia,⁷⁶ sein erhabener Marmor habe den Überfluss der Essenzen ausgeatmet, welche der Toten beigegeben wurden. Es war reichlich mit Statuen aus Bronze und Marmor geschmückt und bot dem Betrachter offenbar die Illusion eines Speisesaals mit Sofas, Tischen und Dienstpersonal (vermutlich ebenfalls in Bronze).⁷⁷ Dieses Grabmal sei kein trauriges Grab, vielmehr ein Haus, das unmittelbar auf den Ruhm des Gatten, des *minister* des Kaisers, verweise.⁷⁸

Auch im *epicedion* auf den im Alter von etwa 90 Jahren unter Domitian verstorbenen Freigelassenen Claudius Etruscus wird auf dessen pompöses Begräbnis und seine Grablege eingegangen.⁷⁹ Literarisch bezeugt ist gleichfalls die Polemik eines unbekannten Autors, der das aufwendige Grab des gerade erwähnten Freigelassenen Licinus mit dem unspektakulären Grab des Senators Cato vergleicht und resümiert »Steine drücken Licinus nieder, Ruhm erhöht Cato hoch.«⁸⁰ Hier wird materieller Reichtum gegen ideellen aufgewogen, doch auch wenn dieser als entscheidender ausgewiesen wird, macht die Sentenz deutlich, dass im Hinblick auf die Sichtbarkeit der Freigelassene mehr zu bieten hatte als der Senator. Erwähnenswert scheint mir in diesem Zusammenhang der Sachverhalt, dass die Grabanlagen der Freigelassenen zum Teil in Gärten integriert waren, die gleichzeitig eine euergetische Dimension aufwiesen. Petrons Trimalchio entwirft sein aufwendiges Grabmal selbst, an das sich auch ein Obstgarten anschließen soll, der in der Erntezeit der Bevölkerung nutzen soll.⁸¹ Es ist ersichtlich, dass die reichen Freigelassenen durch ihre Begräb-

---

74 Stat. silv. 5, 1, 208–241.
75 Stat. silv. 5, 1, 217: *sed toto spectatur in agmine coniunx; in hunc magnae flectuntur lumina Romae [...]*.
76 Stat. silv. 5, 1, 222.
77 Stat. silv. 5, 1, 235 f.
78 Stat. silv. 5, 1, 237–241.
79 Stat. silv. 3, 3, insb. 198 ff.
80 Poetae Latini minores (Baehrens) 4, 24, 64–5: *saxa premunt Licinum, levat altum fama Catonem*. (Übers.: E.H.).
81 Petron. 71, 6–12. Eine ähnliche Formulierung findet sich in der Inschrift CIL VI 10237: *vitium pomorumque et florum viridiumque omnium generum seminibus ea loca [...]. adornaverunt*. Zu den sogenannten Grabgärten *(cepotaphia)* siehe die Belege bei Samter (1899) 1966. Dort auch der Verweis auf CIL V 2176 und 7454, wo der Ertrag der Grabgärten zur Deckung des jährlichen Totenopfers bestimmt wird, was voraussetzt, dass aus dem Garten entsprechende Erträge erwirtschaftet werden konnten. Versprechen bzw. Dokumentationen von Wohltaten über den Tod hinaus scheinen durchaus üblich gewesen zu sein: Eine Inschrift, die das Grabmal des Freigelassenen Lucius Urvineius Philomusus in

nisfeiern an herausragende Aristokraten anknüpften, durch ihre Grabbauten jedoch die bekannten Standards übertrafen, wie auch Henner von Hesberg feststellt. Er bezweifelt allerdings, dass dieses Hervortreten den Intentionen der Freigelassenen entsprach.[82] Die literarischen Erwähnungen bezeugen hingegen explizit den Wunsch, Aufmerksamkeit zu erregen.

Durchaus erfolgreich sind die ›Neureichen‹ einzustufen, wenn man die euergetische Dimension des Konsums betrachtet. Das Schenken und Stiften galt als Privileg der Reichen,[83] es erfüllte die Spendenden mit Stolz – und dies galt auch für die reichen *liberti*.[84] Allerdings sind die Stiftungen von Freigelassenen und fremden, d.h. nicht-römischen ›Neureichen‹ in der Stadt Rom in der altertumswissenschaftlichen Forschung – soweit ich sehe – noch nicht systematisch und umfassend behandelt worden,[85] so dass ich mich an dieser Stelle auf einzelne Fallbeispiele beschränke und Tendenzen auszuweisen versuche.[86] Zu betonen ist hier erstens, dass einige reiche Freigelassene Spiele ausrichteten, wenngleich nicht in Rom (wo die Spiele vom Kaiser bzw. den Inhabern entsprechender Positionen der Ämterlaufbahn ausgerichtet wurden), wohl aber in der näheren Umgebung Roms und in Italien. Eine Sondergenehmigung erhielt nach Ausweis Suetons Claudius' Freigelassener Harpocras, »dem er das Recht verlieh, [...] öffentlich Spiele zu veranstalten«.[87] Tacitus berichtet recht ausführlich darüber, dass im Jahr 27 zur Zeit des Tiberius in Fidenae (acht Kilometer nördlich von Rom) ein von einem Freigelassenen erbautes Amphithe-

---

Praeneste im 1. Jh. n. Chr. zierte, bezeugt, dass der Bestattete testamentarisch verfügt hatte, dem Volk zahlreiche Vergünstigungen zukommen zu lassen wie drei Jahre freien Eintritt in die Bäder und mehrtätige Spiele. Siehe CIL XIV 3015. Dazu Eck – Heinrichs (1993) 226f.

82 Hesberg (1992) 240: »[Die Freigelassenen] hoben [...] sich im Erscheinungsbild der Nekropolen deutlich ab. Ob das aber auch den Intentionen entsprach, darf man bezweifeln, denn nach allen Hinweisen der Überlieferung steht zu erwarten, daß die Freigelassenen vielmehr den herrschenden Normen gerecht werden und deswegen gerade nicht auffallen wollten.«

83 Zum Motiv des Reichen zu schenken und zu bauen Mart. ep. 9, 22, 16. Laut Sen. benef. 1, 2, 4 macht der »*vir bonus*« Zuwendungen.

84 In seiner Trostschrift an den Freigelassenen Polybios hilft Seneca diesem über den Tod des Bruders hinweg. Ein Grund für die Trauer wird bei Sen. Pol. 9, 5 explizit: Der Bruder könne weder seinen Reichtum noch seinen Einfluss genießen, könne keine Wohltaten empfangen und verteilen.

85 Eine Ausnahme bildet die Zusammenstellung der euergetischen Stiftungen der Freigelassenen bei Duff (1958) 152.

86 Recht gut erforscht ist die Spenderfreudigkeit der Freigelassenen im Rahmen des Kollegiums der *seviri Augustales*. Zur Ausübung des Kaiserkultes in den Reichsstädten Alföldy (2011) 175–178 mit weiterer Literatur unter Anm. 357. Alföldy geht davon aus, dass die *seviri Augustales* in den Reichsstädten durchaus zur Elite zu zählen seien (Anm. 362).

87 Suet. Claud. 28.

ater eingestürzt sei.⁸⁸ Seine Darstellung kann als ein faktenorientierter Bericht über eine Katastrophe gelesen werden, bei der 50.000 Menschen zu Schaden gekommen, getötet oder verletzt worden sein sollen. Zwischen den Zeilen klingt aber nicht nur Kritik am Kaiser an – die große Zahl der Besucher sei deswegen dorthin geströmt, weil Tiberius dem Volk keine Vergnügungen geboten habe. Es werden vor allem massive Bedenken gegenüber der Spendenfreudigkeit der Freigelassenen laut: Der Freigelassene Atilius habe die »Sache nämlich nicht unternommen, weil er sehr reich war und sich bei seinen Mitbürgern beliebt machen wollte, sondern aus schmutziger Gewinnsucht.« Tacitus benennt hier zunächst das traditionelle Motiv solcher Aufwendungen und schließt es gleichzeitig für den Freigelassenen aus, dem es nur um Gewinn gegangen sei. Der Geschichtsschreiber versucht damit, dem Freigelassenen eine euergetische Potenz, nämlich die wohlmeinende Absicht und das entsprechende Vermögen, abzusprechen.

Der von Tacitus referierte Senatsbeschluss, der angeblich in der Folge der Katastrophe erging und für die Zukunft die Veranstaltung von Spielen verbot, »falls der Veranstalter weniger als 400.000 Sesterzen Vermögen hätte,« impliziert, dass die Ausrichtung solcher Volksvergnügen für Personen unterhalb des Ritterstandes verboten war. Ob dieser Beschluss als historisch anzusehen ist oder nicht, ist schwer zu entscheiden – das angegebene Mindestvermögen hat mancher Freigelassene bei weitem übertroffen. Die Spielgeberfreude der Freigelassenen wurde indes dadurch nicht gebremst. Zur Zeit Neros – das erwähnt Tacitus eher beiläufig – stiftete Vatinius, der zunächst als entstelltes Faktotum die Gäste Neros belustigt hatte und dann angeblich durch Denunziationen zu Reichtum gekommen war, Gladiatorenspiele in Benevent.⁸⁹ *Munera* zu stiften, wird auch als ein Ziel von Petrons Trimalchio genannt,⁹⁰ und zu Plinius' Zeiten veranstaltet ein Freigelassener namens Maximus⁹¹ Leichenspiele in Verona.⁹² Auch Martial erwähnt von Handwerkern in Italien gestiftete Spiele, bevor er die provokative Frage aufwirft, ob demnächst etwa auch mit Spielen von Kneipenwirten zu rechnen sei:

> Cerdo, der Schuster, richtete für dich, gepflegtes Bologna, ein Gladiatorenspiel aus, | ein Tuchwalker richtete es für Modena aus. Wo wird der Kneipenwirt jetzt welche ausrichten?⁹³

---

88 Tac. ann. 4, 62 f.
89 Tac. ann. 15, 34. Benevent ist rund 240 km von Rom entfernt.
90 Petron. 76, 9. Dazu Rosen (1995).
91 Dessen Identität ist umstritten, vielleicht handelt es sich um den bei Plin. epist. 8, 4 Erwähnten. Siehe dazu Sherwin-White (1966) 401.
92 Plin. epist. 6, 34.
93 Mart. ep. 3, 59: *Sutor Cerdo debit tibi, culta Bononia, munus, | fullo dedit Mutinae:*

Ohne den Anspruch zu erheben, alle bekannten Beispiele aufgeführt zu haben, wird ein Muster deutlich: Freigelassene traten zwar nicht in Rom selbst, jedoch in italischen Städten und in der Nähe Roms[94] als Spielgeber auf.

In der Stadt Rom erhöhten reiche Freigelassene ihre Sichtbarkeit durch Stiftungen von Gärten und Bädern, beides Einrichtungen, die der städtischen *plebs* zugutekamen. Gartenanlagen setzten nicht nur optische Akzente in der Stadtarchitektur, sondern schufen Oasen der Erholung, die – sofern die Gärten nicht als Privatbesitz abgesperrt waren – bestimmten Personengruppen oder gar allen Städtern offen standen.[95] Das große Vorbild für die Öffnung eines privaten Gartens für die Öffentlichkeit war kein Geringerer als Gaius Julius Caesar, der testamentarisch seine großen Gartenanlagen am rechten Tiberufer dem Volk vermacht hatte.[96] Auch Augustus hatte bereits im Jahr 28 v. Chr. im Zuge des Baus seines Mausoleums dessen Umgebung zu einem Park mit Alleen ausbauen lassen, die er dem Volk zur Nutzung überließ.[97] Wo Obst und Gemüse angebaut wurden,[98] konnte man entweder selbst ernten oder Rationen vom Personal empfangen.[99] Betrachtet man die gesamte römische Geschichte, sind zwar in den meisten Fällen Angehörige des Senatorenstandes als Besitzer von Gärten auszumachen, was sehr deutlich aus der Aufstellung der Eigentümer von *horti* im stadtrömischen Bereich und im *suburbium* von Monika Frass hervorgeht. Für das 1. Jh. n.Chr. aber lassen sich immerhin acht Beispiele von *liberti* als Eigentümern ausmachen.[100] Auch finden sich Stimmen, die allgemein den Besitz von *horti* durch Freigelassene thematisieren.[101] Bei-

---

nunc copo dabit? Vgl. auch Mart. ep. 3, 16. Iuv. sat. 3, 36.
94 Unweit Roms hat sich ein Freigelassener als Spender einer gepflasterten Hangstraße verewigt: CIL XIV 4012.
95 Zu den römischen Gärten und deren Funktion als Wertobjekt und Wirtschaftseinheit grundlegend Frass (2006). Die Frage, inwieweit welcher Öffentlichkeit Zutritt zu Gärten in Privatbesitz gewährt wurde, ist in der Forschung noch nicht eingehend untersucht worden, zumal es nur wenige Zeugnisse gibt, die dies nahelegen: Frass (2006) insb. 178. Die Erwähnungen von Pförtnern, welche den Zugang zu den Gärten überwachten, erlauben zweifellos den Schluss, dass die Gärten zugänglich waren: Tac. ann. 15, 55 erwähnt die *ianitores* der *horti* Serviliani; ein *ostiarius* stand laut Seneca den Gärten von gesellschaftlichen Emporkömmlingen vor (Sen. benef. 3, 28, 5); spezielle *custodes hortorum* werden für die Gärten des Lamia benannt (Suet. Cal. 59). Zu den Gärten des Lamia Frass (2006) 210 f.
96 Suet. Iul. 83, 2. Siehe Boatwright (1998) 74 f. mit zahlreichen weiteren Belegen.
97 Suet. Aug. 100, 4: *in usum populi*. Boatwright (1998) 75.
98 Zur Gartenproduktion Frass (2006) 128–176, insb. 149 zur subsistenz- und marktwirtschaftlichen Nutzung der Gärten.
99 Sen. epist. 21, 10–11 idealisiert den bescheidenen Garten, in dem der Wärter den Gast mit Gerstengraupen und Wasser bewirtet.
100 Siehe die Übersicht bei Frass (2006) 405–422, insb. 412–419 zum 1. und 2. Jh. n.Chr.
101 Sen. benef. 3, 28, 5. Plin. paneg. 50.

spielhaft zu nennen sind hier bereits die für ihre Schönheit sprichwörtlich bekannten, aber nicht lokalisierbaren Gärten des Demetrios, eines Freigelassenen und Günstlings des Pompeius;[102] weiterhin die *horti Marsiani*,[103] welche nach Ausweis einer Inschrift einem Freigelassenen namens Aithalis gehörten,[104] die Parks des Pallas[105] und des Epaphroditus;[106] der Garten des Entellus, eines Freigelassenen Domitians, der Weinanbau in einem Gewächshaus vorsah.[107] Dass diese Gärten der Stadtbevölkerung offen standen und als volksfreundliche Stiftungen intendiert waren, ist anzunehmen. Ebenso das fantasievoll ausgestaltete Grabmal, das Petrons Trimalchio für sich selbst entwirft, sieht einen Obstgarten vor, der als öffentlich nutzbarer gedacht ist, denn Trimalchio denkt auch gleich an einen Wächter, der die Aufgabe hat, dafür zu sorgen, dass das Gelände nicht als Toilette genutzt werde.[108]

Was nun die Bäder betrifft, so ist zunächst zu bemerken, dass diese in Rom als eine griechische Erfindung galten: Die Römer hatten öffentliche Bäder bei den Griechen kennengelernt, speziell in den griechischen Kolonien Italiens. Im Laufe des 3. Jh.s v. Chr. entstanden die ersten sogenannten *balnea*, Bäder griechischen Typs, in Italien (z. B. Pompeji), einige Zeit später gab es solche öffentlichen Bäder auch in Rom, um die Zeitenwende soll sich deren Zahl bereits auf rund 200 belaufen haben.[109] Diese Bäder bestanden zunächst aus Räumen mit mehreren Badewannen, in die heißes Wasser gefüllt werden konnte. Um 100 v. Chr. wurde die Hypokaustenheizung erfunden, welche es ermöglichte, auch größere Becken zu beheizen und gemeinschaftlich zu nutzen. Dieses neue, effektive Heizungssystem beruhte auf der Erwärmung großer Flächen durch Heißluft, die zunächst unter den Fußböden, später auch hinter den Wänden und Gewölben zirkulierte. Das früheste Beispiel für ein sehr ansehnliches öffentliches Bad waren die 25 v. Chr. fertig gestellten Thermen des präsumtiven Augustus-Nachfolgers Agrippa auf dem Marsfeld,[110] später kamen die im Jahr

102 Plut. Pompeius 40, 4. Dazu Richardson (1992) 198. Frass (2006) 266.
103 Richardson (1992) 201.
104 Siehe dazu ausführlich Frass (2006) 212 mit Diskussion zum Namen und zur Datierung (in die Zeit Domitians). AE 1928 Nr. 12. LTUR III 75 (Chioffi).
105 Zu den riesigen *horti Pallantiani* auf dem Esquilin siehe Richardson (1992) 201. Mratschek-Halfmann (1993) 305 Nr. 122. Frass (2006) 226–228, dort Ausführungen zur Lokalisierung an der Via Tiburtina. Frontin. aqu. strat. 19 f., 69.
106 Epaphroditus war ein Freigelassener Neros, der unter Domitian hingerichtet wurde: PIR² E 69. LTUR III 60. Zu seinem Garten, bei dem es sich möglicherweise um ein Teilstück der *horti Pallantiani* handelte Frass (2006) 227 f.
107 Mart. ep. 8, 68.
108 Petron. 71, 6–12. Zur Kombination von Gräbern und Gärten Frass (2006) 196–200.
109 Nielsen (1990).
110 Nielsen (1990) 43. Busch (1999) 387.

64 eingeweihten Nero-Thermen auf dem Marsfeld hinzu,[111] dann auch die nahe dem Kolosseum gelegenen Titus-Thermen.[112] Im Verhältnis zu den später gebauten Thermen des Trajan, Caracalla und Diokletian waren diese Anlagen zwar klein, doch zählten sie zweifellos in ihrer Zeit zu den beeindruckendsten Bauwerken Roms.[113]

Neben diesen wenigen, von Agrippa bzw. den *principes* selbst gestifteten Badeanstalten, gab es seit dem späten 2. Jh. v. Chr. eine zunehmende Zahl von *balnea* – bereits der ältere Plinius spricht von einer »unendlichen Zahl« – die von Privatleuten betrieben wurden.[114] Martial nennt einige der Betreiber mit Namen: Stephanus,[115] Lupus, Faustus, Gryllus.[116] Ob der Bau dieser Bäder aus dem Staatsschatz oder aus privaten Mitteln finanziert wurde, ist allerdings nicht sicher zu klären.[117]

Spätestens seit neronischer Zeit treten kaiserliche Freigelassene als Stifter auf. Seneca differenziert zwischen den Badeanlagen der Plebejer und denen der Freigelassenen, wobei die *balnea libertinorum* bei ihm für besonders prächtige Bäder stehen und die Freigelassenen mit der übertrieben dekorativen Ausstattung nur ihr Geld verprassen wollten: »Wie viel Plastiken, wieviel Säulen, die nichts zu tragen haben, sondern zur Zierde aufgestellt sind nur um des Ausgebens willen!«[118] Seneca scheint hier ein ähnliches Bad vor Augen gehabt zu haben, wie es später Claudius Etruscus (der Sohn des gleichnamigen Freigelassenen, der unter Domitian starb) im Jahr 90 im Bereich des Marsfeldes stiftete, das an Komfort alles damals Bekannte in den Schatten stellte: Es wurde aus drei Wasserleitungen gespeist. Wer hier nicht gebadet habe, formuliert Martial, habe gar nicht gebadet und müsse eben ungebadet sterben.[119] Das Bad war

---

111 Zur starken Identifikation der Stadtrömer mit dieser Anlage siehe ausführlich Busch (1999) 387 ff.
112 Nielsen (1990) 46. Martial feiert deren Errichtung auf dem Gelände der nunmehr abgebrannten *domus aurea* im Buch der Schauspiele (Mart. spect. 2, 7 f.).
113 Busch (1999) 388.
114 Plin. nat. hist. 36, 121. Zur terminologischen Abgrenzung von *thermae* und *balnea* Busch (1999) 28 f. 389. Zur Zahl der *balnea* Busch (1999) 396 mit Anm. 21. Meusel (1960) 17 ff. Zur Lage der Bäder in Rom und zum archäologischen Befund siehe die Artikel s. v. *balneum* im LTUR I.
115 Das Bad des Stephanus war wahrscheinlich in einen Häuserblock (in der Regio VI?) integriert und zeichnete sich durch seine Helligkeit aus, die von großen Fenstern herrührte (Mart. ep. 11, 52 und 14, 60). Busch (1999) 401 mit Verweis auf Literatur zur Lokalisierung unter Anm. 31.
116 Mart. ep. 1, 59. Dazu Busch (1999) 399 f. Zu Mart. ep. 2, 14: Busch (1999) 428 f.
117 Dazu Meusel (1960).
118 Sen. epist. 86, 7: *quantum statuarum quantum columnarum est nihil sustinentium, sed in ornamentum positarum impensae causa!* (Übers.: Rosenbach).
119 Mart. ep. 6, 42.

nicht nur aufgrund der Helligkeit beliebt, sondern auch aufgrund der Opulenz der verwendeten Baustoffe: grüner Marmor aus dem Taygettosgebirge der Peloponnes, Edelsteine aus dem Orient; Statius benennt roten Porphyr und silberne Wasserspeier und -becken.[120] In diesem Bad seien laut Statius nur seltene Marmorarten verwendet worden,[121] wie auch später im *balneum Abascanti*, das wohl von T. Flavius Abascantus, einem Freigelassenen Domitians, in der ersten Region gestiftet wurde.[122] Ein anderer Freigelassener Domitians soll laut Martial das überraschend angenehme *balneum Charini* gestiftet haben.[123] Ofonius Tigellinus, der wahrscheinlich griechischstämmige Prätorianerpräfekt Neros, soll ebenfalls Bäder gestiftet haben.[124] Mit Stiftungen von Bädern taten sich Freigelassene bzw. ›Neureiche‹ nicht nur in Rom, sondern auch in den Provinzstädten hervor, was zahlreiche Inschriften bezeugen; Géza Alföldy meint sogar, dass die wirtschaftliche Blüte vieler Städte in der frühen Kaiserzeit den Stiftungen der Freigelassenen zu verdanken sei.[125] Überhaupt wurden zahlreiche Trends im Hinblick auf Badegewohnheiten von Freigelassenen gesetzt: Sei es die Mischung des Badewassers mit Essenzen – laut Plinius dem Älteren eine Unsitte, die Caligula von den »Knechten« Neros übernommen habe – oder sei es der Import ägyptischen Wüstensands für die Ausstattung des Turnplatzes.[126]

Gerade die von Freigelassenen, deren Nachkommen oder ›neureichen‹ Zuwanderern gestifteten öffentlichen Bäder in Rom sind als sehr markante Akzente der euergetischen Sichtbarkeit zu bewerten, da aufgrund des Fehlens einer republikanischen Tradition dieses ›Feld‹ nicht, oder zumindest kaum von Magistraten/Senatoren besetzt worden war. Im Gegenteil: Stiftungen stabiler Gebäude, die im Stadtbild dauerhafte Sichtbarkeit gewährleisteten, waren in republikanischer Zeit sogar extrem unerwünscht, was am lange bestehenden Verbot des Baus von festen Theaterbauten deutlich wird: Das im Jahr 55 v. Chr. eingeweihte Pompeiustheater war das erste Theater, das kein provisorisches, nach der Benutzung wieder abzutragendes Gebäude war.[127] Es scheint, dass in der frühen Kaiserzeit gerade reiche Zuwanderer und Freigelassene in diese ›Lü-

---

120 Mart. ep. 6, 42, 11 ff. Stat. silv. 1, 5, 37 ff. 47 ff. Dazu Weeber (2006) 105. Neumeister (1991) 164–169. Almeida (2014) 306–311.
121 Richardson (1992) 48. Stat. silv. 1, 5, 34 ff. Mart. ep. 6, 42.
122 Friedländer SG I 46 f. Richardson (1992) 48.
123 Mart. ep. 7, 34. Richardson (1992) 48. Gegen die Annahme einer Stiftung des Charinus Busch (1999) 393.
124 Mart. ep. 3, 20, 15 f. Dazu Richardson (1992) 50. Busch (1999) 392. Stein (1937) 2060 ff. Zur Herkunft des Tigellinus und zum Freitod im Bad Tac. hist. 1, 72.
125 Alföldy (1984) 113.
126 Plin. nat. hist. 13, 22.
127 Dazu Flaig (2003) 236.

cke‹ der euergetischen Repräsentanz stießen, bis dieses Feld dann maßgeblich (aber nicht ausschließlich) von den *principes* okkupiert wurde, sofern deren Herrschaftsdauer große Bauprojekte überhaupt zuließ. Angehörige des Senatoren- und Ritterstandes sind in der Stadt Rom hingegen vor dem 3. Jh. n. Chr. höchst selten als Stifter von Badeanlagen bezeugt.[128] Es ist erkennbar, dass die Freigelassenen ihre Vermögen in *andere* Dinge investierten als die Angehörigen der traditionell vermögenden Stände.

Nur kurz angesprochen werden sollen öffentliche Ehrungen in Form von Inschriften und Statuen, welche Freigelassenen zukamen: Für die Stadt Rom sei erneut auf das zweifellos exzeptionelle Beispiel des Pallas verwiesen, dessen Ehrung durch den Senat unter Claudius durch Verleihung des Prätorenrangs und einer gigantischen Geldsumme – die er zurückwies – nicht nur auf seinem Grabmal inschriftlich dokumentiert wurde, sondern auch auf einer vom Senat veranlassten Bronzetafel, die bei der Panzerstatue des vergöttlichten Caesar publiziert wurde.[129] In den Städten des Reiches war die Selbstdarstellung reicher Freigelassener in Form von Ehrenstatuen bekanntermaßen besonders aufsehenerregend; da hier jedoch maßgeblich die Stadt Rom interessiert, können diese ausgeblendet bleiben.[130]

6.4 – Neureiche Patrone?

Inwiefern die ›Neureichen‹ bei der Investition von Vermögen in soziale Verbindungen – hier gefasst als sozial-investive Dimension des Konsums – erfolgreich waren, ist noch nicht eingehend untersucht worden.[131] Allerdings ist die strukturelle Begünstigung der Patronagefähigkeit gerade der kaiserlichen Freigelassenen in der Forschung oft bemerkt worden; vor allem diejenigen, die im Kaiserhaus mit dem Amt betraut waren, die Bittschriften an den Kaiser entgegenzunehmen, dürften nicht nur umfangreiche Schmiergelder bezogen haben,

---

128 Mart. ep. 10, 79, 3 erwähnt den Konsul Torquatus, der glänzende Thermen aus buntem Marmor errichtete. Im 3. Jh. n. Chr. stiftete der Konsul des Jahres 270, Flavius Antiochianus, ein Bad: Richardson (1992) 48. Siehe auch Meusel (1960) 52: »Außerhalb des Kaiserhauses sind uns [für die Stadt Rom] neben Agrippa nur noch drei Männer senatorischen Ranges [Beispiele sind aus dem 4. Jh. n. Chr., E. H.] bekannt, die sich um Bäderbau und -restauration verdient gemacht haben.«

129 Plin. epist. 8, 6. Zum Grabmal des Pallas Plin. epist. 7, 29. Die Statue befand sich laut Eck – Heinrichs (1993) 224 vermutlich auf dem Forum Romanum.

130 Zu den Ehrenstatuen in den Reichsstädten Alföldy (2011) 177 f. mit Beispielen.

131 Wenn Mouritsen (2011) 246 Anm. 180 auf den Eintritt der Freigelassenen in die *clientela* eingeht, nimmt er diese nur als potentielle Klienten in den Blick, nicht aber – was aufschlussreicher wäre – als Patrone.

sondern konnten auch Seilschaften ausbilden.¹³² Nunmehr mussten Senatoren mit Bitten an diese machtvollen Personen niederer Geburt herantreten, um deren Fürsprache zu erwirken und zum Kaiser vorgelassen zu werden – eine Konstellation, die von der senatorischen Elite als demütigend wahrgenommen wurde.¹³³ Epiktet erwähnt, welche Erniedrigungen damit verbunden waren, einen Freigelassenen um Unterstützung zu bitten.¹³⁴ Seneca gibt an, mit eigenen Augen gesehen zu haben, wie Callistus, ein Freigelassener des Caligula, der unter Claudius zu Einfluss kam, seinen ehemaligen Herrn, der ihn einst verkauft hatte und ihm nun bei der *salutatio* aufwarten wollte, nicht vorließ.¹³⁵ Konkret lassen sich die hier unterstellten sozialen Netze und der Transfer von Geld an Einzelfällen belegen: So soll etwa Vespasian seine Berufung zum Legionslegaten dem für seinen großen Einfluss auf Claudius berüchtigten Freigelassenen, Narcissus, verdankt haben.¹³⁶ Und unter Commodus profitierte der kaiserliche Freigelassene Cleander von zahlreichen Zuwendungen, die er von aufstrebenden Senatoren erhielt.¹³⁷

Jenseits des Kaiserhauses war das Aussprechen von Einladungen zum Gastmahl ein probates Mittel, um sich als Patron zu etablieren.¹³⁸ Martial thematisiert diese ›Strategie‹ im Epigramm über die großzügige Geburtstagsfeier des Diodoros; es belegt gleichfalls die Vorbehalte gerade der einfachen Leute gegenüber solchen Bemühungen:

---

132 Dazu bereits Friedländer SG I 45: »Abgesehen von ihren einträglichen Ämtern hatten sie in den Provinzen wie in Rom, bei Geldverwaltungen wie im kaiserlichen Hausdienst tausendfache Gelegenheit, durch geschickte Benutzung der Umstände ihr Vermögen zu vermehren, auch ohne gerade zu plündern und zu erpressen. Es versteht sich [...] von selbst, daß die im Hofdienst Angestellten sich jede wirkliche oder angebliche Mitwirkung, um ein Anliegen an das Ohr des Kaisers zu bringen, jeden mittelbaren und unmittelbaren Einfluß auf seine Entschlüsse bezahlen ließen.«
133 Dazu Millar (1977) 69 ff. Saller (1982) 60 ff., 66 f. Flaig (1992) 125 f. Das Problem verringerte sich, seitdem die Kaiser die Adminstration zunehmend Freigeborenen übertragen, denen der Ritterrang verliehen wurde: Millar (1977) 83 ff. Vergleichbare Demütigungen, wie sie am Kaiserhof Mitgliedern der Senatsaristokratie zugefügt worden sind, sind schon in der Republik, z.B. in den Residenzen der Statthalter vorgekommen: Siehe dazu Rilinger (1997) 84 mit Beispielen.
134 Epikt. diss. 4, 1, 148–149. 3, 7, 31. 4, 7, 19–20.
135 Sen. epist. 47, 9.
136 Narcissus: PIR² N 23. Suet. Vesp. 4, 1.
137 Cass. Dio 72, 12, 13.
138 Bereits der Auktionator Sex. Naevius (um 80 v. Chr.) gilt als ein Beispiel dafür, dass sich eine Person niederer Stellung durch Veranstaltungen von Diners einen Platz in der Gesellschaft zu erobern suchte: Cic. Quinct. 93. Dazu Kroll (1963) 190.

An deinem Geburtstag, Diodoros, liegt der Senat als Gast | bei dir zu Tische, und nur wenige Ritter sind nicht eingeladen, | zudem spendiert deine Sportula je dreißig Sesterze. | Trotzdem glaubt keiner, Diodorus, daß du geboren bist.[139]

Ein einfacher Mann spricht in dieser Passage den reichen Gastgeber Diodoros an und konstatiert, welch hohe Gesellschaft anlässlich der Geburtstagsfeier des Diodoros zusammenkomme: der Senat, auch fast alle Ritter. Diodorus erweise sich als äußerst spendabel, indem er fünfmal mehr Münzgeld aushändige als üblich. Dennoch – so die Pointe dieses Epigramms – gebe es überhaupt keinen Anlass für ein Geburtstagsfest, da der gebürtige Sklave juristisch betrachtet keine Person, sondern eine Sache und somit gar nicht geboren worden sei. An dieser Stelle wird die Diskrepanz zwischen der Großzügigkeit und dem Stigma der unfreien Geburt betont, um die Patronagefähigkeit des Freigelassenen anzuzweifeln.

Das ›Gastmahl des Emporkömmlings‹ ist ein in der römischen Literatur in unterschiedlichen Gattungen behandeltes Thema. Dabei wird immer wieder auf die oben bereits angesprochenen Klischees der Maßlosigkeit, der Stillosigkeit und der fehlenden Bildung rekurriert: Dies gilt für die Charakterisierung der literarischen Figur des neureichen Nasidienus bei Horaz, ebenso für Petrons Trimalchio[140] und den bei Martial häufig traktierten Zoïlus, der im Folgenden etwas ausführlicher behandelt werden soll.

Der Name »Zoïlus« nimmt höchstwahrscheinlich Bezug auf einen sehr bekannten Freigelassenen des Octavian dieses Namens, der geraume Zeit in Aphrodisias am Mäander im Sinne Roms Politik betrieben hat und so vermögend war, dass er großzügige Baustiftungen für seine Stadt vornehmen konnte, die durch die Stifterinschriften an den Bauwerken gesichert sind,[141] bevor ihm (wahrscheinlich *post mortem*) ein heute noch gut erhaltenes Denkmal gesetzt wurde. Dieses stellt ihn als Vertrauensmann des Kaisers in Rom wie auch als Magnat seiner Heimatstadt dar, indem die Bildsprache römische und griechische Chiffren verbindet.[142] Wir können davon ausgehen, dass Martials Zoïlus den ›neureichen Kleinasiaten‹ verkörpert. Man kann anhand der Zoïlus-Epigramme Martials gut nachvollziehen, wie die traditionelle Topik des ›Neureichen‹ mit ethnisch-kulturell hergeleiteten, auf die Sexualität bezogenen

---

139 Mart. ep. 10, 27: *Natali, Diodore, tuo conviva senatus | Accubat, et rarus non adhibetur eques, | Et tua tricenos largitur sportula nummos. | Nemo tamen natum te, Diodore, putat.*
140 Hor. sat. 2, 8. Petron. 26, 7–78, 8. Dazu Stein-Hölkeskamp (2005).
141 Smith (1993) Testimonium 2 und 3.
142 Siehe Smith (1993).

Inventiven angereichert wird:[143] Zoïlus wird immer wieder als *fellator* stigmatisiert, wie auch gerade den Griechen aus Kleinasien immer gern übertriebene Körperpflege, ein immenser Sexualtrieb und eben auch die Neigung zur verrufenen *fellatio* unterstellt wird.[144] Der Typus »Zoïlus« verkörpert einen unfrei geborenen, aber in erster Linie schwerreichen, absolut verweichlichten ›Griechen‹. Mehrere Epigramme berühren das Thema der von ihm angestrebten Integration in die ›bessere Gesellschaft‹ der Stadt; drei Beispiele sollen hier besprochen werden.

Ein Gastmahl des Zoïlus wird in Martials Epigramm 3, 82 aus der Perspektive eines Gastes beschrieben. Dieser lässt sich ausführlich über die sexuellen Begehrlichkeiten des Zoïlus aus, die als völlig übertrieben dargestellt werden, sowie über dessen gänzlich unrömische Erscheinung. Zoïlus trage gelbgrüne Frauengewänder, die ihn als *effeminatus* markieren,[145] er bette sich auf purpurne Seidenkissen und schwelge schwitzend im Luxus der Stoffe.[146] Besonders akzentuiert werden in dem Epigramm die ungewöhnlichen Körperhaltungen, die Zoïlus bei diesem Mahl einnimmt, das zu einer Orgie der Sinnenbefriedigung stilisiert wird. Während er zwar die Schoßhunde mit Gänseinnereien füttern lässt und zahlreiche, vorrangig für sexuelle Dienste zur Verfügung stehende Diener[147] mit Delikatessen bedenkt, werden seine Gäste mit schäbigem Fraß abgespeist.[148] Es wird auf diese Weise deutlich gemacht, dass Wohlstand allein nicht zum Gastgeben befähige, geschweige denn zur Veranstaltung eines den römischen Sitten entsprechenden *conviviums*: Zoïlus vermag sich nämlich nicht mit den Gästen auszutauschen, wie es das ideale Gastmahl vorsieht, er bleibt im ganzen Epigramm isoliert, seine Gesellschaft bilden eben nicht die Gäste, sondern bloß seine Hunde und das Dienstpersonal.

Einen weiteren Hinweis auf die angestrebte Integration des Typus Zoïlus in das soziale Netz der Stadt gibt das Epigramm 2, 16. Darin wird geschildert, wie Zoïlus unter scharlach- und purpurfarbenen (also extrem teuren) Decken den Kranken mimt. Im vorangehenden Kapitel wurde gezeigt, dass es bei dieser ›Inszenierung‹ darum ging, Erbfänger anzulocken. Dieser Kontext muss

---

143 Zur Figur auch Walter (1996) 226 f. Kay (1985) 92 mit einschlägigen Belegen zur topischen Kritik an Neureichen.
144 Mart. ep. 6, 91. 6, 30. 6, 85.
145 Mart. ep. 82, 5. Siehe die Erläuterungen von Barié – Schindler 1213 mit Verweis auf Mart. 1, 96, 9.
146 Zum Topos des Kleiderluxus und dem Schwitzen Mart. ep. 5, 79.
147 Genannt werden ein Lustknabe *(exoletus)*, eine Konkubine *(concubina)*, ein Knabe *(puer)*, eine Masseuse *(tractatrix)*, ein Eunuch *(eunuchus)*, dazu kommen die Ringkampflehrer *(palaestriti)*, ein weiterer Lustknabe *(concubino)* und ein Narr *(morus)*.
148 Mart. ep. 3, 82, 22 ff. Zum Topos des ungleichen Mahls siehe auch Kapitel 4.3.

bedacht werden, um den Witz dieses Epigrammes erfassen zu können: Wer sich als reich und krank ausgab, erhöhte die Zahl jener, die zur Aufwartung kamen. Wenn der Sprecher dieses Epigramms mutmaßt, dass die teuren Decken schuld seien an der Krankheit des Zoïlus, während ihm ärmliche Decken sofort Gesundheit bescheren würden, so wird damit eben auf jenes falsche Spiel der Erblasser angespielt.

> Wär' er gesund, was sollten die Scharlachdecken dann? | Wozu das Polster vom Nil, wozu das mit stark riechendem Purpur gefärbte? | Was außer der Krankheit stellt seinen törichten Reichtum zur Schau? | Was willst du mit den Ärzten? Entlaß alle Äskulap-Söhne! | Gesund willst du werden? Dann nimm meine Decken![149]

Im Epigramm bleibt offen, ob Zoïlus mit seiner Strategie, Erbfänger anzulocken, Erfolg hat. Für unseren Kontext ist es aber entscheidend festzuhalten, dass Zoïlus sich genauso geriert wie andere reiche Männer und Frauen der Gesellschaft: Er möchte Erbfänger anlocken, um ein Netzwerk zu implementieren und keineswegs sein Vermögen nur für sich allein behalten.

Auf ausbleibenden sozialen Erfolg verzweifelter Reichtumspräsentation spielt das Epigramm über die geräumige Sänfte des Zoïlus an, dessen Pointe sich gerade aus dem sozialen Scheitern des Zoïlus ergibt.[150] Da Zoïlus keine Freunde, keine Klienten und Schmeichler habe, nutze ihm die größte Sänfte nichts, da er sie doch nur allein für sich selbst verwenden könne. Daher sei für Zoïlus das luxuriöse Fortbewegungsmittel nichts anderes als eine Totenbahre:

> Mag deine Sänfte auch noch geräumiger sein als die mit sechs Trägern: | Da sie jedoch dir gehört, Zoïlus, ist sie eine Totenbahre.[151]

Die Betrachtung der drei Epigramme hat gezeigt, dass Martial den Bemühungen des Zoïlus um soziale Integration keinen Erfolg attestiert. Daraus lassen sich zwar keine verallgemeinernden Schlüsse über die Patronagefähigkeit der reichen Freigelassenen ziehen, und die Bemühungen von Freigelassenen in dieser sozial-investiven Dimension sind schwer einzuschätzen; jedoch werden bei der Martial-Lektüre einige Vorbehalte erkennbar, mit denen den Aufstrebenden begegnet wurde. Ihrer Integration stand entgegen, dass sie nicht auf ›ererbte‹ Bindungsverhältnisse zurückgreifen konnten. Nur in Einzelfällen lassen

---

149 Mart. 2, 16: *Zoilus aegrotat: faciunt hanc stragula febrem. | Si fuerit sanus, coccina quid facient? quid torus a Nilo, quid Sidone tinctus olenti? | ostendit stultas quid nisi morbus opes? | Quid tibi cum medicis? dimitte Machaonas omnis. | Vis fieri sanus? stragula sume mea.*
150 Mart. ep. 2, 81.
151 Mart. ep. 2, 81: *Laxior hexaphoris tua sit lectica licebit: | cum tamen haec tua sit, Zoile, sandapila est.*

sich Erfolge im Hinblick auf den Aufbau einer Klientel explizit nachweisen: Als Beispiel für einen in sozialer Hinsicht erfolgreichen (kaiserlichen) Freigelassenen kann Epaphroditos gelten, der sich als Patron von Literaten betätigte und darüber hinaus auch durch Freilassungen seiner eigenen zahlreichen Sklaven sein Netz der Verbindlichkeiten stabilisierte. Ein anderer reicher Freigelassener aus Rom bekundet inschriftlich auf seinem Epitaph: »Ich hatte viele Klienten«.[152] Doch sind solche Zeugnisse rar.

6.5 – Die Nöte der traditionellen Elite

Der moralische Diskurs über Reichtum in Rom ging von einem ›rechten Maß‹ aus, welches dem Senatorenstand den höchsten Verbrauch an Gütern zubilligte, der seine Würde widerspiegelte, weswegen Plinius den Senatorenstatus eine kostenaufwendige Würde *(dignitas sumptuosa)* nennt.[153] Der Umgang mit einem entsprechenden Vermögen setzte eine moralische Stärke voraus, die man in Rom in der Aristokratie über Generationen hinweg durch Erziehung gewonnen zu haben glaubte.[154]

Allerdings war seit der ausgehenden Republik bekannt, dass der konkurrenzorientierte Luxuskonsum innerhalb der Senatorenschaft bedenkliche Formen angenommen hatte. Eine schwer zu quantifizierende, aber wohl nicht unerhebliche Zahl von Senatoren musste im 1. Jh. n. Chr. aus dem Senat ausscheiden, weil sie den geforderten Vermögenszensus von einer Million Sesterzen nicht mehr erreichte.[155] Die Gründe dafür haben nicht zuletzt im aufwendigen, ja ruinösen Lebensstil gelegen. Aber selbst in den Momenten, wo dieser Sachverhalt im Senat diskutiert wurde, fand man keine Möglichkeit, den Wettlauf der demonstrativen Verschwendung zu unterbinden, da nun einmal der opulente Lebensstil für Senatoren wie auch für Ritter als standesgemäß und damit notwendig galt. So argumentiert zumindest ein Senator, Gallus Asinius, zur Zeit des Tiberius in einer Debatte, die laut Tacitus im Jahr 22 n. Chr. im

---

152 CIL VI 21975. Siehe auch Veyne (1995) 43.
153 Plin. epist. 2, 4, 3.
154 Mouritsen (2011) 113.
155 Siehe dazu Bergener (1964) 202, der als Hintergründe vor allem finanzielle Verluste der Familien durch Bürgerkriege und Proskriptionen annimmt sowie den Wegfall früherer Einnahmequellen durch Bereicherung in den Kriegen und in den Provinzen. Siehe ähnlich Gelzer (1983) 138 ff., der darüber hinaus auf die grundlegende Überzeugung der Senatoren abhebt, man müsse in der Hauptsache von seinen Bodeneinkünften leben können. Wo dies nicht gelang, sei der Kaiser um Unterstützung angegangen worden. »Der Gedanke, durch irgendeine ehrliche Arbeit Geld zu verdienen, taucht bei diesen Herren gar nicht auf.« Siehe grundlegend Klingenberg (2011) 86–89.

Senat geführt wurde. Zur Eindämmung des Luxus hatte man beschlossen, dass kein Essgeschirr aus massivem Gold mehr hergestellt werden solle und Männer keine Seidenkleider mehr tragen sollten.[156] Tacitus stellt in seinem Bericht die Halbherzigkeit solcher Bestimmungen heraus und die Problematik zusätzlicher Aufwandsbeschränkungen, die in der Republik eine lange, wenn auch erfolglose Tradition hatten.[157] Tiberius selbst habe auf die Sinnlosigkeit weiterer Aufwandsbeschränkungen verwiesen, welche nur wechselseitige Anklagen zur Folge hätten, während das eigentliche Übel nur durch Einsicht zur Selbstbeschränkung, das heißt ›von innen heraus‹ bezwungen werden könnte.[158]

Finanzielle Engpässe der oberen Stände sind nicht ausschließlich auf Luxus zurückzuführen und nicht in allen Fällen mit absolutem Bankrott gleichzusetzen.[159] Der Ruin konnte durch den Eingriff des Kaisers abgewendet werden, der damit als Unterstützer der oberen *ordines* hervortrat.[160] Dass gerade das Vermögen der Aristokraten zum Großteil in Grundbesitz festlag, der sich nicht ohne weiteres umsetzen ließ, erwies sich als gravierendes Problem.[161] Bei temporären Engpässen half man sich in der Elite Roms durch gegenseitige Unterstützungen aus.[162] Martial stellt es so dar, als ob in Rom ausgiebig darüber geklatscht wurde, wer wie viel Geld von wem geliehen hatte,[163] wobei als indiskret galt, wer versuchte, sich als finanzkräftiger Geldverleiher durch die

---

156 Tac. ann. 2, 33.
157 Zur Luxusgesetzgebung der Republik zusammenfassend Baltrusch (1989).
158 Tac. ann. 3, 54. Siehe zu der Senatsdebatte Klingenberg (2011) 74 f. Möglicherweise gab es diese Tendenzen, sich gezielt einem bescheidenen Leben anzunähern, in Teilen der Senatorenschaft durchaus. Seneca verweist verschiedentlich auf die Praxis seiner Zeitgenossen, sich im Rahmen der baulichen Ensembles ihrer Villenanlagen eine sogenannte Armenkammer *(cella pauperis)* einzurichten, wo aus Überdruss am Reichtum für kurze Zeit das Leben der Armen imitiert werde: Sen. epist. 18, 7. 100, 6. Vgl. auch Mart. ep. 3, 48. Dazu Neudecker (1988) 148. Auf der einen Seite wurde ein gewisses Maß an Vermögen als Grundlage dafür angesehen, dass jemand ein ehrenvolles Leben führen konnte, auf der anderen Seite war es evident, dass Reichtum auch ein Verhängnis sein konnte, nämlich wenn der Reichtum die Hoheit über den Geist seines Besitzers bekam und diesen zu Gier antrieb, ein Problem, das die stoische Philosophie intensiv beschäftigt hat.
159 Allerdings konnte Verschuldung auch zum Ausschluss aus dem *ordo* führen: Klingenberg (2011).
160 Dazu ausführlich Klingenberg (2011) 87.
161 Paul Veyne hat dies prägnant beschrieben: »Ein Adelsvermögen bestand aus zwei Teilen, die durch eine dichte Schranke getrennt bleiben sollten: einerseits das Patrimonium in Liegenschaften, worauf die althergebrachte Größe der Familie beruhte und das man auf jede Weise abrunden wollte, und andererseits die Goldstücke, die man thesaurierte und zu Wucherzinsen auslieh. [...] der überwiegende Teil des allgemeinen Reichtums war also unbeweglich, blieb außerhalb der Kaufkraft.« (Veyne (1995) 32).
162 Siehe dazu Rollinger (2009) 187–190. Rollinger (2014).
163 Mart. ep. 6, 10.

Bekanntgabe der Schuldner zu positionieren,[164] oder wer Schulden großspurig (und nicht dezent) erließ.[165] Nicht eingehaltene Zusagen von Darlehen[166] werden bei Martial ebenso häufig thematisiert wie Rückzahlungsschwierigkeiten oder unterlassene Rückzahlung.[167] Außerhalb des freundschaftlichen Netzes blieb in der Not der Gang zu professionellen Kreditgebern, die Wucherzinsen verlangten und regelrecht als existentielle Gefahr für leichtlebige Senatorensöhne angesehen wurden.[168] Schulden stellten eine enorme Belastung dar, weil es als beschämend empfunden wurde, Unterstützungsleistungen annehmen zu müssen.[169] Nicht ohne Grund rühmt sich im Gegenzug ein Genosse von Petrons Trimalchio, »erhobenen Hauptes« sein Leben zu bestreiten, weil er niemandem etwas schulde.[170]

Aus Martials Epigrammen ist zu ersehen, dass man sich innerhalb der prinzipiell vermögenden Familien im Übrigen nicht nur mit Geld, sondern auch mit Leihgaben der für die Selbstdarstellung benötigten Prestigeobjekte, wie zum Beispiel Tafelsilber, aushalf. Martial witzelt über die tragische Kombination aus nicht gegebener Liquidität und Geiz: Um ein Geld-Darlehen gewähren zu können, musste man ›flüssig‹ sein; um die höherwertige Leihgabe zu gewähren, großzügig. Wenn beides nicht zutreffe, sei dem bedürftigen Freund schlicht nicht zu helfen. »Kannst du nicht? Oder willst nicht?« – das waren die Fragen, die man stellte, wenn erhoffte Unterstützungsleistungen ausblieben.[171]

Im Folgenden soll nur sehr kursorisch gezeigt werden, wie Senatoren und Ritter sich in den eingangs entwickelten Dimensionen des Konsums verausgabten, indem das Hauptaugenmerk darauf gelegt werden soll, dass die beiden oberen Stände – im Unterschied zu den ›Neureichen‹ – mit vielfachen

---

164 Mart. ep. 4, 37.
165 Mart. ep. 8, 37. 9, 102.
166 Mart. ep. 6, 20: Die Zusage der 100.000 Sesterzen steht 10 Tage aus. Siehe auch Mart. ep. 7, 43.
167 Mart. ep. 6, 5. 6, 13. 11, 76. 8, 10: Jemand kaufte auf Pump Kapuzenmäntel für 10.000 – ein Schnäppchen? Ja, weil der Käufer das Geliehene nicht zurückzahlt. Martial erwähnt sogenannte Wucherer *(faeneratores)*, bei denen es sich um professionelle Geldverleiher handelt: Mart. ep. 2, 44, 3; in ep. 2, 74 hat einer mit Hilfe von bekannten Geldverleihern seine große Klientel finanziert.
168 Klingenberg (2011) 168. Zum Bankwesen grundlegend Andreau (1999).
169 Siehe z. B. Sen. benef. 7, 2.
170 Petron. 57, 5.
171 Bei Mart. ep. 5, 82 wird ein Mann namens Gaurus attackiert, weil er jemandem 200.000 Sesterzen versprach, aber keine 10.000 Sesterzen geben konnte. Es wird die Frage in den Raum gestellt, ob er nicht geben könne oder nicht geben wolle. Das Epigramm Mart. ep. 2, 44 bezieht seinen Witz aus der vorbeugenden Ablehnung einer noch gar nicht ausgesprochenen Bitte um Unterstützung; das Niveau der Ausgaben deutet hier eher auf bescheidene Vermögensverhältnisse.

Schwierigkeiten konfrontiert waren, die allerdings von den ›seriösen‹ Autoren kaum erwähnt werden.[172] Hingegen stürzen sich Martial und Juvenal gerade auf diese neuralgischen Themen, auf die verfolgten Strategien, über den mit fehlender Liquidität verbundenen Statusverlust hinwegzutäuschen, um in der Gesellschaft den Rang zu wahren.

Am Beispiel des Wohnens lassen sich Probleme im Bereich der ornamentalen Dimension des Konsums ausmachen. Das Stadthaus eines Senators[173] repräsentierte den Status des Besitzers. Entscheidender als die Größe war die Lage des Hauses (es sollte sich möglichst auf einem der Hügel befinden), und auch die Räumlichkeiten sollten nach Vitruv »der Würde angemessen« ausgestattet sein, weswegen besonders in die Inneneinrichtung – Marmorausstattung, Mosaikböden, Wandmalereien und Mobiliar – investiert wurde.[174] Hinzu kam aber noch die soziale Erwartung, darüber hinaus eine *villa suburbana* vor den Toren Roms zu haben und obendrein nach Möglichkeit noch eine Villa am Meer, vorzugsweise am Golf von Neapel. Viele konnten sich diesen Lebensstil auch nachweislich leisten.[175]

Von den sich aus diesem Immobilienluxus ergebenden Engpässen berichten indes fast ausschließlich die satirischen Dichter. Juvenal benennt das Beispiel der Senatorenfamilie der Caetronii aus julisch-claudischer Zeit, die sich im Bau von Villen, die teilweise noch archäologisch nachweisbar sind, an verschiedenen Orten Italiens ruinierte.[176] Martial thematisiert den Verkauf eines Hauses zum Wucherpreis, möglicherweise aufgrund der Geldsorgen des Inhabers: mit luxuriöser Einrichtung versucht er über die Schäbigkeit des Hauses hinwegzutäuschen.[177] Ein anderer hat, so schildert es Martial, einen Garten gekauft und sich dabei so verausgabt, dass er keine Mittel mehr hat, ihn einzurichten. Konsequenterweise bittet er seinen Gast, das Mobiliar selbst

---

172 Das Thema des Vermögensverlustes ist in der Forschung lange wenig beachtet worden. Siehe aber Mratschek-Halfmann (1993) 127–132 zu den Engpässen der traditionellen Familien in der frühen Kaiserzeit. Heil (2005). Klingenberg (2011).

173 Für die Senatoren bestand auch in der Kaiserzeit Residenzpflicht in der Stadt Rom, abgesehen von den Sommerferien des Senats: Klingenberg (2011) insb. 77–80.

174 Vitr. 6, 5, 2. Zur Symbolik der Häuser Hesberg (2005) insb. 25 zur Wohnlage. Klingenberg (2011) 77–80.

175 Zur *villa suburbana* Mayer (2005), insb. 30–41. Zu den Villenbesitzern am Golf von Neapel D'Arms (1970) 202–232.

176 Iuv. sat. 14, 86–95. Mratschek-Halfmann (1993) 96f. und 292 Nr. 84 mit Literatur zu den archäologischen Überresten.

177 Mart. ep. 12, 66. Auch Mart. ep. 1, 85 thematisiert den Verkauf eines Grundstücks aufgrund von Schulden und ep. 3, 52 unterstellt, dass ein Besitzer sein Haus, das er für 200.000 Sesterzen gekauft habe, selbst angezündet habe, um von den Hilfeleistungen seiner Standesgenossen zu profitieren: »Eine ganze Million brachte man zusammen.«

mitzubringen.[178] Nach Ausweis der satirischen Dichter scheint der ornamentale Konsum gegenüber dem sozial-investiven Konsum Priorität gehabt zu haben. In vielen Epigrammen Martials, ebenso bei Juvenal, wird es als gängige Praxis der Reichen dargestellt, das Vermögen in Luxusgüter – kostbare Textilien und elegante Sänften ebenso wie Häuser mit glänzenden Marmorsäulen, teure Möbel, Kristall- und Silbergefäße – zu investieren, die als Statussymbole dienen,[179] während die sozial-investive Dimension der Ausgaben in den Hintergrund trat: Konkret wird oft kritisch bemerkt, dass gerade Freunde und Klienten darunter zu leiden hätten, wenn ein Reicher sein Vermögen vornehmlich in Statussymbole investierte.[180]

Im Hinblick auf die euergetische Dimension des Konsums ist festzuhalten, dass gerade der Senatorenstand diesbezüglich enorme, historisch gewachsene Verpflichtungen hatte.[181] Seit Augustus im Jahr 22 v. Chr. die Übernahme der Spiele den Prätoren übertragen hatte, wurden diese Verpflichtungen im Zusammenhang mit der Prätur fällig.[182] Zwar erhielt man dafür einen Zuschuss aus der Staatskasse, doch der eigene Beitrag sollte immer noch das Dreifache dieses Zuschusses umfassen. Andreas Klingenberg geht davon aus, dass die Summen, die von den Prätoren beigesteuert werden mussten, in Millionenhöhe zu veranschlagen seien.[183] Prominent haben Martial und Juvenal die Belastung der Senatorenschaft durch Spiele thematisiert. Laut Mratschek-Halfmann häufen sich auch die prosopographisch fassbaren Beispiele verarmter Adelsfamilien.[184]

Die Ausrichtung der megalensischen Spiele habe, will man Martial glauben, einen Prätor 100.000 Sesterzen gekostet, und sie seien obendrein auch noch dürftig gewesen. Aufschlussreich in diesem Zusammenhang ist auch das Epigramm Martials über eine Frau namens Proculeia, die die Scheidung ausspricht, nachdem ihr Mann die Prätur erreicht hatte – weil damit die Gefahr

---

178 Mart. ep. 5, 62.
179 Mart. ep. 9, 22 für die Aufzählung von ornamentalen Luxusgütern. Zum Villenluxus siehe Iuv. sat. 1, 94 f. 14, 141 f.
180 Mart. ep. 9, 2, 10 kritisiert die Verschleuderung des Geldes eines Patrons für eine teure Geliebte, während der Klient in Schuldhaft abgeführt werde. In ep. 4, 67 bittet ein Mann seinen reichen Freund um 100.000 Sesterzen, die ihm zur Aufnahme in den Ritterstand fehlen, doch der Freund investiert lieber in Pferde als in Ritter. Iuv. 5, 113 beklagt, dass es bei vielen verbreitet sei, »reich für sich selbst« und »arm für die Freunde« zu sein *(dives tibi, pauper amici)*.
181 Dazu ausführlich Klingenberg (2011) 63–75.
182 Cass. Dio 54, 2, 3.
183 Klingenberg (2011) 65.
184 Mratschek-Halfmann (1993) 130–131 mit Belegen.

bestand, dass auch ihr Vermögen für die Finanzierung herhalten musste.[185] Die von den Prätoren zu übernehmende Ausstattung der Wagenrennen im Circus habe manchen ruiniert, so dass nach Aussage Juvenals manch einer eine »Beute der Pferde« geworden sei.[186] Hinzu kamen die Verpflichtungen zur Übernahme von Gladiatorenkämpfen, welche seit 22 v. Chr. jeweils zwei ausgelosten Prätoren oblag, bevor diese Verpflichtung unter Claudius den Quaestoren auferlegt wurde, die nun weitgehend (nicht zur Zeit Neros) für die Finanzierung dieser Art von Volksbelustigung zuständig waren.[187] Manch einer verzichtete offenbar gezielt auf ein Fortkommen in der Ämterlaufbahn, um sein Vermögen nicht entsprechend verausgaben zu müssen.[188]

6.6 – Verschämte Armut

Der Wunsch unbedingt als wohlhabend angesehen zu werden, führte nachweislich vermehrt dazu, dass man gefälschte Luxusgüter zur Schau stellte. Dies betraf vor allem die ornamentalen Statussymbole wie Kleidung und Schmuck: Imitationen von Purpurstoffen und Gemmen sind gerade für die frühe Kaiserzeit gut bezeugt.[189] Während bislang hauptsächlich von finanziellen Engpässen der Senatoren die Rede war, sollen nun einige Epigramme vorgestellt werden, in denen Martial Angehörige des Ritterstandes verunglimpft, die zwar nach außen den Reichen mimen, jedoch nicht einmal genug Geld haben, um die grundlegenden Bedürfnisse des Lebens zu befriedigen: Martials Epigramm 2, 57 vollzieht die Perspektive eines Voyeurs nach, der einen vorgeblich schwerreichen Ritter beim Einkaufsbummel beobachtet und angesichts dessen Besuchs im Leihhaus Rückschlüsse auf die wahren Vermögensverhältnisse zieht: Als Indikatoren für das (scheinbare) Vermögen werden der Habitus des Schlenderns durch das Luxuseinkaufszentrum der *Saepta*[190] benannt, die er-

---

185 Mart. ep. 10, 41.
186 Iuv. sat. 11, 195. Friedländer SG I 127 f. Ebenso Mart. ep. 4, 67. 5, 25, 7 ff. 10, 41.
187 Klingenberg (2011) 66–68.
188 Ein Beispiel dafür ist Servilius Vatia, der Sohn des zweifachen Triumphators P. Servilius Isauricus, der unter Tiberius die Ämterlaufbahn nach der Prätur aufgab, um stattdessen in seiner Luxusvilla in Baiae zu leben. Dazu Mratschek-Halfmann (1993) 129 und Nr. 66. Siehe auch Sen. epist. 55, 3 f. Ähnliches gilt für seinen Zeitgenossen Acilius Buta (dazu Sen. epist. 122, 10). Siehe zum Verzicht auf die senatorische Laufbahn aus finanziellen Erwägungen Klingenberg (2011) 164–168.
189 Reinhold (1971) 284. Zur Herstellung gefälschter Gemmen Plin. nat. hist. 37, 75–76. 197–200. Zur Imitation von Purpurstoffen Iuv. sat. 7, 134. Bei Mart. ep. 11, 31 wird ein Mann verspottet, der aus Kürbissen alle möglichen Speisen imitiert.
190 Die Bezeichnung leitet sich ab von den Einfriedungen *(saepta)* für die Stimmkörper

lesene Kleidung, die Eskorte der Klienten und die körperlichen Vorzüge der Sklaven wie auch der Tragsessel; das Indiz für die reale Finanznot ist der Gang zum Pfandleiher: Hier habe der Scheinreiche seinen Ritterring verpfändet, um überhaupt noch sein Essen bezahlen zu können.[191]

Der Basar der *Saepta* dient auch im 59. Epigramm des neunten Buches als Kulisse: Mamurra – dem Namen zu Folge ist ein Ritter gemeint – schlendert über den Markt der Luxusartikel.[192] Das Epigramm ist außergewöhnlich lang, es zieht sich hin, wie sich auch der Rundgang des Mamurra in die Länge zieht. Mamurra betrachtet ausgiebig die besonders exklusiven Waren, z. B. nimmt er beim Sklavenverkäufer nicht solche Knaben in Augenschein »die man in den vorderen Buden zum Verkauf anbot, sondern die man auf dem Bretterboden eines geheimen Schaugerüstes reservierte und die nicht das Volk und auch nicht Leute wie meinesgleichen zu sehen bekommen.«[193] Mit inszenierter Kennerschaft begutachtet und prüft Mamurra gerade die hochpreisigen Artikel.[194] Erwähnt werden neben den zarten, jungen Sklaven schildpattverzierte Möbel, Citrustische, korinthische Bronzen, Gefäße aus Flussspat, Antiquitäten und Edelsteine. Er mimt lange den potenten Käufer, bevor er schließlich doch nur zwei schlichte Becher kauft, die er obendrein eigenhändig nach Hause tragen muss, da er noch nicht einmal einen Sklaven hat.[195]

Mit welchen Entbehrungen im Alltag ein aufwendiger Lebensstil einhergehen konnte, stellt Juvenal besonders deutlich in seiner 14. Satire heraus: Um Ausgaben zu begrenzen, würden die Reichen nicht bloß die Sklaven kurz

---

der Centuriats- und Tribuscomitien in der Republik. Nachdem im Jahr 15 n. Chr. Tiberius die Magistratswahlen dem Senat übertragen hatte, verlor der Platz seine Funktion; in den Säulenhallen, die ihn umgaben, siedelten sich Geschäfte an, die nach Ausweis Martials Luxusgüter zum Verkauf boten: Neumeister (1991) 148 f.

191 Siehe auch Iuv. sat. 11, 1 ff., wo die Verpfändung von teurem Geschirr zum Zwecke des Delikatessenkaufes geschildert wird. In welchem Ausmaß das Konsumverhalten von den Mitmenschen beobachtet wurde, zeigt auch Mart. ep. 3, 62.

192 Mart. ep. 9, 59. Der Name »Mamurra« nimmt auf den gleichnamigen *praefectus fabrum* und mutmaßlichen Geliebten Julius Caesars Bezug, der dem Ritterstand entstammte und in Rom für sein Luxushaus berühmt war (Plin. nat. hist. 36,48).

193 Mart. ep. 9, 59, 4–6: *non hos quos primae prostituere casae, | sed quos arcanae servant tabulata catastae | et quos non populus nec mea turba videt.*

194 Zur Inszenierung von Kunstkennerschaft im Luxusdiskurs Hartmann (2012a).

195 Mart. ep. 9, 59, 21 f.: *undecima lassus cum iam discederet hora, | asse duos calices emit et ipse tulit.* Iuv. sat. 7, 132 f. schildert ähnlich, wie ein Anwalt, um den Anschein des Reichtums zu geben, sich im gefälschten Purpurgewand von »jugendlichen Medersklaven aufs Forum tragen lässt, um Sklaven, Silbergerät, Achatschalen und Landhäuser zu kaufen.«: *perque forum iuvenes longo premit assere Maedos | empturus pueros, argentum, murrina, villas; | spondet enim Tyrio stlattaria purpura filo.*

halten, sondern selbst geradezu hungern, sie äßen halbvergammelte und minderwertige Lebensmittel, die nicht einmal ein Bettler zu sich nehmen würde.

> Die Mägen der Sklaven kasteit er [der Reiche] mit zu knappem Maß, hungert auch selbst, denn er bringt es nicht über sich, je alle Brocken des vom Schimmel blauen Brotes zu verzehren, ist gewohnt, mitten im September das Gehackte vom Vortag aufzubewahren und für den Zeitpunkt eines weiteren Mahles Bohnenbrei im Sommer versiegelt aufzuheben, samt einem Stück Makrele oder einem halbfauligen Silurus, und die Stempel des Schnittlauchs abgezählt einzuschließen; würde man einen von der Brücke dazu einladen, er schlüge es aus.[196]

Juvenal prangert dies als Zeichen von Geiz an, unterstellt jedoch auch, dass diese Sparsamkeit eine Begleiterscheinung von allzu hohen Ausgaben in anderen Bereichen sei. Die vorhandenen Reichtümer seien anlässlich eines solchen Lebens »unter Qualen zusammengerafft« *(per tormenta coacta)*.[197] Für Juvenal ist es ein Zeichen von Irrsinn, dass von vielen »um reich zu sterben, das Leben eines Armen« geführt werde.[198] Der moderne Journalismus hat für ähnliche Verhaltensweisen den Begriff der »verschämten Armut« geprägt: Von Betroffenen wird um jeden Preis versucht, die tatsächlich empfundene Armut gegenüber der Außenwelt zu verbergen, um den Schein eines gewissen Sozialprestiges, das an einen bestimmten Lebensstil gebunden ist, aufrecht zu erhalten oder vorzuspiegeln.

Gerade die Epigramme Martials nehmen jene taktischen Entscheidungen aufs Korn, welche getroffen werden mussten, um im Aufwand Prioritäten zu setzen, da das Vermögen nicht ausreichte, um in allen Bereichen gleichermaßen verschwenderisch agieren zu können.[199] Man kann zwar den hier ausgewerteten Quellen keine konkreten Daten und Zahlen entnehmen, doch gilt festzuhalten, dass die von Martial und Juvenal benannten Täuschungsmanöver von Angehörigen des Senatoren- bzw. Ritterstandes als Handlungsmuster für die Freigelassenen nicht ausgewiesen werden: Diese waren häufig so vermögend, dass sie, ohne nachzudenken in jeder Hinsicht verschwenderisch sein konnten, weswegen dieses Konsumverhalten dann auch wieder kritisiert wurde, wie das folgende Epigramm Martials zeigt. Der potente Käufer Quintus wird hier als

---

196   Iuv. 14, 126 ff.: *servorum ventres modio castigat iniquo | ipse quoque esuriens, neque enim omnia sustinet umquam mucida caerulei panis consumere frusta, | hesternum solitus medio servare minutal | Septembri nec non differre in tempora cenae | alterius conchem aestivam com parte lacerti | signatam vel dimidio putrique siluro, | filaque sectivi numerata includere porri: | invitatus ad haec aliquis de ponte negabit.*
197   Iuv. sat. 14, 135.
198   Iuv. sat. 14, 137.
199   Siehe z. B. Mart. ep. 5, 62 und ep. 7, 98.

Kleingeist verspottet, weil er sich lauter teure Statussymbole leiste und dabei seine finanzielle Potenz allzu sehr ›heraushängen‹ lasse:[200]

> Wenn du für 100 Tausend und oft auch für 200 Tausend Sesterze Knaben kaufst, | wenn du Weine trinkst, die man unter König Numa einlagerte, | wenn dich Geschirr, das kaum Platz einnimmt, eine Million kostet, | wenn ein Pfund Silberzeug dir fünftausend Sesterzen raubt, | wenn du einen vergoldeten Wagen um den Preis eines Landguts erwirbst, | wenn du ein Maultier gekauft hast, das teurer als ein Haus ist: | Glaubst du dann, daß du alles in großartiger Gesinnung erwirbst, Quintus? | Du täuscht dich: So etwas, Quintus, kauft nur ein Kleingeist.[201]

6.7 – Fazit: Schenkende und bauende ›Neureiche‹

Ausgangspunkt des Kapitels war die in der Forschung oft konstatierte, gerade für reiche *liberti* in der römischen Gesellschaft des frühen Prinzpats nachzuvollziehende Statusdissonanz, die sich aus der Gleichzeitigkeit von Indikatoren für hohen Rang (Vermögen) einerseits und für soziale Inferiorität (die als unzulänglich angesehene sklavische Abkunft) andererseits ergab. Diese Statusdissonanz wurde verstärkt von Angehörigen der traditionellen Elite als Irritation der sozialen Ordnung wahrgenommen, während für die Freigelassenen der erworbene Reichtum ihre soziale Position verbesserte und es ihnen ermöglichte, mit den oberen *ordines* im demonstrativen Konsum zu konkurrieren.

Um diese Konkurrenz genauer analysieren zu können, wurden drei Dimensionen des Konsums unterschieden, die in der stark auf Sichtbarkeit der sozialen Vorgänge ausgerichteten römischen Gesellschaft besonders wichtig waren, um gesellschaftlichen Rang auszuweisen: die auf äußere Zeichen (Kleidung, Wohnung, Inventar) fokussierte ornamentale Dimension, die familiale, freundschaftliche und patronale Netze bedienende sozial-investive Dimension und die sich an eine anonyme Masse richtende euergetische Dimension.

In methodischer Hinsicht wurde versucht, nicht nur die tendenziös-kommentierenden Bemerkungen von der Senatsaristokratie angehörenden Literaten zu berücksichtigen, sondern auch die Äußerungen der satirischen Dichter

---

200 Gegen das theatralische Konsumverhalten eines griechischstämmigen Freigelassenen – eine Vergangenheit als *puer delicatus* suggeriert der Name »Eros« – auf dem Luxusbasar polemisiert Mart. ep. 10, 80.
201 Mart. ep. 3, 62: *Centenis quod emis pueros et saepe ducenis, | quod sub rege Numa condita uina bibis, | quod constat decies tibi non spatiosa supellex, | libra quod argenti milia quinque rapit, aurea quod fundi pretio carruca paratur, | quod pluris mula est quam domus empta tibi: haec animo credis magno te, Quinte, parare? | Falleris: haec animus, Quinte, pusillus emit.*

wie auch Hinweise auf materielle Hinterlassenschaften einzubeziehen, um herauszufinden, auf welche Weise sich reiche Freigelassene in diesen Dimensionen verausgabten und von den oberen *ordines* unterschieden. Diesen Beobachtungen wurde ein kursorischer Überblick über entsprechende Ausgaben des Senatorenstandes und teilweise auch des Ritterstandes gegenübergestellt, wobei der Fokus auf in den Quellen bezeugte Schwierigkeiten gerichtet war, sich dem alltäglichen Konkurrenzkampf zu stellen. Dabei sollte die aufgestellte Hypothese, dass die reichen Freigelassenen und ›Neureichen‹ sich selbst zumindest als erfolgreich wahrnahmen, überprüft werden. Es wurde deutlich, dass reiche Freigelassene fähig waren, beliebige Summen in den ostentativen Konsum zu investieren, während es der traditionellen Elite der Senatorenschaft oft an flüssigen Mitteln fehlte, da das Vermögen großteils in Liegenschaften ›feststeckte‹ und große Summen zwingend für die Aufwendungen der Ämterlaufbahn verausgabt werden mussten. Vor diesem Hintergrund ist in einigen literarischen Zeugnissen die Verbreitung von ›verschämter Armut‹ unter Senatoren und Rittern nachweisbar, die vor der Außenwelt nach Kräften den Anschein des Wohlhabens aufrechterhalten möchten, obwohl die realen Lebensverhältnisse dies gar nicht zuließen.

Solche Probleme hatten die reichen Freigelassenen offenkundig nicht. Gerade mit der Gestaltung aufwendigster Gastmähler setzten die ›Neureichen‹ im Kostenaufwand schwerlich zu übertreffende Maßstäbe, weswegen sich die Kritik aus Sicht der traditionellen Elite auf Maßlosigkeit, fehlenden Stil, Mangel an Etikette und Bildung sowie auf sexuelle Devianz kaprizierte.

Mit kostbaren Grabbauten erhöhten sie ihre Sichtbarkeit in der Stadt Rom, mit der Stiftung von Spielen außerhalb Roms sowie von Thermen und Parks nutzten reiche Freigelassene Chancen, sich gegenüber der städtischen *plebs* als Wohltäter zu inszenieren. Es ist daher in Betracht zu ziehen, dass die öffentliche Meinung der breiten Masse über die reichen Freigelassenen viel höher war, als es im Spiegel des elitären Schrifttums den Anschein hat. Es ist nicht nur von einem ausgeprägten Selbstbewusstsein einzelner Vertreter auszugehen, sondern durchaus auch von sozialer Wertschätzung und Ansehen der Umwelt – sieht man von der eher neidischen Elite ab. Es ist demnach zu bezweifeln, dass der Stand der Freigelassenen mit dem »untergeordneten Status wie mit einem persönlichen Missgeschick« lebte – wie es Paul Veyne formuliert.[202]

Als gesellschaftlich brisant erwies sich die fehlende Vernetzung der ›Neureichen‹ und Freigelassenen durch Klientelbeziehungen. Die Freilassung an sich sah eine Unterordnung an den Freilasser/Patron vor (im Falle der kaiserlichen Freigelassenen stellte die Subordination unter den Kaiser kein gravieren-

---

202 Veyne (1995) 31.

des Problem dar, da diese im Grunde für alle Bürger des Imperiums galt), nicht jedoch die Einnahme der sozialen Rolle eines Patrons. Dass die kaiserlichen Freigelassenen aufgrund ihrer Nähe zum Kaiser nun von Senatoren und Rittern unterwürfigst ›hofiert‹ werden mussten, trug nicht gerade zu ihrer Beliebtheit bei, da dies wiederum den oberen *ordines* eine Form der Statusdissonanz vor Augen führte: Obschon ihr eigener hoher Rang unbestritten war, mussten sie sich dennoch vor diesen Freigelassenen erniedrigen. Auf ›ererbte‹, historisch gewachsene Netzwerke konnten Freigelassene nicht zurückgreifen und so blieb ihnen oft nur die Möglichkeit selbst zum Freilasser zu werden, um auf diese Weise neue Klienten zu generieren.

In diesem Kapitel konnten einige, im Wertesystem angelegte Schwierigkeiten aufgezeigt werden, mit denen die ›Neureichen‹ einerseits, die oberen *ordines* andererseits konfrontiert waren, aber es erweist sich als umöglich, die Frage nach gesellschaftlichem Erfolg oder Misserfolg der hier untersuchten Statusgruppen wie auch die Frage nach sozialer Mobilität summarisch zu beantworten. Es gibt eine ganze Reihe von literarischen Zeugnissen, die zum Lachen über die Freigelassenen anregen: die Schilderungen der geschmacklosen Gastmähler des Nasidienus, des Trimalchio und des Zoïlus, zahlreiche absurd anmutende Anekdoten und auch viele Epigramme Martials und Auslassungen Juvenals. Laut Tacitus lachten die Britannier über den von Nero entsandten Freigelassenen Polyklet, dem die Aufgabe zukam, die zerstrittenen Anführer der militärischen Operation wieder zu versöhnen: Sie lachten, weil sie nicht begriffen »wie ein Freigelassener eine so mächtige Stellung einnehmen könne.«[203] Und Plinius empfiehlt seinem Freund Montanus angesichts seiner Entdeckungen über die senatorischen Ehrungen des Freigelassenen Pallas, sich nicht aufzuregen: »Besser ist lachen, damit diejenigen nicht etwas Großes erreicht zu haben glauben, die es in ihrem Glück so weit bringen – ausgelacht zu werden.«[204] Ausgelacht zu werden, das ist auch die größte Befürchtung eines Gastes des Trimalchio bei Petron, der sich wünscht »für niemanden ein Witz zu sein«, sondern ein »Mensch unter Menschen, der mit erhobenem Haupt spazieren geht; niemandem etwas schuldig [...]«.[205] Das Kapitel hat gezeigt, dass in den literarischen Zeugnissen der Elite zwar über die Freigelassenen am meisten gelacht wird, aber auch, dass viele Angehörige der privilegierten Stände gerade auf jene Annehmlichkeit, von Schulden unbelastet zu leben, verzichten mussten.

---

203 Tac. ann. 14, 39.
204 Plin. epist. 7, 29, 4: *Sed quid indignor? Ridere satius, ne se magnum aliquid adeptos putent, qui huc felicitate perveniunt ut rideantur.* (Übers.: Lambert).
205 Petron. 57, 5: *ut nemini iocus sim. Homo inter homines sum, capite aperto ambulo; assem aerarium nemini debeo.* (Übers.: Müller – Ehlers).

7

DIE ÖFFENTLICHEN BÄDER ALS ORTE DER SELBSTINSZENIERUNG

7.1 – Fragestellung und Forschungsstand

Bis hierher ist das Büchlein für dich geschrieben, ehrbare Dame. Für wen dann die folgenden Seiten geschrieben sind, fragst du? Für mich! | Gymnasium, Thermen, Stadion: all das ist in diesem Teil. Entferne dich, | wir ziehen uns aus; erspar' es dir, nackte Männer anzusehen![1]

So kündigt der Dichter Martial im dritten Buch der Epigramme einen Niveauwechsel an: Von nun an gehe es um nackte Männer, kein geeigneter Lesestoff für ehrenwerte *matronae* (obwohl diese natürlich genau dadurch zur Fortsetzung der Lektüre animiert werden sollen). Im Folgenden interessieren weniger die Versuche Martials, Roms Matronen zur frivolen Lektüre zu verführen, sondern hier geht es um einen der drei genannten, für das Thema »Nacktheit« einschlägigen sozialen Orte: nämlich das Bad. Dass Martial alle drei Orte mit griechischen Termini benennt, ergibt sich daraus, dass sowohl Turnplätze (Gymnasien), wie auch Bäder und Laufbahnen als genuine Errungenschaften der griechischen Kultur angesehen wurden, obgleich sich die Römer zur Zeit Martials gerade die Bäder derart zu eigen gemacht hatten, dass diese bereits als typische Einrichtungen des römischen Imperiums galten: Die Römer bauten Bäder, wo auch immer in der Welt sie sich niederließen. Die öffentlichen Bäder waren elementarer Bestandteil jeder Stadt, sie waren geradezu ein Sinnbild der römischen Zivilisation und der Beherrschung der Natur.[2]

---

[1] Mart. ep. 3, 68: *Huc est usque tibi scriptus, matrona, libellus. | Cui sint scripta rogas interiora? mihi. | Gymnasium, thermas, stadium est hac parte: recede. | Exuimur: nudos parce videre viros!* (Übers.: Barié – Schindler, modifiziert von E. H.).
[2] Siehe dazu zuletzt Yegül (2010). Zur Nacktheit Cordier (2005).

Dabei war die öffentliche Badeanlage – wie bereits angedeutet – keine römische ›Erfindung‹, sondern eine Weiterentwicklung viel älterer griechischer Einrichtungen, wie zum Beispiel den Bädern der Sportstätte Olympia, die bereits im 5. Jh. v. Chr. bezeugt sind. In Olympia standen die Bäder im engen Zusammenhang mit den sportlichen Aktivitäten der Männer auf dem Turnplatz *(gymnasion)* und in der Ringkampfstätte *(palaistra)*. Als bauliche Elemente fanden solche Sportplätze später auch Eingang in die zunehmend komplexe, römische Thermenarchitektur. Die große Zeit der römischen Thermen begann erst in der frühen Kaiserzeit, in der das aufwendige Heizsystem und die Architektur der Thermen perfektioniert wurden.

Während in der älteren Forschung die Rekonstruktion der technischen Anlagen und der Architektur im Vordergrund stand und maßgeblich von Archäologen betrieben wurde,[3] fand der Badealltag der Römer lange Zeit wenig Beachtung bei Historikern. Dies ist durchaus auf die Quellenlage zurückzuführen: Während die Überreste der einst gewaltigen Bauten auch heute noch an vielen Orten des ehemaligen Imperiums Aufsehen erregen, nimmt sich der Befund literarischer Quellen eher unspektakulär aus. Bemerkungen über Bäder und Badegewohnheiten sind recht verstreut in der antiken Literatur zu finden, und lange Zeit beschränkte sich die althistorische Forschung auf die Rekonstruktion des Ablaufes und der Modalitäten des Badebetriebes, wobei alle Belegstellen gesammelt und ausgewertet wurden, ohne die Belege genau zu kontextualisieren und im Hinblick auf ihre Werthaltungen zu befragen.[4] Die Beiträge von Erika Brödner, Werner Heinz und Marga Weber zeigen anschaulich, dass die römischen Thermen der Stadtbevölkerung gleichzeitig Körperpflege, Entspannung, Erholung und Unterhaltung geboten habe.[5]

Erst in jüngerer Zeit richtet sich das Interesse der althistorischen Forschung auf die Bäder als soziale Orte der Begegnung, und die Frage, ob die Thermen als ein besonderer Typus eines sozialen Raumes anzusehen seien, weil sich hier alle Menschen ihrer Kleidung und aller Standeskennzeichen entledigten und – unabhängig von Status und Rang – gemeinsam badeten.[6] Fikret Yegül sieht das römische Bad geradezu als eine Institution an und misst dem gemeinsamen Baden sämtlicher sozialer Gruppen eine enorme Bedeutung zu: Das klassenübergreifende Baden habe eine sozial befriedende Wirkung ge-

---

3 Siehe dazu die Untersuchungen von Krencker [u. a.] (1929) und Pfretzschner (1909). Dazu Yegül (1992) VIII. Eine umfassende Bibliographie bietet Manderscheid (1988).
4 Brödner (1983). Heinz (1983). Weber (1996). Erst in jüngerer Zeit wird eine strengere Differenzierung angemahnt. Yegül (2010). Siehe die verdienstvolle Arbeit von Busch (1999).
5 Siehe Brödner (1983) insb. 242, Heinz (1983) insb. 142. Weber (1996) insb. 164.
6 Dyson (1992) 174: »Given the nature of the bathing process, social distinctions and hierarchies were bound to break down.«

habt, ja die Thermen hätten den Besuchern gar die Illusion einer klassenlosen Gesellschaft vermittelt.[7] Dies sei – wie Garret Fagan wenige Jahre später betont – umso erstaunlicher, weil doch gerade die römische Gesellschaft von strengen sozialen Hierarchien geprägt gewesen sei und daher den Thermen gar die Funktion von »sozialen Gleichmachern« zugesprochen worden sei.[8] Fagan selbst ist indes kein Anhänger der These von den ›egalitären Volksthermen‹: Zwar hätten alle Statusgruppen der römischen Gesellschaft gemeinsam gebadet,[9] der Gang in das Bad habe gleichsam die Zugehörigkeit zur römischen Gemeinschaft versinnbildlicht, doch habe man durchaus mittels des Gefolges, der Badeutensilien und durch Körperschmuck die Zugehörigkeit zu einer bestimmten Statusgruppe ausweisen können.[10] Daran anknüpfend hebt wiederum auch Yegül in seiner jüngeren Monographie zum Thema hervor, dass das römische Bad zumindest die Illusion einer klassenlosen Gesellschaft erschaffen habe: Wenngleich die Bäder die sozialen Unterschiede nicht gänzlich hätten nivellieren können, seien sie dennoch spezielle Institutionen, die dem demokratischen Ideal dienten, die Statusgruppen »wenn nicht einzuebnen, dann doch wenigstens zu mischen.«[11] Diese Aussage erscheint vor dem

---

7 Yegül (1992) insb. 32 ff. und 352 ff.
8 Siehe insb. Fagan (1999) 189: »At first glance, the hierarchical nature of Roman society would seem to preclude that all classes used baths together – it appears inconceivable that snobbish senators and lowly slaves could rub shoulders in any social context. Yet the evidence seems clear that they did just that in the baths. A common response to this situation has been to suggest that the baths represented an anomaly, a remarkably egalitarian feature of Roman daily life, a place where social distinctions broke down. The baths were, in short, social levelers.« Fagan selbst hält daran fest, dass alle Schichten gemeinsam badeteten, geht jedoch davon aus, dass die Bäder, ebenso wie andere öffentliche Orte dazu dienten, dass die Reichen ihre soziale Überlegenheit bestätigen konnten: »[…] it seems more plausible that the baths functioned very much like any other public venue – as places where the rich went deliberately to flaunt, show off, and thereby reinforce their claim to social superiority.« (215).
9 Allerdings räumt Fagan (1999) 212 ein, dass es schwierig sei, festzustellen, wie genau das »interclass mingling« funktionierte, da explizite Belege fehlten.
10 Fagan (1999) 219 geht davon aus, dass dies aber nicht zu einer Egalisierung oder Durchbrechung der Ordnung geführt habe: »[…] going to the baths expressed one's membership in a Roman community, but going in style helped claim leadership of it.« Fagans Belege, die unter der Überschrift »Senators, Equites, and the Elite« diskutiert werden, erweisen sich als zu undifferenziert: Teilweise beziehen sie sich auf republikanische Verhältnisse, teilweise auf die Spätantike; die Anekdote über Larcius Macedo wird als Beleg für die Anwesenheit der Elite im Bad gewertet, obgleich Plinius gerade bei dieser Schilderung solchen Wert darauf legt, die zweifelhafte Abkunft des Macedo herauszustreichen (dennoch ist Macedo Senator). Siehe dazu Haehling (1994) 53 f.
11 Yegül (2010) 38 (Übers. E.H.): »Despite the reasonable argument that social and class differences in Roman society were deeply ingrained and freely displayed, and public baths

Hintergrund der bisher in dieser Studie ausgeführten Überlegungen zur sozialen Hierarchie völlig abwegig.

Daher ist die Frage nach dem Charakter der Thermen als sozialem Ort der Begegnung erneut aufzugreifen. Welche Personenkreise werden im antiken Schrifttum vorrangig als Besucher und Nutzer der Bäder ausgewiesen? Welche Formen nahm die Selbstdarstellung an diesem Ort an, wo doch traditionell wichtige ›Statusmarker‹ (wie Kleidung und Rangabzeichen) abgelegt werden mussten und daher nicht ihre Wirkung entfalten konnten? Gerade die Epigramme Martials liefern reichlich Material, um unterschiedliche Verhaltensweisen und Strategien auszumachen, die von Thermenbesuchern genutzt wurden, um dem eigenen Auftreten eine bestimmte Wirkung zu verleihen. In diesem Zusammenhang wird auf die Relevanz des Gefolges, den Konsum von Speisen und Getränken und auf die Körperinszenierung eingegangen. Am Ende steht die kritische Überprüfung der Annahme einer Vermischung aller Statusgruppen im Bad. Ferner soll gezeigt werden, wie sich konservative Vertreter der Führungselite angesichts der im Kontext des Badewesens entwickelten neuen Körperkultur vom Badebetrieb distanzierten und auf die Kritik verlegten.

7.2 – Statusspiele im Bad

Es sind oft die schlichtesten Fragen, die besonders schwer zu beantworten sind. Wer besuchte in der Stadt Rom im ersten Jahrhundert eine öffentliche Badeanlage? Auf diese Frage ist in der Forschung oft eine recht pauschale Antwort gegeben worden: alle – vom Kaiser bis zum ›kleinen Mann‹, ja es wird sogar davon ausgegangen, dass der Besuch des Bades auch Frauen offen stand.[12] Sicherlich war der Besuch von Bädern allen Bewohnern der Stadt prinzipiell möglich, jedoch ist es interessanter, die Frage zu stellen, ob und wie dennoch Differenzierungen erfolgen konnten und welche Personenkreise in den Quellen als tatsächliche Nutzer welcher Anlagen ausgewiesen werden. In Rom gab es zahlreiche Bäder, die ganz unterschiedlichen Komfort boten; der Besuch einer

---

could do nothing to level these differences, they still were special institutions that served the democratic ideal of perhaps not leveling the classes, but *mixing* them.«

12 Die Frage, inwieweit gemischtgeschlechtliches Baden *(balnea mixta)* in Rom allgemein üblich und akzeptiert war oder eher unüblich und als anrüchig galt, wird in der Forschung kontrovers diskutiert und soll hier nicht eingehend behandelt werden. Sicher ist, dass es im untersuchten Zeitraum in Rom möglich war, Bäder aufzusuchen, in denen beide Geschlechter (zum Teil wohl zeitversetzt, aber auch zeitgleich und gemeinsam) badeten. Dies ist aber nicht für alle Bäder zu jeder Zeit anzunehmen. Zur Debatte siehe Schöllgen (1995) 188. Ward (1992) 125–147. Busch (1999) 490 ff. Fagan (1999) 24 ff. Yegül (2010) 27 ff.

öffentlichen Badeanlage kostete normalerweise Eintritt, der verschieden hoch gewesen sein dürfte; allerdings konnte schon für einen Quadrans gebadet werden.[13] Es ist davon auszugehen, dass das Dienstpersonal Einfluss auf die Zulassung der Badegäste nahm und zu gewissen Zeiten bestimmte Personenkreise eingelassen wurden.[14] Auch die Frequenz, in der die Bäder aufgesucht wurden, dürfte von Person zu Person variiert haben. Insgesamt ist daher in Betracht zu ziehen, dass es gar nicht zulässig ist, von *den* Bädern und *den* Besuchern eines Bades im Allgemeinen zu sprechen. Einhellig benennen allerdings alle Autoren die achte und neunte Stunde des Tages, also die Zeit vor dem Abendessen, als geeigneten Zeitpunkt, um Bäder aufzusuchen.[15]

Im Folgenden wird die Frage nach den Personenkreisen, die ein öffentliches Bad aufsuchten, mit der Frage nach den Modi der Selbstdarstellung verknüpft. Öffentliche Bäder galten als Orte des Diebstahls, wo begehrte Kleidungsstücke wie Togae und Mäntel häufig gestohlen wurden, was zahlreiche Fluchtäfelchen belegen, welche die erfolgreichen Diebe verwünschen.[16] In einigen Anlagen konnte man einen sogenannten *capsarius* mieten, dem es oblag, die abgelegten Dinge zu bewachen. Nach Möglichkeit wurden jedoch eigene Sklaven eingesetzt und offenbar konnten auch Klienten dafür instrumentalisiert werden. Den Patron ins Bad zu begleiten war ein Dienst des Klienten, der vom Patron durch die Übernahme des Eintrittsgeldes vergolten werden konnte, wie Martial nahelegt:[17] In einem Epigramm beschwert sich ein Klient, dass er seinen Patron nicht nur von morgens bis abends begleiten, sondern ihm am Ende des Tages auch noch in die Agrippa-Thermen folgen müsse, obwohl er persönlich lieber in den neueren (und wahrscheinlich komfortableren) Titus-Thermen baden würde.[18] Dieser Begleitdienst wurde als ein anstrengendes und (wahrscheinlich wegen der Nähe zum sklavischem Dienst) lästiges *officium* betrachtet, das vorwiegend von neuen, also frisch rekrutierten Klienten erwartet wurde.[19] Mit vielen Klienten beim Baden gesehen zu werden,

---

13 Mart. ep. 8, 42.
14 Bei Martial wird in ep. 3, 93, 14 erwähnt, dass der Bademeister, wenn er das Licht löscht, noch die einfachen Huren ins Bad lässt. Ein anderes Epigramm (Mart. ep. 2, 52) bezieht seinen Witz aus der Behauptung, dass der Bademeister von der vollbusigen Spatale (weil ihr Körper so massig ist) den dreifachen Eintrittspreis verlangt.
15 Mart. ep. 4, 8. Dazu Neumeister (1991) 52.
16 Zum Diebstahl in den Umkleiden Fagan (1999) 36 ff.
17 Das Epigramm des Martial 3, 7 ist möglicherweise so zu verstehen, dass die *sportulae* eines Patronus an seine Klienten erst in der Therme ausgezahlt wurden, um einen Anreiz zu schaffen, dass die Begleitung bis dorthin folgte; vielleicht besteht die *sportula* gerade in der Erstattung des Eintritts. Dazu auch Fagan (1999) 217.
18 Mart. ep. 3, 36.
19 Mart. ep. 3, 38, 8.

erhöhte (wie auf den Straßen auch) das Prestige der Patrone. Man darf davon ausgehen, dass Bäder sowohl von Personen besucht wurden, die in der Lage waren, dort als Patrone aufzutreten, wie auch gleichzeitig von Personen, die in der Rolle des Klienten agierten. Dezidiert handeln viele Epigramme Martials davon, dass Personen das Bad als einen Ort nutzen, um einen neuen Patron zu finden, sich als Klienten anzudienen, indem sie sich an wohlhabendere Personen ›heranschmeißen‹.[20] Auch Petrons Geschichte vom Gastmahl des Trimalchio beginnt in einem öffentlichen Bad, in dem die Protagonisten des Romans ihren späteren Gastgeber kennenlernen.

Wer über entsprechendes Personal verfügte, ließ sich beim Badebesuch von Sklaven begleiten, die auf die abgelegte Kleidung zu achten hatten und die benötigten Badeutensilien anreichten, unter Umständen darüber hinaus als Personenschutz dienten.[21] Die Anwesenden taxierten nicht nur die Menge, sondern ebenso das körperliche Erscheinungsbild der Sklaven und deren Auftreten, um Rückschlüsse auf den Wohlstand zu ziehen. In diesem Sinne porträtiert Martial einen ›Neureichen‹, der durch eine Erbschaft fast den Ritterzensus erreicht habe und seitdem mit fünf langhaarigen Dienern im Bade erscheine, während ihm zuvor nur ein krummbeiniger Hausklave die Badetücher getragen, ein Masseur mit einem Leistenbruch einen Tropfen Öl gereicht habe und seine mickrige Toga während des Badens von einer einäugigen Alten bewacht worden sei.[22] Jedenfalls konnte man mit der Menge der Sklaven und deren attraktiver Gestalt Eindruck machen und Reichtum vorspiegeln, ähnlich auch mit teuren und exotischen Badeutensilien. Mit seiner Ölflasche aus Nashorn und seinem (allerdings »schmuddeligen«) Gefolge, behauptet Juvenal, wolle ein vom Bankrott bedrohter Anwalt seine potenzielle Kundschaft beeindrucken, da reiche Anwälte eher gefragt seien als arme.[23] Klienten suchten Patrone im Bad und unter Umständen auch Patrone neue Klienten.

Die Sklaven hatten nicht nur eine repräsentative Funktion, sondern ebenfalls die Aufgabe, im überfüllten Bad Platz für ihre Herren zu schaffen. Denn Gedränge gab es offenbar immer: Epiktet sieht es als eine Selbstverständlichkeit an, dass im Bad »die Leute dich mit Wasser bespritzen, dich stoßen be-

---

20 Mart. ep. 2, 14. Epikt. diss. 1, 4, 33–38.
21 Noch Clemens von Alexandria kritisiert solche Personen, die mit Sklaven im Bad erscheinen, gerade weil dadurch soziale Differenzen veranschaulicht würden, wo doch alle Menschen gerade beim Baden gleich sein sollten (Paed. 3, 47). Im 4. Jh. n. Chr. beobachtet Ammianus Marcellinus noch das Phänomen, dass die Aristokratie die Bäder mit riesigem Gefolge aufsuche (Amm. 28, 4, 9).
22 Mart. ep. 12, 70.
23 Iuv. sat. 7, 131 f.: *magno cum rhinocerote lavari qui solet et vexat lutulenta balnea turba.*

schimpfen oder bestehlen.«²⁴ Das konnte zu Streitigkeiten führen, wofür eine Schilderung in einem Brief von Plinius äußerst aufschlussreich ist.²⁵ Darin geht es um das Schicksal eines gewissen Larcius Macedo, der einen enormen gesellschaftlichen Aufstieg erlebt hatte. Obwohl er der Sohn eines Freigelassenen war, hatte er es zum Besitzer einer ansehnlichen Villa gebracht, ihm waren sogar die Abzeichen des prätorischen Ranges verliehen worden.²⁶ Doch später sei er von seinen eigenen Haussklaven umgebracht worden. Zuvor sei ihm eine andere Schmach widerfahren.

> Als er in einem öffentlichen Bade in Rom badete, passierte etwas Bemerkenswertes [...]. Ein römischer Ritter, von Macedos Sklaven mit der Hand leicht angerührt, damit er den Weg freigebe, drehte sich um und schlug – nicht den Sklaven, der ihn angerührt hatte, sondern Macedo selbst so hart mit der flachen Hand, daß er beinahe hinfiel. So war das Bad für ihn sozusagen schrittweise zunächst der Schauplatz der Ehrenkränkung, dann des Todes.²⁷

Die im Zitat geschilderte Begebenheit wird von Plinius als eine Art Vorzeichen für den späteren Anschlag der Haussklaven gedeutet, zu denen Macedo so unfreundlich gewesen sei, dass diese ihn schließlich beim Baden in seiner Villa fast zu Tode geprügelt hätten. Für die hier verfolgte Frage ist an dieser Anekdote besonders das aufschlussreich, was als selbstverständlich vorausgesetzt wird: Im Bad ist es so voll, dass es nicht einfach ist, durch das Gedränge hindurchzuschreiten, zumindest in so würdevoller Weise, die Macedo für angemessen hält. Trotz der Enge wissen alle Beteiligten offenbar um ihren jeweiligen Status: Der Sklave erkennt den Ritter und geht davon aus, dass der Ritter vor dem Inhaber der Zeichen des Prätors zurückweichen muss.²⁸

---

24 Epikt. ench. 2, 4. (Übers.: Nickel).
25 Zu Streitigkeiten im Bad auch Luk. Nigr. 34.
26 Plin. epist. 3, 14, 6–8. Zur Plinius-Episode ausführlich Fagan (1999) 30f., der darin lediglich ein Beispiel für alltäglich mögliche Gewalt in Bädern erkennt. Dazu Haehling (1994) 53 f. Werner Eck hat den Vater des Ermordeten mit A. Larcius Lydus, einem vermögenden Freigelassenen zur Zeit Neros identifiziert: Eck (1981) 245 f.
27 Plin. epist. 3, 14, 6–8: *Cum in publico Romae lavaretur, notabilis atque etiam, ut exitus docuit, ominosa res accidit. Eques Romanus a servo eius, ut transitum daret, manu leviter admonitus convertit se nec servum, a quo erat tactus, sed ipsum Macedonem tam graviter palma percussit ut paene concideret. Ita balineum illi quasi per gradus quosdam primum contumeliae locus, deinde exitii fuit.* (Übers.: Kasten).
28 Es gab in Rom offensichtlich ganz klare Vorstellungen darüber, wer wem auf der Straße Platz machen musste. Siehe dazu die bei Hug (1920) 2065 angegeben Quellen. Suet. Nero 4f. schildert als Indiz für das anmaßende Wesen des Großvaters Neros, dass er als Aedil den Zensor L. Plancus zwang, ihm auf der Straße auszuweichen. Der Vater Neros habe auf dem Forum einem Ritter, der ihn zu freimütig schalt, ein Auge ausgeschlagen (Suet. Nero 5, 1).

Der Ritter erkennt Macedo und weiß, dass es sich bei ihm um den Sohn eines Freigelassenen handelt, vor dem er keine Achtung empfindet, ja dessen eingeforderter Vorrang ihn empört.[29] Er schlägt ihn konsequenterweise so, wie man einen Sklaven schlägt: mit der flachen Hand *(palma)*. Das alles ist für Plinius so selbstverständlich, dass er keine weiteren Erklärungen hinzufügen muss. Macedo versuchte, mit seinem Gefolge seinen Rang zu veranschaulichen, der ihm aber von seiner Umwelt abgestritten wurde.

Verschiedentlich ist überliefert, dass sich auf ihren Status bedachte Besucher auf einem Tragsessel in das Wasser heben ließen und später wieder heraus – wahrscheinlich ein Versuch, dem Geschiebe und Gedränge zu entgehen und eine Berührung mit dem heißen Fußboden zu vermeiden, wozu man sich auch isolierender Holzsandalen bediente. Für Seneca ist dieses Gebaren allerdings eindeutig ein Zeichen übertriebener, artifizieller Selbststilisierung: »jemand, der aus dem Bade auf Händen getragen und in einen Sessel gesetzt worden war, fragte: ›Sitze ich schon?‹ Er, der nicht weiß, ob er sitze, weiß er überhaupt, dass er lebt?«.[30] In Petrons *Satyricon* badet bezeichnenderweise der Emporkömmling Trimalchio ganz ähnlich: Er lässt sich direkt nach dem Frottieren in einen pelzgefütterten Bademantel kleiden und in eine Sänfte heben.[31] Im Anschluss an das eigentliche Gastmahl lädt Trimalchio die Gäste erneut zum Bad in seinem Haus und tönt, bevor er sein privates Bad aufsucht, es gebe »nichts Besseres, als ohne Gedränge zu baden«.[32]

Darüber hinaus ließ sich der Konsum der in den Bädern angebotenen Güter von den Augenzeugen interpretieren. Seneca gibt in seiner bekannten Schilderung des lärmenden Badebetriebes in der Nähe seiner Wohnung Hinweise auf die Anbieter von Speisen. Er nennt Wurstverkäufer, Betreiber von Garküchen und Zuckerbäcker.[33] Martial schildert, dass man in der Therme grüne Salate, Eier und Makrelen essen konnte, die eigentlich als Snack vor dem Abendessen genossen werden sollten. Wer sich bereits daran satt aß, konnte als arm und sozial isoliert angesehen werden. Denn wer seinen Hunger schon in der Therme stillte, beabsichtigte doch offensichtlich weder als Gastgeber noch als Gast bei einer zünftigen *cena* zu speisen.[34] Auch der Konsum von Getränken wurde von den Badegästen taxiert: Martial führt aus, dass Aper sich,

---

29 Möglicherweise erkennen sich die Beteiligten nicht an irgendwelchen Zeichen, sondern waren sich von vornherein persönlich bekannt, vielleicht weil sie regelmäßig zur selben Zeit dasselbe Bad aufsuchten.
30 Sen. brev. vit. 10, 12, 7 (freie Übers.: E.H.).
31 Petron. 28, 4.
32 Petron. 73, 3.
33 Sen. epist. 56, 2.
34 Mart. ep. 12, 19.

als er noch arm war, als »finsterer und rauer Richter von allen Betrunkenen« aufgeführt und vorrangig gegen die Ritter gewettert habe, die gleich nach dem Bade erlesenen Wein tränken. Seit er eine reiche Erbschaft (von 300.000 Sesterzen) gemacht habe, gehe er selbst betrunken von den Thermen nach Hause. Hier wird ein Wandel des Lebensstils angesprochen, der mit dem Vermögen korrespondiert:

> Als neulich noch dem Aper ein krummbeiniger Sklave die Laken trug | und über seine Toga ein halbblindes Weib saß [als Aufpasserin] | und ein Tropfen Öl ihm der an einem Bruch leidende Salber gab, | war er [Aper] ein strenger und rauher Richter der Betrunkenen: | Zerbrochen werden müßten die Becher und ausgeschüttet der Falernerwein, | den der soeben gebadetete Ritter da trank, so pflegte der zu schreien. | Doch seit vom greisen Onkel dreihunderttausend Sesterzen gekommen sind, | kann er nicht [mehr] nüchtern von den Thermen nach Hause gehen. | O wieviel vermögen Glaspokale und fünf gelockte Diener! Damals, als er noch arm war, hatte Aper keinen Durst.[35]

Personen mit entsprechenden Mitteln war es durchaus in den Bädern möglich, demonstrativ zu konsumieren, wobei gerade das Weintrinken nach dem Bad (also noch vor dem Abendessen) von Seneca äußerst streng verurteilt wird:

> Scheinen dir nicht die Menschen wider die Natur zu leben, die nüchtern zechen, die den Wein mit leeren Adern aufnehmen und betrunken zu Tisch gehen? Und doch ist das bei jungen Männern eine häufige Fehlhaltung [...], nämlich beinahe noch auf der Schwelle des Bades unter ihren nackten Gefährten zu trinken, nein zu saufen [...].[36]

Das galt als ein typisches Gebaren junger Männer, die keinen Sinn für ein gepflegtes Gastmahl hatten, welches Seneca zu Folge nüchtern begonnen werden sollte. In der *Cena Trimalchionis* werden am Beispiel der Masseure des Trimalchio, die sich mit dem kostbaren Falernerwein zuprosten, wiederum der Wohlstand und die gleichzeitige Stillosigkeit ihres Herrn hervorgehoben.[37] Der Konsum von Speisen und Getränken im Bad wurde ebenso wie die Ausdehnung des Badens auf eigentlich unübliche Zeiten und wie die wiederholte Ab-

---

35 Mart. ep. 12, 70: *Lintea ferret Apro vatius cum vernula nuper | Et supra togulam lusca sederet anus | Atque olei stillam daret enterocelicus unctor, | Udorum tetricus censor et asper erat: | Frangendos calices effundendumque Falernum | Clamabat, biberet quod modo lotus eques. | A sene sed postquam patruo venere trecenta, | Sobrius a thermis nescit abire domum. | O quantum diatreta valent et quinque comati! | Tunc, cum pauper erat, non sitiebat Aper.* (Übers.: Busch (1999), 434 f. leicht modifiziert von E. H.).

36 Sen. epist. 122, 6: *Atqui frequens hoc adulescentium vitium est qui vires excolunt, ut in ipso balinei limine inter nudos bibant, immo potent* (Übers.: Rosenbaum, leicht modifiziert von E. H.).

37 Petron. 28, 3.

folge von Speisen und Baden zum Topos der Dekadenz: Dass Trimalchio seine Gäste auffordert, nach dem Mahl ins Bad zu gehen, danach wieder zu speisen und erneut zu baden, unterstreicht seine Maß- und Stillosigkeit.[38] Auch bei Sueton dient die Schilderung der ausgedehnten Gelage Neros (von Mittag bis Mitternacht), bei denen sich die Gäste zwischen den einzelnen Gängen durch Bäder erfrischt hätten, als Sinnbild der Dekadenz.[39]

Neben den konsumierten Speisen und Getränken dienten Accessoires, wie kostbare Handtücher und exotische Salbölflaschen, als Attribute, die auf Reichtum verwiesen. So wird Trimalchio nicht mit Leinentüchern abgetrocknet, sondern mit Frotteedecken aus samtweicher Wolle.[40] Juvenal weiß, dass zum Angeben Salbölflaschen aus Nashorn geeignet sind.[41] Und wenn bei Martial von einem Mann die Rede ist, der eine Einladung zum Abendessen bei einem Reichen ergattern will und sich deswegen einschmeicheln möchte, indem er das Handtuch des potentiellen Gastgebers lobt, ebenso dessen Haarpracht, so scheint die Zurschaustellung der Utensilien ihren Zweck erfüllt zu haben.[42] Es zeigt sich, dass gerade die Bäder als Orte gelten können, an denen Reichtum demonstriert wurde, wenngleich dies im antiken Schrifttum immer wieder belächelt, als prätentiös oder gar als stillos kritisiert wird. Der »Illusion einer klassenlosen Gesellschaft« widerspricht dieser Befund, darüber hinaus drängt sich der Eindruck auf, dass sich keineswegs die Gesamtheit der Vermögenden hier präsentierte, sondern vielmehr ›sozial‹ Bedürftige: ein bankrotter Anwalt auf Kundenfang, protzige Prasser und schmeichlerische Klienten auf der Suche nach einem ›Wirt‹.[43]

Die Körper der Mitbadenden wurden beäugt und taxiert. Toner bemerkt zu Recht, dass gerade die öffentliche Zurschaustellung der nackten Körper das Potential in sich barg, dass dabei andere Kriterien der Rangordnung auf den Plan traten als im alltäglichen, bekleideten Leben: »Those of superior status could be undermined by any inferior qualities of their physiques.«[44] Und in der Tat erscheint die Frage berechtigt, inwieweit körperliche Merkmale in den Bädern zum Gegenstand der Aufmerksamkeit wurden, auf welche Weise dies geschah und welche Wertvorstellungen dabei greifbar sind. Da in der römischen Thermenkultur der Körper und seine Pflege durch Sport in der *palaestra*,

---

38 Petron. 72 ff.
39 Zu ähnlichen Schilderungen in der *Historia Augusta* Merten (1983) 121 f.
40 Petron. 28, 2. Die Qualität der Handtücher spielt ebenfalls bei Mart. ep. 12, 70 eine Rolle, um den Status des Badenden zu veranschaulichen.
41 Iuv. sat. 7, 131.
42 Mart. ep. 12, 82.
43 So auch Toner (1995) 57.
44 Toner (1995) 58.

durch das Salben, das Massieren, das Schwitzen und Baden im Vordergrund standen, ist die Nachweisbarkeit bestimmter Vorstellungen vom idealen Körper zu erwarten.[45] Verschiedene Forschungsbeiträge haben die in Rom idealisierte Virilität betont, welche sich in der Körperhaltung, in der Art zu gehen, in der Mimik und Gestik, im Bart sowie der Kopf- und Körperbehaarung sowie im Klang der Stimme eines Mannes artikulieren sollte.[46] Allerdings hat Jan Meister für die späte Republik gezeigt, dass selbst innerhalb der Elite konkurrierende Idealvorstellungen nachzuweisen sind: Selbst Männer, die als effeminiert verspottet wurden, konnten sich dennoch – durchaus selbstbewusst – als äußerst gepflegt inszenieren. Der zentrale Wertbegriff in diesem Zusammenhang ist *urbanitas,* der »als geistreicher Witz und feines Benehmen, das die Bewohner der Urbs auszeichnet, eine geschätzte Qualität [benennt], die einem Aristokraten keineswegs schlecht ansteht.«[47] Feststeht, dass jedes Körperideal immer etwas über die Selbstinszenierung desjenigen aussagte, der es anstrebte. Betrachten wir nun, wie die sportlichen Aktivitäten im Kontext des Badesbetriebes bewertet wurden.

Für die frühe Kaiserzeit lässt sich parallel zum Aufkommen der mit Bädern verbundenen Sportstätten eine Übernahme ursprünglich griechischer Formen der Leibesertüchtigung verzeichnen.[48] Körperliche Ertüchtigung durch Sport wurde ein zentrales Element des idealen Tagesablaufs von Aristokraten und als solches in unterschiedlichen Textgattungen empfohlen.[49] Dabei fällt allerdings auf, dass das in dieser Art von Texten beschriebene Lauftraining, das Ballspiel und die Gymnastik nicht vor den Augen der Öffentlichkeit ausgeübt werden, sondern in der eigenen Villa. Daneben gibt es zahlreiche Vorbehalte gegenüber der griechischen Athletik, welche sich vor allem an der demonstrativen Nacktheit entzündeten, die dem konservativen Verständnis von Sittlichkeit zuwider-

---

45 Siehe zum Thema der Sorge um den Körper die noch unpublizierte Dissertation von Pascal Frank (2014) insb. 103–133. Zur Nacktheit Cordier (2005).
46 Siehe dazu Foucault (1986). Brown (1991). Fögen (2009). Siehe auch den Überblick über die Forschung bei Frank (2014) hier 105.
47 Als Beispiele werden Hortensius, Gabinius, Caesar und Maecenas benannt. Zu den antithetisch konzipierten Modellen aristokratischen Auftretens Meister (2009) 90f.; das Zitat 87. Zur *urbanitas* auch Scheithauer (2007).
48 Dazu Newby (2005). Frank (2014) 50ff.
49 Sen. epist. 15, 1, 8. Plin. epist. 3, 1, 8 über den fast achtzigjährigen Spurinna: »Ist ihm die Stunde des Bades gemeldet, im Winter um die neunte, sommers um die achte Stunde, ergeht er sich, wenn es windstill ist, unbekleidet in der Sonne. Dann schafft er sich Bewegung beim Ballspiel, eifrig und lange, denn auch mit dieser Art Training bekämpft er das Alter.« Siehe Sen. dial. 10, 12, 1 ff. über (neue) Formen der Muße, für die Seneca nur Verachtung übrig hat: übertriebene Körperpflege, Sorge um Gastmahl, Verfassen, Hören und Lernen von Chansons, Brett- und Ballspiel, Sonnenbaden.

lief, nicht zuletzt, weil man glaubte, dass sie Homosexualität und Päderastie Vorschub leiste.⁵⁰ Diesen seitens der Römer artikulierten Argwohn fasst der Grieche Plutarch zusammen:

> Denn das Einölen des Körpers war den Römern sehr suspekt, und sie glaubten sogar, dass den Griechen nichts so sehr Ursache der Versklavung *(douleia)* und Verweichlichung *(malakia)* geworden war wie die Gymnasien und Palaistren; diese hätte viel Lustlosigkeit, Nichtstun und Zeitverschwendung in den Städten erzeugt; weitere Ursachen seien die Knabenliebe und die körperliche Verderbtheit der jungen Männer durch übermäßiges Schlafen, Spaziergänge, rhythmische Bewegungen und so strenge Diätvorschriften, dass sie unbemerkt die Waffenübungen aufgaben und statt guter Hopliten und Reiter es liebten, gewandte Athleten und schöne Ringkämpfer genannt zu werden.⁵¹

Seneca, der es so darstellt, als ob er selbst täglich gymnastische Übungen anstellte, echauffiert sich an anderer Stelle regelrecht über Menschen, welche sich Ernährungsberater und Fitnesstrainer hielten. Seinem Zögling Lucilius, den er als *vir litteratus* sieht, rät er polemisch davon ab, »sich darin zu üben, die Arme breiter werden zu lassen, den Nacken und die Flanken zu festigen,« da er »weder die Kräfte eines feisten Stieres noch sein Gewicht« erreichen würde.⁵² Ein zu strapaziöses Trainingsprogramm würde nur den Geist erschöpfen und man müsse obendrein »Sklaven schlechtester Einstufung« *(pessimae notae mancipiae)* zur Unterweisung einsetzen.⁵³ Stattdessen empfiehlt Seneca leichte und kurze, zeitsparende Übungen: Laufen, Training mit einer Hantel sowie Sprünge.⁵⁴ Man kann hier deutliche Vorbehalte gegenüber der Athletik griechischen Stils nachempfinden. Was dem griechischen Sport letztlich dennoch in Rom zu breitem Ansehen verhalf, war das Interesse einiger Kaiser am Sport, namentlich Kaiser Neros, der sogar nach ihm benannte athletische Spiele in Rom einführte⁵⁵ und gezielt versuchte, die oberen Stände zur Athletik zu motivieren.⁵⁶ Zu erwähnen ist ebenso Domitian, der die griechische Athletik in die Kapitolinischen Spiele integrierte. Die Vorbehalte der Senatorenschaft solchen Maßnahmen gegenüber gehen aus dem Panegyricus des Plinius

---

50 Siehe dazu Newby (2005). Frank (2014) 51.
51 Plut. mor. *(aetia Romana et Graeca)* 40, 274 d.
52 Sen. epist. 2, 15, 2.
53 Sen. epist. 2, 15, 3.
54 Sen. epist. 2, 15, 4.
55 Tac. ann. 14, 19 f.
56 Tac. ann. 14, 47, bezogen auf das Jahr 62 n. Chr.: »Auch wurde in diesem Jahr von Nero ein Gymnasium gestiftet und mit griechischer Freigebigkeit den Rittern und Senatoren für die Übungen darin das Öl geliefert.«

auf Trajan hervor, der auch im Umgang mit der Athletik positiv von Domitian abgegrenzt wird.⁵⁷

Man muss selbstverständlich unterscheiden zwischen der Förderung des sportlichen Wettkampfes von Profis, die in ihrer Rolle mit Schauspielern oder Wagenlenkern verglichen werden können, und der Praxis der gewöhnlichen Bürger. Für viele Angehörige der traditionellen Elite verstieß es gegen die Gebote des Anstandes, sich als Sportler den Augen der Öffentlichkeit auszusetzen. Dieser Aspekt tritt in einer bezeichnenden Äußerung des Cornelius Nepos deutlich hervor:

> In großen Lobeshymnen erging sich fast ganz Griechenland, wenn ein Sieger in Olympia ausgerufen wurde; und in der Tat war es für niemanden bei diesen schändlich, auf die Bühne zu treten und sich dem Volk zur Schau zu stellen; das alles wird bei uns teils als Infamie, teils als Erniedrigung und Entfernung von der Ehrenhaftigkeit ausgelegt.⁵⁸

Der sportliche Wettkampf wird in dieser Stelle mit dem Auftritt auf einer Theaterbühne verglichen, der in Rom eine mindere Rechtsstellung (Infamie) implizierte. Allerdings gibt es auch das Gegenbeispiel eines Senators, der offenbar besonders erfolgreich im öffentlichen Raum als Ballspieler auftrat. In der aus neronischer Zeit stammenden, anonym überlieferten Lobschrift auf den Senator Piso wird dessen Wendigkeit im öffentlichen Ballspiel betont.⁵⁹ Das Verhältnis der Senatsaristokratie zum Sport fiel ambivalent aus, eher negativ, vor allem, wenn es um sichtbares und konkurrenzbetontes Auftreten ging.

Es fällt auf, dass in der gesamten satirischen Dichtung über den Badebetrieb meines Wissens keine einzige Erwähnung zu finden ist, in der man sich über körperliche Unzulänglichkeiten eines Senators im Bad lustig macht. Man könnte dies als Zeichen des Respekts der Dichter deuten; dagegen spricht aber, dass diese sich in anderen Zusammenhängen als äußerst kritische Beobachter der Elite erweisen – etwa im Hinblick auf Ehebruch und Würfelspiel. Was die Bäder betrifft, so richtet sich der Spott der Dichtung oftmals auf die ungepflegten Körper. So gilt allzu buschige Körperbehaarung bei Männern als Zeichen für fehlende Kultiviertheit, bleiche Haut, krumme Beine, schlaffe Muskulatur oder ein sichtbarer Leistenbruch verweisen auf harte körperliche Arbeit und Armut. Die Beurteilung körperlicher Makellosigkeit fällt ambivalent aus: Sie kann einerseits als Indiz gehobenen Lebensstils gewürdigt, andererseits auch

---

57 Plin. paneg. 13, 5.
58 Nep. praef. 5: *Magnis in laudibus tota fere fuit Graecia victorem Olympiae citari; in scaenam vero prodire ac populo esse spectaculo nemini in eisdem gentibus fuit turpitudini. Quae omnia apud nos partim infamia, partim humilia atque ab honestate remota ponuntur.* (Übers.: E. H.).
59 Siehe Laus Pisonis.

als übertrieben empfunden werden, so bei den Griechen und ›Neureichen‹. Der in den Epigrammen des Martial häufig traktierte Typus des schwerreichen, effeminierten Griechen – wie ihn z. B. der sehr oft angesprochene Zoïlus verkörpert – wird wiederholt im Zusammenhang mit den Bädern erwähnt.[60] Eine allzu sorgfältige Epilation, übertriebene Verwendung von Salböl und Pomade galten als Kennzeichen (neu-)reicher Müßiggänger mit Hang zur Verweichlichung.[61]

Der *vir mollis* wird als typischer Besucher der Bäder dargestellt, der mehr oder weniger diskret die Geschlechtsteile der männlichen Mitbadenden taxiert. Ihm dient das Bad als Ort, Kontakte zu potentiellen Sexualpartnern zu knüpfen. Auf der Suche nach diesen halte der verweichlichte Mann nach Personen mit möglichst langem Glied Ausschau,[62] obwohl es als anstößig galt, allzu offensichtlich voyeuristische Blicke zu werfen: Diese Norm ist bei Martial im Epigramm 1, 96 gezeichneten Gegenbild fassbar; der karikierte Maternus, mimt zwar im Alltag durch schlichte, bäurische Kleidung den Vertreter altrömischer Moral,[63] aber im Bad »blickt er nie nach oben, sondern mustert mit gierig schlingenden Augen die kräftigen Burschen und sieht ihre Schwänze an, wobei die Lippen ihm nicht stillstehn.«[64] Die Bäder werden bei Martial jedenfalls als soziale Orte imaginiert, wo sich vorrangig verweichlichte Griechen herumtrieben, denen Martial und Juvenal generell mit dem Vorurteil beggenen, dass sie ihren etwaigen Reichtum und damit verbundenem sozialen Aufstieg ihren sexuellen Diensten zu verdanken hätten.[65]

Dieses Vorurteil basierte wohl zumindest zum Teil auf nachvollziehbaren Lebensläufen einer Reihe von Männern griechischer Abkunft, die einer primär sexuellen Beziehung als *pueri delicati* mit Aristokraten (oder gar mit dem Kaiser) ihre spätere Freilassung sowie ihren Vermögenszuwachs verdankten.[66]

60 Siehe Mart. 2, 42: »Zoïlus, warum verdirbst du die Badewanne mit dem Waschen deines Hintern? | Damit es noch schmutziger wird, Zoïlus, tauche deinen | Kopf.« Das Epigramm basiert auf der Unterstellung, der Angesprochene betätige sich als *fellator*. Dazu Busch (1999) 480.
61 Zur stereotypen Charakterisierung des *vir mollis* in der Zeit der Republik Meister (2009) insb. 76 ff.
62 Siehe z. B. Mart. ep. 11, 51. 9, 33. Zur gesamten Thematik der männlichen Sexualität in Bädern Busch (1999) 467–487, insb. 471 f. Hier werden auch in diesem Zusammenhang relevante Passagen bei anderen Autoren kommentiert, z. B. Petron. 92, 5 f. Siehe ebenfalls Iuv. 9, 32 ff.
63 Grobe Kleidung und struppiges Haar galten als Zeichen ehrwürdiger Männlichkeit im Sinne des *mos maiorum*. Dazu Meister (2009) 80.
64 Übers.: Busch (1999) 476 f. mit ausführlichem Kommentar.
65 Siehe z. B. Mart. ep. 4, 39. 6, 50.
66 Zu Menekrates, dem Kitharöden des Nero Suet. Nero 30, 2. Cass. Dio 63, 1, 1. Auch der kaiserliche Freigelassene Epaphroditus verdankte sein Vermögen, das er in öffentliche

Der enge Konnex, der bei Martial zwischen *balnea*, Griechen und umstrittenen Sexualpraktiken hergestellt wird, mag nicht zuletzt darin begründet sein, dass die Bäder als eine Adaption griechischer Lebensart angesehen wurden.⁶⁷

Die Bäder erwiesen sich als soziale Räume für bestimmte Personenkreise, die den Ort nicht nur zur Körperpflege und Erholung, sondern maßgeblich auch zur Präsentation von Wohlstand sowie zur Kontaktaufnahme nutzten: sei es, um Klienten oder Patrone zu ›finden‹,⁶⁸ wohl auch – was zumindest unterstellt wird – Sexualpartner. Die Bäder waren darüber hinaus Kommunikationsräume, in denen Personen miteinander ins Gespräch kamen, wo getratscht und geklatscht wurde, wie Juvenal bezeugt. Seine 11. Satire beginnt damit, dass das Volk den Abstieg eines gewissen Rutilus kommentiert, der sein Vermögen mit seiner Leidenschaft für Delikatessen durchgebracht habe und schließlich als Gladiator geendet sei: »Bei allen Gastmählern, in allen Bädern, auf allen Plätzen, im ganzen Theater« lache man über ihn. Die Bäder werden hier – neben anderen geselligen Treffpunkten des *populus* – als ein Kommunikationsort ausgewiesen, wo der Abstieg eines Menschen kommentiert und bewertet wird. Es fehlen allerdings jegliche Bemerkungen darüber, dass im Bad politische Tagesfragen diskutiert oder gar politische Ämter ›verhandelt‹ worden seien.⁶⁹ So lässt sich hinterfragen, ob Angehörige der senatorischen Elite überhaupt zu den regulären Besuchern der öffentlichen städtischen Bäder zählten.

7.3 – Kritische Stimmen zum Bäderluxus

Auch wenn die gesundheitsfördernden Eigenschaften des Badens an sich außer Frage standen, so wurde dennoch die ausgeprägte Badekultur, wie sie sich in den öffentlichen Bädern der Stadt Rom im 1. Jh. n. Chr. etablierte, vor allem

---

Parks investierte, der Gunst Neros. Als Lustknabe des Senators L. Licinius Sura galt der Freigelassene Philostorgos in hadrianischer Zeit. Zu den Lustknaben *(pueri delicati)* und ihren Chancen auf Freilassung siehe grundlegend Veyne (1995) 18–20.

67 Siehe zur Assoziation von Athletik und Griechen Sen. brev. vit. 12, 2. Dazu Cagniart (2000). Newby (2005).

68 Martial führt aus, wie der hungrige Klient auf der Suche nach der Einladung zum Abendessen sich zunächst als Balljunge/Schiedsrichter ins Spiel bringt, seinem ›Opfer‹ schmeichelt und schließlich gar den Schweiß abwischt (ep. 12, 82); ein Dichter, der seine neuesten Werke vortragen will, wird in ep. 3, 44, 12 f. vorgestellt.

69 Siehe zu diesem fehlenden Befund auch Fagan (1999) 218: »[...] baths are never presented as places where plots are hatched or discussed (such activity is more often staged in people's houses, either at dinner parties or in back rooms [...].« Fagan selbst neigt dazu – angesichts von Vergleichen mit öffentlichen Bädern in anderen Kulturen – dennoch anzunehmen, dass Bäder zum Aushandeln von Geschäften aller Art genutzt wurden.

von der senatorischen Elite angehörenden Schriftstellern ambivalent, ja sogar kritisch beurteilt. Dies wird anhand der Betrachtung einschlägiger Äußerungen Senecas, Tacitus' und Plinius' des Jüngeren deutlich. Besonders einschlägig ist eine längere Passage eines Briefes von Seneca an seinen Schüler Lucilius, in dem er von seiner Besichtigung des Landhauses des Scipio Africanus berichtet, der rund 250 Jahre zuvor den großen Gegner Roms, Karthago, bezwungen hatte.

> Im Landhaus des Scipio Africanus selbst schreibe ich dir diese Zeilen [...]. Ich habe sein aus Quadersteinen erbautes Landhaus gesehen [...] das enge, nach alter Art dunkle Bad (unsere Vorfahren hielten kein Bad für warm, wenn es nicht dunkel war). Daher erfüllte es mich mit großem Vergnügen, als ich die Sitten des Scipio mit den unsrigen verglich. In diesem Winkel wusch jener ›Schrecken Karthagos‹ [...] seinen von der Landarbeit ermüdeten Körper. [...] Unter diesem so unscheinbaren Dach stand er, dieser so einfache Fußboden trug ihn. Jetzt aber – wer ertrüge es, sich so zu baden? Arm und gemein kommt sich jeder vor, wenn seine Wände nicht von großen und kostbaren Scheiben strahlen, wenn nicht der Alexandrinische Marmor mit Numidischem ausgelegt ist, wenn sich nicht ein kunstvoller, buntfarbiger Stein, gleich einem Gemälde ringsum zieht, wenn nicht die gewölbte Decke mit Glas getäfelt ist, wenn nicht Thasisches Gestein, einst selbst in einem oder anderen Tempel ein seltener Anblick, die Bassins umgibt, in welche wir unsere durch vieles Schwitzen ausgetrockneten Körper versenken, wenn nicht silberne Wasserhähne das Badewasser ausströmen lassen. [...] In diesem Bade des Scipio sind ganz kleine – Ritzen mehr, als Fenster, durch die steinernen Mauern gebrochen, um ohne Schaden für die Festigkeit des Gebäudes Licht einzulassen. Jetzt aber nennt man die Bäder finstre Löcher, wenn sie nicht so eingerichtet sind, dass sie das volle Tageslicht durch weite Fenster einlassen, wenn man darin nicht zugleich badet und gebräunt wird, wenn man nicht aus der Wanne die Aussicht auf Fluren und Meer hat [...].[70]

---

70 Sen. epist. 86, 1–8: *In ipsa Scipionis Africani villa iacens haec tibi scribo, adoratis manibus eius et ara, quam sepulchrum esse tanti viri suspicor. [...] Vidi villam extructam lapide quadrate [...] balneolum angustum, tenebricosum ex consuetudine antiqua: non videbatur maioribus nostris caldum nisi obscurum. Magna ergo me voluptas subiit contemplantem mores Scipionis ac nostros: in hoc angulo ille ›Carthaginis horror‹, [...] abluebat corpus laboribus rusticis fessum. Exercebat enim opere se terramque (ut mos fuit priscis) ipse subigebat. Sub hoc ille tecto tam sordido stetit, hoc illum pavimentum tam vile sustinuit: at nunc quis est qui sic lavari sustineat? Pauper sibi videtur ac sordidus nisi parietes magnis et pretiosis orbibus refulserunt, nisi Alexandrina marmora Numidicis crustis distincta sunt, nisi illis undique operosa et in picturae modum variata circumlitio praetexitur, nisi vitro absconditur camera, nisi Thasius lapis, quondam rarum in aliquo spectaculum templo, piscinas nostras circumdedit, in quas multa sudatione corpora exsaniata demittimus, nisi aquam argentea epitonia fuderunt. In hoc balneo Scipionis minimae sunt rimae magis quam fenestrae muro lapideo exsectae, ut sine iniuria munimenti lumen admitterent;*

Seneca gibt vor, sich unmittelbar im Haus des Scipio Africanus an seinen Schüler zu wenden. Er verleiht dem aus dem Besuch resultierenden Sittenvergleich zwischen der damaligen Zeit und seiner Gegenwart damit zugleich Glaubwürdigkeit und eine gewisse Dringlichkeit. Scipio Africanus habe nur ein sehr winziges, dunkles Bad gehabt; in der Gegenwart würde ein solches Bad als Zumutung empfunden. Dann zählt er die Annehmlichkeiten auf, die in Bädern seiner Zeit bereits zum Standard zählten: Er benennt vor allem Licht, das durch Scheiben fällt, seltene Marmorsorten und aufwendige Verarbeitung, silberne Wasserhähne mit fließendem Wasser. Gerade auf das Erhöhen der Wassertemperatur werde besonders viel Wert gelegt, indem man eine Temperatur anstrebe, die geradezu geeignet sei, »eines Verbrechens überführte Sklaven lebendigen Leibes« darin zu verbrennen.[71] Seneca greift hier den Topos auf, dass übertriebenes Baden in heißem Wasser eine verweichlichende Wirkung habe, der sich in der antiken Literatur wiederholt findet.[72] Den Aspekt der Verweichlichung kontrastiert er mit der Virilität des Scipio, die mit dem Ideal altrömischer Schlichtheit korrespondiert. Scipio habe sich zwar täglich die Arme und Beine gewaschen, die bei der Landarbeit schmutzig geworden seien, ein Vollbad aber nur an Markttagen (also jeden achten Tag) genommen. Wen dies zu dem Schluss verleite, dass die Vorfahren »unglaublich schmutzig« gewesen seien, der irre jedoch:

> Was für Äußerungen werden darüber von manchem laut werden? ›Ich beneide den Scipio nicht; wer so badet, lebt ja wahrhaftig als Verbannter!‹ Und wenn du erst wüsstest, dass er nicht einmal jeden Tag badete! Denn man wusch sich zwar – nach den alten Sitten – täglich Arme und Beine, weil sie nämlich von der Arbeit schmutzig waren, badete aber den ganzen Körper nur alle acht Tage. Da wird mancher sagen: ›Es ist mir klar, dass die höchst unreinlich waren. Wie mögen sie gerochen haben?‹ Nach Waffendienst, Arbeit und Mann! Seitdem die eleganten Bäder erfunden sind, ist man schmutziger.[73]

---

at nunc blattaria vocant balnea, si qua non ita aptata sunt ut totius diei solem fenestris amplissimis recipiant, nisi et lavantur simul et colorantur, nisi ex solio agros ac maria prospiciunt. (Übers.: Rosenbach).
71   Sen. epist. 86, 10.
72   Dazu Toner (1995). Zur verbreiteten Meinung, warmes Wasser untergrabe die militärische Disziplin Fagan (1999) 214 mit Quellenbelegen unter Anm. 78. Er weist darauf hin, dass dennoch Badehäuser mit Warmwasseranlagen in vielen Militärlagern von Syrien bis Schottland gefunden worden seien. Zum Segen des kalten Wassers auch Celsus, *de medicina* 1, 1, 1–3.
73   Sen. epist. 86, 12–13: *Quas nunc quorundam voces futuras credis? ›Non invideo Scipioni: vere in exilio vixit qui sic lavabatur.‹ Immo, si scias, non cotidie lavabatur; nam, ut aiunt qui priscos mores urbis tradiderunt, brachia et crura cotidie abluebant, quae scilicet sordes opere collegerant, ceterum toti nundinis lavabantur. Hoc loco dicet aliquis: ›liquet*

Seneca selbst räumt in einem weiteren Brief an Lucilius ein, mit zunehmendem Alter größere Scheu gegenüber kaltem Wasser zu entwickeln: Früher sei er am ersten Januar – möglicherweise in einem kollektiven Ritual – in den Wassergraben gesprungen, der durch das eisige Wasser der Aqua Virgo geflutet worden sei, wovon er nun Abstand nehme.[74] Das Waschen mit kaltem Wasser gilt auch Plinius als Zeichen altrömischer Mannhaftigkeit und tugendhafter Schlichtheit.[75] Sein Onkel habe sich, wenn er in Rom war, nach dem täglichen Sonnenbad jeweils nur kurz kalt abgewaschen, auf dem Lande habe er hingegen ausführlicher gebadet, dabei sogar die Studien ruhen gelassen, die er erst beim Abfrottieren wieder aufgenommen habe, indem er sich entweder vorlesen ließ oder selbst diktierte.[76]

Plinius unterstellt hier, dass unterschiedliche Formen der Körperpflege geeignet und sinnvoll seien, je nachdem, ob man sich in der Stadt oder auf dem Landsitz aufhalte. Die Häuser der Senatoren, zumeist in bester Wohnlage auf den Hügeln gelegen, verfügten kaum über imposante Badeanlagen und so blieb einem wohl nur eine simple Waschung übrig, wenn man nicht den Besuch einer ›Volkstherme‹ in Betracht zog; eine Option, von der in diesem Zusammenhang überhaupt keine Rede ist. In den Villen auf dem Land standen den Wohlhabenden Privatbäder zur Verfügung; Plinius selbst ergeht sich in den Schilderungen der Badeanlagen in seinen Landhäusern und wird nicht müde, deren Vorteile herauszustellen: Sonnendurchflutete Räume, klares, warmes Wasser – für Plinius alles Zeichen seines gehobenen Lebensstils.[77] All dies waren Annehmlichkeiten, die man während der Senatsferien im Sommer genießen konnte.

Auch Tacitus äußert sich kritisch über die städtischen Bäder, zumindest über jene, welche die Britannier durch römische Akkulturation übernahmen. Tacitus bezeichnet sie als »verlockende Laster«, und er nennt sie in einem Atemzug mit Säulenhallen und Gastmählern: »Und das nannten die Unerfahrenen Kultur«, entrüstet er sich, »wo es doch nur ein Teil der Knechtschaft

mihi inmundissimos fuisse‹. Quid putas illos oluisse? militiam, laborem, virum. Postquam munda balnea inventa sunt, spurciores sunt. (Übers.: Rosenbach).
74 Sen. epist. 10, 83, 5.
75 Besonders ironisch ist die Schilderung bei Petron, dass es sich bei Trimalchios Privatbad um einen engen und einem Kaltwasserreservoir ähnlichen Raum gehandelt habe: Petron. 73, 2: *angustum scilicet et cisternae frigidariae simile.* Trimalchio ahmt damit offenbar den ›Schlichheitskult‹ der Senatoren nach.
76 Plin. epist. 3, 5, 11.
77 Zu den Häusern der Senatoren Hesberg (2005). Zu den Villenbädern Plin. epist. 1, 3, 1 und 5, 6, 25. Allerdings gibt Plinius selbst (epist. 2, 17, 26) an, dass es auf dem Land als Annehmlichkeit schätze, dass es im nächsten Dorf drei Pachtbäder gebe, die er aufsuche, wenn die Zeit zum Heizen seines Privatbades zu knapp werde.

war«.⁷⁸ Hier bleibt offen, ob er mit der »Knechtschaft« die römische Herrschaft oder das Regiment des Luxus meint. Vordergründig wird in diesen Passagen das luxuriöse Ambiente für das Volk aus Sicht der Verfechter altrepublikanischer Strenge und Schlichtheit angeprangert, die Kritik basiert indes im Kern auf traditionellen Werthaltungen der Senatorenschaft, die es aus Gründen der Scham ausschlossen, gemeinsam mit dem Volk zu baden.

Sich nackt in der Menge zu präsentieren, war mit den überkommenen Standards für Ehre und Anstand eines römischen Aristokraten unvereinbar. Wie auch hätte man mit den dort anzutreffenden, oftmals viel besser durchtrainierten Männern mithalten können? Der Verweichlichungsdiskurs war offenbar eher vorgeschoben, im Kern ging es um die Verweigerung einer als ehrmindernd empfundenen Körperinszenierung. Als Konsequenz war das gemeinsame Baden mit dem gewöhnlichen Volk abzulehnen. Das entsprach der Position des Senators Gallus Asinius, die er in einer Senatsdebatte um den allgemeinen Luxus im Jahre 23 n.Chr. artikulierte, von der Tacitus berichtet. Gallus Asinius argumentierte, dass zur Wahrung der sozialen Hierarchie den oberen Ständen der Tafel- und Kleiderluxus nicht verwehrt werden dürfe, darüber hinaus forderte er gesonderte Bäder – analog zu den separierten Sitzen, welche Senatoren und Rittern im Theater zustanden. Tacitus gibt die Forderungen des Senators in indirekter Rede wieder: »Der Senatoren- und Ritterzensus hebe sich ab von dem der übrigen Bürger, [...] [daher sollten sie], wie durch ihre Plätze im Theater, durch ihren Stand und ihren Rang, so auch in allem bevorzugt werden, was der geistigen Erholung und der körperlichen Gesundheit diene.«⁷⁹ Auch wenn nicht explizit von exklusiven Bädern für die Senatoren gesprochen wird, war dies sicher gemeint. Umgesetzt wurden solche Forderungen nach allem, was wir wissen, jedoch nicht. Obwohl unsicher ist, ob die Debatte tatsächlich so geführt wurde, wird hier eine Haltung fassbar, die das Bad in der Menge als unvereinbar mit der Würde der oberen *ordines* hält. Das bedeutet keineswegs, dass niemals ein Senator ein öffentliches Bad in Rom besucht hat, aber es wurde deutlich, dass in einer Reihe von Quellen die Verweigerung des Bades in der Menge thematisiert wird, wenngleich meistens moralistisch verbrämt.

---

78 Tac. Agr. 21: *Idque apud imperitos humanitas vocabatur, cum pars servitutis esset.* (Übers.: E.H.).
79 Tac. ann. 2, 33: *Distinctos senatus et equitum census, non quia diversi natura, sed ut locis ordinibus dignationibus antistent, ita iis quae ad requiem animi aut salubritatem corporum parentur, nisi forte clarissimo cuique pluris curas, maiora pericula subeunda, delenimentis curarum et periculorum carendum esse.* (Übers.: Sontheimer).

7.4 – Bäderluxus als Ausdruck kaiserlicher Fürsorge

Wie bereits dargestellt, brach die hohe Zeit der öffentlichen Bäder Roms im 1. Jh. n. Chr. an, sieht man von den 25 v. Chr. errichteten Thermen des präsumtiven Augustus-Nachfolgers Agrippa auf dem Marsfeld einmal ab.[80] Später kamen die im Jahr 64 eingeweihten Nero-Thermen auf dem Marsfeld hinzu,[81] dann die nahe dem Kolosseum gelegenen Titus-Thermen.[82] Seit Nero scheint der Thermenbau ein Bestandteil der kaiserlichen Aufgaben geworden zu sein, zu denen sich die Herrscher aus Gründen der Wohlfahrt gegenüber der städtischen *plebs* verpflichtet fühlten. Dass ein Kaiser nicht nur als Stifter eines Bades wirkte, sondern auch mit dem Volk gemeinsam badete, wird erstmalig für Titus berichtet. Das Bad des Kaisers in der Menge wurde nun offenbar als Zeichen der kaiserlichen Volksnähe wahrgenommen: Ganz gezielt habe sich Titus dem Bad in der Menge gestellt, so der Biograph Sueton, um seinen Rückhalt bei der *plebs urbana* zu sichern; für Sueton ist die Maßnahme des Titus, dem Volk Zutritt zu seinen Thermen zu gewähren und mit ihm zu baden ein Indiz für dessen Wunsch, das Volk für sich einzunehmen: »In seinem Wunsch, die Leute für sich zu gewinnen, ließ er nichts ungenutzt; so gewährte er manchmal dem Volk Zutritt zu seinen Thermen und badete mit ihm zusammen.«[83] Damit stellte er sich gleichzeitig in die auf Leutseligkeit gegenüber dem Volk bedachte Tradition seines Vaters,[84] der wiederum bereits den Baubeginn des Kolosseums auf dem Gelände, auf dem einst Neros *domus aurea* stand, als Rückgabe des Areals an das römische Volk zelebriert hatte.[85] Diese Inszenierung wurde durch den Bau der Titusthermen komplettiert.[86] Der Bericht von dem Bad des Kaisers in der Menge ergänzt andere Nachrichten, denen zu Folge Titus besonders darum bemüht war, sich dem Volk gegenüber

---

80 Nielsen (1990) 43. Busch (1999) 387.
81 Zur starken Identifikation des Stadtrömers mit dieser Anlage ausführlich Busch (1999) 387 ff.
82 Mart. spect. 2, 7 f. feiert deren Errichtung auf dem Gelände der nunmehr abgebrannten *domus aurea*.
83 Suet. Tit. 8, 2.
84 Suet. Vesp. 12. 22.
85 Mart. spect. 2, 11–12. Scheithauer (2000) 129 ff.
86 Mart. spect. 2, 7–8. Einweihungsspiele der Thermen und des Amphitheaters: Cass. Dio 66, 25. Suet. Tit. 7, 3.

zugänglich zu zeigen.⁸⁷ Ähnliches wird über Hadrian berichtet,⁸⁸ über den die *Historia Augusta* eine aufschlussreiche Anekdote überliefert.⁸⁹ Da diese explizit als »allbekannter Witz« eingeführt wird, darf man davon ausgehen, dass es nicht um die Schilderung einer historischen Begebenheit geht, sondern Hadrians Vorzüge – seine Volksnähe, seine Wertschätzung der Veteranen ebenso wie die sparsame Verwendung öffentlicher Mittel – herausgestellt werden sollen.

> Er badete häufig öffentlich und mit allem Volk. Dies gab Anlass zu einem allbekannten Badescherz: als er nämlich eines Tages beobachtet hatte, wie ein ihm von seiner Dienstzeit her bekannter Veteran sich den übrigen Teil des Körpers an der Wand abscheuerte, erkundigte er sich bei ihm, weshalb er die Marmorplatten benutze, um sich abzuscheuern; als er vernahm, dies geschehe in Ermangelung eines Sklaven, beschenkte er den Alten sowohl mit Sklaven als auch mit einer Geldhilfe. Als aber andertags mehrere Greise sich an der Wand scheuerten, um des Kaisers Freigiebigkeit zu provozieren, ließ er sie antreten und wies sie an, sich gegenseitig zu frottieren.⁹⁰

Die Anekdote wurde in der Forschung als Beleg dafür herangezogen, dass viele der römischen Kaiser öffentliche Bäder besucht und das Baden in Gesellschaft der Untertanen genossen hätten.⁹¹ Doch sind es wenige Herrscher, über die konkrete Berichte vorliegen, und (bis auf Titus) liegen sie außerhalb des hier untersuchten Zeitraumes: Neben Caracalla, der regelmäßig gemeinsam mit dem Volk gebadet haben soll,⁹² wird dies von Alexander Severus angenommen.⁹³

7.5 – Fazit: Kein Bad in der Menge

Bei der römischen Badekultur handelte es sich um eine Adaption aus dem griechischen Kulturkreis, die zu Beginn des ersten Jahrhunderts vorwiegend von in Rom lebenden Griechen implementiert wurde, die auch als Stifter von

---

87 Suet. Tit. 8, 1 f. Zu Titus Wandel nach seinem Regierungsantritt Suet. Tit. 1 und 8, 1 f. Mein Dank gilt Florian Sittig, der mir Einsicht in seine unveröffentlichte Bachelorarbeit gewährt hat und das Bad des Kaisers in der Menge als Konsensritual im Sinne Flaigs deutet: Sittig (2008).
88 SHA Hadr. 17, 8. 20, 1. Boatwright (1987) 24. Mortensen (2004) 86–89.
89 Dazu ausführlich Merten (1983) 127 ff., insb. 132 f. die den topischen Gehalt solcher Anekdoten herausstellt. Fagan (1999) 190 zweifelt hingegen an der Historizität des Vorfalls.
90 SHA Hadr. 17, 5–7. (Übers: Hohl). Merten (1983) 131 geht von einer Imitation Suetons durch den Autor aus.
91 In diesem Sinne Yegül (1992) 32. Zur Interpretation Frank (2014) 171–173.
92 SHA Hel. 17, 9. 8, 6. 21, 6. 24, 1. 25, 6. Gall. 17, 8. Merten (1983) 123, 130.
93 Cass. Dio 80, 2, 2–3.

Bädern wirkten, vor allem aber alltäglich als Bademeister, Masseure und Trainer in Erscheinung traten. In Rom stieg die Zahl kleinerer *balnea*, die bei der Bevölkerung sehr beliebt waren. Gleichzeitig wurde der Gang in das Bad im Schrifttum problematisiert – sei es in satirischer Form im Hinblick auf das dort an den Tag gelegte Imponiergehabe von stolzen Reichen oder umschwärmten Patronen, sei es im Rahmen moralischer Erörterungen über die Auswirkungen warmen Wassers auf Geist und Körper und die Allgegenwart von Luxus – sogar für das gemeine Volk. Das Kapitel hat gezeigt, dass die konservative Senatorenschaft sich von den städtischen Bädern distanzierte, was hier auf Vorbehalte gegenüber der dort üblichen Körperpräsentation zurückgeführt wurde, die mit dem senatorischen Ehr- und Schamgefühl nicht vereinbar war. Natürlich war Senatoren der Zugang zu öffentlichen städtischen Bädern nicht verboten, aber sie nahmen das Angebot offenbar nicht (oder nur noch selektiv) wahr. Diese stillschweigende Handlungsmaxime wird zwar nirgends explizit ausgesprochen, dennoch ist der implizite Befund recht eindeutig. Von einer Durchmischung aller sozialen Gruppen der Bevölkerung Roms in den Bädern kann – zumindest was den *ordo senatorius* betrifft – demnach keine Rede sein.

Die senatorischen Autoren begleiteten ihre Verweigerung des Bades mit moralistischen Kommentaren über die verweichlichende Wirkung des warmen Wassers, über den als unangebracht empfundenen Luxus für das niedere Volk, mit Kritik am als übertrieben wahrgenommenen Körperkult, an der in Bädern verorteten Promiskuität und sexuellen Devianz. Gerade weil weder der Badebetrieb selbst noch der Thermenbau als Ausdruck von öffentlicher Großzügigkeit innerhalb der Senatorenschaft eine Tradition hatte, lag es den Vertretern der alten Elite und altrömischer Werte fern, sich im Bad und beim Sport hervorzutun oder vermittels des Thermenbaus Prestige zu erwerben.

Hingegen erwiesen sich kaiserliche Thermenbauten als geeignetes Mittel, um die Popularität eines Kaisers beim Volk zu steigern. Nachrichten darüber, dass ein Kaiser gemeinsam mit dem Volk badete, gibt es nur vereinzelt und erst seit Titus, dessen Bad in der Menge von den Untertanen als Indiz für seine Leutseligkeit gedeutet wurde.

Die Senatoren hatten kein Interesse an dieser Form der stilisierten Volksnähe; sie forcierten stattdessen das Ideal altrömischer Schlichtheit und verlegten sich demonstrativ auf den privaten Badeluxus in den ländlichen Villen. Man kann zugespitzt sagen, dass sich die Senatorenschaft den Bädern der Stadt als Bühne der Selbstdarstellung entzog; gerade weil sie mit den dort von anderen wohlhabenden Besuchern vorgelegten Maßstäben des Geltungskonsums und der Körperpräsentation nicht mithalten konnte und/oder nicht mithalten wollte, um sich nicht mit jenen Leuten gemein zu machen, die im

Schrifttum als typische Thermenbesucher gelten: Emporkömmlinge, Voyeure, Effeminierte. Man kann in dieser Verweigerung eine Abwehrreaktion im Sinne einer Schmähung der beim *populus* äußerst beliebten Bäder erkennen.

Dennoch konnte auch die Senatorenschaft die Sphäre der Thermen zur Kenntnis nehmen: Denn gerade in den Texten Martials und Juvenals wurden der im alltäglichen Badebetrieb beobachtete Dünkel der ›Gernegroßen‹, der Sport wie auch das Sexuelle immer wieder thematisiert. Für alle, die aus Gründen des Anstandes nicht persönlich ein öffentliches städtisches Bad aufsuchten, hatten diese Texte die Funktion eines ›Schlüssellochs‹, durch das man Einblicke in die Welt der Emporkömmlinge, Effeminierten und Voyeure nehmen und diese belachen konnte, ohne selbst Gefahr zu laufen, in die Lächerlichkeit einbezogen zu werden. Daher lädt Martial im zu Beginn des Kapitels zitierten Epigramm 3, 68 gerade die auf ihre Ehre bedachte *matrona* implizit zur weiteren Lektüre ein und warnt sie nur scherzhaft vor seiner literarischen Entführung in die Welt der »nackten Männer«. Seine Texte illustrieren einen sozialen Ort, der realiter aus Statusgründen nicht von allen besucht wurde.

8

DENUNZIATIONEN ALS AUSDRUCK GESELLSCHAFTLICHER UNORDNUNG

8.1 – Fragestellung und Forschungsstand

> Die grausamen Taten [des Kaisers Tiberius] einzeln durchzugehen, würde zu weit führen. Es wird hinreichen, sozusagen anhand von Beispielen die Arten seiner Grausamkeit aufzuzählen. Kein Tag verging, ohne dass gestraft wurde, nicht einmal ein Fest- und Feiertag. Viele wurden mit ihren Kindern und sogar von ihren Kindern angeklagt und verurteilt. [...]. Für die Ankläger setzte man ausnehmend hohe Belohnungen aus, manchmal auch für die Zeugen. Keinem Denunzianten sprach man die Glaubwürdigkeit ab. Jedes Verbrechen fiel unter Kapitalverbrechen, selbst wenige und einfach dahin gesagte Worte wurden mit dem Tode bestraft.[1]

Mit diesen Worten schildert der Biograph Sueton das unerträgliche soziale Klima in Rom zur Zeit des Kaisers Tiberius. Sogar einfache Äußerungen seien denunziert worden und hätten den Anlass für Todesurteile gegeben, täglich seien Hinrichtungen vorgenommen worden. Ähnliche Klagen über Denunziationen finden sich bei vielen Autoren, welche die Zustände im Rom der frühen Kaiserzeit beschreiben, wobei die Kritik vor allem auf die Kaiser zielt: Sie seien eigentlich für das Wüten der Denunzianten verantwortlich; sie hätten die Ankläger motiviert, indem sie Belohnungen aussetzten und hätten dadurch

---

[1] Suet. Tib. 61, 2 f.: *Singillatim crudeliter facta eius exequi longum est; genera, velut exemplaria saevitiae, enumerare sat erit. Nullus a poena hominum cessavit dies, ne religiosus quidem ac sacer [...]. Accusati damnatique multi cum liberis atque etiam a liberis suis. Interdictum ne capite damnatos propinqui lugerent. Decreta accusatoribus praecipua praemia, nonnumquam et testibus. Nemini delatorum fides abrogata. omne crimen pro capitali receptum, etiam paucorum simpliciumque verborum.* (Übers.: Martinet). Ähnlich Tac. ann. 6, 51, 3, der resümierend allgemein die Grausamkeit des Tiberius benennt. Cass. Dio 58, 1, 1b apostrophiert eine Willkürjustiz ohne Richterspruch und schildert das Wirken eines *agent provocateur*. Worte als Gegenstand von Majestätsverfahren werden auch bei Suet. Nero 32, 2 benannt.

die Senatorenschaft terrorisiert.[2] Daneben betrifft das Urteil auch den Denunzianten, der etwa bei Tacitus als neue und üble Erscheinung der Zeit benannt wird: Die Denunzianten seien »eine Menschensorte«, schreibt Tacitus, »die zum Verderben des Staates aufgekommen war und durch Strafen nie hinreichend in Schranken gehalten werden konnte [...].«[3] Sie werden als ehrgeizige, raffgierige und opportunistische Aufsteiger charakterisiert, die dem Kaiser zuarbeiteten. Der erste in den *Annalen* des Tacitus behandelte Denunziant[4] wird als ein *exemplum* angesprochen, das in späterer Zeit viele Nachahmer gefunden habe:

> Denn während er, der in dürftigen Verhältnissen lebte, von niedriger Herkunft und ein umtriebiger Mensch war, mit geheimen Anklageschriften bei dem zur Grausamkeit neigenden Princeps sich einschlich und dann die berühmtesten Männer in Gefahr brachte, gewann er Einfluß bei dem einen und zog sich den Haß bei allen zu. Er gab ein Beispiel, dessen Nachahmung aus Armen Reiche, aus Verachteten Gefürchtete machte und andere in das Verderben stürzte [...].[5]

Hier wird der Denunziant als Typus des sozialen Aufsteigers vorgestellt, den Gewinnsucht, Ehrgeiz und der Wunsch nach kaiserlicher Nähe antreiben. Durch diffuse, unheilvoll konnotierte Wörter lädt Tacitus das Porträt dramatisch auf. Mit seinen üblen Machenschaften erwirke der Denunziant laut Tacitus gar die Umkehrung der sozialen Hierarchie, ein Albtraum der Elite.[6]

---

2   Siehe auch Barghop (1994) 161. Zu den Majestätsprozessen unter Tiberius siehe Zach (1971).
3   Tac. ann. 4, 30, 3. (Übers.: Heller).
4   Es ist nicht ganz klar, welche Person gemeint ist: (Aulus) Caepio Crispinus oder Romanus Hispo. Siehe den Kommentar von Goodyear – Woodman (1981) 159 zur Klärung der grammatikalischen Uneindeutigkeit (Bezug des Relativpronomens *qui*) bei Tacitus, ob in der folgenden Beschreibung wirklich Crispinus gemeint ist oder eher der gleichfalls vorangehend erwähnte Romanius Hispo. Zu A. Caepio Crispinus Rutledge (2001) Nr. 19 S. 206f. PIR² C 149. Der Name ist inschriftlich auf Urnen seiner Begräbnisstätte am Tiber belegt. Zu Romanius Hispo (manchmal auch Romanus Hispo) Rutledge (2001) Nr. 81 S. 262f. PIR² R 81. Romanius Hispo stammte nach inschriftlichen Erwähnungen wohl aus Gallien (Ravenna); er wird auch bei Quint. inst. 6, 3, 100 als Delator benannt. Es ist meines Erachtens wahrscheinlich, dass Tacitus auch hier gezielt verunklart und zwei Fälle miteinander vermengt.
5   Tac. ann. 1, 74: *qui formam vitae iniit, quam postea celebrem miseriae temporum et audaciae hominum fecerunt. nam egens, ignotus, inquies, dum occultis libellis saevitiae principis adrepit, mox clarissimo cuique periculum facessit, potentiam apud unum, odium apud omnis adeptus dedit exemplum, quod secuti ex pauperibus divites, ex contemptis metuendi perniciem aliis [...].* (Übers.: Sontheimer).
6   Bei Tac. ann. 4, 30 erscheint das Delatorenwesen als eine Züchtung des Kaisers: Die Denunzianten wurden »erfunden« und »auf den Plan gerufen«.

Diese kurzen Textbeispiele können einen Eindruck davon vermitteln, auf welche Weise römische Autoren den Denunzianten zur üblen Kreatur stilisieren, zum Abweichler, der alle herkömmlichen Werte und Bindungen ablehnt, um sich aus Eigennutz zum Vollstrecker des grausamen Kaisers zu machen.[7] Indem sich die antiken Autoren einerseits auf die Denunzianten als Außenseiter, andererseits auf die Grausamkeit der Kaiser und das Klima der allgemeinen Bespitzelung konzentrieren, werden allerdings unterschiedliche angezeigte Delikte und Verfahren miteinander vermengt. Diese Sicht der Dinge fand ihren Eingang auch in die moderne Forschung.[8] Die Denunziationen werden entweder als Begleiterscheinung der wahnsinnigen und tyrannischen Kaiser oder als konsequenter Ausdruck des neuen Systems der Monarchie betrachtet.[9] Das Denunziationswesen wird als Instrument der Herrschaftssicherung behandelt und als ein rein politisches Phänomen begriffen. Demgegenüber soll nachstehend ein Ansatz verfolgt werden, der das Phänomen erstens rechtsge-

---

7 Dass der Delator gewissermaßen als Gegenbild zum römischen Tugendkanon konstruiert wird, geht auch aus der eingangs zitierten Stelle Suet. Tib. 61 hervor, wo das Aufgeben der familiären Bindungen thematisiert wird. Der Prototyp des Delators L. Fulcinius Trio wird bei Tacitus als Person vorgestellt, der nach »schlechtem Ruf *(fama mala)*« gierte, also genau das Gegenteil des stets auf den guten Ruf bedachten Aristokraten verkörpert (Tac. ann. 2, 28, 3). Dazu auch Barghop (1994) 161 f. Zur Person PIR² F 517. Rutledge (2001) Nr. 46 S. 234: Demnach stammt Fulcinius Trio wahrscheinlich aus alter republikanischer Familie, die es aber noch nicht zum Konsulat gebracht hat. Er selbst wird Suffektkonsul. Zur Konstruktion des Delators als Gegenbild zum guten Senator bei Plinius dem Jüngeren gibt es eine (leider bislang unpublizierte) BA-Thesis von Sophia Brockmann (Universität Aachen 2011), die ich freundlicherweise einsehen durfte: Brockmann (2011).
8 Während in der älteren Forschung rechtsgeschichtliche Aspekte im Vordergrund standen (Mommsen StrR 537–594. Zijlstra (1967) zu formaljuristischen Eigenheiten der *delatio*), ist die jüngste Monographie zum Thema – Rutledge (2001) – eine recht positivistische Studie zu den Eigenschaften des Typus *delator*, eine Sammlung aller bekannten Fälle von Denunziationen und eine enzyklopädische Prosopographie all jener Personen, die in den Quellen als Delatoren bezeichnet werden; nicht aufgenommen werden dabei Personen, die sich zwar nachweislich delatorisch betätigt haben, aber nirgendwo als solche bezeichnet werden (z. B. Plinius und Tacitus). Rutledges zentrale These, dass der Delator den Prinzipat stabilisiert habe (19), ist m. E. nicht haltbar.
9 Das Denunziationswesen (bzw. die Majestätsprozesse) als Ausdruck der senatorischen Konkurrenz um die Nähe zum Kaiser: Schrömbges (1986) hier 264 f. Flaig (1993). Als Folge der tyrannischen Herrschaft, insbesondere des Tiberius, z. B. Koestermann (1955). Eine summarische Zusammenfassung der kontroversen Forschung zu Tiberius liefert Yavetz (1999) 89. Einen Überblick über die Quellen zum Denunziationswesen bietet O'Neal (1978). Ansonsten wird das Phänomen der *delatio* in zahlreichen speziellen Forschungsbeiträgen behandelt: Schrömbges (1986) 255–265. Nippel (1988) 30–32 zu Methoden und Problemen der Sicherung öffentlicher Ordnung in Rom. Bleicken (1962) zur Entwicklung des Prozessrechtes in Form von Senatsgericht und Kaisergericht (vor allem 72 ff., 44 ff., 56 ff.). Barghop (1994) zur Angst in der Senatorenschaft des frühen Prinzipats (160–164).

schichtlich differenziert und zweitens als soziale Praxis begreift und als solche zu kontextualisieren sucht. Bislang wurde in der Forschung oft übersehen, dass unter dem Oberbegriff der Denunziation – historisch exakter: der *delatio* – im antiken Schrifttum zwei sehr unterschiedliche Deliktkomplexe und Prozessformen behandelt werden.[10] Erst wenn diese Komplexe aufgeschlüsselt werden, wenn jeweils der konkrete Sinn und Nutzen der Anzeigen in den unterschiedlichen sozialen Konstellationen erschlossen wird, lässt sich zeigen, inwiefern das Delatorenwesen auf der einen Seite mit der Entstehung einer neuen, gewissermaßen staatlichen Form sozialer Kontrolle einhergeht und auf der anderen Seite symptomatisch ist für den Konkurrenzkampf der aristokratischen Führungselite unter den veränderten politischen Rahmenbedingungen des Prinzipats. Der im Folgenden gewählte Zugang zielt auf eine Rekonstruktion der strafrechtlichen Besonderheiten ebenso wie der sozialen Praxis der Denunziationen, er intendiert eine Lektüre, die sich als eine Mischung aus strafrechtsgeschichtlicher Einordnung und akteurs-orientierter Sozialstudie charakterisieren lässt. Die hier angebotene Erklärung der gesellschaftlichen Praxis der Denunziationen basiert auf der Annahme, dass die Denunziationen trotz der in den antiken Quellen durchweg aufscheinenden negativen moralischen Bewertung einen Nutzen für die Denunzianten hatten, den es zu bestimmen gilt. Als Quellen werden vornehmlich die *Annalen* des Tacitus wie auch die *Viten* Suetons ausgewertet, wobei sich zeigt, dass gerade Tacitus kritisch gelesen werden muss, da seine Schilderungen juristischer Sachverhalte oft sehr unpräzise ausfallen.

8.2 – Terminologie und rechtlicher Rahmen

Das lateinische Wort *denuntiator* bezeichnet – ohne einen negativen Beigeschmack – jemanden, der etwas zu verkünden oder anzuzeigen hat. Magistrate mit der Funktion von Herolden werden ebenso genannt wie Personen, die eine Straftat anzeigen. Solche Anzeigen von unbeteiligten Personen gelten als elementarer Bestandteil der Rechtsordnungen antiker Stadtstaaten.[11] In Rom war es bereits seit der Republik jedem römischen Bürger möglich, eine Popularklage *(actio popularis)* gegen eine andere Person anzustrengen, sofern dies im Interesse der Bürgerschaft lag.[12] Es geht hierbei um die Anzeige von Vergehen, durch die zwar niemand persönlich geschädigt wurde, die aber dennoch eine

---

10 So auch zuletzt von Rutledge (2001).
11 Nippel (1988) insb. 191 Anm. 49 mit Bemerkungen und Literatur auch zu Athen.
12 Dazu Mommsen StrR 507 f.

Gefahr für das Gemeinwesen darstellten. Zum Beispiel war die Anzeige von Personen vorgesehen, die eine öffentliche Wasserleitung verunreinigten.[13] Der Terminus *delator* (»Angeber«)[14] hingegen ist erst in literarischen Texten der augusteischen Zeit belegt.[15] Er bezeichnet eine Person, die eine andere anzeigt und die entsprechende Klage verficht, wobei es zunächst nur um Anzeigen/ Klagen wegen Verstößen gegen die augusteischen Ehegesetze geht. Das Wort hatte offensichtlich von Anfang an eine negative Konnotation, die daraus resultierte, dass Delatoren durch eine im Erfolgsfall gezahlte Prämie *(praemia delatorum)* zur Anzeige angespornt wurden.[16] Bereits kurze Zeit später wird der Terminus *delator* allerdings auch für Personen verwendet, die andere im Rahmen eines sogenannten Majestätsvergehens *(crimen maiestatis)* anzeigten und anklagten. Beide Komplexe – die Verstöße gegen die Ehegesetze und die sogenannten Majestätsvergehen – sollen im Folgenden differenzierend behandelt werden, wobei deutlich werden wird, dass sich die Denunziationen aus unterschiedlichen sozialen Konstellationen ergaben und von jeweils anderen Personenkreisen betrieben wurden.

8.3 – Delatoren und Ehegesetze

Seit Augustus griff man in Rom auf die Mitarbeit sogenannter Delatoren zurück, um Gesetze durchzusetzen, von denen sich der *princeps* einen gesellschaftlichen Nutzen versprach. Seine mehrere Einzelbestimmungen umfassenden Ehegesetze können hier kurz zusammengefasst werden: In der *lex Iulia de maritandis ordinibus* aus dem Jahr 18 v. Chr. ordnete Augustus zur Erhöhung der allgemeinen Moral und zur Bekämpfung von Kinderlosigkeit in den oberen *ordines* an, dass nur noch standesgemäße Ehen geschlossen werden durften.[17] Im Jahre 9 n. Chr. kam die *lex Papia Poppaea* (benannt nach den Antrag-

---

13 Die Bürger wurden geradezu ermuntert, solche Ordnungsfunktionen zu übernehmen, indem erfolgreichen Anklägern Prämien gezahlt wurden. Dazu Nippel (1988) 29 f. mit Belegen und Literatur.
14 Mommsen StrR 383 Anm. 2. Das Wort *delator* leitet sich ab von *nomen deferre* = »eine Person anzeigen«.
15 Bei Tacitus werden diese Delatoren (wo nicht individuell eine Person in der Funktion eines Delators agiert) als ein eigener Menschenschlag mit negativen Merkmalen charakterisiert: Tac. hist. 1, 2, 3. Zum Wort Kleinfeller (1901) 2427 f. Zijlstra (1967) zusammenfassend 141. Rutledge (1999) 556 Anm. 3. Zur Trennung der fiskalischen und der kriminellen Delation Mommsen StrR 880.
16 Die Verbindung von *delator* und Prämie, insb. im Kontext mit der *lex Papia Poppaea* ist an diversen Stellen auffällig: Siehe Tac. ann. 3, 25 f. und 28. Suet. Nero 10.
17 Suet. Aug. 34. Cass. Dio 54, 16.

stellern Marcus Papius Mutilus und Quintus Poppaeus Secundus) hinzu, mit der eine Ehepflicht für alle römischen Bürger im heiratsfähigen Alter verfügt wurde. Wer unverheiratet war, verlor das Anrecht auf Erbschaften, kinderlose Ehepaare verloren das Anrecht auf die Hälfte einer Erbschaft. Des Weiteren wurden Kinderlose in der Ämterlaufbahn benachteiligt. Paare hingegen, die Kinder hatten, wurden durch Privilegien gefördert *(ius liberorum)*.[18]

Insgesamt zielten diese Gesetze auf eine demographische Stärkung des Senatorenstandes. Sie können als Reaktion darauf verstanden werden, dass viele Senatoren aus ökonomischem und sozialem Kalkül davon Abstand nahmen, zu heiraten und Kinder zu zeugen, unter anderem deswegen, weil es attraktiver war, das Vermögen in Form von Legaten beliebigen Personen zu versprechen, die dies im Falle des Todes bekommen sollten. Dass auf diese Weise vielfältig instrumentalisierbare Netze ausgebaut werden konnten, wurde im Kapitel 5 dieser Arbeit ausführlich erläutert. Diese Gesetzesmaßnahmen erfüllten ihren Zweck jedoch nach unserer Kenntnis nicht: Sie führten keineswegs zur Steigerung von Heiraten und Geburtenraten; vielmehr versuchten viele, durch eine ›Scheinehe‹ oder eine ›Scheinadoption‹, die rechtlich vorgesehenen Benachteiligungen abzuwenden.[19] Allerdings hatten die Gesetze eine andere Auswirkung, die für die in diesem Kapitel verfolgte Fragestellung interessant ist: Da die Ehegesetze auch Prämien für Delatoren vorsahen, die Personen anzeigten, welche gegen das Gesetz verstießen, wurden Anreize zur Denunziation geschaffen.[20] Hatte eine solche Anzeige Erfolg, wurde das Vermögen des Verurteilten konfisziert und in den Staatsschatz überführt, wobei ein Teil dieses Vermögens dem Anzeiger als Prämie zugutekam.

Es liegt auf der Hand, dass mit dieser Regelung schlechte Zeiten für die Senatsaristokratie anbrachen, da gleich mehrere neuralgische Punkte ihrer Lebensführung dadurch berührt wurden: Zunächst einmal hatte die (nun per Gesetz sanktionierte) Kinderlosigkeit für Wohlhabende den Vorteil, dass sie – wie oben ausführlich dargelegt wurde – einen Gewinn an *potentia* versprach, wo-

---

18 Es war schon in der Antike nicht mehr klar, welche Regelung zu welchem der beiden Gesetze gehörte, weshalb man einfach beide Gesetze zur *lex Iulia et Papia* (Institutiones des Gaius) oder *lex Iulia miscella* (Codex Iustinianus) zusammenfasste. Obwohl bereits Augustus feststellen musste, dass die Gesetze ihr Ziel verfehlten, wurden sie erst 531/534 aufgehoben. Zu den Ehegesetzen des Augustus grundlegend Nörr (1977) mit Hinweisen auf ältere Literatur (332). Der Beitrag von Raditsa (1980) leistet eine Darstellung der Quellenlage und des Forschungsstandes. Siehe auch Mette-Dittmann (1991) insb. 166 ff.
19 Nippel (1988) 31. Nörr (1977). Yavetz (1999) 94. Zur Scheinadoption *(adoptio ficta)* siehe die Bemerkungen des Tac. ann. 15, 19 zum Jahr 62 n. Chr. Adoptivbetrug *(fraus adoptionis)* ist ein Thema bei Plin. epist. 8, 18, 4.
20 Die Prämie der Delatoren bestand in einem bestimmten Anteil am konfiszierten Besitz des Verurteilten. Siehe Nörr (1977) 312. Daube (1955).

rauf man ungern verzichten wollte.²¹ Weiterhin berührte die Strafe den empfindlichsten Nerv der Aristokratie: das Vermögen, das im Falle einer Verurteilung in Gänze konfisziert wurde. Und schließlich wurde durch die von offizieller Seite gebotenen Anreize zur Denunziation das nähere soziale Umfeld der Senatsaristokratie gewissermaßen ›vermint‹, da jeder, der Kenntnis von Gesetzesübertretungen hatte, als potentieller Anzeiger gefürchtet werden musste. Es waren gerade auch statusniedrigere Personen (z. B. aus der Schar der Klienten), die solche Vergehen bemerkten, beweiskräftige Informationen sammelten und zur Anzeige brachten, zumindest mit einer Anzeige drohen konnten. Darin lag eine empfindliche Gefährdung der sozialen Hierarchie, die allerdings dadurch etwas abgemildert wurde, dass der Anzeiger den anschließenden Prozess auch durchfechten musste, was *de facto* nicht jedem möglich war.

Dabei musste ein Anzeiger folgendermaßen vorgehen: Wer an belastende Informationen gekommen war, musste dies den für die Staatskasse zuständigen Magistraten melden, vor denen auch der Prozess stattfand.²² Um den Prozess durchzufechten, brauchte man zwar nicht so viel Rhetorik oder persönliches Ansehen wie bei anderen Strafprozessen, die im Senat stattfanden, jedoch war auch hier ein Mindestmaß an Glaubwürdigkeit erforderlich, die an soziales Ansehen geknüpft war. Allerdings waren Beweisführung und juristische Begründung einfacher als in anderen Fällen, und man konnte sich obendrein auch die Unterstützung eines Winkeladvokaten einholen, den man aus der Erfolgsprämie bezahlen konnte.²³ Damit nicht gänzlich beliebig denunziert werden konnte, wurde der Delator äußerst hart bestraft, wenn die Klage keinen Erfolg hatte und sich die Anzeige als haltlos erwies: Im Rahmen der sogenannten Calumnienstrafe konnte dem Falschanzeiger sogar ein Brandmal auf die Stirn geprägt werden.²⁴

---

21 Siehe dazu das rechtsphilosophisch verbrämte Lamento bei Tac. ann. 3, 25 ff. Plin. paneg. 26, 5 schildert die praktischen Folgen nur für die Begüterten.
22 Diese Prozesse wurden vor den für das Aerarium zuständigen Magistraten (den *praetores aerarii* seit Augustus, *quaestores aerarii* seit Claudius) geführt; der Anzeiger hatte die Klägerrolle zu übernehmen und bis zum Ende durchzuhalten, anderenfalls konnte er bestraft werden: Kaser – Hackl (1996) 454.
23 Vermutlich gab es auch hier (genau wie bei Streitfällen um Liturgiepflichtigkeit in Athen) diverse Fälle, in denen Konflikte innerhalb der Oberschicht ausgefochten wurden. Eine von Tiberius eingesetzte Senatskommission sollte wohl in irgendeiner Form die Bestimmungen der *lex Papia Poppaea* präzisieren, um die Zahl der Klagen einzudämmen: Tac. ann. 3, 28, 5.
24 Auf die in diesem Zusammenhang erfolgende Brandmarkierung der Stirn mit dem Buchstaben »K« für *calumniator (lex Remmia)* wird in den Quellen mehrfach angespielt (Plin. paneg. 34. Suet. Tit. 8.), doch kam sie möglicherweise selten zum Einsatz: Mommsen StrR 495. Die Bestrafung von Delatoren setzt – eine formale Rechtsstaatlichkeit unterstellt

In diesen Fällen, wo es um Anzeigen von Verstößen gegen die Ehegesetze ging, stammten die Ankläger wohl überwiegend aus einem sozialen Milieu unterhalb der Senatsaristokratie. Ausgestattet mit einem hinreichenden Maß an rhetorischem Geschick und nützlichen Kontakten, gelang es manchem, sein Vermögen durch solche Prozesse zu vervielfachen. Diese Delatoren lehrten die Senatoren das Fürchten, da sie ihren traditionellen selbstbestimmten Lebensstil bedrohten und schließlich auch den gesamten Besitz. Sowohl bei Tacitus wie auch bei Plinius – zwei Mitgliedern der Senatsaristokratie – werden die Delatoren aus diesem Grund sehr negativ bewertet: So wird ihre niedere Herkunft betont, sie werden als verschlagene Ehrgeizlinge charakterisiert, die aus persönlichem Gewinnstreben das Anklagen zu ihrer Profession erhoben hätten.[25]

Eben diesen Denunzianten, die Verstöße gegen die Ehegesetze anzeigten, galten die demonstrativen Maßnahmen, die von verschiedenen Kaisern zu Regierungsantritt bezeugt sind.[26] Besonders plastisch schildert zum Beispiel Sueton, wie Kaiser Titus Delatoren, deren Anzeige keinen Erfolg gehabt hatte, »auf dem Forum tüchtig mit Ruten und Peitschen verprügeln und sie zuletzt in der Arena des Amphitheaters vorbeiführen« ließ.[27] Solche Schandstrafen dienten zur Abschreckung, um Auswüchse zu verhindern und die soziale Hierarchie zu stabilisieren; sie waren auch jeweils als eine Geste gegenüber den Senatoren gemeint, um deren Verängstigung zu beschwichtigen. Darüber hinaus beantragten die Kaiser zuweilen selbst im Senat Verurteilungen wegen falscher Anzeige.[28] Kein Kaiser aber schaffte diese Klagen generell ab, nicht zuletzt, weil man auf diese Einnahmequelle für die Staatskasse nicht verzichten wollte.

– voraus, dass sie wegen eines entsprechenden Anklägervergehens verurteilt worden waren (Suet. Dom. 9, 3: demonstratives Vorgehen gegen Delatoren wegen *calumnia*).
25 Dabei vermengt Tacitus Fälle von Anzeigen von Verstößen im Sinne der *lex Papia Poppea* mit anderen Anzeigen. Das berühmte Porträt des Romanus Hispo bei Tac. ann. 1, 74 greift die genannten Elemente auf.
26 Zu diesen Maßnahmen der Kaiser, die Wilfried Nippel als demonstrative populistische Initiativen nach der Thronbesteigung deutet: Nippel (1988) 31 mit Belegen unter Anm. 46. Nero zum Beispiel reduzierte die Delatorenprämien nach der *lex Papia Poppaea* auf ein Viertel der bisherigen Summe (Suet. Nero 10).
27 Suet. Tit. 8, 5.
28 Tac. ann. 3, 37, 1. 4, 31, 3. Bei solchen Fällen, wie Suet. Tit. 8, 5 erwähnt (nicht nur öffentliche Züchtigung und Vorführung, sondern anschließend Verkauf in die Sklaverei oder Deportation; siehe auch Plin. paneg. 34, 5), ist vornehmlich an Ankläger zu denken, die andere im Interesse der Staatskasse angegangen waren (so deutlich Plin. paneg. 34, 1). Dagegen könnte das bei Suet. Tit. 8, 5 genannte Verbot kumulativer Anklagen mit verschiedenen Delikten auf Prozesse im Senat gezielt haben.

8.4 – Delatoren und Majestätsvergehen

Nun ist auf die sogenannten Majestätsverbrechen einzugehen, den zweiten, ganz anders gelagerten Komplex, der im Rahmen der Denunziationspraktiken der Zeit eine große Rolle spielte. Dabei ging es um Angriffe auf die Ehre des Kaisers, die seit Augustus auch einen Ansatzpunkt für Delatoren boten. Ursprünglich bezeichnet *maiestas* eine fraglos überlegene und aus diesem Grund hoch zu haltende Würde (wie z. B. der Götter, des *pater familias* oder des *populus Romanus*), die man nicht verletzen durfte. Es liegt in der Natur der Sache, dass erst in der Kaiserzeit auch die ›Majestät‹ des Kaisers besonderen Schutz genoss.[29] Seit der späten Republik gab es definierte Tatbestände, die als majestätsschädigend und somit als justiziabel galten, so wurden beispielsweise Heerführer, die gegen Befehle handelten, vor Gericht gestellt.

Tacitus stellt es als eine Neuerung der Prinzipatszeit heraus, dass fortan verbale Äußerungen zum Gegenstand einer Klage werden konnten, während in der Republik nur Handlungen verfolgt worden seien: Tiberius hatte

> das Majestätsgesetz, das in alter Zeit den gleichen Namen hatte, wieder in Kraft gesetzt. Aber es waren andere Fälle, die damals vor den Richterstuhl kamen: wenn man dem Heer durch Verrat oder dem Bürgerstand durch Aufwiegelung, überhaupt durch eine das Gemeinwesen schädigende Handlung der Hoheit des römischen Volkes Eintrag getan hatte. Nur Handlungen wurden gerichtlich verfolgt, Worte blieben unbestraft.[30]

Es ist davon auszugehen, dass das Konzept der *maiestas* in der frühen Kaiserzeit eine Ausweitung im Sinne einer Generalklausel erfuhr, so dass man nahezu beliebige Delikte (auch Beleidigungen) mit diesem Verfahren verfolgen konnte.[31] Auch dass nun nicht mehr nur Beleidigungen des Kaisers persönlich, sondern ebenso gegenüber Mitgliedern des Kaiserhauses als Majestätsverbrechen verfolgt werden konnten, erweiterte die Verfolgung um eine Dimension: Der Kreis der Angehörigen der kaiserlichen *domus* wurde aufgewertet und die Zahl derjenigen, deren Beleidigung ein Vergehen darstellen konnte, erhöhte sich. Ob dies bereits unter Tiberius geschah oder erst später, ist fraglich.[32]

---

29 Siehe Gizewski (1999). Levi (1969).
30 Tac. ann. 1, 72.
31 Aufgrund der unzureichenden Quellenlage bereitet die Beschreibung des dem Majestätsvergehen zugrundeliegenden Straftatbestandes einige Schwierigkeiten. Zur Quellenproblematik Schrömbges (1986) 255. Zum Straftatbestand des Majestätsvergehens grundlegend Mommsen StrR 537–594. Bauman (1967).
32 Seneca, benef. 3, 26 f. Allerdings soll sich gerade Tiberius deutlich gegen eine strenge

Es wurden zum Beispiel Anzeigen gegen Personen vorgebracht, die bei Astrologen Zukunftsprognosen über das Kaiserhaus eingeholt hatten, aber es gab viele weitere Handlungen, die als majestätsschädigend angesehen werden konnten: Wer mit neiner Münze, die das Kaiserporträt trug, eine öffentliche Toilette oder ein Bordell besuchte, konnte der Majestätsbeleidigung bezichtigt werden, weil er das Kaiserbildnis entehrt hätte.[33]

Ob solche Verhaltensweisen überhaupt strafrechtlich verfolgt wurden, hing allerdings davon ab, dass jemand eine Anzeige beim Senat machte, die bei den Konsuln oder beim Kaiser persönlich einzubringen war und auch zugelassen werden musste.[34] Sofern die Klage zugelassen wurde, kam es zum Prozess. Prozesse dieser Art fanden seit der Zeit des Tiberius vor dem – mehr oder weniger vom Kaiser beeinflussten – Senat statt.[35] Auch in diesen Fällen musste der Anzeiger gleichzeitig als Kläger auftreten und konnte gegebenenfalls wegen Anklägervergehen belangt werden. Zwar war es nicht allein Senatoren vorbehalten, diese Anklägerrolle zu übernehmen, aber mit ›einfachen Leuten‹ ist in diesem Kontext kaum zu rechnen, weil die Prozessführung zu viel rhetorisches Geschick und Sozialprestige erforderte. In den Quellen ist davon die Rede, dass statusniedere Personen lediglich als Mitankläger wirkten.[36] Das

---

Verfolgung ausgesprochen haben (Suet. Tib. 28) und selbst nach Tacitus in einigen Fällen solche Anklagen verhindert haben (Tac. ann. 2, 50. 3, 70). Dies hindert Tacitus aber nicht daran, Tiberius dennoch für die Zuspitzung des Majestätsvergehens verantwortlich zu machen. Siehe Yavetz (1999) 87.

33 Siehe dazu Mommsen StrR 583–586 mit Belegen.

34 Eine offene Frage ist, welche Spielräume die Konsuln hatten, um die Zulassung der Anklage zu verweigern; der Kaiser konnte zumindest gegen eine Zulassung der Anklage einschreiten; das konnte aber als Eingriff in die Kompetenz des Senats gelten, wie der berühmte Jurist Ateius Capito formulierte (Tac. ann. 3, 70).

35 Die Genese des Senatsgerichts lässt sich so schwer fassen, da Tacitus und andere Historiker sich an den strafprozessualen Regelungen uninteressiert zeigen. Dazu grundlegend Bleicken (1962) und Kunkel (1974) 300 ff. Bleicken ist der Auffassung, dass sich der Senat in augusteischer und tiberianischer Zeit nur allmählich der Majestätsvergehen und der Repetundendelikte annahm, mit denen vorher die *quaestiones* betraut waren. Ich folge Wolfgang Kunkel, der davon ausgeht, dass die eigentliche Rolle des Senates als Gerichtshof erst unter Tiberius einsetzte. Die *quaestiones* haben daneben noch weiter existiert, so dass es eine konkurrierende Gerichtsbarkeit gab, was man zum Beispiel am Fall Piso nach dem Tod des Germanicus erkennt, wo eigentlich ein Verfahren vor der *quaestio* wegen Giftmordes erwartet worden war (Tac. ann. 2. 79, 1). Dann scheinen die Majestäts- und Repetundenfälle ganz auf den Senat übergegangen zu sein.

36 Tac. ann. 1, 74 berichtet, dass ein angeblich professioneller Denunziant niederer Herkunft neben einem Quaestor als Mitankläger wirkte. Wer als bloßer ›Anzeiger‹ auftrat, musste sich an jemanden wenden, der dann die Anklage vertrat (Tac. ann. 2, 28, 2. Tac. hist. 4, 42, 6), gegebenenfalls die Prämie bekam oder auch wegen falscher Anklage haftete, während der *index* mit dem Prozess nichts zu tun hatte bzw. höchstens als Zeuge aufgeboten

Verfahren wies mit Beweisaufnahme, Anklage- und Verteidigungsreden ähnliche Elemente auf, wie sie für die traditionellen *quaestiones* bezeugt sind, nur dass der Senat im Einzelfall den Verfahrensablauf flexibler gestalten konnte und hinsichtlich des Strafmaßes und der Anklägerbelohnung nicht an strikte gesetzliche Vorgaben gebunden war. Der Kaiser konnte zu verschiedenen Zeitpunkten des Verfahrens und auf verschiedene Weise intervenieren: Zunächst konnte er sich gegen die Zulassung des Verfahrens aussprechen, er konnte die Trennung von Anklagepunkten einfordern und nicht zuletzt über das Strafmaß entscheiden. Er hatte zudem die Option, nur ein Votum in seiner Funktion als ›einfaches Senatsmitglied‹ abzugeben, so konnte er die Verantwortung für das Urteil mit den Senatoren teilen. Die Vorzüge des Senatsgerichts im Vergleich zur *quaestio* lagen zweifellos darin, dass der Prozess schneller und flexibler ablaufen konnte und im Grunde ohne Öffentlichkeit, also lediglich im Kreis des Senats, stattfand – anders als die Verfahren der *quaestiones* auf dem Forum. Die Strafen, die eine Verurteilung vor dem Senatsgericht nach sich zog, variierten; sie reichten von Geldbußen über Verbannung oder die Konfiskation des Vermögens mit Verlust des Bürgerrechtes bis zur Todesstrafe durch Hinrichtung.[37]

Anreize zur Anzeige bestanden hier – wie in den oben behandelten Anzeigen aufgrund von Verstößen gegen die Ehegesetze – darin, dass die Delatoren im Falle der erfolgreichen Verurteilung des Angezeigten, Anteile des konfiszierten Vermögens erhielten. Darüber hinaus konnten aufgrund der Majestätsklagen Statuserhöhungen erfolgen, etwa dergestalt, dass der Kaiser den Klägern die verwaisten Ehrenämter der Verurteilten zusprach.

Daher wurden vornehmlich Personen der Elite angeklagt, da nur deren finanzielle Situation und Position in der Ämterlaufbahn Profit versprach. Es waren aber nachweislich die Senatoren selbst, die als Delatoren tätig wurden. Kein einfacher Mann hätte den rhetorischen wie auch juristischen Anforderungen genügt, die ein solcher Prozess vor dem Senat mit sich brachte, zumal wenn es darum ging, einen Angehörigen eben dieser Institution anzuschwärzen. Gleichwohl waren solche Klagen ein riskantes Unternehmen. Wer im

---

werden konnte. Ein Sklave konnte eine Beschuldigung vorbringen, aber selbst wohl nicht klagen (Tac. ann. 13, 10, 2) – es hätte jemand die Klage übernehmen müssen (Mommsen, StrR 348, Anm. 3).

37 Mommsen StrR 588 f. betont, dass das *crimen* praktisch eher wie ein Vergehen behandelt worden ist und das Strafmaß (oftmals eine Geldstrafe oder eine Verbannung) so gering ausfiel, dass es eher angebracht sei, von einer Rüge zu sprechen. Seit der Regierung des Tiberius' wurde in vielen Fällen die Todesstrafe verhängt; seit dem 3. Jh. n. Chr. konnte diese noch insofern gesteigert werden, als die Hinrichtung öffentlich auf besondere Weise inszeniert wurde (Feuertod und Volksfesthinrichtungen): Mommsen StrR 591.

Prozess gegen ein angeklagtes Mitglied der Elite unterlag, wurde zwar nicht mit glühendem Eisen gebrandmarkt, erlitt aber sicherlich einen Ehrverlust und war im übertragenen Sinne stigmatisiert.[38]

Unter extremem Druck standen die Angeklagten: Allein in den *Annalen* des Tacitus werden zahllose Fälle genannt, in denen die Angeklagten im Vorfeld des Prozesses in den Freitod gingen. Dahinter stehen zweifellos nicht nur Angst vor Schande und Verzweiflung, sondern vor allem der Wunsch, das Vermögen für die Erben oder Legatempfänger vor der Konfiskation zu retten.[39]

Gerade zu Beginn des Prinzipats, unter Tiberius, sollen besonders viele Majestätsprozesse geführt worden sein. Laut Seneca hätten sie mehr Todesopfer gefordert als die Bürgerkriege der ausgehenden Republik. Die Schilderungen dieser Majestätsverfahren bei Tacitus legen nahe, dass es nicht primär die Kaiser waren, die solchen Anzeigen Vorschub leisteten; allerdings fällt eine Einschätzung des Tacitus wegen seiner kontradiktorischen Schilderungen schwer. Denn obwohl Tacitus sich demonstrativ bemüht, gerade Tiberius mit negativen Schlagzeilen als blutrünstigen Tyrannen darzustellen, eröffnen seine Schilderungen im Detail eine andere Lesart: Zwischen den Zeilen wird immer wieder deutlich, dass sich Tiberius sehr zurückhaltend in den Urteilen verhielt, indem er in vielen Fällen den Senat zur Mäßigung mahnte, vor allem, wenn die Angriffe seine Person betrafen.

Man gewinnt insgesamt den Eindruck, dass die Urteile des Senats in hohem Maße davon abhängig waren, was die Senatoren als Wunsch des Kaisers vermuteten. Sie bemühten sich nach Kräften, dem Kaiser zuzuarbeiten und unter Ausschluss möglicher Konkurrenten in seiner Gunst zu steigen. Die Schuld für dieses anbiedernde Verhalten wird zwar bereits in der antiken Historiographie den Kaisern gegeben, die solche Gunstbezeugungen eingefordert hätten, doch lässt sich in Tacitus' Äußerungen auch subtile Kritik an seinen Standesgenossen herauslesen, die solche Prozesse nutzten, um Rivalen im alltäglichen Konkurrenzkampf um Macht und Ansehen auszuschalten. Der Kaiser wurde dabei offenbar in die Rolle eines Schiedsrichters gedrängt.[40]

---

38 Leider ist unklar, wie viele Fälle gescheiterter Majestätsprozesse es gab und welche Resultate dies für die Ankläger hatte. Tacitus übergeht immer wieder die Freispüche, um das Klima der Angst zu veranschaulichen.

39 Allerdings wurde in manchen Fällen das Verfahren trotz des Todes des Angeklagten fortgeführt, so dass es dann doch zu Konfiskationen kommen konnte. Suet. Tib. 61, 4 unterstellt den Selbstmördern Angst vor Folter oder entehrenden Strafen.

40 Domitian hingegen spielte nach der Darstellung Suetons mit den Senatoren, die sich um die Gunst des Kaisers bemühten, ›Katz und Maus‹: Während eines Majestätsprozesses im Senat hatte der Kaiser die Anwesenden zunächst rhetorisch eingeschüchtert, indem er an sie appellierte, sie sollten zeigen, was ihnen ihr Kaiser wert war. Als sie darauf die härteste Strafe – die standrechtliche Hinrichtung – der Angeklagten forderten, inszenierte er seine

Dass kein Kaiser diese Anzeigen unterbunden hat, kann man einerseits als ein Zugeständnis an die Autorität des Senates auffassen, dem diese ›Arena‹ der Konkurrenz erhalten blieb.[41] Andererseits profitierten auch die Kaiser von der Klagemöglichkeit, da mitunter reale Verschwörungen angezeigt wurden.

8.5 – Fazit: Soziale Kontrolle der Elite und aristokratische Konkurrenz

Das von antiken Autoren der Kaiserzeit beförderte, von der Forschung[42] oft noch gefestigte Klischee vom Delator als einem Typus Mensch, der gewerbsmäßig durch geheime Anzeigen beliebigen Inhalts den mordlustigen Kaisern zuarbeitet und damit für ein unerträgliches soziales Klima von Angst und Schrecken verantwortlich ist, bedarf einer Revision. Eine differenzierende Betrachtung unterschiedlicher angezeigter Delikte und Verfahren macht deutlich, dass das Delatorenwesen zweifellos eine neuartige Erscheinung des frühen Prinzipats war. Es entfaltete sich jedoch in zwei unterschiedlichen Kontexten.

Der kaiserliche Wille, die mit den Ehegesetzen eingeforderten Normen durchzusetzen und dabei Anreize für Delatoren zu schaffen, machte Senatoren verwundbarer als in der Zeit der Republik. Weil die Gesetze dem Eigeninteresse der Senatsaristokratie zuwiderliefen und fast jeder die Vorgaben missachtete, initiierten die Senatoren kaum untereinander Verfahren wegen diesbezüglicher Verstöße. Die Initiative ging hier von Statusniederen aus, welche sich an den ausgelobten Prämien bereicherten. Die Kaiser sind verschiedentlich gegen Auswüchse dieser Art von Denunziation vorgegangen, sie haben Falschanzeiger hart bestraft, ohne allerdings jemals die Gesetze aufzuheben oder die Prämien als Anreize zur Denunziation abzuschaffen.

In einen ganz anderen Kontext gehören die Anzeigen wegen Majestätsvergehen vor dem Senatsgericht. Ehrgeizige Senatoren nutzten solche Anzei-

---

Milde, indem er die Senatoren darum bat, das Urteil dahingehend zu modifizieren, dass sich die Verurteilten ihre Todesart frei wählen dürfen sollten: »Erspart euren Augen, Unangenehmes zu sehen, und alle werden erkennen, dass ich an der Sitzung des Senats teilgenommen habe.« (Suet. Dom. 11, 2).

41 Dennoch haben die Kaiser verschiedentlich deutlich gemacht, dass sie Majestätsklagen nicht zulassen würden (über Caligula Cass. Dio 59, 4, 3; über Claudius 60, 3, 6; über Nerva Plin. paneg. 42. Cass. Dio 68, 1, 2). Das heißt aber nicht, dass das Majestätsgesetz (mit den ›harten Fällen‹) als solches ausgesetzt worden wäre – das hätte die Sicherheit von Kaiser und Reich betroffen. Die Kaiser wollten lediglich die Ausdehnung auf angebliche »Majestätsbeleidigungen« nicht zulassen. Zu den Majestätsklagen unter Caligula Keaveney – Madden (1998).

42 So etwa bei Blickle (2001) 38.

gen, um in ihrem Ruf angeschlagene Standesgenossen sozial sowie finanziell zu ruinieren, und davon persönlich zu profitieren: sowohl im Hinblick auf Anteile konfiszierter Vermögen wie auch hinsichtlich der eigenen Laufbahn und die dafür benötigte Gunst des Kaisers. Die Delation erwies sich in diesen Fällen als ein Gradmesser sozialer Stärke, das Senatsgericht als ›Arena‹ aristokratischer Konkurrenzkämpfe. Obwohl Majestätsprozesse nachweislich zum größten Teil von den Senatoren selbst ausgingen,[43] wird deren Beteiligung, ja Initiative in den antiken Texten, gerade bei Tacitus, in den Hintergrund gerückt, während der Kaiser als Urheber des Terrors dargestellt wird.[44] Auf diese Weise gelingt es Tacitus, das Phänomen zu behandeln, ohne sich dabei als ›Nestbeschmutzer‹ der Senatorenschaft zu verhalten. Die Kaiser machten sich allerdings diese ›Arena‹ der Konkurrenz durchaus zunutze: Je nach Herrschaftsauffassung wurden die Delationen toleriert, befördert oder gehemmt, kein Kaiser hat sie jedoch unterbunden, was gerade im Zuge der Erfahrungen mit (gar nicht selten erfolgreichen) Verschwörungen auch leichtfertig gewesen wäre.[45]

Als Gemeinsamkeit der beiden hier vorgestellten Zusammenhänge von Delationen lässt sich festhalten, dass jeweils die Senatoren von den Anzeigen besonders bedroht waren. Die vielfachen Klagen über das Delatorenwesen bei den antiken Autoren, die schließlich alle selbst jener Statusgruppe angehörten, haben – bei aller irritierenden Verallgemeinerung – durchaus einen rationalen Kern.

---

43 Gegenüber den zahlreich dokumentierten Fällen, in denen Angehörige der Senatsaristokratie zu den Klägern wie zu den Beklagten zählen, sind nur wenige Fälle bezeugt, in denen einfachen Leute aus dem Volk ein Majestätsprozess zum Verhängnis wird. Allerdings waren in diesen Fällen die Urteile weitaus schärfer: Unter Domitian zum Beispiel wurden die Schreiber gekreuzigt, die das mit satirischen Anspielungen angereicherte Werk des Historikers Hermogenes vervielfältigt hatten. Ein Mann, der im Circus eine kritische Bemerkung über die vom Kaiser bestellten Gladiatoren hatte verlauten lassen, wurde selbst in der Arena den Hunden vorgeworfen, wobei auf einem ihm angehefteten Zettel zu lesen war, dass er ein Kämpfer sei, der ohne gebührenden Respekt von seiner Majestät gesprochen habe (Suet. Dom. 10, 1).
44 Bei Tacitus schimmert jedoch an einigen Stellen durchaus die Kritik an der Senatorenschaft durch: zum Beispiel in der Situation nach dem Sturz Sejans, der eine Welle von Majestätsprozessen in Gang setzte, weil sich alle bemühen mussten, die Loyalität zum Kaiser herauszustreichen und sich gleichzeitig die Gelegenheit ergab, die Leute aus der Umgebung Sejans zu diskreditieren: Tac. ann. 6,7. Überhaupt werden der Senatsaristokratie im antiken Schrifttum vornehmlich lautere Motive bei der Durchsetzung des Rechtes unterstellt.
45 Opfer von Verschwörungen wurden: Caligula, Claudius (?), Galba, Domitian.

9

FAZIT

Wenn man die alltäglichen Umgangsformen im frühkaiserzeitlichen Rom genauer betrachtet, wenn man die Menschen beobachtet, wie sie sich bei einer Einladung zu einem Gastmahl, bei einem Besuch in den Thermen oder im Theater verhalten, dann wird deutlich, dass sie unterschiedlichste Situationen und Orte nutzten, um sich selbst darzustellen und in eine Rangordnung einzugliedern. Die Schilderungen solcher Umgangsformen in der antiken Literatur waren der Gegenstand der vorliegenden Untersuchung und wurden in Form von sieben kapitelweise durchgeführten Fallstudien analysiert. Dabei richtete sich das Hauptaugenmerk auf soziale Spannungen und Konflikte sowie auf die verschiedenen Strategien, die Menschen verfolgten, um unter den Rahmenbedingungen des Prinzipats soziale Akzeptanz zu erhalten oder zu gewinnen. Es wurden zwei analytische Ebenen berücksichtigt: Erstens wurde versucht, die mannigfaltigen, in der literarischen Überlieferung greifbaren Werthaltungen herauszuarbeiten. Zweitens sollten die sich daraus ergebenden Befunde sozialgeschichtlich eingeordnet werden, wobei der Fokus darauf gelegt wurde, die Auswirkungen der beobachteten Konflikte und Spannungen auf das bestehende Netzwerk von Freundschafts- und Nahverhältnissen zu beschreiben.

Die gewonnenen Ergebnisse der Fallstudien werden nun zur Übersicht kurz zusammengefasst, bevor abschließend alle Untersuchungsteile im Hinblick auf die eingangs entwickelten Untersuchungsparameter bilanziert werden.

9.1 – Einzelergebnisse

Kapitel 2 »Die Herstellung sozialer Hierarchien im Theater« ging der Frage nach, welche Vorstellungen von sozialer Hierarchie mit der Sitzordnung im römischen Theater und mit der dort geltenden Kleiderordnung verbunden waren. Während allgemein davon ausgegangen wird, dass der Zuschauerraum des Theaters, in dem das Publikum nach *ordines* gestaffelt saß, die soziale Hierarchie der Gesellschaft gleichsam abbildete, wurde hier gefragt, inwiefern die gesetzlich normierte Sitzordnung wie auch die geltende Kleiderordnung durch das Theaterpublikum unterlaufen wurden.

Zur Beantwortung dieser Frage erwiesen sich einige Epigramme aus Martials 5. Buch als besonders aufschlussreich. Sie können als Reaktion auf eine Maßnahme Kaiser Domitians verstanden werden, der im Jahr 88 n. Chr. die Kontrollen zur Einhaltung der Sitzordnung verschärfte. Die Epigramme greifen die Atmosphäre im Theater auf, sie vollziehen den im Publikum artikulierten Sozialneid nach und die Missgunst gegenüber bestimmten Personentypen, deren Berechtigung zur Einnahme der Sonderplätze der Ritter in Frage gestellt wird. Der in den Epigrammen verbalisierte Unmut richtet sich vorrangig gegen Personen, die als »Griechen« charakterisiert werden, und weiterhin auch gegen militärische Funktionsträger, die sich einen Ehrenplatz anmaßen. Zwei Hintergründe für diese sozialen Spannungen konnten identifiziert werden: die von den Kaisern von Augustus bis Domitian vorgenommenen Statuserhöhungen einzelner Personen (oftmals sklavischer Herkunft) in den Ritterstand und die bestehende Unklarheit im Hinblick auf die notwendigen Voraussetzungen für einen Platz im Ritterparkett. Gerade die Unsicherheit hinsichtlich der Berechtigungen zur Einnahme eines privilegierten Sitzplatzes führte dazu, dass der Zuschauerraum selbst zu einer Bühne wurde, auf der jede Person, die einen gewissen Rang in der Gesellschaft für sich in Anspruch nahm, diesen im Theater erproben und von den vermeintlichen Standesgenossen, dem *populus* und letztlich auch vom Kaiser und seinen Aufsehern bestätigen lassen musste.

Ziel des Kapitels 3 »Küsse und ihre ›Lesbarkeit‹ im Kaiserhaus und in der Stadt« war es, herauszuarbeiten, welche Symbolik in einen scheinbar alltäglichen und gewöhnlichen Gestus – den Kuss – hineingelesen werden konnte, sofern es der Kaiser war, der diesen Gestus vollzog. Ausgangspunkt war die Beobachtung, dass seit der Herrschaft des Tiberius im antiken Schrifttum sehr genau beobachtet wird, welche Personen zu welchen Anlässen und auf welche Weise vom Kaiser geküsst werden. Es wurde gezeigt, dass die Kaiser das Gewähren von Küssen als ein äußerst flexibles Instrument, ja sogar als eine Art ›Beziehungsbarometer‹ einsetzten, um gegenüber Angehörigen der kaiserlichen *domus* und Vertrauten Nähe aufzuzeigen und Gesprächsbereitschaft zu signalisieren. Vor allem konnten die Kaiser durch diese Küsse den Kreis der engsten Berater, der *comites*, markieren. Indem sie den Wangenkuss verweigerten, einen Hand- oder gar Fußkuss erzwangen, konnten sie Distanzierung und sogar Degradierung zum Ausdruck bringen und jeweils aktuell Personen mit Gunst oder Ungunst bedenken.

Dass die Logik der vom Kaiserhaus definierten Gesten auch in der breiten Gesellschaft eine Wirkung entfaltete, ergab die Analyse einiger Epigramme Martials, welche sich einer regelrechten ›Kussepidemie‹ auf den Straßen Roms widmen. Im Gedränge der Straßen versuchte jeder denjenigen zu küssen, der ihm sozial überlegen und nützlich für den sozialen Aufstieg schien. Es wurde deutlich, dass der Kuss als Zeichen der Zuwendung in der breiteren Bevölkerung adaptiert wurde, wobei dessen inflationärer Gebrauch ihn unbrauchbar machte, um klare Orientierung im alltäglichen Wechselspiel der Begünstigungen zu bieten.

Kapitel 4 »Die Instrumentalisierung der Klientenrolle« analysiert kommunikative Handlungen und Gesten, die im städtischen Patron-Klient-Verhältnis üblich waren. Exemplarisch wurden die morgendliche Begrüßung des Patrons durch den Klienten *(salutatio)*, der gemeinsame Gang in die Stadt, das idealerweise gemeinsame Mahl und das Gewähren von Geschenken zu besonderen Feiertagen betrachtet. Anhand der Epigramme Martials und der Satiren Juvenals konnten Veränderungen der typisch urbanen Patronagebeziehungen festgestellt werden, die seit Jahrhunderten ökonomische und soziale Gegensätze überbrückt hatten. Der Personenkreis der an dieser Art von Klientelverhältnis Beteiligten veränderte sich: Hatten traditionell einfache Bürger Roms als Klienten ihren Lebensunterhalt bestritten, drohten diese nun aus dem für sie existentiellen Sozialverhältnis verdrängt zu werden, weil daran zunehmend auch Personen partizipierten, die sich hinsichtlich ihres Vermögens und ihres Ranges kaum von denen unterschieden, die sie als Patrone behandelten. Einerseits erkauften sich wohlhabende Fremde wie auch Bürger durch ›Geschenke‹ Zugang zu Patronen oder empfingen Geldspenden, ohne bedürftig zu sein. Sie adaptierten die überkommenen Gesten der Unterordnung, um eine Protektionserwartung zu signalisieren und ihre Bereitschaft zu dokumentieren, sich in das Wechselspiel des Gebens und Nehmens unterschiedlicher Leistungen einzufügen. Dieser Wandel verengte tendenziell den Wirkungsradius des ursprünglich schichtenübergreifenden Patronagesystems auf den exklusiven Kreis der finanziell besser Gestellten.

Auch im Kapitel 5 »Die Erbfängerei als Integrationsstrategie« ging es um Veränderungen der bestehenden soziale Netze der Stadt. Eine entrüstete Bemerkung des Plinius, die sich auf das ungebührliche Verhalten eines Aufsteigers gegenüber einer vornehmen Dame während deren Testamentsniederlegung bezieht, wurde als Einstieg gewählt, um den Fokus der Untersuchung auf die spezifische soziale Konstellation, bestehend aus einem jüngeren, am Erbe interessierten Mann und einer älteren Frau als potentieller Erblasserin zu richten. Zunächst wurde erläutert, wie testamentarisch zugesagte Vermächtnisse, die in Rom seit jeher im Rahmen der auf wechselseitigen Bindungen beruhenden Freundschaften innerhalb der Elite vergeben wurden, diese Nahbeziehungen bestätigten und belohnten. Im Mittelpunkt der anschließenden Analyse der Erbfängerei standen zum einen die reichen, insbesondere die kinderlosen Frauen, die sich in einer machtvollen Position befanden (von den Zeitgenossen mit *potentia* umschrieben), da sie attraktive Legate zu vergeben hatten und auf diese Weise Erbfänger an sich binden konnten. Die Interpretation einschlägiger Passagen aus den Werken der Dichter Martial und Juvenal zur Beziehung zwischen den sogenannten Erbfängern und den Erblassern machte deutlich, dass es sich hier um eine Art Gesellschaftsspiel mit gegensätzlichen Zielen der Beteiligten handelt. Während es das Ziel der Erbfänger war, mit wenig persönlichem und materiellem Aufwand ein möglichst großes Erbteil schnellstmöglich zu erhalten, kam es der Erblasserin darauf an, möglichst viele freundschaftliche Aufwendungen (Fürsorge, Geschenke und gar sexuelle Dienste) über einen möglichst langen Zeitraum zu erhalten. Daraus ergab sich eine Unausgewogenheit in der sozialen Beziehung, die von den Beteiligten als frustrierend wahrgenommen werden konnte, woraus Martial seinen Stoff für die Epigramme bezog.

Die Untersuchung hat zum anderen gezeigt, dass nicht nur die zwischenmenschlichen Konflikte, sondern auch die strukturelle Veränderung des Kreises der an der Erbfängerei beteiligten Personen vorwiegend in der Dichtung thematisiert wird: Vor allem Juvenal kritisiert das Eindringen von Fremden in jene sozialen Netze, innerhalb derer die Legate vergeben wurden. Diese Schilderungen sind als Reflex des Sachverhaltes zu verstehen, dass die Netzwerke im behandelten Zeitraum nicht mehr ausschließlich der Elite zur Verfügung standen, sondern zunehmend auch anderen Personen, nämlich Provinzialen, die diese für ihren ökonomischen Erfolg und zur gesellschaftlichen Integration nutzten.

Die Frage nach dem gesellschaftlichen Erfolg der schwerreichen Freigelassenen eröffnete das Kapitel 6 »Dimensionen des Konsums der ›neureichen‹ Freigelassenen.« Ehemalige Sklaven, die als Freigelassene zu Wohlstand gelangt waren, wiesen durch ihre unfreie Geburt und den erlangten Reichtum gleichzeitig zwei im Grunde widersprüchliche Merkmale auf, die in der römischen Gesellschaft einerseits hohen, andererseits niedrigen Rang implizierten; die Forschung spricht daher von einer markanten »Statusdissonanz«. Das Kapitel hat gezeigt, dass diese Statusdissonanz vor allem von Angehörigen der traditionellen Elite als Missstand in der sozialen Ordnung wahrgenommen wurde, während die Freigelassenen selbst ihre Herkunft hinter sich ließen und ihren Reichtum im ostentativen Konsum verausgabten.

Um diesen – auch im Vergleich mit dem der traditionellen Elite – genauer beschreiben zu können, wurden drei Dimensionen des Konsums unterschieden: die auf äußere Zeichen (Kleidung, Wohnung, Inventar) fokussierte ornamentale Dimension, die familiale, freundschaftliche und patronale Netzwerke bedienende sozial-investive Dimension und die sich an eine anonyme Masse richtende euergetische Dimension. Es wurde gezeigt, dass reiche Freigelassene im Hinblick auf die ornamentale Dimension der traditionellen Elite eindeutig überlegen waren, da sie fähig waren, geradezu beliebige Summen zu verausgaben, während es der traditionellen Elite der Senatorenschaft oft an flüssigen Mitteln fehlte. Einige Indizien sprechen für die Verbreitung ›verschämter Armut‹ unter Senatoren und Rittern, welche vor der Außenwelt nur noch den Anschein des Wohlhabens aufrecht zu erhalten versuchten, während die realen Lebensverhältnisse geradezu ärmlich waren. Gerade mit der Gestaltung aufwendigster Gastmähler überboten die ›Neureichen‹ bisher bekannte Dimensionen, weswegen sich die Kritik aus Sicht der traditionellen Elite auf Maßlosigkeit, fehlenden Stil, Mangel an Etikette und Bildung sowie auf sexuelle Devianz kaprizierte. Diese kritische Charakterisierung der Freigelassenen in den meisten literarischen Quellen darf nicht dazu verleiten, ihre ›Leistungen‹ im Feld des Konsums zu Gunsten der Öffentlichkeit zu übersehen: Mit kostbaren Grabbauten erhöhten sie ihre Sichtbarkeit in der Stadt Rom, mit der Stiftung von Spielen (außerhalb Roms) und von Thermen und Parks (innerhalb der Stadt) inszenierten sie sich gegenüber der städtischen *plebs* als Wohltäter. Dabei entfalteten sie ihre Stiftertätigkeit gerade in Bereichen, in denen traditionell nicht die Senatorenschaft in Erscheinung trat.

Als prekär erwies sich für die ›Neureichen‹ ihre fehlende Vernetzung durch Klientelbeziehungen; der Rechtsakt der Freilassung implizierte ja eine Unterordnung unter den Freilasser/Patron, auf ›ererbte‹, historisch gewachsene soziale Netze konnten Freigelassene nicht zurückgreifen und so blieb ihnen oft nur die Möglichkeit, selbst Freilassungen vorzunehmen, um auf diese Weise Klienten zu generieren. Auch wenn die Nähe zum Kaiser einigen kaiserlichen Freigelassenen faktisch eine machtvolle Schlüsselposition verlieh, konnten die entsprechenden Ämter offenbar nicht zum Ausbau einer Klientel genutzt werden, weil die Inhaber der Positionen aufgrund des Makels der sklavischen Abkunft als Patrone abgelehnt wurden. Allerdings führten aber genau jene Positionen der kaiserlichen Freigelassenen wiederum den oberen *ordines* eine Form der Statusdissonanz vor Augen: Obschon deren hoher Rang als Senatoren und Ritter unbestritten war, mussten sie sich dennoch vor diesen Freigelassenen erniedrigen, indem sie diese ›hofierten‹.

Vor allem durch die Unterscheidung der Dimensionen des Konsums konnte in diesem Kapitel ein differenzierteres Bild von jenen Aspekten gezeichnet werden, die aus antiker Sicht gesellschaftlichen Erfolg ausmachten und von einigen reichen Freigelassenen durchaus ›übererfüllt‹ wurden.

Das 7. Kapitel »Die öffentlichen Bäder als Orte der Selbstinszenierung« setzte sich kritisch mit der Auffassung auseinander, dass das gemeinsame Baden aller sozialer Gruppen in den öffentlichen Thermen Roms eine gängige Praxis gewesen sei, die eine sozial befriedende Wirkung in der Gesellschaft gehabt habe. Es wurde gefragt, welche Personenkreise im antiken Schrifttum vorrangig als Besucher und Nutzer der Bäder ausgewiesen werden und welche Formen die Selbstdarstellung dort annahm, wenn Kleidung und Rangabzeichen notwendigerweise abgelegt werden mussten. Der Nachweis, dass auch in den Bädern durchaus Selbstinszenierungen betrieben wurden, wobei das Gefolge, der Konsum von Nahrungsmitteln und Kosmetik sowie die Präsentation des Körpers von großer Bedeutung waren, konnte anhand unterschiedlicher literarischer Zeugnisse erbracht werden.

Die Untersuchung hat außerdem gezeigt, dass die konservative Senatorenschaft sich den städtischen Bädern verweigerte, obwohl ihnen der Zugang nicht verwehrt war. Diese Distanzierung ist vor allem in den moralistischen Kommentaren der senatorischen Autoren ablesbar, welche die verweichlichende Wirkung der Bäder und den als unangemessen empfundenen Luxus für die Massen anprangern, den dort betriebenen ›Körperkult‹ und die Promiskuität kritisieren. Die ablehnende Haltung der Aristokratie war darin begründet, dass es als unvereinbar mit dem Empfinden von Ehre und Anstand galt, sich nackt in der Öffentlichkeit zu zeigen. Hinzu kam, dass die römische Badekultur griechische Wurzeln hatte und zu Beginn des 1. Jh.s n. Chr. in Rom vorwiegend von Griechen betrieben wurde, die nicht nur als Masseure und Trainer, sondern bei vorhandenem Vermögen auch als Stifter von Bädern auftraten. Innerhalb der Senatorenschaft hatten weder der Sport noch der Thermenbau als Ausdruck von öffentlicher Großzügigkeit eine Tradition. Gewissermaßen als Abwehrreaktion, zur Desavouierung der faktischen Beliebtheit der Bäder und ihrer Erbauer beim Volk, forcierten die senatorischen Autoren stattdessen das Ideal altrömischer Schlichtheit und verlegten ihren privaten Badeluxus in die ländlichen Villen. Die Senatorenschaft sah davon ab, die Bäder zur Selbstdarstellung zu nutzen, während einzelne Kaiser später das gemeinsame Baden mit dem Volk als Ausdruck der Leutseligkeit und Zugänglichkeit kultivierten und sich auch als Stifter großer Badeanlagen hervortaten.

Das 8. Kapitel »Denunziationen als Ausdruck gesellschaftlicher Unordnung« nahm die zahlreichen Klagen senatorischer Autoren über das Delationswesen im 1. Jh. n. Chr. und die daraus resultierenden Ängste innerhalb der Senatorenschaft zum Anlass, um zu erörtern, inwiefern diese Praktiken die Stabilität der Gesellschaft bedrohten. Der Terminus *delator* ist erst seit der Zeit des Augustus belegt und wurde hauptsächlich auf Personen bezogen, welche Verstöße gegen die augusteischen Ehegesetze anzeigten; kurz darauf wurden auch Anzeiger sogenannter Majestätsvergehen so bezeichnet, was dazu führt, dass beide Delikte im antiken Schrifttum und ebenso in der neuzeitlichen Forschung miteinander vermengt wurden. Um die soziale Sprengkraft des Denunziationswesens richtig einschätzen zu können, ist es aber wichtig, beide Komplexe getrennt voneinander zu betrachten, da sie sich jeweils aus unterschiedlichen sozialen Konstellationen ergaben und von verschiedenen Personenkreisen betrieben wurden. Bei Verstößen gegen die Ehegesetze, deren Anzeige vom Kaiser mit Prämien belohnt wurde, ging die Initiative von statusniederen Personen aus, welche sich an den ausgelobten Prämien bereicherten. Die Kaiser sind mitunter gegen Auswüchse dieser Art von Denunziation vorgegangen, sie haben Anzeiger, die im Prozess unterlagen, hart bestraft, ohne allerdings jemals die Gesetze aufzuheben oder die ausgelobten Prämien abzuschaffen.

In einen ganz anderen Kontext gehören die Anklagen wegen Majestätsvergehen vor dem Senatsgericht. Ehrgeizige Senatoren nutzten solche Anzeigen, um in ihrem Ruf angeschlagene Standesgenossen zu ruinieren, und davon persönlich zu profitieren, indem sie am konfiszierten Vermögen partizipierten oder verwaiste Ämter der Verurteilten zugesprochen bekamen. Das Senatsgericht wurde so unter den Senatoren zum Kampfplatz, auf dem um soziale Überlegenheit und die Gunst des Kaisers gerungen wurde. Obwohl diese Möglichkeiten der Denunziation die Kohärenz der Gesellschaft stark belasteten und ein Klima von Angst und Misstrauen beförderten, machten sich Kaiser diese Arena der Konkurrenz durchaus zunutze: Je nach Herrschaftsauffassung wurden die Delationen toleriert, befördert oder gehemmt, keiner der Kaiser hat sie jedoch unterbunden.

Nach dieser Zusammenfassung der Ergebnisse, welche die Untersuchung der Fallbeispiele erbracht hat, sollen die drei eingangs entwickelten methodisch-konzeptionellen Leitlinien erneut aufgegriffen und deren heuristischer Wert abschließend bilanziert werden kann.

9.2 – Soziale Räume, ›Selbstinszenierungen‹ und soziales Wissen

Die getroffene Auswahl der sozialen Räume, der Kommunikationsorte, die in dieser Studie einer näheren Betrachtung unterzogen wurden, hätte noch erheblich erweitert werden können, doch bestätigen bereits die hier behandelten Beispiele, dass es in der stadtrömischen Gesellschaft keine Privatsphäre im modernen Sinne gab, keinen Ort, an dem man nicht der Beobachtung und Taxierung der Mitmenschen ausgesetzt war. Man wurde nicht nur beobachtet, sobald man das Haus verließ, um zu einem Besuch aufzubrechen, ins Theater oder zum Baden zu gehen, sondern die bezeugten Anzeigen der Verstöße gegen die augusteischen Ehegesetze zeugen von sozialer Observanz sogar in den Schlafgemächern. Sich zu zeigen und gesehen zu werden, war eminent wichtig, wollte man einen bestimmten Rang für sich reklamieren. Die Bedeutung der Selbstinszenierung, auf die vor allem Karl-Joachim Hölkeskamp in seinen Untersuchungen aufmerksam gemacht hat, bestätigte sich auch in dem hier ausgewerteten Quellenmaterial.

Richtet man die Aufmerksamkeit auf die Zeichenhaftigkeit menschlicher Verhaltensweisen, können sogar zunächst unspektakulär erscheinende Gesten als höchst bedeutungsvolle Aussagen zur sozialen Positionierung verstanden werden. Eine Analyse der Gesten kann einen Beitrag zur Verständlichkeit der für diese spezifische Gesellschaft geltenden sozialen Regeln leisten. Gerade die Zeichenhaftigkeit der römischen Kleidung ist in verschiedenen Aspekten seit längerem Gegenstand wissenschaftlicher Beschäftigung. In dieser Untersuchung konnte konkret gezeigt werden, dass die römische Toga nicht nur bei der *salutatio* (Kapitel 4), sondern auch beim Besuch des Theaters (Kapitel 2) als Ausweis des Bürgerstatus galt, feinere Abstufungen von Rang konnten maßgeblich durch farbige Mäntel ausgewiesen werden. Es wurde deutlich, dass es durchaus normative Maßnahmen seitens der Kaiser gab, die Vielfalt und Prachtentfaltung der anlässlich der Spiele getragenen Kleidung zu beschränken, welche jedoch von den Menschen unterlaufen wurden. Die Notwendigkeit des Ablegens jeglicher Kleidung im öffentlichen Bad machte die Verwendung anderer ›Statusmarker‹ nötig. In diesem Sinn erörterte Kapitel 7, welche Wirkung Thermenbesucher durch ihr Gefolge, ihre Badeutensilien, den Konsum von Speisen und eine entsprechende Körperlichkeit gegenüber ihren Mitbadenden erzielen konnten.

Im Hinblick auf alltägliche Gesten wurde in Kapitel 3 gezeigt, wie der Kuss des Kaisers zu einem Gestus wurde, der von der Umgebung in sehr nuancierter Form ›gelesen‹ werden konnte und graduelle Unterschiede der Intensität der Beziehung des Kaisers zu einzelnen Personen wie auch deren Aufwertung oder Degradierung durch den Kaiser ausdrücken konnte. Kapitel 4 hat deutlich gemacht, wie sich traditionelle Gesten verändern konnten. Die morgendliche Aufwartung *(salutatio)* und weitere, herkömmlich ausschließlich von statusniederen Klienten erbrachten Leistungen wurden nunmehr als Zeichen der Anbiederung verstanden, sie wurden von einem um relativ Wohlhabende erweiterten Personenkreis erbracht. Dabei spielten gerade Gesten, etwa die Bitte um die Gabe eines Geldgeschenkes und dessen Annahme, eine wichtige Rolle, um Unterordnung sinnfällig zu veranschaulichen. Um eine Aneignung von traditionell innerhalb der Aristokratie gebräuchlicher Gesten der Freundschaft durch andere Personenkreise (namentlich nicht-römischen Männern) ging es auch in

Kapitel 5, welches die sogenannte Erbfängerei als eine gerade für ambitionierte Aufsteiger zweckorientierte Integrationsstrategie interpretiert hat.

Selbstinszenierungen standen bei der ostentativen Prachtentfaltung im Vordergrund, zum Beispiel im Rahmen der Stiftung von Annehmlichkeiten für die städtische *plebs*. Während sich die Forschung bisher maßgeblich mit der öffentlichen Prachtentfaltung seitens der senatorischen Elite befasst hat, wurden im Kapitel 6 unterschiedliche Facetten des Konsums reicher Freigelassener erörtert. Dabei wurde deutlich, dass die reichen Freigelassenen gegenüber der traditionellen Elite oftmals im Vorteil waren, insofern sie über mehr freies Kapital verfügten. Gleichfalls wurde erkennbar, dass die Freigelassenen auch eigene (d.h. nicht von der traditionellen Elite genutzte) Möglichkeiten der euergetischen Repräsentanz nutzten, indem sie beispielsweise Badeanlagen und Gärten stifteten. Ostentativer, kollektiver Konsum, das Teilhaben-Lassen größerer Gruppen am eigenen Reichtum im Rahmen von Wohltätigkeit wurde in Rom als elementarer Bestandteil von Rang angesehen und daher auch von sozialen Aufsteigern instrumentalisiert. Diese Bemühungen wurden jedoch – das ist gleichfalls ein Ergebnis der Untersuchung – von der alten Elite negativ bewertet und lächerlich gemacht, indem eine subtile Ästhetik des guten Konsums entwickelt wird, wie sie – *ex negativo* – aus den Verunglimpfungen der vermeintlichen Stillosigkeit der Freigelassenen abzulesen ist. In Schriften wie Plinius' und Senecas Briefen leisten die Autoren (beide im traditionellen Sinn *homines novi* in der Senatsaristokratie) eine Bündelung aristokratischer Verhaltensideale, sie kodifizieren das soziale Wissen über gutes Verhalten der Aristokratie, und vermitteln es auf diese Weise gerade auch integrationswilligen Aufsteigern.

9.3 – Kaiserliche Vorgaben und gesellschaftliche Praktiken

Die eingangs gestellte Frage, in welcher Wechselbeziehung Kaiser (bzw. Kaiserhaus) und Gesellschaft im Hinblick auf Normen, Lebensstil und Sitten standen und wie dies auf die gesellschaftliche Stratigraphie zurückwirkte, ließ erkennen, dass aufgrund der Orientierung der Elite auf das Kaiserhaus selbstverständlich Gesten und Werthaltungen adaptiert wurden, sich allerdings auch längerfristige Verweigerungen gegenüber kaiserlichen Vorgaben ergaben. Kapitel 3 hat gezeigt, wie der kaiserliche Kuss als Gestus der Bekundung von Nähe von der Gesellschaft übernommen wurde. Es wurde zudem deutlich, dass Kaiser Tiberius nach Aussage der Überlieferung von klar lesbaren Gesten gegenüber der Senatsaristokratie weniger Gebrauch machte, als etwa Caligula, Nero oder Domitian, deren Gestik zu weniger Missverständnissen, aber zu zahlreichen

Zerwürfnissen Anlass gab. Widerständigkeiten der Elite offenbarte das Kapitel 7 über die Thermen: Trotz der Propagierung der Athletik im griechischen Stil durch Nero, Vespasian und Domitian nahm die Senatsaristokratie allenfalls eine ambivalente Haltung gegenüber sportlicher Betätigung und damit verbundenen Einrichtungen ein. Während alle Kaiser im untersuchten Zeitraum an der im Theater geltenden Kleiderordnung festhielten, konnten gerade in diesem Punkt gegenläufige Werthaltungen von Kaiser und Gesellschaft identifiziert werden (Kapitel 2): Der kaiserlichen Vorgabe zum Tragen der Toga stand das Bedürfnis der Elite nach Statusdemonstration durch Kleiderpracht entgegen, was dazu führte, dass die Vorgaben ignoriert wurden. Ein Ringen um die kaiserlichen Vorgaben lässt sich gerade im Hinblick auf die Beanspruchung der Zugehörigkeit zum Ritterstand ausmachen. Der Ritterstand war eine Art ›Startrampe‹ für den gesellschaftlichen Aufstieg, insofern war die Zugehörigkeit hoch begehrt und so attraktiv, dass es manchem schon genügte, sich durch entsprechende Statusmerkmale bloß den Anschein eines Ritters geben zu können und als solcher wahrgenommen zu werden. Solche Formen der Selbstdarstellung wurden zwar wiederum durch Gesetze kriminalisiert (etwa durch die Gesetze im Anschluss an die *lex Roscia* zur Einschärfung der Sitzordnung oder die *lex Visellia* bezüglich des unerlaubten Tragens von Ringen), jedoch nach Ausweis der Quellen nicht nur von Aufstrebenden unterlaufen, sondern letzten Endes auch durch die seitens der Kaiser persönlich vorgenommenen Statuserhöhungen konterkariert.

Wenn in diesen Ausführungen die von Plinius geäußerte Klage über die Irritation der sozialen Hierarchie zum Ausgangspunkt genommen wurde, wenn in den Kapiteln 2, 4 und 5 der Unmut und die Verärgerung der traditionellen Elite gegenüber den integrativen Strategien von Nichtrömern herausgearbeitet wurde und im letzten Kapitel schließlich sogar gezeigt wurde, wie sehr sich die Senatsaristokratie durch das Delatorenwesen bedroht fühlte, so kann als Fazit dieser Studie festgehalten werden, dass die Kaiser – im hier untersuchten Zeitraum von Tiberius bis Trajan – diese Irritationen, diese Ärgernisse und Ängste der Elite keineswegs gezielt aus der Welt zu schaffen suchten, sondern umgekehrt: sich die sozialen Unsicherheiten im Sinne der Herrschaftsstabilisierung zu Nutze machten. Kein Kaiser unterband die Delationen, kein Kaiser sah davon ab, Freigelassene aufzuwerten und Statuserhöhungen nach persönlicher Einschätzung vorzunehmen, auch der Kreis derjenigen, denen das Bürgerrecht verliehen wurde, weitete sich aus, allen greifbaren Vorbehalten gegenüber Provinzialen zum Trotz.

9.4 – Das Spannungsfeld zwischen Handlungsmustern und sozialen Strukturen

Die vorliegende Analyse zielte darauf ab, die im antiken Schrifttum unterschiedlicher Genres ablesbaren Werthaltungen differenzierend zu analysieren und Konflikte sowie Spannungen nachzuvollziehen, die in der stadtrömischen Gesellschaft soziale Unterschiede konfigurierten. Durch diese Fokussierung auf die in Konflikte involvierten Akteure gerieten in der Untersuchung Personengruppen in den Blick, die gerade in den epigraphischen Quellen wenig bis gar keine Spuren hinterlassen haben. Zu nennen sind hier die armen Klienten (Kapitel 4), denen Martial eine Stimme gibt, die erbschleicherischen ›Glücksritter‹ (Kapitel 5), die integrationswilligen Griechen (Kapitel 2, 5, 6 und 7) und die reichen Frauen und Witwen (Kapitel 5). Was die neureichen Freigelassenen (Kapitel 6) betrifft, so wird deren Wahrnehmung in der Forschung bis heute stark von ihrer Charakterisierung in der Literatur verschattet, während die materiellen Hinterlassenschaften in ihrem Umfang und ihrem repräsentativen Anspruch noch zu wenig ausgewertet wurden.

Methodisch erwies sich die durchgängig vergleichend betriebene Auswertung von den Autoren satirischer Texte (Martial und Juvenal) einerseits und senatorischer Autoren (wie Seneca, Tacitus, Plinius und Sueton) andererseits als sinnvoll, um nach den verschiedenen Werthaltungen zu fahnden. Man darf aber diese Einteilung nicht zu streng nehmen. Zwar lässt sich nicht leugnen, dass eine Art Klassenbewusstsein die Texte der senatorischen Autoren durchzieht, das sich vor allem in der Sorge um die gesellschaftlichen Veränderungen artikuliert; dennoch sind mitunter durchaus differente Werthaltungen innerhalb der Gruppe der senatorischen Autoren zu finden. Das heißt, die beiden Gruppen von Literaten formulieren keineswegs durchgängig gruppenspezifische Werthaltungen. Gerade Martial verleiht in seiner Dichtung *personae* mit ganz unterschiedlichem Sozialprofil eine Stimme. Auch hinsichtlich der jeweils von den Autoren aufgegriffenen Themen sind Akzentuierungen festzustellen: Während etwa das Thema der Erbfängerei von allen Autoren behandelt wird (am intensivsten jedoch von Martial), wird die Problematik des Denunzierens von Martial kaum traktiert. Ansonsten wurden alle in dieser Analyse behandelten Aspekte von beiden Autorengruppen thematisiert.

Im Unterschied zu anderen sozial- und strukturgeschichtlichen Forschungsleistungen hat diese Studie den Schwerpunkt auf die Prozesse sozialer Interaktion gelegt, auf die Mechanismen des Aushandelns der Hierarchien, weniger auf die empirisch greifbaren Resultate dieses Prozesses.

Was nun den Charakter der beobachteten Aushandlungsprozesse sozialer Hierarchien betrifft, so ist festzuhalten, dass sich diese in der urbanen Gesellschaft Roms tagtäglich ereigneten und es kaum Möglichkeiten gab, sich der Notwendigkeit der sich wiederholenden Veranschaulichung des eigenen Status' durch bestimmte Formen der Selbstdarstellung und der Kommunikation zu entziehen. Selbst die (immerhin offiziell registrierte) Zugehörigkeit zum Senatorenstand erlaubte es nicht, von der permanenten Selbstinszenierung abzulassen, wenn man nicht Gefahr laufen wollte, Zweifel am Potential zur Einnahme einer gesellschaftlichen Position zu wecken, oder zum Gegenstand negativen Geredes zu werden. Die Unabdingbarkeit der Selbstdarstellung machte jene Gesellschaft anfällig für Täuschungen (für die Aneignung gefälschter Statussymbole, für die vorgebliche Adaption eines Lebensstils) und evozierte eine geschäftige Betriebsamkeit, weil jeder zur rechten Zeit mit den für das eigene Überleben und Fortkommen nützlichen Personen Kontakt haben oder zumindest gesehen werden wollte. Der Kreis jener Personen, die als nützlich galten, war aber in seiner Zusammensetzung weniger homogen als zur Zeit der Republik: Hier sei exemplarisch an den hohen Einfluss der Freigelassenen beim Kaiser sowie an die Türsteher der aristokratischen Häuser, aber auch an die *potentia* reicher Witwen erinnert.

Ein weiteres Charakteristikum des Prozesses der sozialen Hierarchisierung ist auch, dass sämtliche Mitglieder der Gesellschaft, welche in den betrachteten Texten als Akteure identifiziert werden konnten, durchgängig Integration und Aufstieg erstreben: Das gilt für die provinzialen Glücksritter ebenso wie für die reichgewordenen Freigelassenen. Nun mögen Integration und sozialer Aufstieg anthropologisch, zumindest für die Vormoderne weitgehend konstante menschliche Ziele sein, jedoch erscheint es angesichts des allgegenwärtigen Drucks zur Selbstdarstellung erstaunlich, dass nur äußerst vereinzelt Beispiele für soziale Aussteiger erwähnt werden, die aus freien Stücken eine alternative Lebensform wählten.

Die Untersuchung der Kommunikationsprozesse hat gezeigt, dass Freundschafts- und Nahverhältnisse als soziale Strukturen zwar erhalten blieben, jedoch die sozialen Rollen zumindest partiell von einem veränderten Personal eingenommen wurden: Das machtvolle Agieren von Frauen der alten Elite, deren gezielte Kinderlosigkeit ihre finanzielle Macht und Autonomie stärkte, konnte im Rahmen der Betrachtung der Legate nachvollzogen werden. Das städtische Klientelwesen wurde von aufstrebenden Wohlhabenden unterwandert, so dass einfache Stadtbürger ihre Klientelfähigkeit einbüßten; ein Befund der mit der quantitativ nachweisbaren Abwanderung der Stadtbevölkerung in das italische Umland zu vereinbaren ist. Die in dieser Studie nachgewiesenen Integrationsbemühungen von Provinzialen in die sozialen Netze und Hierarchien mittels der Platznahme im Theater bzw. durch die Betätigung als Erbfänger und ›Klienten‹ konkretisieren, auf welche Weise das in der Forschung für das 1. Jh. n. Chr. konstatierte Einrücken von *alieni* und *externi* in Spitzenpositionen praktisch möglich wurde und machen den Prozess der zunehmenden Durchlässigkeit des politischen Systems für die Einwohner des Imperiums nachvollziehbar.[46] Die zahlreichen Stimmen der senatorischen Autoren, welche die Veränderungen des sozialen Systems beklagen, sind die Begleitmusik eines allmählichen Verlustes ihrer privilegierten Rolle im soziopolitischen System.

---

46 Dazu Alföldy (2011) 146 mit weiterer Literatur.

LITERATUR

10.1 – Übersetzungen

Apuleius, *Verteidigungsrede. Blütenlese*, Lateinisch – Deutsch, herausgegeben und übersetzt von Rudolf Helm (= Schriften und Quellen der Alten Welt 36), Leipzig 1977.
Cassius Dio, *Römische Geschichte*, 5 Bde., übersetzt von Otto Veh, Düsseldorf 2007.
Marcus Tullius Cicero, *An seine Freunde*, Lateinisch – Deutsch, herausgegeben und übersetzt von Helmut Kasten (= Sammlung Tusculum), 6. Auflage Düsseldorf – Zürich 2004.
Marcus Tullius Cicero, *Atticus-Briefe*, Lateinisch – Deutsch, herausgegeben und übersetzt von Helmut Kasten (= Sammlung Tusculum), 5. Auflage Düsseldorf – Zürich 1998.
Marcus Tullius Cicero, *De officiis/Vom pflichtgemäßen Handeln*, Lateinisch – Deutsch von Heinz Gunermann, Stuttgart 1976.
Marcus Tullius Cicero, *Sämtliche Reden,* Bd. 2, eingeleitet, übersetzt und erläutert von Manfred Fuhrmann, Zürich – Stuttgart 1970.
Marcus Tullius Cicero, *De legibus, paradoxa stoicorum*, herausgegeben, übersetzt und erläutert von Rainer Nickel, Düsseldorf 1994.
Epiktet, Teles, Musonius, *Ausgewählte Schriften*, Griechisch – Deutsch, herausgegeben und übersetzt von Rainer Nickel (= Sammlung Tusculum), Zürich 1994.
Historia Augusta, *Römische Herrschergestalten*, übersetzt von Ernst Hohl (= Die Bibliothek der Alten Welt, Römische Reihe), Zürich [u.a.] 1976/1985.
Quintus Horatius Flaccus, *Sämtliche Werke*, Lateinisch – Deutsch, Teil I: Carmina, Oden und Epoden, herausgegeben von Hans Färber; Teil II: Sermones et Epistulae, übersetzt und zusammen mit Hans Färber bearbeitet von Wilhelm Schöne (= Sammlung Tusculum), 11. Auflage München 1993.
Decimus Iunius Iuvenalis, *Satiren*, Lateinisch – Deutsch, herausgegeben und übersetzt von Joachim Adamietz (= Sammlung Tusculum), München [u.a.] 1993.
Laus Pisonis, *Huldigungsgedicht an Piso*, Text, Übersetzung, Kommentar von Arno Seel, Erlangen 1969.
Lukian, *Gegen den ungebildeten Büchernarren. Ausgewählte Werke*, übersetzt von Peter von Möllendorff (= Bibliothek der Alten Welt), Zürich – Düsseldorf 2006.
Marcus Valerius Martialis, *Epigramme*, Lateinisch – Deutsch, herausgegeben und übersetzt von Paul Barié und Winfried Schindler (= Sammlung Tusculum), 2. Auflage Düsseldorf – Zürich 2002.
Petronius Arbiter, *Gastmahl bei Trimalchio*, Lateinisch – Deutsch, herausgegeben und übersetzt von Konrad Müller und Wilhelm Ehlers (dtv zweisprachig), 13. Auflage München 2012.

Petronius Arbiter, *Satyricon: ein römischer Schelmenroman*, Lateinisch – Deutsch, übersetzt und erläutert von Harry C. Schnur (= Reclams Universalbibliothek), Stuttgart 1968.

Gaius Plinius, *Naturkunde*, 33 Bde., Lateinisch – Deutsch, herausgegeben und übersetzt von Roderich König in Zusammenarbeit mit Joachim Hopp und Wolfgang Glöckner (= Sammlung Tusculum), München [u. a.] 1973–1996.

Gaius Plinius Caecilius Secundus, *Briefe*, Lateinisch – Deutsch, herausgegeben und übersetzt von Helmut Kasten (= Tusculum-Bücherei), 4. verbesserte Auflage München 1979.

Gaius Plinius Caecilius Secundus, *Sämtliche Briefe*, herausgegeben von Walter Rüegg, übersetzt von André Lambert, Zürich – München 1969.

Plinius der Jüngere, *Panegyrikus, Lobrede auf den Kaiser Trajan*, herausgegeben und übersetzt von Werner Kühn, 2. durchgesehene und aktualisierte Auflage Darmstadt 2008.

Seneca, *Briefe an Lucilius*, Bd. I und II, übersetzt von Ernst Glaser-Gerhard (= Rowohlts Klassiker der Literatur und der Wissenschaft, Lateinische Literatur), Reinbek bei Hamburg 1968/69.

Lucius Annaeus Seneca, *Philosophische Schriften*, 5 Bde., Lateinisch – Deutsch, herausgegeben und übersetzt von Manfred Rosenbach, Sonderausgabe Darmstadt 1999.

Sueton, *Die Kaiserviten (De vita Caesarum. Berühmte Männer)*, Lateinisch – Deutsch, herausgegeben und übersetzt von Hans Martinet (= Sammlung Tusculum), 2. verbesserte Auflage Düsseldorf – Zürich 2000.

Tacitus, *Annalen*, deutsch von August Horneffer (= Kröners Taschenausgabe 238), Stuttgart 1964.

Tacitus, *Annalen*, übersetzt von Erich Heller, Düsseldorf – Zürich 1982.

Tacitus, *Annalen I–VI*, übersetzt von Walther Sontheimer (= Reclams Universal-Bibliothek), Stuttgart 1991.

10.2 – Abgekürzt zitierte Literatur

AE: L'année épigraphique, begründet von René Cagnat, Paris 1888 ff.

ANRW: Aufstieg und Niedergang der römischen Welt, herausgegeben von Wolfgang Haase – Hildegard Temporini, Berlin/New York 1972 ff.

CIL: Corpus inscriptionum latinarum, herausgegeben von der Akademie der Wissenschaften Berlin, 17 Bände in zahlreichen Teilbänden, Berlin 1862 ff.

Friedländer SG I, II, III und IV: Friedländer, Ludwig, Darstellungen aus der Sittengeschichte Roms in der Zeit von Augustus bis zum Ausgang der Antonine, 9. neu bearbeitete Auflage, herausgegeben von Georg Wissowa, Bd. I, Leipzig 1919; Bd. II, Leipzig 1920; Bd. III, Leipzig 1920; Bd. IV (Anhänge), Leipzig 1921.

ILS: Inscriptiones Latinae Selectae, herausgegeben von Hermann Dessau, 3 Bde., Berlin 1892–1916.

LTUR: Lexicon topographicum urbis Romae, herausgegeben von der Soprintendenza Archeologica di Roma, unter der Leitung von Eva M. Steinby, Bd. 6, Rom 1993–2000.

Mommsen StR I und III: Mommsen, Theodor, Römisches Staatsrecht, Bd. 1, 3. Auflage Leipzig 1887; Bd. 3, 1, 1. Auflage Leipzig 1887; Bd. 3, 2, 1. Auflage Leipzig 1888.

Mommsen StrR: Mommsen, Theodor, Römisches Strafrecht, Nachdruck der 1899 in Leipzig erschienenen Ausgabe, Graz 1955.

PIR: Prosopographia Imperii Romani, saec. I. II. III., Bde. 1–3, herausgegeben von Elimar Klebs – Hermann Dessau – Paul von Rhoden, Berlin –Leipzig 1897–1898.

PIR²: Prosopographia Imperii Romani, 2. Auflage, saec. I. II. III., Bde. 1–8, herausgegeben von Werner Eck – Edmund Groag – Matthäus Heil – Johannes Heinrichs – Leif Petersen – Arthur Stein – Klaus Wachtel, Berlin 1933–2009.

10.3 – Literaturverzeichnis

Abbott (1907): Abbott, Frank F., *The Theatre as a Factor in Roman Politics under the Republic*, in: Transactions and Proceedings of the American Philological Association 38 (1907), 49–56.
Adamietz (1972): Adamietz, Joachim, *Untersuchungen zu Juvenal* (= Hermes Einzelschriften 26), Wiesbaden 1972.
Adamietz (1986): Adamietz, Joachim, *Die römische Satire* (= Grundriß der Literaturgeschichten nach Gattungen), Darmstadt 1986.
Aldrete (1999): Aldrete, Gregory S., *Gestures and Acclamations in Ancient Rome*, Baltimore [u. a.] 1999.
Alföldi (1970): Alföldi, Andreas, *Die monarchische Repräsentation im römischen Kaiserreiche*, Darmstadt ³1970.
Alföldy (1977): Alföldy, Géza, *Reichtum und Macht der Senatoren*, in: Gymnasium 84 (1977), 541–545.
Alföldy (1984): Alföldy, Géza, *Römische Sozialgeschichte*, Wiesbaden ³1984.
Alföldy (1986): Alföldy, Géza, *Die römische Gesellschaft: Ausgewählte Beiträge* (= Heidelberger althistorische Beiträge und epigraphische Studien 1), Stuttgart 1986.
Alföldy (2011): Alföldy, Géza, *Römische Sozialgeschichte*, Stuttgart ⁴2011.
Almeida (2014): Almeida, Emilio Rodríguez, *Marziale e Roma, un poeta e la sua città*, Rom 2014.
Andermahr (1998): Andermahr, Anna Maria, *Totus in praesidiis. Senatorischer Grundbesitz in Italien in der Frühen und Hohen Kaiserzeit* (= Antiquitas Reihe 3), Bonn 1998.
Anderson (1964): Anderson, William Scovil: *Anger in Juvenal and Seneca* (= University of California Publications in Classical Philology), Berkeley 1964.
André (1990): André, Jean-Marie, *Die Zuschauerschaft als sozial-politischer Mikrokosmos zur Zeit des Hochprinzipats*, in: Blänsdorf, Jürgen (Hrsg.), Theater und Gesellschaft im Imperium Romanum, Tübingen 1990, 165–173.
André (1994): André, Jean-Marie, *Griechische Feste, römische Spiele. Die Freizeitkultur der Antike*, Übers. des frz. Originals von 1984, Stuttgart 1994.
Andreau (1999): Andreau, Jean, *Banking and Business in the Roman World* (= Key Themes in Ancient History), Cambridge 1999.
Andrée (1941): Andrée, Rudolf, *Juvenal und Martial über das Klientelwesen*, Graz 1941.
Argetsinger (1992): Argetsinger, Kathryn, *Birthday Rituals. Friends and Patrons in Roman Poetry and Cult*, in: Classical Antiquity 11, 2 (1992), 175–194.
Balsdon (1962): Balsdon, John P. V. D., *Roman Women. Their History and Habits*, London 1962.
Baltrusch (1989): Baltrusch, Ernst, *Regimen morum. Die Reglementierung des Privatlebens der Senatoren und Ritter in der römischen Republik und frühen Kaiserzeit* (= Vestigia 6), München 1989.
Bang (1921): Bang, Martin, *Über den Gebrauch der Anrede domine im gemeinen Leben*, in: Friedländer SG IV, 82–88.
Barghop (1994): Barghop, Dirk, *Forum der Angst. Eine historisch-anthropologische Studie*

zu Verhaltensmustern von Senatoren im Römischen Kaiserreich (= Historische Studien 11), Frankfurt a. M. [u. a.] 1994.

Barié – Schindler (2002): Barié, Paul – Schindler, Winfried (Hrsg.), *Marcus Valerius Martialis, Epigramme*, Lateinisch – Deutsch, Düsseldorf [u. a.] ²2002.

Bauman (1967): Bauman, Richard A., *The Crimen Maiestatis in the Roman Republic and Augustan Principate*, Johannesburg 1976.

Becker (1863): Becker, Wilhelm A., *Gallus, oder Römische Scenen aus der Zeit des Augustus zur genaueren Kenntniss des römischen Privatlebens*, Bd. 3, Leipzig 1863.

Bergener (1964): Bergener, Alfred, *Die führende Senatorenschicht im frühen Prinzipat (14–68 n. Chr.)* (= Habelts Dissertationsdrucke, Reihe Alte Geschichte 4), Bonn 1965.

Bernstein (1998): Bernstein, Frank, *Ludi publici. Untersuchungen zur Entstehung und Entwicklung der öffentlichen Spiele im republikanischen Rom* (= Historia Einzelschriften 119), Stuttgart 1998.

Bessone (1998): Bessone, Luigi, *La porpora a Roma*, in: Longo, Oddone (Hrsg.), La porpora: Realtà e immaginario di un colore simbolico, Venedig 1998, 149–202.

Best (1969): Best, Edward E., *Martial's Readers in the Roman World*, in: The Classical Journal 64 (1969), 208–212.

Bieber (1961): Bieber, Margarete: *The History of the Greek and Roman Theater*, Princeton/NJ ²1961.

Bingham (1999): Bingham, Sabrina, *Security at the Games in the Early Imperial Period*, in: Echos du Monde Classique, Classical Views 18 (1999), 369–379.

Birley (1953): Birley, Eric B., *Senators in the Emperor's Service*, in: Proceedings of the British Academy 39 (1953), 197–214.

Blänsdorf (1987): Blänsdorf, Jürgen, *Antike Theaterbauten und ihre Funktion. Theaterwesen und dramatische Literatur*, in: Holtus, Günter (Hrsg.), Theaterwesen und dramatische Literatur. Beiträge zur Geschichte des Theaters (= Mainzer Forschungen zu Drama und Theater 1), Tübingen 1987, 75–107.

Blänsdorf (1990): Blänsdorf, Jürgen, *Theater und Gesellschaft im Imperium Romanum* (= Mainzer Forschungen zu Drama und Theater 4), Tübingen 1990.

Bleicken (1962): Bleicken, Jochen, *Senatsgericht und Kaisergericht. Eine Studie zur Entwicklung des Prozeßrechtes im frühen Prinzipat*, Göttingen 1962.

Bleicken (1995): Bleicken, Jochen, *Cicero und die Ritter* (= Abhandlungen der Akademie der Wissenschaften zu Göttingen, Philologisch-Historische Klasse, Folge 3, 213), Göttingen 1995.

Blickle (2001): Blickle, Renate, *Denunziation. Das Wort und sein historisch-semantisches Umfeld: Delation, Rüge, Anzeige*, in: Hohkamp, Michaela – Ulbrich, Claudia (Hrsg.), Der Staatsbürger als Spitzel, Leipzig 2001, 25–59.

Blum (1998): Blum, Hartmut, *Purpur als Statussymbol in der griechischen Welt* (= Antiquitas 1), Bonn 1998.

Blume (1984): Blume, Horst-Dieter, *Einführung in das antike Theaterwesen* (= Die Altertumswissenschaft), Darmstadt ²1984.

Boatwright (1998): Boatwright, Mary T., *Luxuriant Gardens and Extravagant Women. The Horti of Rome between Republic and Empire*, in: Cima, Maddalena (Hrsg.): Horti romani: Atti del convegno internazionale, Roma, 4–6 maggio 1995 (= Bullettino della Commissione Archeologica Comunale di Roma Suppl. 6), Rom 1998, 71–82.

Boatwright (2012): Boatwright, Mary T., *Peoples of the Roman World* (= Cambridge Introduction to Roman Civilization), Cambridge [u. a.] 2012.

Bollinger (1969): Bollinger, Traugott, *Theatralis licentia: Die Publikumsdemonstrationen an den öffentlichen Spielen in Rom der früheren Kaiserzeit und ihre Bedeutung im politischen Leben*, Winterthur 1969.

Bonfante-Warren (1973): Bonfante-Warren, Larissa, *Roman Costumes, a Glossary and some Etruscan Derivations*, in: ANRW 1, 4 (1973), 584–614.

Bourdieu (1987): Bourdieu, Pierre, *Die feinen Unterschiede: Kritik der gesellschaftlichen Urteilskraft* (= Suhrkamp-Taschenbuch Wissenschaft 658), Frankfurt a.M. ¹1987.

Bourdieu (1991): Bourdieu, Pierre, *Zur Soziologie der symbolischen Formen* (= Suhrkamp-Taschenbuch Wissenschaft 107), Frankfurt a.M. ⁴1991.

Bowman (1991): Bowman, Alan, *Literacy in the Roman World: Mass and Mode*, in: Mary Beard (Hrsg.), Literacy in the Roman World (= Journal of Roman Archaeology Suppl. 3) Ann Arbor/MI 1991, 119–32.

Boyle (2006): Boyle, Anthony J., *An Introduction to Roman Tragedy*, London [u. a.] 2006.

Bradley (2009): Bradley, Mark, *Colour and Meaning in Ancient Rome* (= Cambridge Classical Studies), Cambridge [u. a.].

Braund (1996): Braund, Susanna M., *The Roman Satirists and their Masks* (Classical World Series), London 1996.

Brockmann (2011): Brockmann, Sophia: *Die Selbstdarstellung des Jüngeren Plinius in seinen Briefen anhand der Beschreibung des ›Delators‹ Regulus* [unveröffentlichtes Manuskript, BA-Thesis Universität Aachen 2011].

Brödner (1983): Brödner, Erika, *Die römischen Thermen und das antike Badewesen: Eine kulturhistorische Betrachtung*, Darmstadt 1983.

Brown (1991): Brown, Peter, *Die Keuschheit der Engel: Sexuelle Entsagung, Askese und Körperlichkeit am Anfang des Christentums*, München [u. a.] 1991.

Bruhns (1980): Bruhns, Hinnerk, *Ein politischer Kompromiß im Jahr 70 v. Chr.: Die lex Aurelia iudiciaria*, in: Chiron 10 (1980), 263–72.

Brunt (1965): Brunt, Peter A., *Amicitia in the Late Republic*, in: Ders., The Fall of the Roman Republic and Related Essays, Oxford 1988, 351–381.

Brunt (1971): Brunt, Peter A., *Italian Manpower (225 B.C.-A.D. 14)*, Oxford 1971.

Busch (1999): Busch, Stephan, *Versvs balnearvm. Die antike Dichtung über Bäder und Baden im römischen Reich*, Stuttgart 1999.

Cagniart (2000): Cagniart, Pierre: *Seneca's Attitude towards Sports and Athletics*, in: The Ancient History Bulletin 14 (2000), 162–170.

Cain (2007): Cain, Hans-Ulrich, *Die Hellenisierung Roms*, in: Weber, Gregor (Hrsg.), Kulturgeschichte des Hellenismus. Von Alexander dem Großen bis Kleopatra, Stuttgart 2007, 310–332.

Cancik (1978): Cancik, Hubert, *Die republikanische Tragödie*, in: Lefèvre, Eckard (Hrsg.), Das römische Drama (= Grundriß der Literaturgeschichte nach Gattungen), Darmstadt 1978, 308–347.

Canobbio (2002): Canobbio, Alberto (Hrsg.), *La Lex roscia theatralis e Marziale: Il ciclo del libro V: introduzione, edizione critica, traduzione e commento* (= Biblioteca di Athenaeum 49), Como 2002.

Canobbio (2011): Canobbio, Alberto (Hrsg.), *M. Valerii Martialis Epigrammaton liber quintus: introduzione, edizione critica, traduzione e commento* (= Studi latini 75), Neapel 2011.

Champlin (1991): Champlin, Edward, *Final Judgments: Duty and Emotion in Roman Wills (200 B.C.-A.D. 250)*, Berkeley 1991.

Chastagnol (1992): Chastagnol, André, *Le sénat romain à l'époque impériale. Recherches sur la composition de l'assemblée et le statut de ses membres* (= Histoire 19), Paris 1992.

Citroni (1975): Citroni, Mario, *Martial, Epigrammaton liber primus: Introduzione, testo, apparato critico e commento* (= Biblioteca di studi superiori 61), Florenz 1975.

Cloud (1990): Cloud, Duncan, *The Client-Patron Relationship: Emblem and Reality in Juvenal's First Book*, in: Wallace-Hadrill, Andrew (Hrsg.), Patronage in Roman Society: from Republic to Empire, London 1990, 205–218.

Coarelli (2000): Coarelli, Filippo, *Gli spazi della vita sociale*, in: Lo Cascio, Elio (Hrsg.), Roma imperiale. Una metropoli antica, Roma 2000, 221–247.

Colton (1976): Colton, Robert E., *Clients Day. Echoes of Martial in Juvenal's First Satire*, in: Classical Bulletin 52, 3 (1976), 35–38.

Colton (1993): Colton, Robert E., *Juvenal's Use of Martial's Epigrams. A Study of Literary Influence*, Amsterdam 1993.

Corbier (1985): Corbier, Mireille, *Idéologie et pratique de l'héritage (Ier s. av. J.-C.-IIe s. ap. J.-C.)*, in: Index 13 (1985), 501–528.

Corbier (1990): Corbier, Mireille, *Les comportements familiaux de l'aristocratie romaine (IIe siècle av. J.-C.-IIIe siècle ap. J.-C.)*, in: Andreau, Jean – Bruhns, Hinnerk (Hrsg.), Parenté et stratégies familiales dans l'Antiquité romaine (= Collection de l'École française de Rome 129), Rom 1990, 225–249.

Corbier (1992): Corbier, Mireille, *Divorce and Adoption as Roman Familial Strategies*, in: Rawson, Beryl (Hrsg.), Marriage, Divorce, and Children in Ancient Rome, Oxford 1992, 47–78.

Cordier (2005), Cordier, Pierre: *Gymnase et Nudité à Rome*, in: Métis 3 (2005), 253–269.

Crawford (1984): Crawford, Jane W., *M. Tullius Cicero: The Lost and Unpublished Orations*, (= Hypomnemata 80), Göttingen 1984.

D'Arms (1970): D'Arms, John H., *Romans on the Bay of Naples. A Social and Cultural Study of the Villas and Their Owners from 150 B.C. to A.D. 400*, Cambridge 1970.

D'Arms (1981): D'Arms, John H., *Commerce and Social Standing in Ancient Rome*, Cambridge 1981.

Dahlheim (2003): Dahlheim, Werner, *Geschichte der Römischen Kaiserzeit* (= Oldenbourg Grundriss der Geschichte 3), München ³2003.

Damon (1997): Damon, Cynthia, *The Mask of the Parasite. A Pathology of Roman Patronage*, Ann Arbor/MI 1997.

Damschen – Heil (2004): Damschen, Gregor – Heil, Andreas (Hrsg.), *Epigrammaton liber decimus: Text, Übersetzung, Interpretationen; mit einer Einleitung, Martial-Bibliographie und einem rezeptionsgeschichtlichen Anhang* (= Studien zur klassischen Philologie 148), Frankfurt a. M. [u.a] 2004.

Daube (1955): Daube, David, *The Accuser under the Lex Julia de Adulteriis*, in: Proceedings of the 8th International Congress of Byzantine Studies at Salonica, Bd. 2, Athen 1955, 8–21.

Demougin (1988): Demougin, Ségolène, *L'ordre équestre sous les Julio-Claudiens* (= Collection de l'École Française de Rome 108) Paris [u. a.] 1988.

Demougin (1992): Demougin, Ségolène, *Prosopographie des chevaliers romains Julio-Claudiens (43 av. J.-C.-70 ap. J.-C.)* (= Collection de l'École Française de Rome 153), Paris [u. a.] 1992.

Dickmann (1999): Dickmann, Jens-Arne, *Domus frequentata. Anspruchsvolles Wohnen im pompejanischen Stadthaus* (= Studien zur antiken Stadt 4, 1), München 1999.

Dixon (1988): Dixon, Suzanne, *The Roman Mother*, London 1988.

Döpp (1993): Döpp, Siegmar, *Saturnalien und lateinische Literatur*, in: Döpp, Siegmar (Hrsg.), Karnevaleske Phänomene in antiken und nachantiken Kulturen und Literaturen. Stätten und Formen der Kommunikation im Altertum (= Bochumer Altertumswissenschaftliches Colloquium 13), Trier 1993, 145–177.

Dresken-Weiland (2003): Dresken-Weiland, Jutta, *Fremde in der Bevölkerung des kaiserzeitlichen Rom*, in: Römische Quartalschrift für christliche Altertumskunde und Kirchengeschichte 98 (2003) 18–34.

Dressel (1886): Dressel, Heinrich, *Untersuchungen über die Chronologie der Ziegelstempel der Gens Domitia*, Berlin 1886.

Duff (1958): Duff, Arnold M., *Freedmen in the Early Roman Empire. Photogr. Repr. with Minor Corrections in the Text and with New »Addenda vel Corrigenda«* (= Heffer Reissues of Standard Books), Cambridge 1958.

Dyson (1992): Dyson, Stephen L., *Community and Society in Roman Italy* (= Ancient Society and History), Baltimore/MD 1992.

Eck (1970): Eck, Werner, *Senatoren von Vespasian bis Hadrian: Prosopographische Untersuchungen mit Einschluß der Jahres- und Provinzialfasten der Statthalter* (= Vestigia 13), München 1970.

Eck (1976): Eck, Werner, *Neros Freigelassener Epaphroditus und die Aufdeckung der Pisonischen Verschwörung*, in: Historia 25 (1976), 381–384.

Eck (1981): Eck, Werner, *Miscellanea prosopographica*, in: Zeitschrift für Papyrologie und Epigraphik 42 (1981), 227–256.

Eck (1999): Eck, Werner, *Ordo equitum Romanorum, ordo libertorum. Freigelassene und ihre Nachkommen im römischen Ritterstand*, in: Ségolène, Demougin – Devijver, Hubert – Raepsaet-Charlier, Marie-Thérèse (Hrsg.), L'ordre équestre. Histoire d'une aristocratie, Rom [u. a.] 1999, 5–29.

Eck (2006): Eck, Werner, *Sozio-politische Macht und öffentliche Repräsentation. Der equester ordo*, in: Demougin, Ségolène [u. a.] (Hrsg.), H.-G. Pflaum. Un Historien du XXᵉ Siècle, Genf 2006, 485–502.

Eck (2010): Eck, Werner, *Der Kaiser und seine Ratgeber. Überlegungen zum inneren Zusammenhang von amici, comites und consiliarii am römischen Kaiserhof*, in: Ders., Monument und Inschrift. Gesammelte Aufsätze zur senatorischen Repräsentation in der Kaiserzeit (= Beiträge zur Altertumskunde 288), herausgegeben von Walter Ameling und Johannes Heinrichs, Berlin 2010, 355–370.

Eck – Heil (2005): Eck, Werner – Heil, Matthäus, *Senatores populi Romani. Realität und mediale Präsentation einer Führungsschicht*. Kolloquium der Prosopographia Imperii Romani vom 11.–13. Juni 2004 (= Heidelberger althistorische Beiträge und epigraphische Studien 40), Stuttgart 2005.

Eck – Heinrichs (1993): Eck, Werner – Heinrichs, Johannes (Hrsg.), *Sklaven und Freigelassene in der Gesellschaft der römischen Kaiserzeit. Textauswahl und Übersetzung*, Darmstadt 1993.

Eich (2008): Eich, Peter, *Aristokratie und Monarchie im kaiserzeitlichen Rom*, in: Beck, Hans – Scholz, Peter – Walter, Uwe (Hrsg.), Die Macht der Wenigen. Aristokratische Herrschaftspraxis, Kommunikation und ›edler‹ Lebensstil in Antike und Früher Neuzeit (= Historische Zeitschrift Beihefte 47), München 2008, 125–152.

Emich [u. a.] (2005): Emich, Birgit [u. a.], *Stand und Perspektiven der Patronageforschung*, in: Zeitschrift für Historische Forschung 32 (2005), 233–265.

Fagan (1999): Fagan, Garret G., *Bathing in Public in the Roman World*, Ann Arbor/MI 1999.

Fantham (1994): Fantham, Elaine, *Women in the Classical World: Image and Text*, New York/NY [u. a.] 1994.

Fantham (1998): Fantham, Elaine, *Literarisches Leben im antiken Rom. Sozialgeschichte der römischen Literatur von Cicero bis Apuleius*, Stuttgart [u. a.] 1998.

Faust (2004): Faust, Kerstin, *Kommentar zu Martial ep. 10, 10*, in: Damschen, Gregor – Heil, Andreas (Hrsg.), Epigrammaton liber decimus: Text, Übersetzung, Interpretationen; mit einer Einleitung, Martial-Bibliographie und einem rezeptionsgeschichtlichen Anhang (= Studien zur klassischen Philologie 148), Frankfurt a. M. [u.a] 2004, 72–73.

Fitzgerald (2007): Fitzgerald, William, *Martial: The World of the Epigram*, Chicago/IL 2007.

Flaig (1992): Flaig, Egon: *Den Kaiser herausfordern. Die Usurpation im Römischen Reich* (= Campus Historische Studien 7), Frankfurt a. M. 1992.

Flaig (1993): Flaig, Egon, *Loyalität ist keine Gefälligkeit. Zum Majestätsprozeß gegen C. Silius 24 n. Chr.*, in: Klio 75 (1993), 289–305.

Flaig (2003): Flaig, Egon, *Ritualisierte Politik. Zeichen, Gesten und Herrschaft im alten Rom* (= Historische Semantik 1), Göttingen 2003.

Fögen (2009): Fögen, Thorsten, *The Body in Antiquity: A Very Select Bibliography*, in: Ders. – Lee, Mireille M. (Hrsg.), Bodies and Boundaries in Graeco-Roman Antiquity, Berlin [u. a.] 2009, 11–13.

Formisano – Fuhrer (2010): Formisano, Marco – Fuhrer, Therese (Hrsg.), *Gender Studies in den Altertumswissenschaften. Gender-Inszenierungen in der antiken Literatur* (= Iphis 5), Trier 2010.

Foucault (1986): Foucault, Michel, *Sexualität und Wahrheit, Bd. 1: Der Wille zum Wissen, Bd. 2: Der Gebrauch der Lüste*, Frankfurt a. M. 1986..

Frank (2014): Frank, Pascal, *Römische Thermen – Zentren der Sorge um sich selbst. Eine mentalitätsgeschichtliche Untersuchung* [unpublizierte Dissertation TU Darmstadt 2014].

Frass (2006): Frass, Monika, *Antike römische Gärten. Soziale und wirtschaftliche Funktionen der Horti Romani* (= Grazer Beiträge Supplementband 10), Horn [u.a.] 2006.

Frézouls (1982): Frézouls, Edmond, *Aspects de l'histoire architecturale du Théâtre romain*, in: ANRW 2, 12 (1982), 343–441.

Frézouls (1988): Frézouls, Edmond, *La mobilité sociale dans le monde romain*, Strasburg 1988.

Fuhrmann (1997): Fuhrmann, Manfred, *Seneca und Kaiser Nero. Eine Biographie*, Berlin 1997.

Fusi (2006): Fusi, Alessandro (Hrsg.), *M. Valerii Martialis Epigrammaton liber tertius. Introduzione, edizione critica, traduzione e commento*, Hildesheim [u. a.] 2006.

Garnsey (1970): Garnsey, Peter, *Social Status and Legal Privilege in the Roman Empire*, Oxford 1970.

Garnsey (1975): Garnsey, Peter, *Descendants of Freedmen in Local Politics: Some Criteria*, in: Levick, Barbara (Hrsg.), The Ancient Historian and his Materials. Essays in Honour of C. E. Stevens on his Seventieth Birthday, Westmead 1975, 167–180.

Garnsey – Saller (1989): Garnsey, Peter – Saller, Richard P., *Das römische Kaiserreich. Wirtschaft, Gesellschaft, Kultur* (= Rowohlts Enzyklopädie 501), Reinbek 1989.

Gelzer (1983): Gelzer, Matthias, *Die Nobilität der römischen Republik [Original 1912]. Die Nobilität der Kaiserzeit [Original 1915]. Mit einem Vorwort und Ergänzungen zur Neuausgabe von Jürgen von Ungern-Sternberg*, Stuttgart ^{2}1983.

Gérard (1976): Gérard, Jean, *Juvénal et la réalité contemporaine*, Paris 1976.

Gilbert (1976): Gilbert, Rolf, *Die Beziehungen zwischen Princeps und stadtrömischer Plebs im frühen Principat*, Bochum 1976.

Gizewski (1999): Gizewski, Christian, *maiestas*, in: DNP 7 (1999), 710–712.

Goette (1990): Goette, Hans R., *Studien zu römischen Togadarstellungen* (= Beiträge zur Erschließung hellenistischer und kaiserzeitlicher Skulptur und Architektur 10), Mainz 1990.
Gold (1987): Gold, Barbara, *Literary Patronage in Greece and Rome*, Chapel Hill 1987.
Goldbeck (2010): Goldbeck, Fabian, *Salutationes: Die Morgenbegrüßungen in Rom in der Republik und der frühen Kaiserzeit* (= Klio Beihefte 16), Berlin 2010.
Goodyear – Woodman (1981): Goodyear, Francis R. D. – Woodman, Antony J. (Hrsg.), *The Annals of Tacitus. Books 1–6* (= Cambridge classical texts and commentaries), Cambridge 1981.
Gourevich (1990): Gourevich, Danielle (1990), *Se marier pour avoir des enfants: Le point de vue du médicin*, in: Andreau, Jean – Bruhns, Hinnerk (Hrsg.), Parenté et stratégies familiales dans l'Antiquité romaine (= Collection de l'École française de Rome 129), Rom 1990, 139–151.
Grewing (1997): Grewing, Farouk, *Martial. Buch VI: Ein Kommentar* (= Hypomnemata 115), Göttingen 1997.
Grewing (1998): Grewing, Farouk, *Toto notus in orbe. Perspektiven der Martial-Interpretation* (= Palingenesia 65), Stuttgart 1998.
Grewing (2008): Grewing, Farouk, *Rezension zu Art L. Spisak, Martial: A Social Guide, London 2007*, in: Scholia 17 (2008), 141–144.
Grewing (2010): Grewing, Farouk, *Karneval in Rom: Metapoetische Quisquilien in Martials Epigrammen*, in: Wiener Studien 123 (2010), 131–166.
Gutsfeld (1992): Gutsfeld, Andreas, *Zur Wirtschaftsmentalität nichtsenatorischer provinzialer Oberschichten: Aemilia Pudentilla und ihre Verwandten*, in: Klio 74 (1992), 250–68.
Habel (1931): Habel, Edwin, *Ludi Capitolini*, in: RE Suppl. 5 (1931), 607–613.
Habel (1893): Habel, Paul, *Adsectator*, in: RE 1, 1 (1893), 422.
Haehling (1994): Haehling, Raban von, *Sozialer Frieden und Standesdenken aus der Sicht des jüngeren Plinius*, in: Günther, Rosmarie – Rebenich, Stefan (Hrsg.), E fontibus haurire. Beiträge zur römischen Geschichte und zu ihren Hilfswissenschaften (= Studien zur Geschichte und Kultur des Altertums 1, 8), Paderborn [u. a.] 1994, 45–61.
Hanson (1959): Hanson, John A., *Roman Theater-Temples* (= Princeton Monographs in Art and Archaeology 33), Princeton/NJ 1959.
Harders (2008): Harders, Ann-Cathrin, *Suavissima Soror. Untersuchungen zu den Bruder-Schwester-Beziehungen in der römischen Republik* (= Vestigia 60), München 2008.
Hartmann (2007): Hartmann, Elke, *Frauen in der Antike*, München 2007.
Hartmann (2009): Hartmann, Elke, *»Euer Purpur hat unsere Togen aus dem Dienst entlassen«. Zum Wandel des städtischen Klientelwesens im Rom der frühen Kaiserzeit*, in: Millennium 6 (2009), 1–38.
Hartmann (2012a): Hartmann, Elke, *Die Kunst der edlen Selbstdarstellung, Plinius als Kunstkenner und Euerget*, in: Fuhrer, Therese – Renger, Almut Barbara (Hrsg.), Performanz von Wissen: Strategien der Wissensvermittlung in der Vormoderne (= Bibliothek der klassischen Altertumswissenschaften 2. Reihe 134), Heidelberg 2012, 109–127.
Hartmann (2012b): Hartmann, Elke, *Laides, vieilles et courtisées: Femmes riches et captateurs d'héritage à Rome durant le Haut-Empire*, in: Annales HSS 67, 3 (2012), 605–628. Englische Fassung: ebd. 431–452.
Heil (2005): Heil, Matthäus, *Sozialer Abstieg. Beredtes Schweigen?*, in: Eck, Werner – Heil, Matthäus (Hrsg.), Senatores populi Romani. Realität und mediale Präsentation einer Führungsschicht. Kolloquium der Prosopographia Imperii Romani vom 11.–13. Juni

2004 (= Heidelberger Althistorische Beiträge und Epigraphische Studien 40), Stuttgart 2005, 295–312.
Heinz (1983): Heinz, Werner (1983), *Römische Thermen: Badewesen und Badeluxus im Römischen Reich* (= Edition Antike Welt), München 1983.
Helm (1955): Helm, Rudolf, *M. Valerius (233) Martialis*, in: RE 2, 15 (1955), 55–85.
Henriksén (1998): Henriksén, Christer (Hrsg.), *Martial, Book IX: A Commentary*, 2 Bde. (= Acta Universitatis Upsaliensis, Studia Latina Upsaliensia), Uppsala 1998.
Henriksén (2012): Henriksén, Christer, *A Commentary on Martial Epigrams Book 9*, Oxford 2012.
Hesberg (1992): Hesberg, Henner von, *Römische Grabbauten*, Darmstadt 1992.
Hesberg (2005): Hesberg, Henner von, *Die Häuser der Senatoren in Rom: Gesellschaftliche und politische Funktion*, in: Eck, Werner – Heil, Matthäus (Hrsg.), Senatores populi Romani. Realität und mediale Präsentation einer Führungsschicht. Kolloquium der Prosopographia Imperii Romani vom 11.–13. Juni 2004 (= Heidelberger althistorische Beiträge und epigraphische Studien 40), Stuttgart 2005, 19–52.
Heuermann (1875): Heuermann, Georg, *Untersuchungen über die Sportula der Clienten*, Burgsteinfurt 1875.
Hildebrandt (2009): Hildebrandt, Berit, *Seide als Prestigegut in der Antike*, in: Hildebrandt, Berit – Veit, Caroline (Hrsg.), Der Wert der Dinge. Güter im Prestigediskurs (= Münchner Studien zur Alten Welt 6), München 2009, 175–231.
Hofmann (1956): Hofmann, Ruth, *Aufgliederung der Themen Martials*, in: Wissenschaftliche Zeitschrift der Universität Leipzig. Geschichts- und Sprachwissenschaft 6, 7 (1956) 433–474.
Höbenreich (1997): Höbenreich, Evelyn, *Annona. Juristische Aspekte der stadtrömischen Lebensmittelversorgung im Prinzipat* (= Grazer rechts- und staatswissenschaftliche Studien 55), Graz 1997.
Hölkeskamp (1987): Hölkeskamp, Karl-Joachim, *Die Entstehung der Nobilität. Studien zur sozialen und politischen Geschichte der römischen Republik im 4. Jh. v. Chr.*, Stuttgart 1987.
Hölkeskamp (2001): Hölkeskamp, Karl-Joachim, *Rezension zu Gregory S. Aldrete: Gestures and Acclamations in Ancient Rome (2001)*, in: Gymnasium 108, 5 (2001), 469–470.
Hölkeskamp (2004): Hölkeskamp, Karl-Joachim, *Rekonstruktionen einer Republik. Die politische Kultur des antiken Rom und die Forschung der letzten Jahrzehnte* (= Historische Zeitschrift Beihefte 38), München 2004.
Holzberg (1988): Holzberg, Niklas, *Martial* (= Heidelberger Studienhefte zur Altertumswissenschaft), Heidelberg 1988.
Holzberg (2002): Holzberg, Niklas, *Martial und das antike Epigramm*, Darmstadt 2002.
Hopkins (1965): Hopkins, Keith, *Contraception in the Roman Empire*, in: Comparative Studies in Society and History 8 (1965), 124–151.
Hopkins (1974): Hopkins, Keith, *Elite Studies in the Roman Empire*, in: Finley, Moses I. (Hrsg.), Studies in Ancient Society (= Past and Present Series), London 1974, 103–120.
Hopkins (1983): Hopkins, Keith, *Death and Renewal* (= Sociological Studies in Roman History 2), Cambridge [u.a.] 1983.
Howell (1980): Howell, Peter, *A Commentary on Book One of the Epigrams of Martial*, London 1980.
Howell (1995): Howell, Peter (Hrsg.), *Martial: Epigrams V* (= Classical Texts), Warminster 1995.
Howell (2009): Howell, Peter, *Martial* (= Ancients in Action), Bristol [u.a.] 2009.

Hug (1920): Hug, August, *salutatio*, in: RE 1, A 2 (1920), 2060–2072.
Hug (1921): Hug, August, *Schlösser*, in: RE 2, A 2 (1921), 557–563.
Hug (1929): Hug, August, *sportula*, in: RE 3, A2 (1929), 1883–1886.
Hülsemann (1987): Hülsemann, Matthias, *Theater, Kult und bürgerlicher Widerstand im antiken Rom. Die Entstehung der architektonischen Struktur des römischen Theaters im Rahmen der gesellschaftlichen Auseinandersetzung zur Zeit der Republik* (= Europäische Hochschulschriften 3), Frankfurt a. M. 1987.
Huxley (1957): Huxley, Herbert H., *Greek Doctor and Roman Patient*, in: Greece & Rome 4 (1957), 132–138.
Jones (1935): Jones, Francis L., *Martial, the Client*, in: Classical Journal 30, 6 (1935), 355–361.
Kaser (1938): Kaser, Max, *Die Geschichte der Patronatsgewalt über Freigelassene*, in: Zeitschrift der Savigny-Stiftung für Rechtsgeschichte. Romanistische Abteilung 58 (1938), 88–135.
Kaser (1971): Kaser, Max, *Das Römische Privatrecht. Erster Abschnitt: Das altrömische, das vorklassische und klassische Recht* (= Handbuch der Altertumswissenschaft Abt. 10, Teil 3, Bd. 3), München ²1971.
Kaser – Hackl (1996): Kaser, Max – Hackl, Karl, *Das römische Zivilprozessrecht*, München ²1996.
Kay (1985): Kay, Nigel M. (Hrsg.), *Martial Book XI: A Commentary*, London 1985.
Keaveney – Madden (1998): Keaveney, Arthur – Madden, John A., *The Crimen Maiestatis under Caligula: the Evidence of Dio Cassius*, in: Classical Quarterly 48, 1 (1998), 316–320.
Kenzler (2007): Kenzler, Herwig, *Armut galt als Schande. Die römische Gesellschaft*, in: Aßkamp, Rudolf [u.a.] (Hrsg.), Luxus und Dekadenz. Römisches Leben am Golf von Neapel, Mainz 2007, 56–63.
Kierdorf (1992): Kierdorf, Wilhelm, *Sueton. Leben des Claudius und Nero*, Paderborn – München 1992.
Kindermann (1959): Kindermann, Heinz, *Theatergeschichte Europas I. Das Theater der Antike und des Mittelalters*, Salzburg 1959.
Kindermann (1979): Kindermann, Heinz, *Das Theaterpublikum der Antike*, Salzburg 1979.
Kleijwegt (1999): Kleijwegt, Marc, *A Question of Patronage: Seneca and Martial*, in: Acta Classica. Proceedings of the Classical Association of South Africa 42 (1999), 105–20.
Kleinfeller (1901): Kleinfeller, Georg, *Delator*, in: RE 4, 2 (1901), 2427–2428.
Klingenberg (2011): Klingenberg, Andreas, *Sozialer Abstieg in der römischen Kaiserzeit: Risiken der Oberschicht in der Zeit von Augustus bis zum Ende der Severer*, Paderborn [u.a.] 2011.
Kloft (1996): Kloft, Hans, *Überlegungen zum Luxus in der frühen römischen Kaiserzeit*, in: Strubbe, Johann M. – Tybout, Rolf A. – Versnel, Hendrik S., Energeia. Studies on Ancient History and Epigraphy Presented to H. W. Pleket (= Dutch Monographs on Ancient History and Archaeology 16), Amsterdam 1996, 113–134.
Koestermann (1955): Koestermann, Erich, *Die Majestätsprozesse unter Tiberius*, in: Historia 4 (1955), 72–106.
Kolb (1977): Kolb, Frank, *Zur Statussymbolik im antiken Rom*, in: Chiron 7 (1977), 239–259.
Krause (1994): Krause, Jens-Uwe, *Witwen und Waisen im Römischen Reich II. Wirtschaftliche und gesellschaftliche Stellung von Witwen*, Stuttgart 1994.
Krencker [u.a.] (1929): Krencker, Daniel [u.a.], *Die Trierer Kaiserthermen. Abteilung I.*

Ausgrabungsbericht und grundsätzliche Untersuchungen römischer Thermen (= Trierer Grabungen und Forschungen 1), Augsburg 1929.

Kroll (1931): Kroll, Wilhelm, *Kuß*, in: RE Suppl. 5 (1931), 511–20.

Kroll (1963): Kroll, Wilhelm, *Die Kultur der ciceronischen Zeit. 1. und 2. Teil*, Darmstadt ²1963.

Kübler (1907): Kübler, Paul, *Equites Romani*, in: RE 6, 1 (1907), 272–321.

Kühn (1987): Kühn, Werner, *Der Kuß des Kaisers. Plinius paneg. 24, 2*, in: Würzburger Jahrbücher für die Altertumswissenschaft 13 (1987), 263–271.

Kunkel (1974): Kunkel, Wolfgang, *Kleine Schriften: Zum römischen Strafverfahren und zur römischen Verfassungsgeschichte*, herausgegeben von Hubert Niederländer, Weimar 1974.

Lamer (1924): Lamer, Hans, *Lectica*, in: RE 12, 1 (1924), 1056–1108.

Laser (1997): Laser, Günter, *Populo et scaenae serviendum est. Die Bedeutung der städtischen Masse in der Späten Römischen Republik* (= Bochumer Altertumswissenschaftliches Colloquium 29), Trier 1997.

Le Gall (1966): Le Gall, Joël, *La »Nouvelle plèbe« et la sportule quotidienne*, in: Chevallier, Raymond (Hrsg.), Mélanges d'archéologie et d'histoire offerts à André Piganiol, Bd. 3 (= Centre de Recherche Historique 3), Paris 1966, 1449–1453.

Lefèvre (1978): Lefèvre, Eckard, *Das römische Drama* (= Grundriss der Literaturgeschichten nach Gattungen), Darmstadt 1978.

Lendon (1997): Lendon, Jon E., *Empire of Honour. The Art of Government in the Roman World*, Oxford 1997.

Leppin (1992): Leppin, Hartmut, *Die Laus Pisonis als Zeugnis senatorischer Mentalität*, in: Klio 74 (1992), 221–236.

Lewis (2007): Lewis, Andrew D. E., *The Dutiful Legatee: Pliny, Letters V.1*, in: Cairns, John W. – du Plessis, Paul J. (Hrsg.), Beyond Dogmatics. Law and Society in the Roman World (= Edinburgh Studies in Law 3), Edinburgh 2007, 125–138.

Levi (1969): Levi, Mario A., *Maiestas e crimen maiestatis*, in: Past & Present 24 (1969), 81–96.

Lintott (1998): Lintott, Andrew, *Equites Romani*, in: DNP 4 (1998), 33–37.

Löhken (1982): Löhken, Henrik, *Ordines dignitatum: Untersuchungen zur formalen Konstituierung der spätantiken Führungsschicht* (= Kölner historische Abhandlungen 30), Köln 1982.

López Barja de Quiroga (1995): López Barja de Quiroga, Pedro, *Freedmen Social Mobility in Roman Italy*, in: Historia 44, 3 (1995), 326–348.

Lorenz (2002): Lorenz, Sven, *Erotik und Panegyrik. Martials epigrammatische Kaiser* (Classica Monacensia 23), Tübingen 2002.

Lüdtke (1991): Lüdtke, Alf, *Einleitung: Herrschaft als soziale Praxis*, in: Ders. (Hrsg.), Herrschaft als soziale Praxis. Historische und sozial-anthropologische Studien, Göttingen 1991, 9–63.

MacMullen (1974): MacMullen, Ramsay, *Roman Social Relations, 50 BC to AD 284*, New Haven 1974.

Manderscheid (1988): Manderscheid, Hubertus, *Bibliographie zum römischen Badewesen unter besonderer Berücksichtigung der öffentlichen Thermen*, München [u.a.] 1988.

Mansbach (1982): Mansbach, Agnes R., *Captatio, Myth and Reality*, Princeton 1982.

Marache (1980): Marache, Robert, *Juvénal et le client pauvre*, in: Revue des études latines 58 (1980), 363–369.

Marquardt (1980): Marquardt, Joachim, *Das Privatleben der Römer*, 2 Bde., Nachdruck der Ausgabe von 1886, Darmstadt 1980.

Martin (1993): Martin, Jochen, *Zur Anthropologie von Heiratsregeln und Besitzübertragung: 10 Jahre nach den Goody-Thesen*, in: Historische Anthropologie 1 (1993), 149–162.
Mattern (1999): Mattern, Susan P., *Physicians and the Roman Imperial Aristocracy. The Patronage of Therapeutics*, in: Bulletin of the History of Medicine 73, 1 (1999), 1–18.
Mayer (2005): Mayer, Jochen W., *Imus ad villam: Studien zur Villeggiatur im stadtrömischen Suburbium in der späten Republik und frühen Kaiserzeit* (= Geographica historica 20), Stuttgart 2005.
Meier (1988): Meier, Christian, *Res publica amissa. Eine Studie zu Verfassung und Geschichte der späten römischen Republik*, Frankfurt a. M. ²1988.
Meister (2009): Meister, Jan B., *Pisos Augenbrauen. Zur Lesbarkeit aristokratischer Körper in der späten römischen Republik*, in: Historia 58, 1 (2009), 71–95.
Meister (2012): Meister, Jan B., *Der Körper des Princeps. Zur Problematik eines monarchischen Körpers ohne Monarchie*, Stuttgart 2012.
Merten (1983): Merten, Elke W., *Bäder und Badegepflogenheiten in der Darstellung der Historia Augusta* (= Antiquitas 4, 16), Bonn 1983.
Mette-Dittmann (1991): Mette-Dittmann, Angelika, *Die Ehegesetze des Augustus. Eine Untersuchung im Rahmen der Gesellschaftspolitik des Princeps* (= Historia Einzelschriften 67), Stuttgart 1991.
Meusel (1960): Meusel, Heinrich, *Die Verwaltung und Finanzierung der öffentlichen Bäder zur römischen Kaiserzeit*, Köln 1960.
Meyer-Zwiffelhoffer (1995): Meyer-Zwiffelhoffer, Eckhard, *Im Zeichen des Phallus. Die Ordnung des Geschlechtslebens im antiken Rom* (= Campus Historische Studien 15), Frankfurt a. M. [u. a.] 1995.
Millar (1977): Millar, Fergus, *The Emperor in the Roman World (31 BC-AD 337)*, London 1977.
Millar (2004): Millar, Fergus, *The Equestrian Career under the Empire*, in: Ders., (Hrsg.), Rome, the Greek World, and the East, Bd. 2: Government, Society and Culture in the Roman Empire (= Studies in the History of Greece and Rome), Chapel Hill/NC [u. a.] 2004, 151–159.
Mohler (1931): Mohler, Samuel L., *The Cliens in the Time of Martial*, in: Hadzsits, George D. (Hrsg.), Classical Studies in Honor of John C. Rolfe, Philadelphia/PA 1931, 239–263.
Moreno Soldevilla (2006): Moreno Soldevilla, Rosario, *Martial, Book IV. A Commentary* (= Mnemosyne Suppl. 278), Leiden 2006.
Mortensen (2004): Mortensen, Susanne, *Hadrian. Eine Deutungsgeschichte*, Bonn 2004.
Mouritsen (2005): Mouritsen, Henrik, *Freedmen and Decurions: Epitaphs and Social History in Imperial Italy*, in: The Journal of Roman Studies 95 (2005) 38–63.
Mouritsen (2011): Mouritsen, Henrik, *The Freedman in the Roman World*, Cambridge 2011.
Mratschek-Halfmann (1993): Mratschek-Halfmann, Sigrid, *Divites et praepotentes. Reichtum und soziale Stellung in der Literatur der Prinzipatszeit* (= Historia Einzelschriften 70), Stuttgart 1993.
Mrozek (1975): Mrozek, Stanislaw, *Wirtschaftliche Grundlagen des Aufstiegs der Freigelassenen im Römischen Reich*, in: Chiron 5 (1975), 311–316.
Naumann-Steckner (2007): Naumann-Steckner, Friederike, *Luxus in Gold. Ein Verbrechen an der Menschheit?*, in: Aßkamp, Rudolf [u. a.] (Hrsg.), Luxus und Dekadenz. Römisches Leben am Golf von Neapel, Mainz 2007, 138–149.

Nauta (2002): Nauta, Ruurd R., *Poetry for Patrons: Literary Communication in the Age of Domitian* (= Mnemosyne Suppl. 206), Leiden [u. a.] 2002.

Nauta (2005): Nauta, Ruurd R. (2005), Die mächtigen Freunde des Spötters. Martial und seine Patrone, in: Eck, Werner – Heil, Matthäus, Senatores populi Romani. Realität und mediale Präsentation einer Führungsschicht. Kolloquium der Prosopographia Imperii Romani vom 11.–13. Juni 2004 (= Heidelberger althistorische Beiträge und epigraphische Studien 40), Stuttgart 2005, 213–59.

Neudecker (1988): Neudecker, Richard, *Die Skulpturenausstattung römischer Villen in Italien* (= Beiträge zur Erschließung hellenistischer und kaiserzeitlicher Skulptur und Architektur 9), Mainz 1988.

Neumeister (1991): Neumeister, Christoff, *Das antike Rom: Ein literarischer Stadtführer*, München 1991.

Newby (2005): Newby, Zahra L., *Greek Athletics in the Roman World. Victory and Virtue* (= Oxford Studies in Ancient Culture and Representation), Oxford 2005.

Nielsen (1990): Nielsen, Inge, *Thermae et Balnea. The Architecture and Cultural History of Roman Public Baths*, Aarhus 1990.

Nilsson (1921): Nilsson, Martin P., *Saturnalia*, in: RE 2, 1 (1921), 201–211.

Nippel (1988): Nippel, Wilfried, *Aufruhr und »Polizei« in der römischen Republik*, Stuttgart 1988.

Nippel (2002): Nippel, Wilfried, *Klientel, Gesellschaftsstruktur und politisches System in der römischen Republik*, in: Humanistische Bildung 22 (2002), 137–151.

Nörr (1977): Nörr, Dieter, *Planung in der Antike. Über die Ehegesetze des Augustus*, in: Baier, Horst (Hrsg.), Freiheit und Sachzwang. Beiträge zu Ehren Helmut Schelskys, Opladen 1977, 309–334.

Noy (2002): Noy, David, *Foreigners at Rome: Citizens and Strangers*, London 2002.

Obermayer (1998): Obermayer, Hans Peter, *Martial und der Diskurs über männliche ›Homosexualität‹ in der Literatur der frühen Kaiserzeit* (= Classica Monacensia 18), Tübingen 1998.

O'Neale (1978): O'Neale, William J., *Delation in the Early Empire*, in: Classical Bulletin 55 (1978), 24–28.

Pfretzschner (1909): Pfretzschner, Ernst, *Die Grundrissentwicklung der römischen Thermen nebst einem Verzeichnis der altrömischen Bäder mit Literaturnachweis* (= Zur Kunstgeschichte des Auslandes 65), Strassburg 1909.

Premerstein (1900): Premerstein, Anton von, *Clientes*, in: RE 4, 1 (1900), 23–55.

Premerstein (1937): Premerstein, Anton von, *Vom Werden und Wesen des Prinzipats*, München 1937.

Prinz (2003): Prinz, Michael, *Der lange Weg in den Überfluss: Anfänge und Entwicklung der Konsumgesellschaft seit der Vormoderne* (= Forschungen zur Regionalgeschichte 43), Paderborn [u. a.] 2003.

Raditsa (1980): Raditsa, Leo F., *Augustus' Legislation Concerning Marriage, Procreation, Love Affairs and Adultery*, in: ANRW 2, 13 (1980), 278–339.

Raepsaet-Charlier (1987): Raepsaet-Charlier, Marie-Thérèse, *Prosopographie des femmes de l'ordre sénatoial (Ier-IIe s.)* (= Fonds René Draguet 4), 2 Bde., Leuven 1987.

Raepsaet-Charlier (1994): Raepsaet-Charlier, Marie-Thérèse, *La vie familiale des élites dans la Rome impériale: le droit et la pratique*, in: Cahier du Centre G. Glotz 5 (1994), 165–197.

Rawson (1987): Rawson, Elizabeth D., *Discrimina Ordinum: The Lex Julia Theatralis*, in: Papers of the British School at Rome 55 (1987), 83–113.

Rebenich (2008): Rebenich, Stefan, *Pars melior humani generis – Aristokratie(n) in der*

Spätantike, in: Beck, Hans – Scholz, Peter – Walter, Uwe (Hrsg.), Die Macht der Wenigen. Aristokratische Herrschaftspraxis, Kommunikation und ›edler‹ Lebensstil in Antike und Früher Neuzeit (= Historische Zeitschrift Beihefte 47), München 2008, 153–175.

Reinhold (1970): Reinhold, Meyer, *History of Purple as a Status Symbol in Antiquity* (= Collection Latomus 116), Brüssel 1970.

Reinhold (1971): Reinhold, Meyer, *Usurpation of Status and Status Symbols in the Roman World*, in: Historia 20 (1971), 275–302.

Richardson (1992): Richardson, Lawrence, *A New Topographical Dictionary of Ancient Rome*, Baltimore [u.a.] 1992.

Rilinger (1997): Rilinger, Rolf, *Domus und res publica. Die politisch-soziale Bedeutung des aristokratischen »Hauses« in der späten römischen Republik*, in: Winterling, Aloys (Hrsg.), Zwischen »Haus« und »Staat«. Antike Höfe im Vergleich (= Historische Zeitschrift Beiheft 23), München 1997, 73–90.

Rilinger (2007): Rilinger, Rolf, *Ordo und dignitas. Beiträge zur römischen Verfassungs- und Sozialgeschichte*, herausgegeben von Tassilo Schmitt und Aloys Winterling, Stuttgart 2007.

Rimell (2008): Rimell, Victoria E., *Martial's Rome: Empire and the Ideology of Epigram*, Cambridge 2008.

Rollinger (2009): Rollinger, Christian, *Solvendi sunt nummi. Die Schuldenkultur in der Späten Römischen Republik im Spiegel der Schriften Ciceros*, Berlin 2009.

Rollinger (2014): Rollinger, Christian, *Amicitia sanctissime colenda. Freundschaft und soziale Netzwerke in der Späten Republik* (= Studien zur Alten Geschichte 19), Heidelberg 2014.

Rosen (1995): Rosen, Klaus, *Römische Freigelassene als Aufsteiger und Petrons Cena Trimalchionis*, in: Gymnasium 102 (1995), 79–92.

Rutledge (1999): Rutledge, Steven H., *Delatores and the Tradition of Violence in Roman Oratory*, in: American Journal of Philology 120 (1999), 555–573.

Rutledge (2001): Rutledge, Steven H., *Imperial inquisitions: Prosecutors and informants from Tiberius to Domitian*, London [u.a.] 2001.

Saller (1980): Saller, Richard P., *Promotion and Patronage in Equestrian Careers*, in: The Journal of Roman Studies 70 (1980), 44–63.

Saller (1982): Saller, Richard P., *Personal Patronage under the Early Empire*, Cambridge 1982.

Saller (1983): Saller, Richard P., *Martial on Patronage and Literature*, in: The Classical Quarterly 33 (1983), 246–257.

Saller (1989): Saller, Richard P., *Patronage and Friendship in Early Imperial Rome. Drawing the Distinction*, in: Wallace-Hadrill, Andrew (Hrsg.), Patronage in Ancient Society (= Leicester-Nottingham Studies in Ancient Society 1), London [u.a.] 1989, 63–87.

Saller (1991): Saller, Richard P., *Roman Heirship Strategies in Principle and in Practice*, in: Kertzer, David – Saller, Richard P. (Hrsg.), The Family in Italy, New Haven [u.a.] 1991, 26–47.

Samter (1899): Samter, Ernst, *Cepotaphium*, in: RE 2, 2 (1899) 1966–1967.

Sarasin (1990): Sarasin, Philipp, *Stadt der Bürger: Struktureller Wandel und bürgerliche Lebenswelt Basel 1870–1900*, Basel [u.a.] 1990.

Scamuzzi (1969): Scamuzzi, Ugo, *Studio sulla Lex Roscia theatralis (con un breve appendice sulla gens Roscia)*, in: Rivista di Studi Classici 17 (1969), 133–165, 259–319.

Scheithauer (2007): Scheithauer, Andrea, *Verfeinerte Lebensweise und gesteigertes Lebens-*

gefühl im augusteischen Rom. ›Urbanitas‹ *mit den Augen Ovids gesehen* (= Studien zur klassischen Philologie), Frankfurt a. M. 2007.

Schlinkert (1996): Schlinkert, Dirk, *Ordo senatorius und nobilitas. Die Konstitution des Senatsadels in der Spätantike, mit einem Appendix über den praepositus sacri cubiculi, den »allmächtigen« Eunuchen am kaiserlichen Hof* (= Hermes Einzelschriften 72), Stuttgart 1996.

Schmid (1952): Schmid, Dankwart, *Der Erbschleicher in der antiken Satire*, Tübingen 1952.

Schmidt (1999): Schmidt, Peter L., *D. Iunius Iuvenalis*, in: DNP 6 (1999), 112–114.

Schmitz (2000): Schmitz, Christine, *Das Satirische in Juvenals Satiren* (= Untersuchungen zur antiken Literatur und Geschichte 58), Berlin [u. a.] 2000.

Schneider (1959): Schneider, Karl, *Purpura*, in: RE 23, 2 (1959), 2000–2020.

Schnurr-Redford (1992): Schnurr-Redford, Christine, *The Lex Julia Theatralis of Augustus: Some Remarks on Seating Problems in Theatre, Amphiteatre and Circus*, in: Liverpool Classical Monthly 17 (1992), 147–160.

Schöffel (2002): Schöffel, Christian, *Martial, Buch 8. Einleitung, Text, Übersetzung, Kommentar* (= Palingenesia 77), Stuttgart 2002.

Schöllgen (1995): Schöllgen, Georg, *Balnea mixta. Entwicklungen der spätantiken Bademoral im Spiegel der Textüberlieferung der Syrischen Didaskalie*, in: Wacht, Klaus (Hrsg.), Panchaia. Festschrift für Klaus Thraede (= Jahrbuch für Antike und Christentum Ergänzungsbände 22), Münster 1995, 182–194.

Scholz (1992): Scholz, Birgit, *Untersuchungen zur Tracht der römischen Matrona* (= Arbeiten zur Archäologie), Köln [u. a.] 1992.

Schrömbges (1986): Schrömbges, Paul, *Tiberius und die Res publica Romana: Untersuchungen zur Institutionalisierung des frühen römischen Principats*, Bonn 1986.

Schwyzer (1928): Schwyzer, Eduard, *Zum römischen Verwandtenkuss*, in: Rheinisches Museum für Philologie 77 (1928), 108–111.

Shatzman (1975): Shatzman, Yisra'el, *Senatorial Wealth and Roman Politics* (= Collection Latomus 142), Brüssel 1975.

Shaw – Saller (1984): Shaw, Brent D. – Saller, Richard P., *Close-kin Marriage in Roman Society?*, in: Man 19 (1984), 432–444.

Sherwin-White (1966): Sherwin-White, Adrian N., *The Letters of Pliny. A Historical and Social Commentary*, Oxford 1966.

Simon (1972): Simon, Erika, *Das antike Theater* (= Heidelberger Texte, Didaktische Reihe 5), Heidelberg 1972.

Sittig (2008): Sittig, Florian, *Baden mit dem Kaiser – Zur politico-sozialen Funktion des Thermenbesuchs im frühen Prinzipat* [unveröffentlichtes Manuskript, BA-Thesis Universität Hamburg 2008].

Sittl (1970): Sittl, Carl, *Die Gebärden der Griechen und Römer* (Nachdruck der Ausgabe Leipzig 1890), Hildesheim 1970.

Smith (1993): Smith, Roland R. R., *The Monument of C. Julius Zoilos* (= Aphrodisias 1), Mainz 1993.

Sombart (1983): Sombart, Werner, *Liebe, Luxus und Kapitalismus. Über die Entstehung der modernen Welt aus dem Geist der Verschwendung [Original: Luxus und Kapitalismus 1913]*, Berlin 1983.

Spisak (2007): Spisak, Art L., *Martial. A Social Guide*, London 2007.

Starbatty (2010): Starbatty, Angelika, *Aussehen ist Ansichtssache: Kleidung in der Kommunikation der römischen Antike* (= Münchner Studien zur Alten Welt 7), München 2010.

Stein (1927): Stein, Arthur, *Der römische Ritterstand. Ein Beitrag zur Sozial- und Personengeschichte des römischen Reiches* (= Münchener Beiträge zur Papyrusforschung und antiken Rechtsgeschichte 10), München 1927.
Stein (1937): Stein, Arthur, *Ofonius Tigellinus*, in: RE 17, 2 (1937), 2056–2061.
Stein-Hölkeskamp (2005): Stein-Hölkeskamp, Elke, *Das römische Gastmahl. Eine Kulturgeschichte*, München 2005.
Stern (2000): Stern, Yaakov, *The Testamentary Phenomenon in Ancient Rome*, in: Historia 49 (2000), 413–428.
Sullivan (1991): Sullivan, John P., *Martial, the Unexpected Classic. A Literary and Historical Study*, Cambridge 1991.
Szaivert – Wolters (2005): Szaivert, Wolfgang – Wolters, Reinhard, *Löhne, Preise, Werte. Quellen zur römischen Geldwirtschaft*, Darmstadt 2005.
Talbert (1984): Talbert, Richard J. A., *The Senate of Imperial Rome*, Princeton/NJ 1984.
Tatum (1990): Tatum, William J., *Another Look at the Spectators at the Roman Games*, in: The Ancient History Bulletin 4, 5 (1990), 104–107.
Taylor (1966): Taylor, Lily R., *Roman Voting Assemblies, from the Hannibalic War to the Dictatorship of Caesar* (= Jerome Lectures 8), Ann Arbor/MI 1966.
Tellegen (1982): Tellegen, Jan W., *The Roman Law of Succession in the Letters of Pliny the Younger* (= Studia Amstelodamensia ad epigraphicam, ius antiquum et papyrologicam pertinentia 21), Zutphen 1982.
Tengström (1977): Tengström, Emi, *Theater und Politik im kaiserlichen Rom*, in: Eranos 75 (1977), 43–56.
Thrams (2004): Thrams, Peter, *Kinderlosigkeit*, in: Reallexikon für Antike und Christentum 20 (2004), 947–963.
Toner (1995): Toner, Jerry P., *Leisure and Ancient Rome*, Cambridge 1995.
Treggiari (1969): Treggiari, Susan M., *Roman Freedmen During the Late Republic*, Oxford 1969.
Treggiari (1991): Treggiari, Susan M., *Roman Marriage. Iusti Coniuges from the Time of Cicero to the Time of Ulpian*, Oxford 1991.
Ungern-Sternberg (1975): Ungern-Sternberg, Jürgen von, *Die Einführung spezieller Sitze für die Senatoren bei den Spielen (194 v. Chr.)*, in: Chiron 5 (1975), 157–163.
Vallat (2006): Vallat, Daniel, *Bilingual Word-plays on Proper Names in Martial*, in: Booth, Joan – Maltby, Robert (Hrsg.), What's in a Name? The Significance of Proper Names in Classical Latin Literature, Swansea 2006, 121–144.
Vallat (2008): Vallat, Daniel, *Onomastique, culture et société dans les épigrammes de Martial* (= Collection Latomus 313), Brüssel 2008.
Veblen (1993): Veblen, Thorstein, *Theorie der feinen Leute. Eine ökonomische Untersuchung der Institutionen*, Frankfurt a. M. 1993.
Verboven (2002): Verboven, Koenraad, *The Economy of Friends. Economic Aspects of Amicitia and Patronage in the Late Republic* (= Collection Latomus 269), Brüssel 2002.
Versnel (1993): Versnel, Hendrik S., *Inconsistencies in Greek and Roman Religion, Bd. 2: Transition and Reversal in Myth and Ritual* (= Studies in Greek and Roman Religion 6, 2), Leiden [u. a.] 1993.
Veyne (1988): Veyne, Paul, *Brot und Spiele. Gesellschaftliche Macht und politische Herrschaft in der Antike* (= Theorie und Gesellschaft 11), Frankfurt a. M. 1988.
Veyne (1989): Veyne, Paul, *Geschichte des privaten Lebens, Bd. 1: Vom Römischen Imperium zum Byzantinischen Reich*, in: Ariès, Philippe – Duby, Georges – Veyne, Paul (Hrsg.), Geschichte des privaten Lebens, 5 Bde., Frankfurt a. M. 1989, 19–228.

Veyne (1995): Veyne, Paul, *Die römische Gesellschaft*, München 1995.
Vielberg (1996): Vielberg, Meinolf, *Untertanentopik. Zur Darstellung der Führungsschichten in der kaiserzeitlichen Geschichtsschreibung* (= Zetemata 95), München 1996.
Vioque (2002): Vioque, Galán Guillermo, *Martial, Book VII: A Commentary* (= Mnemosyne Suppl. 226), Leiden 2002.
Vogt (1978): Vogt, Joseph, *Nomenclator. Vom Lautsprecher zum Namenverarbeiter*, in: Gymnasium 85 (1978), 327–38.
Vössing (2004): Vössing, Konrad, *Mensa Regia. Das Bankett beim hellenistischen König und beim römischen Kaiser* (= Beiträge zur Altertumskunde 193), München 2004.
Wachtel (1993): Wachtel, Klaus, *Zum Einfluß der Familienpolitik auf soziale Stellung und Laufbahn von Angehörigen ritterlicher und senatorischer Familien in der frühen Kaiserzeit*, in: Eck, Werner (Hrsg.), Prosopographie und Sozialgeschichte. Studien zur Methodik und Erkenntnismöglichkeit der kaiserzeitlichen Prosopographie, Köln [u.a.] 1993, 191–203.
Wagner-Hasel (2002): Wagner-Hasel, Beate, *Verschwendung und Politik in Rom. Überlegungen zur politischen Semantik des Luxuskonsums in der späten Republik und frühen Kaiserzeit*, in: Historische Anthropologie 3 (2002), 325–353.
Wallace-Hadrill (1989): Wallace-Hadrill, Andrew (Hrsg.), *Patronage in Roman Society. From Republic to Empire* (= Patronage in Ancient Society 1), London [u.a.] 1989.
Walter (1996): Walter, Uwe (Hrsg.), *M. Valerius Martialis. Epigramme, eingeleitet und kommentiert* (= UTB 1954 Altphilologie), Paderborn 1996.
Walter (1998): Walter, Uwe, *Soziale Normen in den Epigrammen Martials*, in: Grewing, Farouk (Hrsg.), Toto notus in orbe. Perspektiven der Martial-Interpretationen, Stuttgart 1998, 220–242.
Ward (1992): Ward, Roy B. (1992), *Women in Roman Baths*, in: Harvard Theological Review 85, 2 (1992), 125–147.
Warmington (1990): Warmington, Brian H. (Hrsg.), *Suetonius Nero. Text with Intoduction and Notes by Bryan H. Warmington*, Nachdruck London 1990.
Weaver (1967): Weaver, Paul R. C., *Social Mobility in the Early Roman Empire. The Evidence of the Imperial Freedmen and Slaves*, in: Past & Present 37 (1967), 3–20.
Weaver (1972): Weaver, Paul R. C., *A Social Study of the Emperor's Freedmen and Slaves*, Cambridge 1972.
Weber (1996): Weber, Marga, *Antike Badekultur* (= Beck's Archäologische Bibliothek), München 1996.
Weeber (2003): Weeber, Karl-Wilhelm, *Luxus im Alten Rom. Die Schwelgerei, das süße Gift*, Darmstadt 2003.
Weeber (2006): Weeber, Karl-Wilhelm, *Alltag im Alten Rom. Ein Lexikon*, Düsseldorf ³2006.
Wesel (1964): Wesel, Uwe, *Über den Zusammenhang der lex Furia, Voconia und Falcidia*, in: Zeitschrift der Savigny-Stiftung für Rechtsgeschichte. Romanistische Abteilung 81 (1964), 308–316.
White (1978): White, Peter, *Amicitia and the Profession of Poetry in Early Imperial Rome*, in: The Journal of Roman Studies 68 (1978), 74–92.
White (1993): White, Peter, *Promised Verse. Poets in the Society of Augustan Rome*, Cambridge 1993.
Wiedemann (2003): Wiedemann, Thomas, *The Patron as Banker*, in: Lomas, Kathryn – Cornell, Tim (Hrsg.), Bread and Circuses. Euergetism and Municipal Patronage in Roman Italy, New York 2003, 12–27.
Willems (1998): Willems, Herbert, *Inszenierungsgesellschaft. Zum Theater als Modell, zur

Theatralität von Praxis, in: Ders. (Hrsg.), Inszenierungsgesellschaft. Ein einführendes Handbuch, Opladen [u. a.] 1998, 23–79.

Winter (2003): Winter, Bruce W., *Roman Wives, Roman Widows. The Appearance of New Women and the Pauline Communities*, Grand Rapids/MI [u. a.] 2003.

Winterling (1999): Winterling, Aloys, *Aula Caesaris: Studien zur Institutionalisierung des römischen Kaiserhofes in der Zeit von Augustus bis Commodus (31 v. Chr. – 192 n. Chr.)*, München 1999.

Winterling (2001): Winterling, Aloys, ›*Staat*‹, *Gesellschaft und politische Integration in der römischen Kaiserzeit*, in: Klio 83 (2001), 93–112.

Winterling (2008): Winterling, Aloys, *Freundschaft und Klientel im kaiserzeitlichen Rom*, in: Historia 57 (2008), 298–316.

Wissowa (1921): Wissowa, Georg, Über den Gebrauch der Wagen in Rom, in: Friedländer SG IV, 22–25.

Wittstock (1993): Wittstock, Otto (Hrsg.), *Suetonius Tranquillus, Gaius, Kaiserbiographien* (= Schriften und Quellen der Alten Welt 39), Berlin 1993.

Yavetz (1999): Yavetz, Zvi, *Tiberius. Der traurige Kaiser*, München 1999.

Yegül (2010): Yegül, Fikret K., *Bathing in the Roman World*, Cambridge 2010.

Zäch (1971): Zäch, Cornelia, *Die Majestätsprozesse unter Tiberius in der Darstellung des Tacitus*, Zürich 1971.

Zanker (1975): Zanker, Paul, *Grabreliefs römischer Freigelassener*, in: Jahrbuch des Deutschen Archäologischen Instituts 90 (1975), 267–315.

Zanker (1987): Zanker, Paul, *Augustus und die Macht der Bilder*, München 1987.

Zijlstra (1967): Zijlstra, Jacobus S. A., *De delatores te Rome tot aan Tiberius' Regering*, Sittard 1967.

REGISTER

11.1 – Sachen

adsectatio (Begleitung): 90–103
adulatio, s. Schmeichelei.
Ämter: 12, 25–27, 32, 39, 43, 45–47, 58, 63, 66, 79, 81, 85f., 96, 101f., 108f., 116f., 118, 120, 122, 131, 138, 148, 153, 154f., 162, 168f., 178, 182, 198, 212, 217, 225, 227.
Arme, s. *pauperes*.
Begräbnis und Begräbnisstätte: 154, 160f., 165, 168, 182, 208, 225.
Bäder: 30, 86, 107, 157f., 162, 164–168, 184–206, 226, 228f.
balnea, s. Bäder.
Bürger: 49f., 58, 64, 69, 95, 98, 102, 110, 120, 127, 132, 196, 202, 210–212, 215, 217, 223, 228, 230, 232.
Bettler: 19, 111, 180.
Behinderte: 111, 163.
cena, s. Gastmahl.
convivium, s. Gastmahl.
conspicious consumption, s. Geltungskonsum.
Darlehen: 89, 114, 175.
Dreikinderrecht, s. *ius trium liberorum*.
Ehe: 62, 75, 127, 130, 132f., 155, 211, 212.
Ehegesetze des Augustus: 48, 131, 132, 211–214, 219, 226f., 228.
Ehebruch: 38, 196.
Effemination: 61–63, 171, 194, 197, 206.
familia: 81, 124, 127, 133, 139, 146, 149, 155, 215, 225.
fideicomissum: 127f.
Frauen: 42, 47, 50, 54, 78, 84, 93, 123, 125ff., 129–145, 171f., 187, 224, 231, 232.
Fremdenfeindlichkeit: 63, 66, 144, 224.
Freundschaft: 13–15, 33f., 35, 60, 81, 92, 100, 108, 112, 114, 124f., 128, 133, 135f., 143, 155, 175, 181, 221, 224f., 228, 232.
Garküchen: 30, 105, 157f. 191.
Gärten: 122, 160, 161, 164f., 176, 229.
Gastmahl *(cena, convivium)*: 82, 89, 103–113, 129, 151, 169ff., 180, 182f., 189, 191f., 194, 198, 201, 221, 225.
Geburtstag(sfeiern): 115, 156, 169f.
Geldknappheit: 12, 44, 109, 129, 173f., 176, 178–181, 225.
Geltungskonsum: 14, 27, 30, 117, 152, 176–183, 205, 225, 229.
Gesten: 27, 71–88, 93, 98, 109, 118, 120, 124, 135f., 143, 194, 214, 222f., 228f.
Geschenke: 89, 93, 105, 108, 113–118, 121, 123, 126, 133, 136f., 140, 223f.
Griechen: 56–59, 62–66, 91, 139f., 165, 171, 195f., 197f., 222 226, 231.
Grundbesitz, s. Landbesitz.
Häuser der Elite: 30, 32, 58, 63f., 90f., 96, 122, 132, 139, 151, 159, 176f., 179, 201, 232.
horti, s. Gärten.
Infamie: 46, 67, 79, 196.
ius trium liberorum (Dreikinderrecht): 18, 156, 212.

Kleidung: 30, 36f., 47–57, 61, 66, 86, 101, 113, 115, 122, 131, 154, 159, 171, 178f., 181, 185, 187f., 189, 197, 202, 221f., 225f., 228, 230.
Klienten: 21f., 42, 64, 75, 78, 84, 89–121, 139, 154, 168, 172f., 177, 179, 183, 188f., 193, 198, 213, 223, 225, 228, 231, 233.
Klientelbeziehungen: 12, 14, 33f., 151, 155, 173, 175, 177, 182, 225, 235.
Körperpflege: 12, 62, 171, 185, 187, 193–205, 226, 228.
Körperbeherrschung: 49
Landbesitz: 57, 113, 122, 127, 130f., 141, 146, 147, 181.
Latrine: 30, 84f., 86, 165, 216.
leges sumptuariae, s. Luxusgesetze.
Legate: 121, 123, 127–136, 138, 142, 144, 148, 212, 218, 224, 232.
lex Cincia: 112.
lex Iulia de ordinibus maritandis, s. Ehegesetze des Augustus.
lex Iulia theatralis: 48.
lex Papia Poppaea, s. Ehegesetze des Augustus.
lex Remmia: 213.
lex Roscia: 42–48.
lex Visellia: 68, 230.
lex Voconia: 128.
Luxus: 104, 131, 151–154, 173f., 202, 205, 226.
Luxusgesetze: 104, 174, 202.
Luxusgüter: 51, 129, 131, 141, 143f., 152f., 171, 174, 177f., 179.
Nacktheit: 184, 192f., 202, 206, 226.
Neujahrsgeschenke: 78, 115.
Patrone: 21, 27, 33f., 42, 49, 68, 78, 84, 89–121, 151, 154, 157, 168–173, 177, 182f., 188f., 198, 205, 223, 225.
pauperes (Arme): 25, 62, 98–100, 174, 177, 192, 208.
poena theatralis: 48.
Popularklage: 210.
populus (Volk von Rom): 11, 40, 45, 47, 50, 53, 55, 63, 70, 119, 179, 198, 206, 215, 222.

Prachtentfaltung: 104, 112, 154, 160, 228f.
Provinziale: 16, 26, 66, 69, 138f., 144, 224, 230.
pueri delicati (Sklaven für sexuelle Dienstleistungen): 133, 141, 171, 179, 181, 197f.
Purpur: 13, 50–57, 99f., 103, 159, 171f., 178f.
quaestio (Gerichtshof): 216f.
Rangabzeichen: 12, 63, 67, 87, 187, 190, 226.
Ritterring: 54, 67f., 156, 179, 230.
Sänfte: 85f., 96f., 98f., 102f., 109, 120, 159, 172, 177, 191.
salutatio (Morgenbegrüßung): 72, 74–76, 84, 89–103, 105f., 110, 113, 118, 130, 135, 169, 223, 228.
Saturnalien: 114f.
Schauspieler: 39f., 46, 59, 67, 79, 148.
Schmeichelei *(adulatio)*: 64, 71, 78, 83, 99, 135, 140–142, 193, 198.
Seide: 123, 161, 171, 174.
Senatsgericht: 209, 217, 219f., 227.
Sex: 77, 125, 131, 140–143, 144, 170f., 197f., 206, 224.
Sport: 27, 65, 185, 193–196, 205f., 226, 230.
Staatspferdinhaber: 43, 45, 67f.
Statusdissonanz: 13, 148, 181, 183, 224f.
Stiftungen: 38, 150, 158, 162–170, 182, 195, 203f., 225f., 229.
Testamente: 122f., 126–130, 133–139, 144, 162, 164, 223.
Thermen, s. Bäder.
Toga: 13, 48–55, 58f., 89, 95, 97–99, 107–110, 113, 115, 188f., 192, 228, 230.
Türsteher *(ianitor):* 58, 97, 101, 116, 146, 232.
urbanitas (städtische Lebensart): 194.
Vermögensqualifikation: 12, 44, 66, 69, 137, 192.

11.2 Quellen

Aufgenommen sind alle ausführlicher besprochenen Quellen.

Epikt.			Plin.	
ench. 25, 2 ff.:	117		epist. 2, 20:	122, 137
			epist. 2, 6, 2:	112
Iuv.			epist. 3, 14, 6-8:	190 f.
sat. 1, 95 ff.:	108 f.		epist. 4, 14, 4:	23
sat. 1, 117 ff.:	109 f.		epist. 9, 5, 3:	11
sat. 3, 57-114:	64 f.			
sat. 3, 184 ff.:	116		Plin.	
sat. 14, 126 ff.:	180		nat. hist. 26, 2-4:	83 f.
Mart.			Plut.	
ep. 2, 16:	159		mor. 40, 274 d:	195
ep. 2, 26:	137			
ep. 2, 29:	12 f.		Tac.	
ep. 2, 57:	178 f.		ann. 1, 13:	82
ep. 2, 81:	172		ann. 1, 72:	215
ep. 3, 59:	163 f.		ann. 1, 74:	78, 208
ep. 3, 60:	111		ann. 2, 33:	153, 174, 202
ep. 3, 62:	181		ann. 13, 54, 3:	35
ep. 3, 68:	184, 206		ann. 4, 62:	162 f.
ep. 3, 82:	171			
ep. 5, 22:	97		Sen.	
ep. 5, 25:	59, 178		benef. 2, 12, 1-2:	80 f.
ep. 5, 35:	57 f.			
ep. 5, 41:	61 f.		Sen.	
ep. 5, 70:	157 f.		epist. 2, 15, 2-4:	195
ep. 7, 75:	142		epist. 86, 1-8:	199 ff.
ep. 9, 59:	179		epist. 86, 7:	166
ep. 10, 10:	98 f.		epist. 86, 12-13:	200 f.
ep. 10, 19:	89 f.		epist. 114, 21:	53
ep. 10, 27:	170		epist. 122, 6:	192
ep. 10, 72:	71			
ep. 11, 12:	156		Sen.	
ep. 11, 29:	141		tranq. an. 12, 4:	102
ep. 11, 98:	85			
ep. 12, 70:	191 f.		Suet.	
			Aug. 40:	48
Nep.			Dom. 7, 1:	104
praef. 5:	196		Nero 16, 2:	104
			Tib. 61, 2 f.:	207
Petron. 37, 6-10:	146 f.		Tib. 72, 3:	82

Sonja Nadolny
Die severischen Kaiserfrauen

PALINGENESIA – BAND 104

DIE AUTORIN
Sonja Nadolny studierte Alte Geschichte, Musikwissenschaft und Deutsche Philologie an der TU Berlin und an der Universität Bergen (Norwegen). Promotion bei Prof. Matthäus Heil über die Kaiserfrauen der severischen Dynastie.
Forschungsschwerpunkt: frühe römische Kaiserzeit, Geschlechtergeschichte

Die antiken Historiker betonten wiederholt die außergewöhnliche Machtstellung der severischen Kaiserfrauen Julia Domna, Julia Maesa, Julia Soaemias und Julia Mamaea: Sie hätten Herrschaft und Reichspolitik der Jahre 193 bis 235 n. Chr. in erheblichem Maße bestimmt. Angesichts dieser Einschätzung verwundert es, dass die Severerinnen in den zahlreichen Publikationen über römische Kaiserfrauen noch immer unterrepräsentiert sind und auch die Frage nach den Gründen für ihre herausragende Stellung nur selten gestellt wurde.

Zum Ausgangspunkt ihrer Untersuchung nimmt Sonja Nadolny die öffentliche Rolle der Kaiserfrauen, die in einer großen Anzahl numismatischer und epigraphischer Quellen zutage tritt. Diese bezeugen nicht nur ihre intensive politische Einbeziehung in die kaiserliche Selbstdarstellung, welche das Kaiserhaus immer wieder als Familienherrschaft präsentierte, sondern auch ihre besondere Rolle für die Dynastiebildung und eine allgemeine Akzeptanz- und Verehrungsbereitschaft der römischen Öffentlichkeit gegenüber den Kaiserfrauen. Ihre herausragende Stellung ist dabei nicht als historischer Zufall anzusehen, sondern als logische Folge der zunehmenden Autokratisierung römischer Herrschaft

2016
257 Seiten mit 10 Abbildungen,
7 Graphiken und 3 Übersichtenn
978-3-515-11311-3 GEBUNDEN
978-3-515-11315-1 E-BOOK

Hier bestellen:
www.steiner-verlag.de